Coperta: Ruxandra ȚURCANU
Redactare: Monica REU
Corectură: Mirela STAN
Tehnoredactare: Marieta ILIE

Editori: Elena FRANCISC- ȚURCANU și Horia FRANCISC - ȚURCANU

Descrierea CIP a Bibliotecii Naționale a României
GROF, STANISLAV
    Psihologia viitorului: introducere în noua conștiință/Stanislav Grof;
ed.: Elena Francisc-Țurcanu, Horia Francisc-Țurcanu; trad.: Mircea Dima.
– Ed. a 2-a. – București: Elena Francisc Publishing, 2007

    ISBN 978-973-1812-06-9

I. Francisc-Țurcanu, Elena(ed.)
II. Francisc-Țurcanu, Horia (ed.)
III. Dima, Mircea (trad.)

159.96

STANISLAV GROF
Psychology of the Future. Lessons from Modern Consciousness Research

© State University of New York, 2000

Copyright © 2014 – Toate drepturile rezervate Editurii Elena Francisc Publishing. Nicio parte din această publicație nu poate fi reprodusă, arhivată sau transmisă sub nicio formă prin niciun mijloc electronic, mecanic, de fotografiere, de înregistrare sau oricare altul fără permisiunea anterioară în scris a editorului, cu excepția cazului în care se citează pasaje în lucrări științifice și celelalte excepții permise de Legea nr. 8/1996, privind dreptul de autor și drepturile conexe, la articolele 33, 34, 35. Reproducerea integrală sau parțială, sub orice formă, a textului din această carte este posibilă numai cu acordul prealabil scris al Editurii Elena Francisc Publishing.

STANISLAV GROF

PSIHOLOGIA VIITORULUI

Introducere în Noua Conștiință

Traducere de Mircea DIMA

Cărțile
Maestrului Interior
elena francisc

CUPRINS

PREFAȚĂ / 21

1. Vindecarea și potențialul euristic al stărilor modificate de conștiință / 29
2. Cartografia psihicului uman: registrele biografic, perinatal și transpersonal / 51
3. Arhitectura tulburărilor emoționale și psihosomatice / 107
4. Urgențele spirituale: înțelegerea și tratarea crizelor de transformare / 181
5. Noi perspective în autoexplorare și psihoterapie / 227
6. Spiritualitate și religie / 259
7. Experiența morții și fenomenele conexe: perspective psihologice, filozofice și spirituale / 275
8. Jocul cosmic: explorarea profunzimilor conștiinței umane / 331
9. Evoluția conștiinței și supraviețuirea speciei umane: perspectiva transpersonală asupra crizei globale / 357
10. Psihic și Cosmos: stările holotropice de conștiință, psihologia arhetipală și tranzitele astrologice / 391

BIBLIOGRAFIE / 428

DESPRE AUTOR / 430

În loc de un *Cuvânt Înainte* al Editorilor la această carte fundamentală, am preferat să preluăm acest articol de pe *Călătoria Inimii*, scris într-un moment de mare emoție. Fie ca această carte să fie de folos exploratorilor români ai conștiinței, în aceeași măsură în care ne-a fost nouă. Căci pentru noi, dincolo de privilegiul și de onoarea de oglindi în limba română opera lui Stanislav Grof, cărțile lui și Respirația Holotropică ne-au schimbat viața complet. Apoi am împărtășit experiența și drumul nostru cu, deja, mii de oameni din România care au experimentat alături de noi, meandrele propriei conștiințe și, la rândul lor, viețile lor s-au schimbat. Calea experiențială pe care noi am numit-o *Călătoria Inimii* nu ar fi existat fără Stanislav Grof. (Elena Francisc & Horia Țurcanu)

Sărbătoarea unui explorator al Conștiinței: Stanislav Grof
Povestea unui psihiatru nonconformist. Generația LSD și întâlnirea dintre știință și spiritualitate. Dincolo de spațiu și timp. Psihologia transpersonală și starea de reîntregire. Omagiu unui mare explorator al Conștiinței. Respirația Holotropică, un instrument fabulos de autoexplorare și autovindecare. Darul lui Stanislav Grof. Sfârșitul timpurilor sau începuturile trezirii umanității. Redescoperirea lui Dumnezeu. 11 iunie 2011: „Breathing as one". Respirația planetară, cea mai de seamă experiență de conștiință extinsă a lui 2011. Un moment

al inimii pentru Stanislav Grof. Ultima sa carte, „Respirația Holotropică" va apărea până la sfârșitul acestui an la Cărțile Elena Francisc.

Era prin anii 50, undeva, în Europa de Est. Mai precis în fosta Cehoslovacie. Până la un punct tânărul bărbat crezuse că va deveni artist. Poate pictor. Desena cu talent. Cumva, porțile a ceea ce se numește „inspirație" se deschideau pentru el și atunci el avea acces la o lume a viziunii. O lume miraculoasă care exista undeva, în el însuși. Era un miracol, un mister nedeslușit dar fascinant. Atât de fascinant, încât a hotărât că merită toată atenția sa. S-a apucat să studieze. În mod evident, aceste stări de inspirație făceau parte din psihismul omenesc, din universul interior al fiecăruia. Dar știința cunoștea prea puține despre aceste fenomene interioare care păreau să țină mai curând de domeniul misticii decât de cel al psihologiei tradiționale. Potențialul pictor a devenit un tânăr psihiatru. Curiozitatea sa era insațiabilă atunci când era vorba despre misterele lăuntrice ale ființei. Într-o bună zi i s-a ivit ocazia să experimenteze anumite stări ale conștiinței induse cu ajutorul unor substanțe noi și aproape necunoscute. Universitatea care derula programul căuta voluntari pentru acest proiect. Simptomele induse de această substanță erau stranii.

Părea că întregul interior al ființei, toate trăirile se expansionau cumva, percepțiile deveneau mai largi, înțelesurile mai cuprinzătoare, semnificațiile mai evidente. Timpul și spațiul dispăreau și în conștiință apăreau conținuturi care aparent nu aveau nicio logică, dar care apoi se dovedeau de o profunzime uluitoare. Instituția trata toate acestea din perspectivă medicală. Ieșirea din „normalitate" era semnul unei patologii, a unei nebunii, iar voluntarii, tineri medici psihiatri, aveau misiunea să studieze această „nebunie" din interior. Să trăiască ceea ce trăiesc pacienții lor. Numai că tânărul nostru personaj recunoscuse deja în aceste stări de conștiință ceva ce avea legătură cu marile stări de inspirație ale artiștilor, cu stările de conștiință ale marilor mistici, cu relatările acelora care trecuseră prin transformări importante și care avuseseră ceea ce se numește „revelații". Părea mult mai mult decât o stare de nebunie, depășea cu mult cadrul patologiilor psihice despre care vorbeau cărțile de medicină.

Istoria unui psihiatru nonconformist

Tânărul acesta se numea Stanislav Grof. Substanța psihedelică era LSD-ul. Destinul său avea să-l conducă apoi în SUA unde avea să-și continue cercetările în spațiul academic american. Descoperirile sale erau atât de uluitoare încât, pur și simplu tindeau să reconfigureze complet imaginea pe care știința o avea despre psihicul omenesc. Arhitectura interioară a conștiinței părea să înglobeze tot ceea ce există. Formulările sale erau atât de curajoase și atât de neconvenționale, încât tradiționaliștii nu au putut înghiți aceste noi perspective, aceasta în ciuda faptului că alte științe, precum fizica cuantică și biochimia confirmau această viziune. Esența abordărilor sale era în esență aceasta: ceea ce numim „conștient" este doar o mică parte din ceea ce suntem. Marele rest este atât de colosal încât cuprinde totul. Aceste intuiții mai fuseseră formulate și de către alți cercetători, dar niciodată nu fuseseră susținute cu un studiu în canoanele academice. Pentru prima dată în acest cadru, științific, își făceau loc perspective ce părea să aibă mai degrabă legătură cu metafizica și cu spiritualitatea decât cu știința. Joncțiunea era făcută. Proiectul a fost oprit. Explicațiile au fost unele oarecare. Astăzi știm însă că asemenea experiențe de conștiință extinsă conduc în cele din urmă la o eliberare interioară față de diferitele sisteme de credințe pe care le-am adoptat fără să le chestionăm niciodată cu adevărat. Această libertate interioară venită pe calea „revelației" nu putea să convină niciunui sistem. Substanța magică a fost declarată ilegală și toate proiectele de cercetare asupra conștiinței de acest tip au fost sistate. Pentru ursul cehoslovac însă, obișnuit cu opreliștile diferitelor sisteme – venea din Europa de Est! – aceasta n-a fost decât un pas înainte pe calea destinului său. Căci așa a găsit calea regală..

Respirația Holotropică, calea regală către adâncuri

Observase un lucru interesant: că într-o stare de conștiință extinsă, indusă în orice fel, respirația subiectului se modifică. A făcut conexiunea cu străvechi tehnici șamanice, cu diferite tehnologii ale sacrului și a descoperit un lucru de o simplitate extremă. Procesul de expansiune al conștiinței putea fi declanșat de un anumit tip de respirație. Porțile fuseseră deschise. Ceea ce știau misticii din toate timpurile și de pe toate continentele pătrundea acum în mediul științific și putea fi studiat cu adevărat. Stanislav Grof a avut curajul de a continua pe un teritoriu luat în deriziune de lumea din care făcea parte. A avut tenacitatea și inspirația de a folosi mijloacele acceptate de știință, respectiv experimentarea cu mii și mii de subiecți, în așa fel încât concluziile sale să fie luate în seamă. Experimentele sale se dovedeau repetabile și măsurabile. Mii de oameni intrau în stări de conștiință extinsă cu ajutorul respirației și astfel teritoriile necunoscute ale inconștientului puteau fi explorate, aduse în zona conștienței ordinare. S-a dovedit că oricine putea avea acces la această uluitoare lume interioară, că informațiile, intuițiile, imaginile conștiinței se află undeva, într-un spațiu atemporal și că putem avea în orice clipă acces la toate acestea. dar cel mai important lucru a fost faptul că s-a dovedit existența unor niveluri colective de conștiință, aparținând umanității în ansamblul său. Viziunea spirituală asupra întregii Creații începuse să-și facă loc în lumea științei. Se născuse deja acea aripă reformatoare a psihologiei, numită „psihologie transpersonală". Adică o psihologie extinsă a ființei, dincolo de ceea ce am crezut că suntem. Abordarea practică pe care a pus-o la punct Grof a primit numele de „Respirație Holotropică". Adică respirația care ne conduce către trăirea stării noastre de întregire.

Au trecut 50 de ani de când tânărul Grof a decis că a desluși misterele conștiinței omenești este o misiune pe măsura sa. Multe lucruri s-au schimbat de atunci. Umanitatea nu mai este ceea ce a fost și asta și datorită lui. A făcut pentru psihologie ceea ce Einstein sau Bohr au făcut pentru fizică. A reconfigurat tot ceea ce se știa despre adâncurile noastre. Adevărurile misticilor de pretutindeni și-au făcut loc lumea științei moderne. În ultimii ani se vorbește mult despre transformările extraordinare care se petrec la nivelul conștiinței în ansamblu, despre schimbarea completă a paradigmei în care trăim. Universul și noi înșine nu suntem ceea ce a crezut știința mecanicistă că suntem. Iar la schimbarea acestei viziuni a contribuit din plin „generația LSD", așa cum au fost numiți „visătorii" anilor 60-70. Această extraordinară deschidere către lumile interioare, această formidabilă explozie a înțelegerii substratului subtil al creației la care asistăm în zilele noastre, nu ar fi fost posibilă fără călătoriile interioare ale acestei generații deschizătoare de drumuri.

Stanislav Grof face parte din această generație. Pe 1 iulie împlinește 80 de ani și o lume întreagă îi onorează opera și viața. O facem și noi, în felul nostru.

Darul lui Stan

Am avut privilegiul să-l cunosc pe Stanislav Grof și să petrec un oarecare timp cu el. O parte dintre ideile pe care mi le-a împărtășit le-am transcris în interviuri și articole. Elena Francisc, soția, iubita și partenera mea, a fost aceea care a studiat și experimentat cu el și care, într-o bună zi, mi l-a prezentat. A fost o zi importantă pentru mine. Îi cunoșteam opera, îi citisem cărțile și dintotdeauna fusesem impresionat de curajul extraordinar al acestui om de a-și afirma crezul în ciuda curentului general de opinie care-i era potrivnic. Puțini oameni de știință au vocație de luptători. Elena mi-l descrisese ca pe un uriaș blând și bun, cu o răbdare și o bunăvoință infinite. Pe mine, în acel timp, mă interesau mai curând ideile, abstracțiile mentale, mă interesa „cunoașterea" acestui personaj extraordinar pe care-l consideram un geniu. Mă pasionau experimentele de conștiință, știam totul despre psihologia transpersonală, citisem vagoane de cărți despre tot ceea ce însemna psihic și aș fi putut face un doctorat în teologie. Întâlnirea cu Stanislav Grof a deschis o poartă, dar nu în sensul în care mă așteptam eu.

Ceea ce m-a impresionat cel mai mult nu au fost cuvintele care au fost rostite, ci ceea ce am simțit în prezența lui. Un echilibru, o stabilitate, o pace pe măsura anvergurii sale interioare. marile adevăruri pe care le rostea cu o uluitoare simplitate răsunau în adâncul meu ca niște reverberații de clopot și își găseau așezarea în spațiul meu interior. Tot ceea ce intuisem era adevărat. Doar că avusesem nevoie de prezența acestui mare om ca să dobândesc și încredere în viziunea mea interioară. Acesta este darul pe care mi l-a făcut mie personal Stanislav Grof. Un dar fără preț. Am simțit atunci, într-o singură clipă, frumusețea extraordinară a tuturor „întâmplărilor", conjuncturilor care se orânduiseră în așa fel încât această întâlnire să aibă loc, perfecțiunea extraordinară a vieții care se aranjase ca un joc de puzzle, în așa fel încât acea clipă să devină posibilă. Am simțit că nu exista nici o coincidență, nici o întâmplare și că în spatele urzelii mărunte a faptelor exista ceva cu mult mai mare care făcuse ca eu să împărtășesc aceeași pasiune nebună pentru inefabil ca și iubita mea, care făcuse ca ea să-l cunoască și să-i publice opera, care făcuse ca într-o bună zi noi să experimentăm viața împreună și acea clipă a înțelegerii, ca un fulger, pe care o trăiam. Ceva s-a așezat în mine și am știut că sunt pe drumul cel bun.

Curajul unui nou început

Trăim cu toții „sfârșitul timpurilor", cum ar spune Stanislav Grof. Nu este un sfârșit al lumii, nu este vorba despre un final catastrofic al umanității. Este finalul unei epoci și al unui mod de a privi universul și pe noi înșine. Conștiința umană trece într-un nou stadiu. Începem să înțelegem că suntem mult mai mult decât niște bieți oameni ostracizați pe o planetă dușmănoasă. Începem să înțelegem, la nivel de masă, ceea ce misticii știau de mult timp. Purtăm în noi propria noastră divinitate, de o frumusețe, de o forță și de o puritate inimaginabilă pentru umanii care ne-am considerat a fi. Această descoperire a propriei naturi este un fenomen natural de evoluție și nu poate fi oprit nicicum. Procesul descoperirii de sine este uneori dureros, căci implică renunțarea la ceea ce am crezut că suntem, renunțarea la sisteme de credință și la „adevăruri" parțiale, renunțarea la confortul obișnuințelor și la curajul de a experimenta teritorii lăuntrice necunoscute. Presupune renunțarea la controlul acestei interfețe între noi și realitate pe care o folosim de sute de mii de ani și care se numește mintea omenească. Dar acest proces a început deja. Suntem în plină schimbare și mulțimi din ce în ce mai mari de oameni încep să vadă cu claritate dincolo de vălul care ne-a legat ochii atât de mult timp. Această schimbare extraordinară va modifica integral această planetă și odată cu ea Conștiința în ansamblu. Stanislav Grof este unul dintre aceia care au contribuit major la această schimbare. Procesul transformării ar fi fost mai lent și lumea noastră ar fi fost mai săracă fără el. Pentru aceasta îl onorăm cu inima.

„Și tu ești dumnezeu, de-asemeni!"

Toți aceia care sunt familiarizați cât de puțin cu explorarea spațiilor interioare ale conștiinței cunosc importanța pe care a avut-o Respirația Holotropică – abordarea pusă la punct de Stanislav Grof. Ea a făcut accesibilă tuturor accesarea dimensiunilor inefabile ale propriei ființe. Ceea ce părea apanajul yoginilor, a asceților, a inițiaților din diferitele tradiții mistice, a coborât la nivelul maselor. Într-un fel, Stanislav Grof a contribuit la de-dogmatizarea spiritualității. A luat cheile împărăției de la aceia care doreau să controleze umanitatea prin frică și prin „credință", și le-a dat mulțimii. Ceea ce numeam „dumnezeu" a încetat să mai fie posesiunea unora și a devenit al tuturor. Prin acest gest, dumnezeu a încetat să mai fie o imagine exterioară și străină, susceptibilă de a fi obiect al manipulării, și a devenit un nivel al propriei ființe. Oamenii obișnuiți și-au putut descoperi capacitățile de creatori ai propriei lor realități. După o lungă călătorie, dumnezeu s-a întors acasă. În inima omului. Cum zicea un mare maestru, toate cărțile sfinte ar putea fi reduse la o singură propoziție: „Și tu ești dumnezeu, de-asemeni." Grof a contribuit la această splendidă redescoperire a Adevărului despre noi înșine.

A deveni conștienți de tot ceea ce suntem

Respirația Holotropică, într-un fel sau altul, a schimbat lumea. Iar lumea, astăzi, îi celebrează pe Stanislav Grof și pe Christina Grof, soția lui. Spuneam că o facem și noi, în felul nostru. Aceia dintre voi, dragi prieteni ai Călătoriei Inimii, care ați lucrat deja cu noi în workshop-uri, seminarii, care ați participat la conferințele noastre, aceia care participați mai ales la programul nostru de (trans)formare în terapii transpersonale, aceia care ați fost împreună cu noi în marile noastre călătorii de conștiință, știți importanța pe care o acordăm Respirației Holotropice ca instrument de explorare interioară și de autovindecare. Știți de-asemeni despre acea evoluție a Respirației Holotropice, pe care noi am numit-o „Respirația Inimii", și despre eficacitatea sa transformatoare. Tot ceea ce facem noi, Elena Francisc și subsemnatul Horia Țurcanu, pornește de la tehnici de respirație și are drept scop conștientizarea treptată și integrarea tuturor nivelurilor de conștiință. Finalitatea – dacă există așa ceva – este omul conștient de propria sa divinitate. Nu e nevoie să murim pentru a avea acces la ceea ce suntem cu adevărat, la sufletul nostru și la întreaga sa cunoaștere. Nu e nevoie să așteptăm vreun rai iluzoriu, pentru a deveni ceea ce suntem deja. Totul este posibil acum, aici. Și toate mijloacele sunt la dispoziția noastră. Calea deschisă de Stanislav Grof este largă acum. Și toți sunteți bineveniți să pășiți. Nu există condiții de îndeplinit, posturi de ținut, nu este necesară niciun fel de negare a trupului sau a ceva din tot ceea ce suntem, căci tot ceea ce suntem face parte din experiența noastră de ființe care au ales acest parcurs. Ei bine, acesta este modul nostru de a onora cei 80 de ani de viață și experiență ai lui Stanislav Grof.

Clipa inimii, dedicată

Se dedică acestuia, de către Elena Francisc și Horia Țurcanu, un moment de deschidere a inimii. Dragi prieteni, toți aceia dintre voi care ați lucrat vreodată cu noi, cu Respirație Holotropică sau cu Respirația Inimii, toți aceia dintre voi care ați trăit vreodată o clipă de revelație alături de noi, la capătul acestui articol luați-vă o clipă de repaus, închideți ochii, respirați adânc, și dedicați o clipă a energiei voastre acestui mare om și prieten al nostru care este Stanislav Grof. Trimiteți-i, din inimă, un „mulțumesc", căci ceea ce ați trăit alături de noi, darul pe care vi l-ați făcut, a fost posibil și datorită lui. Mulțumim, Stan!

Am păstrat veștile cele mai tari pentru la sfârșit. Până la sfârșitul acestui an vom publica, printre Cărțile Elena Francisc, „Respirația Holotropică", ultima carte a lui Stanislav Grof, atât de mult așteptată printre exploratorii conștiinței, cu o prefață scrisă pentru publicul nostru chiar de autor. Ar mai fi o surpriză, dar pe care o păstrăm pe mânecă, în așa fel încât bucuria să fie și mai mare.

Așadar, dragi prieteni, Călătoria Inimii continuă, căci nu există niciun final pentru aceasta. Călătoria Inimii este călătoria sufletului aflat în experiența umană, Călătoria Inimii suntem noi și voi, Călătoria Inimii este călătoria umanității aflate în transformare perpetuă. Rămâneți aproape, căci anul acesta este un an al transformărilor profunde, plin de evenimente și de ocazii pentru a merge mai departe în descoperirea de Sine.

În numele meu și al Elenei Francisc,

vă iubim,

Horia Țurcanu

Christinei,
*Cu multă dragoste și profund respect
pentru contribuția ei
la realizarea acestei lucrări*

PREFAȚĂ

Cu mai bine de 40 de ani în urmă, o experiență intensă care a durat numai câteva ore mi-a schimbat profund viața personală și profesională. Ca tânăr rezident la psihiatrie, la numai câteva luni de la absolvirea facultății de medicină, m-am oferit voluntar pentru un experiment cu LSD, o substanță cu proprietăți psihoactive remarcabile descoperită de chimistul elvețian Albert Hofmann în laboratoarele farmaceutice Sandoz din Basel.

Această ședință, mai ales punctul său culminant, care a fost o experiență copleșitoare și indescriptibilă a conștiinței cosmice, a trezit în mine un interes de o viață pentru stările modificate de conștiință. Din acel moment, cea mai mare parte a activităților mele clinice și de cercetare a constat în explorarea sistematică a potențialului terapeutic, transformativ și evolutiv al acestor stări. Cele patru decenii dedicate cercetării conștiinței au fost pentru mine o extraordinară aventură de descoperire și autodescoperire.

Am petrecut aproximativ jumătate din acest timp cercetând terapia cu substanțe psihedelice mai întâi în Cehoslovacia, la Institutul de Cercetări Psihiatrice din Praga, și apoi în Statele Unite, la Centrul de Cercetări Psihiatrice Maryland din Baltimore, unde am participat la ultimul program american de cercetări psihedelice. Din 1975, mi-am îndreptat atenția către tehnica de respirație holotropică, o metodă puternică de terapie și autoexplorare pe care am dezvoltat-o împreună cu soția mea, Christina. Cu trecerea anilor, am sprijinit multe persoane care au trecut prin crize spirituale sau „urgențe spirituale", cum le numim eu și Christina.

Numitorul comun al acestor trei situații este prezența stărilor modificate de conștiință sau, mai exact, o subcategorie importantă a lor pe care eu o numesc holotropică. În terapia psihedelică, aceste stări sunt induse prin administrarea unor substanțe care modifică starea mintală, ca LSD-ul, psilocibina, mescalina și triptamina sau derivații amfetaminici. În respirația holotropică, conștiința este transformată printr-o combinație de respirație rapidă, muzică sugestivă și lucru corporal de descărcare energetică. În urgențele spirituale, stările holotropice apar spontan, în viața de zi cu zi și de obicei din cauze necunoscute.

În plus, am fost tangențial implicat în multe discipline care au, mai mult sau mai puțin, legături directe cu stările modificate de conștiință. Am luat parte la ceremonii sacre ale unor culturi tribale din diferite părți ale lumii, am avut contact cu șamanii din America de Nord, Mexic și America de Sud și am făcut schimb de informații cu mulți antropologi. Am avut și numeroase contacte cu reprezentanți ai diferitelor discipline spirituale, precum vipassana, zen și budismul vajrayana, siddha yoga, tantra, și ordinul creștin benedictin.

Un alt domeniu căruia i-am acordat o atenție deosebită a fost tanatologia, tânăra disciplină care studiază experiențele de moarte clinică și aspectele psihologice și spirituale ale morții și ale stărilor premergătoare morții. Am participat, la sfârșitul anilor '60 și începutul anilor '70, la un proiect de cercetare de amploare care a studiat efectele terapiei psihedelice asupra persoanelor în stadii terminale ale bolii canceroase. Ar trebui să adaug și că am avut privilegiul de a cunoaște personal și a face experimente împreună cu unele dintre cele mai renumite mediumuri și parapsihologi ai timpurilor noastre, pionieri ai cercetării conștiinței și terapeuți care au dezvoltat și au pus în practică forme puternice de terapie experiențială care induc stări modificate de conștiință.

Contactul meu inițial cu stările modificate de conștiință a fost foarte dificil și solicitant din punct de vedere intelectual și emoțional. La începutul cercetărilor mele clinice și de laborator cu substanțele psihedelice, am fost bombardat zilnic cu experiențe și observații pentru care formația mea medicală și psihiatrică nu mă pregătise.

De fapt, trăiam și vedeam lucruri care, în contextul paradigmei în care fusesem educat, erau considerate imposibile și nu ar fi trebuit să se întâmple. Totuși, aceste lucruri imposibile se întâmplau mereu.

După ce am trecut peste șocul conceptual inițial și peste îndoielile privind sănătatea mea mintală, am început să realizez că problema poate să nu fie legată de capacitatea mea de observație sau de judecata critică, ci de limitele teoriei mele psihologice și psihiatrice de atunci și de paradigma materialist-monistă a științei occidentale. Bineînțeles, nu mia fost ușor să ajung la această concluzie, deoarece am fost forțat să mă lupt cu uimirea și respectul pe care le aveam ca student la medicină sau psihiatru în formare pentru instituția academică, autoritățile științifice, titlurile și distincțiile impresionante.

În timp, bănuiala mea inițială privind neajunsurile teoriilor academice despre conștiință și psihicul uman s-a transformat în certitudine, hrănită și întărită de mii de observații clinice și experiențe personale. În acest moment, nu mai am îndoieli că datele rezultate din cercetările asupra stărilor modificate de conștiință reprezintă o provocare conceptuală critică pentru paradigma științifică dominantă în prezent în psihologie, psihiatrie, psihoterapie și multe alte discipline.

Această carte este o încercare de a indica într-o manieră amănunțită și sistematică domeniile care necesită o revizuire radicală și sugestii privind direcția și natura schimbărilor necesare. Schimbările conceptuale prezentate de cercetarea conștiinței sunt fundamentale și nu pot fi rezolvate prin modificări conceptuale minore sau câteva ipoteze ad-hoc. În opinia mea, natura și amploarea crizei conceptuale cu care se confruntă psihologia și psihiatria sunt comparabile cu situația creată în fizică, la începutul secolului XX, de rezultatele experimentului Michelson-Morley.

Capitolul de început al cărții este o prezentare generală a stărilor modificate de conștiință, a rolului pe care acestea l-au jucat în viața rituală, spirituală și culturală a umanității și a provocărilor pe care le reprezintă pentru perspectiva materialist-monistă a științei occidentale. Acest capitol se încheie cu o prezentare a domeniilor în care sunt necesare schimbări conceptuale majore și schițează natura variantelor sugerate. Acestea sunt apoi explorate mai pe larg în secțiunile următoare ale cărții.

Capitolul următor discută primul dintre aceste domenii – natura și originea conștiinței și dimensiunile psihicului uman. Observațiile obținute din cercetarea conștiinței contrazic mitul actual al științei materialiste care descrie conștiința ca pe un epifenomen al materiei, un produs al proceselor neurofiziologice din creier. Conform acestora, conștiința este un atribut primar al existenței, capabilă de multe activități pe care creierul nu le-ar putea realiza altfel. Conform noilor descoperiri, conștiința umană face parte și participă la un câmp universal mai larg al conștiinței cosmice care cuprinde totalitatea existenței.

Psihiatria și psihologia academică tradițională folosesc și ele un model al psihicului limitat la biologie, biografia postnatală și inconștientul freudian individual. Pentru a explica toate fenomenele care au loc în stările holotropice, felul în care înțelegem dimensiunile psihicului uman trebuie să fie drastic extins. Noua cartografie a psihicului descrisă în această carte include două domenii suplimentare: cel perinatal (legat de trauma nașterii) și cel transpersonal (care include amintirile ancestrale, rasiale, colective și filogenetice, experiențele karmice și dinamicile arhetipale).

Pe măsură ce cartea continuă, această înțelegere mai avansată a psihicului uman este aplicată în diferite tulburări emoționale și psihosomatice care nu au o bază organică („psihopatologia psihogenă"). Pentru a explica aceste tulburări, psihiatria tradițională folosește un model limitat la traumele biografice postnatale din pruncie sau la cele survenite ulterior. Noua paradigmă sugerează că rădăcinile acestor boli merg mult mai departe și includ contribuții semnificative din nivelul perinatal și din domeniile transpersonale ale psihicului.

Una dintre cele mai importante consecințe ale noii paradigme și perspective asupra dimensiunilor psihicului uman este realizarea faptului că multe stări pe care psihiatria le consideră patologice și le tratează cu medicație supresivă sunt, în realitate, „urgențe spirituale", crize psiho-spirituale cu potențial de vindecare și transformare. Un capitol special e dedicat discuției naturii acestor stări, situațiilor care le declanșează, formelor lor de manifestare și noilor strategii terapeutice.

Capitolul următor explorează implicațiile practice ale noilor observații despre psihicul uman. El discută principiile psihoterapiei prin folosirea stărilor holotropice și a mecanismelor de vindecare disponibile în momentul în care procesul de autoexplorare experiențială atinge nivelurile perinatale și transpersonale. O secțiune specială din acest capitol discută teoria și practica respirației holotropice, arătând cum se manifestă noile principii și cum sunt utilizate în această formă de terapie experiențială.

Observațiile din stările holotropice subminează serios principiile fundamentale ale gândirii materialiste, credința în primatul materiei și în absența dimensiunii spirituale din țesătura existenței. Ele aduc dovezi empirice și experiențiale directe că spiritualitatea este un atribut critic și legitim al psihicului uman și al schemei universale a lucrurilor. Acest subiect important se bucură de o atenție specială în carte. Se arată că, atunci când sunt corect înțelese, spiritualitatea și știința nu sunt și nu pot fi în conflict, ci reprezintă două abordări complementare ale existenței.

Un capitol special este dedicat aspectelor psihologice, filozofice și spirituale ale morții și ale stărilor premergătoare ei. Sunt explorate probleme ca semnificația morții pentru psihologie, experiențele de moarte clinică, posibilitatea supraviețuirii conștiinței după moarte, karma și reîncarnarea, vechile cărți despre moarte și pregătirea experiențială pentru moarte. Observațiile pe care se bazează acest capitol fac parte, împreună cu multe altele, dintr-o cercetare de amploare a terapiei psihedelice, cu pacienți bolnavi de cancer în stadii terminale, cercetare descrisă și discutată pe larg în acest capitol.

Viziunile metafizice cu impactul cel mai profund rezultate din cercetarea stărilor holotropice sunt rezumate în capitolul despre „jocul cosmic". Ele se ocupă de subiecte ca natura realității, principiul cosmic creativ și relația noastră cu el, dinamicile creației, tabuul împotriva cunoașterii adevăratei noastre identități, problema binelui și răului. Este fascinant că răspunsurile la aceste întrebări fundamentale despre existența umană, care apar în mod spontan în stările holotropice, sunt surprinzător de similare nu numai cu cele existente în literatură despre „filozofia perenă", cum este descrisă de Aldous Huxley, ci și cu descoperirile revoluționare ale noii paradigme a științei.

Ultimul capitol al cărții se concentrează asupra implicațiilor noilor descoperiri pentru înțelegerea crizei globale actuale și asupra modului în care cercetarea conștiinței și psihologia transpersonală pot contribui la atenuarea ei. Sunt explorate rădăcinile psiho-spirituale ale agresivității maligne și lăcomiei insațiabile, două forțe care au dominat istoria umană și care, din cauza rapidului progres tehnologic, au devenit o amenințare serioasă la adresa supraviețuirii pe planeta noastră. Lucrul cu stările holotropice de conștiință ne oferă nu numai o nouă înțelegere a acestor elemente periculoase ale psihicului uman, ci și căi eficiente de combatere și transformare a lor.

Patruzeci de ani de cercetări intense și sistematice ale stărilor holotropice m-au condus la concluzia că transformarea interioară radicală a umanității și ridicarea la un nivel superior de conștiință ar putea fi singura speranță reală de a avea un viitor. Aș vrea să cred că cei care sunt pe cale să se îmbarce într-o călătorie interioară sau au pornit deja în ea vor găsi în această carte și în informațiile prezentate aici un ghid util în această dificilă aventură.

Sunt profund îndatorat și foarte recunoscător lui Jane Bunker, redactor de achiziții la State University of New York Press, fără ajutorul căreia această carte nu ar fi fost scrisă. Ea a fost cea care mi-a sugerat că cititorii ar putea aprecia o lucrare care ar acoperi într-un volum cele mai importante observații rezultate din cercetările mele asupra stărilor modificate de conștiință. Urmând sfaturile ei, am scris această carte pentru a oferi informații detaliate despre principalele arii pe care le-am explorat în cercetările mele.

Cititorii care vor fi interesați de un subiect discutat într-un anumit capitol pot folosi această prezentare generală ca o introducere la celelalte cărți ale mele, care oferă o abordare mai detaliată a diferitelor subiecte. Urmează o listă de trimiteri la diferitele mele lucrări sau părți ale lor, care pot fi folosite ca surse de informații suplimentare despre temele analizate în diferitele capitole.

Capitolul 1. Informații mai detaliate despre potențialul euristic și terapeutic al substanțelor psihedelice pot fi găsite în cartea mea *LSD Psychotherapy*, un manual dedicat în mod special acestui subiect, și în anexa la *The Adventure of Self-Discovery*, care se concentrează asupra folosirii rituale și terapeutice a substanțelor psihedelice. Rolul stărilor modificate de conștiință în șamanism, riturile de trecere, vechile mistere ale morții și renașterii și marile tradiții spirituale sunt discutate în *The Stormy Search for the Self*, scrisă împreună cu soția mea, Christina.

Capitolul 2. Noua cartografie a psihicului uman este explorată pe larg mai ales în *Realms of the Human Unconscious* și *The Adventure of Self-Discovery*. Aceste cărți descriu dinamica sistemelor COEX, matricele perinatale și diferite forme ale experiențelor transpersonale cu multe exemple ilustrative. *The Holotropic Mind*, scrisă împreună cu Hal Zina Bennett, este o introducere elementară la harta extinsă a psihicului, scrisă pentru cei care pășesc pentru prima dată în domeniul transpersonal.

Capitolul 3. Implicațiile cercetărilor mele în diagnosticarea și tratamentul tulburărilor emoționale și psihosomatice, în psihiatrie și psihologie în general, sunt explorate în *Beyond the Brain*. Aici există și o analiză a diferitelor progrese revoluționare din știința modernă compatibile cu aceste noi descoperiri. Deși este accesibilă unor novici interesați, această carte se adresează în primul rând specialiștilor.

Capitolul 4. Cei interesați în principal de conceptul crizei spirituale și de implicațiile cercetării conștiinței în înțelegerea și terapia psihozelor vor găsi mai multe informații în două cărți pe care le-am scris împreună cu soția mea, Christina, *The Stormy Search for the Self* și *Spiritual Emergency*. Prima este o analiză detaliată și amplă a abordărilor alternative ale psihozelor, a doua este un compendiu de articole scrise de diferiți autori despre acest subiect.

Capitolul 5. Potențialul terapeutic al stărilor modificate de conștiință este subiectul multora dintre cărțile mele. A doua jumătate a volumului *The Adventure of Self-Discovery*, care descrie practica respirației holotropice și mecanismele terapeutice din stările modificate de conștiință, se poate bucura de un interes special. Relevante sunt și pasajele din *Beyond the Brain* care discută argumentele pro și contra ale diferitelor școli de psihoterapie și compară metodele de investigare și prezentare ale terapiei. *LSD Psychotherapy* este un manual care discută în special folosirea substanțelor psihedelice în psihoterapie și *The Stormy Search for the Self* explorează strategii terapeutice alternative în stările psihotice.

Capitolul 6. Relația dintre spiritualitate și religie este abordată cel mai amănunțit în *The Cosmic Game (Jocul cosmic)*. Informații relevante despre acest subiect pot fi găsite și în *The Stormy Search for the Self*.

Capitolul 7. Aspectele psihologice, filozofice și spirituale ale morții și fenomenelor premergătoare sunt discutate în *The Human Encounter with Death*, scrisă în colaborare cu Joan Halifax, unde este descris un proiect de cercetare a aplicării terapiei psihedelice pe mai bine de 100 de pacienți cu cancer, cercetare realizată de noi la Centrul de Cercetări Psihiatrice Maryland din Baltimore. Am scris și două volume, bogat ilustrate, care explorează ramificațiile culturale ale acestei cercetări – *Books of the Dead* și *Beyond Death*, ultima în colaborare cu soția mea, Christina.

Capitolul 8. Aspectele filozofice, metafizice și spirituale ale cercetării mele fac obiectul unui volum separat, *The Cosmic Game*. Această carte explorează înțelegerea naturii umane și a naturii realității pe baza experiențelor și observațiilor din stările holotropice de conștiință. Este subliniată surprinzătoarea similitudine a acestei perspective cu „filozofia perenă" a lui Aldous Huxley și cu progresele revoluționare din știința modernă cunoscute sub numele de noua paradigmă sau paradigma emergentă.

Capitolul 9. Informații suplimentare despre implicațiile globale mai largi ale lucrului cu stările holotropice pot fi găsite în epilogul la *Beyond the Brain* și în *The Cosmic Game*. Am publicat și cartea *Human Survival and Consciousness Evolution*, un compendiu de articole scrise de diferiți autori renumiți despre acest subiect important.

Capitolul 10. Psihic și Cosmos: stările holotropice de conștiință, psihologia arhetipală și tranzitele astrologice.

Toate cărțile pe care le-am menționat conțin bibliografii importante, care vor îndruma cititorii interesați către lucrările existente pe anumite teme.

1
Vindecarea și potențialul euristic al stărilor modificate de conștiință

Această carte rezumă experiențele și observațiile mele din cei peste 40 de ani în care am studiat stările modificate de conștiință. Am urmărit în principal descrierea aspectelor euristice ale acestor stări – contribuția lor la înțelegerea naturii conștiinței și psihicului uman. Deoarece pregătirea mea inițială a fost cea de psihiatru clinician, voi acorda o atenție specială și potențialului de vindecare, transformare și evoluție al acestor experiențe. Pentru acest scop, termenul *stări modificate de conștiință* este prea larg și prea general. El include o gamă largă de stări care ne interesează prea puțin sau deloc dintr-o perspectivă euristică sau terapeutică.

Conștiința poate fi profund modificată de o varietate de procese patologice – traume cerebrale, intoxicații cu substanțe otrăvitoare, infecții sau procese degenerative și circulatorii din creier. Acestea pot să determine schimbări mintale profunde, care le vor conduce în categoria „stărilor modificate de conștiință". Totuși, asemenea afecțiuni produc „trivial deliria" sau „psihoze organice", stări foarte importante din punct de vedere clinic, dar irelevante pentru discuția noastră. Persoanele care prezintă asemenea stări sunt de obicei dezorientate; nu știu cine și unde sunt sau ce dată este. În plus, funcțiile lor intelectuale sunt serios afectate și suferă, de obicei, de amnezie.

În această carte, mă voi concentra asupra unui subgrup vast și important de stări modificate de conștiință care diferă semnificativ de rest și reprezintă o sursă neprețuită de informații noi despre psihicul uman sănătos ori bolnav. Ele au și un remarcabil potențial terapeutic și transformator. De-a lungul anilor, observațiile mele clinice m-au convins de natura deosebită a acestor experiențe și de implicațiile lor ample asupra psihiatriei teoretice și practice. Mi-a fost greu să cred că psihiatria contemporană nu recunoaște trăsăturile lor specifice și nu are un nume special pentru ele.

Deoarece sunt convins că merită să fie separate de restul stărilor de conștiință și plasate într-o categorie specială, am creat pentru ele termenul de *holotropic* (Grof, 1992). Acest cuvânt compus înseamnă, tradus literal, „orientat spre întregire" sau „căutând întregirea" (din grecescul *holos* = întreg și *trepein* = deplasare spre). Sensul complet al acestui termen și justificarea folosirii lui vor fi lămurite mai târziu în carte. El sugerează că în starea noastră obișnuită de conștiință ne identificăm doar cu o mică parte din ceea ce suntem cu adevărat. În stările holotropice de conștiință putem depăși granițele înguste ale eului corporal pentru a ne regăsi identitatea completă.

Stările holotropice de conștiință

În stările holotropice, conștiința suferă o modificare calitativă profundă, fundamentală, fără să fie însă semnificativ redusă ca în cazul tulburărilor cu cauzalitate organică. Rămânem de obicei perfect orientați spațio-temporal și nu pierdem complet contactul cu realitatea cotidiană. În același timp, câmpul conștiinței noastre este invadat de conținuturi din alte dimensiuni ale existenței într-un mod foarte intens și chiar copleșitor. Astfel, trăim simultan două realități foarte diferite, „avem câte un picior într-o altă lume".

Stările holotropice sunt caracterizate de schimbări perceptuale dramatice în toate ariile senzoriale. Când închidem ochii, câmpul nostru vizual poate fi inundat de imagini din istoria personală și din inconștientul individual și colectiv. Putem avea viziuni și experiențe care descriu diferite aspecte ale regnului animal și vegetal, naturii în general sau ale Cosmosului. Experiențele ne pot transporta în domeniul ființelor arhetipale și regiunilor mitologice. Când deschidem ochii, percepția noastră asupra mediului înconjurător poate fi iluzoriu transformată de proiecții vii ale acestui material inconștient. Acestea pot fi însoțite de o gamă largă de experiențe care implică și celelalte simțuri – diferite sunete, senzații fizice, mirosuri și gusturi.

Emoțiile asociate cu stările holotropice acoperă un spectru foarte larg, care depășește de obicei cadrul experienței cotidiene, atât prin natura, cât și prin intensitatea lor. Ele merg de la trăiri extatice, de beatitudine și „pace care depășește orice înțelegere", la episoade de teroare intensă, furie ucigașă, disperare profundă, vinovăție chinuitoare și alte forme de suferință emoțională inimaginabilă. Formele extreme ale acestor stări seamănă cu descrierile lumilor paradisiace ori celeste și ale iadurilor din scripturile marilor religii ale lumii.

Un aspect deosebit de interesant al stărilor holotropice este efectul lor asupra gândirii. Intelectul nu este afectat, dar funcționează într-un mod semnificativ diferit de modul său zilnic de operare. Este posibil să nu ne putem baza pe judecata noastră în probleme practice obișnuite, putem fi efectiv invadați de informații exacte și remarcabile pe o varietate de teme. Putem ajunge la o înțelegere psihologică profundă a istoriei noastre de viață, a dinamicilor inconștiente, dificultăților emoționale și problemelor interpersonale. Putem avea, de asemenea, revelații extraordinare în legătură cu diferite aspecte ale naturii și Cosmosului care depășesc cu mult nivelul nostru educațional și intelectual. Totuși, cele mai interesante viziuni disponibile în stările holotropice sunt cele legate de probleme filozofice, metafizice și spirituale.

Putem trăi succesiuni de morți și renașteri psihologice și un spectru larg de fenomene transpersonale, precum sentimentul de identificare cu alte persoane, natura, Universul și Dumnezeu. Putem descoperi chiar ceea ce par a fi amintiri din alte încarnări, putem întâlni importante figuri arhetipale, putem comunica cu ființe imateriale și vizita numeroase peisaje mitologice. Experiențele holotropice de acest gen sunt principala sursă a cosmologiilor, mitologiilor, filozofiilor și sistemelor religioase care descriu natura spirituală a Cosmosului și existenței. Ele sunt cheia înțelegerii vieții rituale și spirituale a umanității, de la șamanism și ceremoniile sacre ale triburilor aborigene până la marile religii ale lumii.

Stările holotropice de conștiință și istoria umană

Când analizăm rolul pe care l-au jucat stările holotropice de conștiință în istoria omenirii, cea mai surprinzătoare descoperire este diferența uimitoare dintre atitudinea față de aceste stări ce caracterizează societatea industrială occidentală și atitudinile tuturor culturilor antice și preindustriale. În contrast flagrant cu umanitatea modernă, toate culturile primitive au un mare respect pentru stările holotropice și au investit mult timp și efort pentru a dezvolta moduri sigure și eficiente de inducere a lor. Acestea au fost folosite ca principal vehicul în viața rituală și spirituală și în diferite alte scopuri importante.

În contextul ceremoniilor sacre, stările modificate de conștiință mediau pentru populația tribului contactul experiențial direct cu dimensiunile arhetipale ale realității – zeități, tărâmuri mitologice și forțe numinoase ale naturii. O altă arie în care aceste stări au jucat un rol crucial a fost diagnosticarea și vindecarea diferitelor tulburări. Deși culturile aborigene posedau deseori cunoștințe impresionante despre remediile naturiste, ele puneau, în principal, accentul pe vindecarea metafizică. Acest lucru implica de obicei inducerea stărilor holotropice de conștiință – la client, la vindecător sau la amândoi în același timp. De multe ori, un grup mare sau chiar un trib întreg intra în transa vindecătoare împreună, cum se întâmplă, de exemplu, până în zilele noastre cu aborigenii Kung din deșertul african Kalahari.

Stările holotropice au fost folosite, de asemenea, pentru cultivarea intuiției și a percepției extrasenzoriale într-o varietate de scopuri practice, precum găsirea persoanelor și obiectelor pierdute, obținerea de informații despre persoane aflate în locuri îndepărtate și pentru a urmări vânatul. În plus, ele serveau și ca sursă de inspirație artistică, oferind idei pentru ritualuri, picturi, sculpturi și cântece. Impactul pe care experiențele trăite în aceste stări l-a avut asupra vieții culturale a societăților preindustriale și a istoriei spirituale a omenirii a fost enorm.

Importanța stărilor holotropice pentru culturile vechi aborigene este reflectată în cantitatea de timp și energie dedicată dezvoltării „tehnologiilor sacrului", diferite proceduri de modificare a stării mintale, capabile să inducă stările holotropice în scopuri rituale și spirituale. Aceste metode combină în diferite feluri tobele și alte forme de percuție, muzică, incantații, dansuri ritmice, schimbări ale ritmului respirator și cultivarea unor forme speciale de observație. Izolarea socială și senzorială profundă, cum ar fi retragerea într-o peșteră, deșert, pe calota arctică sau culmile munților joacă, de asemenea, un rol important ca mijloc de inducere a stărilor holotropice. Intervențiile fiziologice extreme folosite în acest scop includ postul, privarea de somn, deshidratarea și chiar sângerarea masivă, folosirea unor laxative și purgative puternice și inducerea unei dureri intense.

O tehnologie deosebit de eficientă pentru inducerea stărilor holotropice a fost folosirea rituală a plantelor și substanțelor psihedelice. Poțiunea divină legendară numită *haoma* în Zend Avesta din Persia antică și *soma* în India era folosită de triburile indo-iraniene cu mai multe milenii în urmă și a fost, probabil, cea mai importantă sursă a religiei și filozofiei vedice. Preparate din diferite tipuri de cânepă au fost fumate și ingerate sub diferite nume (*hașiș, charas, bhang, ganja, kif, marijuana*) în țările din Orient, Africa și zona Caraibelor pentru recreere, plăcere și în timpul ceremoniilor religioase. Ele au reprezentat un sacrament important pentru grupuri extrem de diverse ca brahmanii, unele ordine sufite, vechii sciți și rastafarienii din Jamaica.

TABELUL 1.1 Tehnici antice și aborigene pentru inducerea stărilor holotropice

Lucrul cu respirația, direct sau indirect (pranayama, bastrika yoghinică, „respirația de foc" budistă, respirația sufi, ketjak balinez, muzica guturală a eschimoșilor inuiți etc.)

Tehnologii ale sunetului (bătut de tobe, zornăit, folosirea bețelor, clopotelor și gongurilor, muzică, incantații, mantre, didjeridoo – instrument care imită mugetul de taur)

Dansul și alte forme de mișcare (rotirile dervișilor, dansurile lama, dansul transei al boșimanilor din Kalahari, hatha yoga, tai chi, chigong etc.)

Izolare socială și privare senzorială (retragere în deșert, în peșteri, pe vârfurile munților, în câmpiile înzăpezite, căutare de viziuni etc.)

Supraîncărcarea senzorială (o combinație de stimuli acustici, vizuali, și proprioceptivi în timpul unor ritualuri aborigene, durere extremă etc.)

Mijloace fiziologice (post, privare de somn, purgative, laxative, vasectomie [mayași], proceduri fizice dureroase (dansul soarelui al indienilor sioux lakota, subincizie, pilirea dinților)

Meditație, rugăciune și alte practici spirituale (diferite tehnici yoga, tantra, soto și practica rinzai zen, dzogchen tibetan, isihasm creștin (rugăciunea lui Isus), exercițiile lui Ignatius de Loyola etc.)

Substanțe psihedelice de proveniență animală sau vegetală (hașiș, cactus mexican, teonanacatl, ololiuqui, ayahuasca, eboga, lemn de trandafir hawaian, rută siriană, secreție din pielea broaștei rîioase Bufo alvarius, pește pacific Kyphosus fuscus etc.)

Folosirea rituală a diferitelor materiale psihedelice are și ea o istorie lungă în America Centrală. Plante extrem de eficiente în modificarea stării mintale erau bine cunoscute în mai multe culturi indiene pre-hispanice – azteci, mayași și toltecі. Cele mai renumite sunt cactusul mexican *peyote* (Lofofora williamsii), ciuperca sacră *teonanacatl* (Psilocybe mexicana) și *ololiuqui*, semințele diferitelor varietăți de rochița rîndunicii (Ipomoea violacea și Turbina corymbosa). Acestea au fost folosite ca sacramente până în prezent de Huichol, Mazatec, Chichimeca, Cora și alte triburi mexicane indiene, ca și de amerindieni.

Faimoasa yajé sau ayahuasca sud-americană este un decoct obținut dintr-o liană din junglă (Banisteriopsis caapi) combinat cu alte aditive din plante. Aria amazoniană și cea a Insulelor Caraibe sunt de asemenea cunoscute pentru o varietate de țigări psihedelice. Triburile aborigene din Africa ingerează și inhalează preparate din coaja arbustului eboga (Tabernanthe iboga), care este folosită în cantități mici ca stimulent și în cantități mari în ritualurile inițiatice pentru bărbați și femei. Compușii psihedelici de origine animală includ secreții ale pielii unor broaște (Bufo alvarius) și carnea peștelui Kyphosus fuscus din Pacific. Lista de mai sus prezintă doar o mică parte din substanțele psihedelice folosite dea lungul secolelor în viața rituală și spirituală a diferitelor țări ale lumii.

Practica inducerii stărilor holotropice poate fi trasată până la începuturile istoriei umane. Este cea mai importantă caracteristică a *șamanismului*, cel mai vechi sistem spiritual și artă de vindecare a umanității. Cariera multor șamani începe cu o criză spontană psiho-spirituală („boala șamanică"). Este o stare puternic vizionară, în timpul căreia viitorul șaman trăiește o călătorie în lumea de dincolo, tărâmul morților, unde este atacat de spirite malefice, supus la diferite chinuri, omorât și hăcuit. Acest lucru este urmat de o experiență a renașterii și ascensiunii în tărâmul celest.

Mandală de la o ședință de respirație holotropică, reprezentând experiența transformării șamanului într-un leu de munte (Tai Ingrid Hazard)

Șamanismul este conectat cu stările holotropice și într-un alt mod. Șamanii desăvârșiți și experimentați sunt capabili să intre în transă după dorință și într-un mod controlat, transă pe care o folosesc pentru diagnosticare, vindecare, percepție extrasenzorială, explorarea unor dimensiuni alternative ale realității și în alte scopuri. Ei induc adesea stările holotropice și altor membri ai tribului și joacă rolul de „ghizi spirituali" – oferind suportul și îndrumarea necesară celor care traversează teritoriile complexe ale lumii de dincolo.

Mandală de la o ședință de respirație holotropică în care artiștii s-au identificat cu o adolescentă dintr-un trib din America de Sud care participă la un rit al pubertății. O parte importantă a ritualului o reprezenta identificarea cu un jaguar (Katheleen Silver).

Mandală de la o ședință de respirație holotropică, reprezentând identificarea cu o virgină din regiunea Yucatan a Mexicului, folosită ca victimă a sacrificiului într-un ritual care o celebrează pe Zeița Porumbului. După o perioadă de sufocare, panică și excitație sexuală, a apărut un frumos curcubeu aducând lumină și pace (Kathleeen Silver).

    Șamanismul este extrem de vechi, probabil de cel puțin 30 000 de ani; rădăcinile lui pot fi trasate cu mult timp în urmă, în epoca paleolitică. Pereții faimoaselor peșteri din sudul Franței și nordul Spaniei, ca Lascaux, Font de Gaume, Les Trois Freres, Altamira și altele, sunt decorați cu frumoase imagini de animale, majoritatea reprezentând specii care existau în peisajul Epocii de Piatră – bizoni, cai sălbatici, reni, capre de Alpi, mamuți, lupi, rinoceri și reni. Cu toate acestea, alte animale, precum „Vrăjitorul animal" din peștera Lascaux, sunt creaturi mitice care au categoric o semnificație magică și rituală. În mai multe dintre aceste peșteri există picturi și sculpturi ale unor figuri stranii ce combină trăsăturile umane și animale, care îi reprezintă neîndoielnic pe șamanii antici.

Cea mai cunoscută din aceste imagini este „Vrăjitorul" de la Les Trois Freres, o misterioasă figură compusă ce îmbină diferite simboluri masculine. Are coarnele unui cerb, ochii unei bufnițe, coada unui cal sălbatic sau lup, barba unui om și labele unui leu. O altă sculptură faimoasă a unui șaman din același complex de peșteri este „Stăpânul fiarelor", care guvernează Terenurile Fericite de Vânătoare înțesate de animale superbe. La fel de cunoscută este scena de vânătoare de pe peretele de la Lascaux, ce prezintă un bizon rănit și figura unui șaman întins, cu penisul în erecție. Grota cunoscută sub numele de La Gabillou adăpostește o sculptură a unei figuri de șaman în mișcare, pe care arheologii o numesc „Dansatorul".

Pe stratul de lut de pe jos, în interiorul peșterii Tuc d'Audoubert, cercetătorii au descoperit urme de pași într-un aranjament circular în jurul a două efigii de bizoni, sugerând că persoanele care locuiau acolo participau la dansuri similare cu cele care mai sunt încă practicate în multe culturi aborigene pentru inducerea stărilor de transă. Originile șamanismului pot fi urmărite până la un cult neanderthalian și mai vechi, al ursului cavernelor, după cum sugerează altarele de animale din perioada interglaciară găsite în grotele din Elveția și sudul Germaniei.

Șamanismul nu este numai foarte vechi, ci și universal; el poate fi întâlnit în America de Nord și de Sud, Europa, Africa, Asia, Australia, Micronezia și Polinezia. Faptul că atât de multe culturi diferite de-a lungul istoriei omenirii au considerat utile și relevante tehnicile șamanice sugerează și că stările holotropice activează ceea ce antropologii numesc „mintea primară", un aspect fundamental și primordial al psihicului uman care transcende rasa, sexul, cultura și timpul istoric. În culturile care au scăpat de influența distrugătoare a civilizației industriale occidentale, tehnicile și procedurile șamanice au supraviețuit până azi.

Un alt exemplu de transformare psiho-spirituală sancționată cultural și care implică stările holotropice sunt evenimentele rituale pe care antropologii le numesc *rituri de trecere*. Acest termen a fost inventat de antropologul olandez Arnold van Gennep, autorul primului tratat științific despre acest subiect (van Gennep, 1960). Ceremonii de acest tip au existat în toate culturile aborigene cunoscute și mai sunt încă practicate în multe societăți preindustriale. Scopul lor principal este să redefinească, să transforme și să purifice persoane, grupuri și chiar culturi întregi.

Riturile de trecere sunt practicate în momente de schimbări critice din viața unei persoane sau a unei culturi. Momentul realizării lor coincide deseori cu tranziții fiziologice și sociale importante, cum ar fi nașterea, circumcizia, pubertatea, căsătoria, menopauza și moartea. Ritualuri similare sunt asociate și cu inițierea în statutul de războinic, acceptarea în societățile secrete, festivalurile calendaristice ale înnoirii, ceremoniile de vindecare și migrațiile geografice ale grupurilor umane.

Riturile de trecere implică puternice proceduri de modificare a stării mintale care induc experiențe psihologice dezorganizante și conduc la un nivel superior de integrare. Acest episod al morții și renașterii psiho-spirituale este atunci interpretat ca moarte în vechiul rol și renașterea întru noul rol. De exemplu, în riturile pubertății, inițiații intră în procedură ca băieți și fete și ies ca adulți, cu toate drepturile și îndatoririle care decurg din acest statut. În aceste situații, individul sau grupul social lasă în urmă un mod de existență și trece la circumstanțe de viață complet noi.

Persoana care revine din inițiere nu mai este aceeași cu cea care a intrat în procesul inițiatic. După ce a suferit o transformare psiho-spirituală profundă, are o conexiune personală cu dimensiunea numinoasă a existenței, ca și cu noua perspectivă mult extinsă asupra lumii, o imagine de sine mai bună și un sistem diferit de valori. Toate acestea sunt rezultatul unei crize induse deliberat care ajunge la însăși esența ființei inițiate și este uneori îngrozitoare, haotică și dezorganizantă. Riturile de trecere oferă astfel un alt exemplu de situație în care o perioadă de dezintegrare temporară și frământări duce la o mai bună sănătate psihică și la o stare de bine.

Cele două exemple de „dezintegrare pozitivă" pe care le-am discutat până acum – criza șamanică și experiența ritualului de trecere – au multe trăsături comune, dar diferă în mare măsură. Criza șamanică invadează psihicul viitorului șaman pe neașteptate și fără avertisment; este spontană și autonomă prin natura ei. Dimpotrivă, riturile de trecere sunt produsul culturii și urmează un plan previzibil. Experiențele inițiatice sunt rezultatul unor „tehnologii ale sacrului", dezvoltate și perfecționate de generațiile anterioare.

În culturile care venerează șamanii și practică ritualuri de trecere, criza șamanică este considerată o formă de inițiere mult superioară ritualului de trecere. Este privită ca o intervenție a unei puteri superioare, fiind astfel o indicație a opțiunii divine și chemării speciale. Dintr-o altă perspectivă, ritualurile de trecere reprezintă un pas înainte în aprecierea culturală a valorii pozitive a stărilor holotropice. Culturile șamanice acceptă și respectă foarte mult stările holotropice care apar spontan în timpul crizelor inițiatice și a transei vindecătoare trăite sau induse de șamanii recunoscuți. Riturile de trecere introduc stările holotropice în cultură la scară largă, le instituționalizează și le integrează în viața rituală și spirituală.

Stările holotropice de conștiință au jucat, de asemenea, un rol critic în *misterele morții și renașterii*, proceduri sacre și secrete foarte răspândite în lumea antică. Aceste mistere se bazau pe povestiri mitologice despre zeități care simbolizau moartea și transformarea. În vechiul Sumer erau Inanna și Dumuzi, în Egipt, Isis și Osiris, iar în Grecia, zeitățile Attis, Adonis, Dionysos și Persefona. Corespondentele lor mezoamericane erau la azteci Quetzalcoatl sau Șarpele cu Pene și Gemenii Eroi din tradiția mayașă de la Popol Vuh. Aceste mistere erau deosebit de populare în zona mediteraneană și în Orientul Mijlociu, așa cum se poate vedea din inițierile în templele sumeriene și egiptene, misterele mitraice sau riturile grecești koribantice, bacanalele și misterele eleusine.

O mărturie impresionantă a puterii și impactului experiențelor implicate este faptul că misterele practicate în sanctuarul eleusin de lângă Atena au avut loc cu regularitate și fără întrerupere la fiecare cinci ani, timp de aproape două mii de ani. Chiar și așa, nu au încetat să atragă atenția lumii antice. Activitățile ceremoniale din Eleusis au fost brutal întrerupte când împăratul creștin Teodosius a interzis participarea la mistere și la alte culte păgâne. La scurt timp după aceea, în 395 d.Cr., invadatorii goți au distrus sanctuarul.

În telestrion, gigantica sală inițiatică de la Eleusis, peste 3.000 de neofiți trăiau în același timp experiențe intense de transformare psiho-spirituală. Importanța culturală a acestor mistere pentru lumea antică și rolul lor încă nerecunoscut în istoria civilizației europene devine evident când realizăm că printre inițiați se numărau multe figuri ilustre și faimoase ale antichității. Pe lista neofiților se aflau filozofi ca Platon, Aristotel și Epictet, conducătorul militar Alcibiade, autorii de piese de teatru Euripide, Sofocle și poetul Pindar. Un alt inițiat faimos, Marcus Aurelius, era fascinat de speranțele escatologice oferite de aceste ritualuri. Omul de stat roman și filozoful Marcus Tullius Cicero a participat la mistere și a scris o relatare entuziastă despre efectele și impactul lor asupra civilizației antice (Cicero, 1977).

Un alt exemplu al respectului și influenței de care se bucurau în lumea antică vechile religii ale misterelor este mitraismul. Acesta a început să se răspândească în întregul Imperiu Roman în secolul I d.Cr., a atins maximum de înflorire în secolul al III-lea și a căzut victimă creștinismului la sfârșitul secolului al IV-lea. În perioada când acest cult atinsese maximum de înflorire, sanctuare subpământene mitraice (*mithraea*) puteau fi întâlnite de la țărmurile Mării Negre și până la Munții Scoției și granița cu Deșertul Saharei. Misterele mitraice reprezentau religia soră a creștinismului și cel mai important concurent al ei (Ulansey, 1989).

Detaliile procedurilor care modifică starea mintală implicate în aceste ritualuri secrete au rămas în mare parte necunoscute, deși este probabil ca poțiunea sacră *kykeon* să fi jucat un rol critic în misterele eleusine. Poțiunea era un amestec de alcaloizi similari cu LSD-ul. Este, de asemenea, foarte probabil ca substanțele psihedelice să fi fost utilizate în bacanale și alte tipuri de ritualuri. Vechii greci nu cunoșteau distilarea alcoolului și, cu toate acestea, conform relatărilor, vinurile folosite în ritualurile dionisiace trebuia să fie diluate de trei până la douăzeci de ori și trei cupe erau de-ajuns pentru a aduce pe unii inițiați „la granița nebuniei" (Wasson, Hofmann și Ruck, 1978).

În plus față de vechile tehnologii aborigene ale sacrului, multe religii mari au dezvoltat proceduri *psiho-spirituale sofisticate*, concepute în mod special pentru a induce experiențe holotropice. În această categorie intră diferitele tehnici de yoga, meditația folosită în vipassana, zen și budismul tibetan, ca și exerciții spirituale din tradiția taoistă și ritualuri tantrice complexe. Am putea adăuga și diferite abordări elaborate folosite de sufiți, misticii Islamului. Aceștia foloseau cu regularitate în ceremoniile lor sacre sau *zikers*, respirația intensă, cântecele religioase și dansul prin învârtire, care induc transa.

Din tradiția iudeo-creștină putem menționa aici exercițiile de respirație ale esenienilor și botezul, care la ei implica o semiînecare, rugăciunea lui Isus (isihasmul), exercițiile lui Ignatius de Loyola și diferite proceduri cabalistice și hassidice. Abordările menite să inducă sau să faciliteze experiențe spirituale directe sunt caracteristice pentru ramurile mistice ale marilor religii și pentru ordinele lor monastice.

Stările holotropice în istoria psihiatriei

Acceptarea neechivocă a stărilor holotropice în era preindustrială este într-un contrast uimitor cu atitudinea complexă și confuză față de aceste stări în civilizația industrială. Stările holotropice au jucat un rol crucial la începuturile istoriei psihologiei și psihoterapiei abisale. În manualele de psihiatrie, rădăcinile psihologiei abisale pot fi de obicei urmărite până la ședințele hipnotice conduse de Jean Martin Charcot la clinica Salpetriere din Paris, cercetările stărilor hipnotice realizate de Hippolyte Bernheim și Ambroise Liebault la Nancy. Sigmund Freud a vizitat ambele locuri în timpul călătoriei sale de studii în Franța și a învățat tehnica inducției hipnotice. A folosit-o în tentativele sale inițiale de explorare a căilor de acces către inconștientul pacienților. Ulterior, și-a schimbat radical strategia și a înlocuit abordarea cu metoda asociațiilor libere.

În plus, primele idei ale lui Freud erau inspirate de lucrul cu o pacientă pe care o trata împreună cu prietenul său, Joseph Breuer. Această tânără, pe care Freud o numește în scrierile lui dra Anna O., suferea de simptome isterice severe. În timpul ședințelor terapeutice, ea a trăit spontan stările holotropice de conștiință în care a regresat până în copilărie și a retrăit diferite amintiri traumatice care se aflau la baza tulburării ei nevrotice. Ea a considerat că aceste experiențe sunt foarte utile și le-a numit „curățarea hornului". În *Studii asupra isteriei*, cei doi terapeuți au recomandat regresia hipnotică și abreacția întârziată a traumelor ca tratament pentru psihonevroze (Freud și Breuer, 1936).

În ultima sa lucrare, Freud a trecut de la experiența emoțională directă într-o stare holotropică la asocierile libere în starea obișnuită de conștiință. El a trecut de la retrăirea conștientă și abreacția emoțională a materialului inconștient la analiza transferului afectiv și de la trauma reală la fanteziile oedipale. Retrospectiv, acestea par să fi fost evoluții nefericite care au orientat psihoterapia occidentală într-o direcție greșită pentru următorii 50 de ani (Ross, 1989). Deși terapia verbală poate fi extrem de utilă în studiul interpersonal și rectificarea interacțiunii și comunicării distorsionate în relațiile umane (de exemplu, terapia de cuplu și de familie), este ineficientă în rezolvarea blocajelor și macrotraumelor emoționale și bioenergetice care stau la baza multor tulburări emoționale și psihosomatice.

În urma acestei schimbări, psihoterapia în prima jumătate a secolului XX era practic sinonimă cu conversația — interviuri față în față, asociații libere și decondiționare behavioristă. În același timp, stările holotropice, considerate inițial o unealtă terapeutică eficientă, au ajuns să fie asociate cu patologia, și nu cu vindecarea.

Această situație a început să se schimbe în anii '50, o dată cu apariția psihoterapiei psihedelice și a inovațiilor radicale în psihologie. Un grup de psihologi americani, condus de Abraham Maslow, nemulțumit de behaviorism și psihanaliza freudiană, a lansat o mișcare nouă și revoluționară, *psihologia umanistă*. Într-un interval scurt, această mișcare a devenit foarte populară și a oferit contextul pentru un spectru larg de terapii în întregime bazate pe principii noi.

În timp ce psihoterapiile tradiționale foloseau în principal mijloace verbale și analiza intelectuală, aceste terapii noi, care au fost numite experimentale, au pus accentul pe experiență și exprimarea directă a emoțiilor. Multe dintre ele includeau și diferite forme de lucru corporal ca parte integrantă a procesului terapeutic. Probabil cel mai cunoscut reprezentant al acestor noi abordări este gestalt, terapia lui Fritz Perls

(Perls, 1976). În ciuda accentului pus de ele pe experiența emoțională, majoritatea acestor terapii încă se mai bazează în mare măsură pe comunicarea verbală și necesită menținerea pacientului în starea obișnuită de conștiință.

Cele mai radicale inovații în domeniul terapeutic au fost abordări atât de puternice, încât au schimbat profund starea de conștiință a pacienților, precum terapia psihedelică, diferite abordări neo-reichiene, terapia primară, rebirth și alte câteva. Împreună cu soția mea, Christina, am dezvoltat respirația holotropică, o metodă care poate facilita stările holotropice profunde prin mijloace foarte simple – o combinație de respirație conștientă, muzică evocatoare și lucru corporal concentrat pe anumite zone (Grof, 1988). Vom cerceta teoria și practica acestei puternice forme de autoexplorare și psihoterapie mai târziu, în acest volum.

Cercetarea psihofarmacologică modernă a îmbogățit instrumentarul de metode de inducere a stărilor holotropice de conștiință, adăugând *substanțe psihedelice în formă chimică pură*, fie izolate din plante sau sintetizate în laborator. Aici intră tetrahidrocanabinolii (THC), principiile active din hașiș și marijuana, mescalina din peyote, psilocibina și psilocina din ciupercile magice mexicane și diferiți derivați triptaminici din prafurile psihedelice de inhalat folosite în zona Caraibelor și în America de Sud. LSD-ul, sau dietilamida acidului lisergic, este o substanță semisintetică; acidul lisergic este un produs natural al cornului de secară, și grupul dietilamidelor este adăugat în laborator. Cele mai cunoscute substanțe psihedelice sintetice sunt derivații amfetaminici MDA, MDMA (Adam sau Ecstasy), STP și 2-CB.

Există și tehnici de laborator extrem de eficiente pentru modificarea stării de conștiință. Una dintre acestea este *izolarea senzorială*, care implică o reducere radicală a stimulilor senzoriali semnificativi (Lilly, 1977). În formă extremă, individul este privat de inputul senzorial prin cufundarea într-un bazin întunecat, izolat fonic, plin cu apă la temperatura corpului. O altă metodă de laborator bine cunoscută și eficientă în modificarea conștiinței este *biofeedback*-ul, în care individul este ghidat de semnale electronice feedback în stările holotropice de conștiință caracterizate prin preponderența unor frecvențe specifice ale undelor cerebrale (Green și Green, 1978). Am putea menționa aici și tehnicile de *privare de somn și vise și visul lucid* (LaBerge, 1985).

Este important de subliniat că episoade holotropice de durată variabilă pot apărea și spontan, fără nicio cauză specifică identificabilă și deseori împotriva voinței persoanelor implicate. Deoarece psihiatria modernă nu face diferența între stările mistico-spirituale și bolile mintale, persoanele care trăiesc aceste stări sunt deseori etichetate drept psihotice, spitalizate și primesc un tratament psihofarmacologic supresiv obișnuit. Eu și soția mea, Christina, am numit aceste stări *crize psiho-spirituale* sau *urgențe spirituale*. Suntem de părere că, tratate și conduse adecvat, ele pot duce la vindecarea emoțională și psihosomatică, la transformarea pozitivă a personalității și la evoluția conștiinței (Grof și Grof, 1989, 1990). Voi reveni asupra acestui subiect important într-un capitol ulterior.

Deși am fost profund interesat de toate categoriile de stări holotropice menționate, cele mai multe dintre cercetările mele s-au concentrat asupra terapiei psihedelice, a respirației holotropice și a urgențelor spirituale. Lucrarea de față se bazează în mare parte pe observațiile mele asupra acestor trei subiecte în care am cea mai mare experiență. Cu toate acestea, concluziile generale rezultate din cercetările mele se aplică tuturor situațiilor care implică stări holotropice.

Psihiatria occidentală: Concepții greșite și nevoia urgentă de restructurare

Apariția terapiei psihedelice și a puternicelor tehnici experimentale au reintrodus stările holotropice în instrumentarul terapeutic al psihiatriei moderne. Cu toate acestea, încă de la început, comunitatea academică a arătat o puternică rezistență împotriva acestor abordări și nu le-a acceptat nici ca modalități de tratament, nici ca provocări.

Toate dovezile publicate în numeroase reviste și cărți de specialitate nu au fost suficiente pentru a schimba prejudecățile profund înrădăcinate față de stările holotropice apărute în prima jumătate a secolului XX. Problemele generate de experimentele nesupervizate ale tinerei generații în anii '60 și concepțiile greșite răspândite de jurnaliștii în căutare de știri de senzație au complicat și mai mult tabloul și au împiedicat o evaluare realistă a potențialului substanțelor psihedelice, ca și a riscurilor asociate cu folosirea lor.

În ciuda copleșitoarelor dovezi care îi contrazic, psihiatrii din curentul dominant continuă să privească toate stările holotropice de conștiință ca patologice, ignorând informațiile generate de cercetarea lor și nu fac nicio distincție între stările mistice și psihoze. Ei continuă și să folosească diferite mijloace farmacologice pentru a suprima fără discriminare toate stările modificate de conștiință apărute spontan. Este remarcabil în ce măsură curentul științific dominant a ignorat, distorsionat și interpretat greșit toate dovezile referitoare la stările holotropice, indiferent dacă sursa lor au constituit-o cercetările istorice, religia comparată, antropologia sau diferite alte domenii ale cercetării moderne a conștiinței ca parapsihologia, terapia psihedelică, psihoterapiile experiențiale, hipnoza, tanatologia sau lucrul cu tehnici de laborator de modificare a conștiinței.

Rigiditatea cu care oamenii de știință din curentul de bază au tratat informațiile acumulate de toate aceste discipline este un lucru la care ne-am putea aștepta de la fundamentaliștii religioși. Este foarte surprinzător când o astfel de atitudine apare în lumea științei, deoarece este contrară însuși spiritului investigației științifice. Cele peste patru decenii de cercetare a conștiinței m-au convins că o analiză serioasă a datelor rezultate din cercetarea stărilor holotropice ar avea consecințe importante nu numai pentru teoria și practica psihiatriei, ci și pentru concepția despre știința occidentală. Singurul fel în care știința modernă poate să-și păstreze filozofia materialist-monistă este sistematica excludere și cenzurare a tuturor datelor despre stările holotropice.

După cum am văzut, utilizarea potențialului de vindecare al stărilor holotropice este cea mai recentă descoperire a psihoterapiei occidentale, dacă nu ținem cont de scurta perioadă de la începutul secolului XX despre care am discutat mai devreme. Paradoxal, într-un context istoric mai larg, este și cea mai veche formă de vindecare, una care poate fi întâlnită mereu, încă de la începuturile omenirii. Terapiile care folosesc stările holotropice reprezintă astfel o redescoperire și o reinterpretare modernă a elementelor și principiilor documentate de antropologii care au studiat modalitățile antice și aborigene de vindecare spirituală, în special diferitele procedee șamanice.

Implicațiile cercetărilor moderne asupra conștiinței în psihiatrie

După cum am menționat mai devreme, psihiatria și psihologia occidentală nu privesc stările holotropice (cu excepția viselor care nu sunt recurente sau înspăimântătoare) ca având un potențial terapeutic și euristic. Ele sunt în esență considerate fenomene patologice. Michael Harner, un antropolog de renume în cercurile academice, care a urmat o inițiere șamanică în timpul cercetărilor sale în jungla amazoniană și practică șamanismul, sugerează că psihiatria occidentală este serios părtinitoare în cel puțin două moduri semnificative. Este *etnocentrică*, ceea ce înseamnă că își consideră propriile vederi despre psihicul uman și realitate ca singurele corecte și superioare tuturor celorlalte. Este și *cognicentrică* (un cuvânt mai corect ar fi *pragmacentrică*), însemnând că ține cont numai de experiențele și observațiile realizate în starea de conștiință obișnuită (Harner, 1980).

Dezinteresul psihiatriei față de stările holotropice și disprețul față de acestea au dus la o abordare cultural inflexibilă și la o tendință de a patologiza toate activitățile care nu pot fi înțelese în contextul îngust al paradigmei materialist-moniste. Acest lucru include viața rituală și spirituală a culturilor vechi și preindustriale și întreaga istorie spirituală a omenirii. În același timp, această atitudine a obturat provocarea conceptuală critică adusă de studiul stărilor holotropice pentru teoria și practica psihiatriei.

Dacă studiem sistematic experiențele și observațiile asociate cu stările holotropice, aceasta conduce inevitabil la o revizuire radicală a ideilor noastre fundamentale despre conștiință și psihicul uman, și la o abordare complet nouă a psihiatriei, psihologiei și psihoterapiei. Schimbările pe care ar trebui să le facem în modul nostru de gândire se înscriu în câteva categorii mari:

Natura psihicului uman și dimensiunile conștiinței

Psihiatria și psihologia academică tradițională folosesc un model al psihicului limitat la biologie, biografia postnatală și inconștientul freudian individual. Pentru a explica toate fenomenele care apar în stările holotropice, trebuie să ne revizuim drastic modul de înțelegere a dimensiunilor psihicului uman. Pe lângă *nivelul biografic postnatal*, noua cartografie extinsă include alte două domenii: *perinatal* (legat de trauma nașterii) și *transpersonal* (care include amintirile ancestrale, rasiale, colective și filogenetice, experiențele karmice și dinamicile arhetipale).

Natura și arhitectura tulburărilor emoționale și psihosomatice

Pentru a explica diferitele tulburări care nu au o bază organică („psihopatologie psihogenă"), psihiatria tradițională folosește un model care se limitează la traumele biografice postnatale survenite în pruncie și ulterior, în viață. Noua perspectivă sugerează că rădăcinile tulburărilor de acest fel sunt mult mai profunde și includ contribuții semnificative din nivelul perinatal (trauma nașterii) și din domeniile transpersonale (cum am precizat mai sus).

Mecanisme terapeutice eficiente

Psihoterapia tradițională cunoaște numai mecanismele terapeutice care operează la nivelul materialului biografic, precum amintirea evenimentelor uitate, îndepărtarea reprimării, reconstruirea trecutului din vise sau simptome nevrotice, retrăirea amintirilor traumatice și analiza transferului. Cercetările holotropice relevă multe alte mecanisme importante de vindecare și transformare a personalității care devin disponibile în momentele în care conștiința noastră atinge nivelurile perinatal și transpersonal.

Strategie de psihoterapie și autoexplorare

În psihoterapiile tradiționale, obiectivul este atingerea unei înțelegeri intelectuale a modului în care funcționează psihicul, a construcției și semnificației simptomelor. Această înțelegere devine apoi baza pentru dezvoltarea unei tehnici pe care terapeuții o pot folosi pentru a-și trata pacienții. O problemă serioasă a acestei strategii este dezacordul izbitor dintre psihologi și psihiatri în privința problemelor teoretice fundamentale și numărul uimitor de școli de psihoterapie concurente. Lucrul cu stările holotropice ne indică o variantă surprinzător de radicală – mobilizarea inteligenței profunde interioare a persoanelor care orientează procesul de vindecare și transformare.

Rolul spiritualității în viața omului

Știința materialistă occidentală nu lasă loc niciunei forme de spiritualitate și, în realitate, consideră că aceasta este incompatibilă cu perspectiva științifică asupra lumii. Cercetarea modernă a conștiinței arată că spiritualitatea este o dimensiune naturală și legitimă a psihicului uman și a schemei universale a lucrurilor. Totuși, în acest context, este important să subliniem că afirmația este valabilă pentru spiritualitatea autentică, și nu pentru ideologiile religiilor organizate.

Natura realității: psihic, Cosmos și conștiință

Schimbările necesare discutate până acum vizau teoria și practica psihiatriei, psihologiei și psihoterapiei. Cu toate acestea, lucrul cu stările holotropice pune probleme de natură fundamentală. Multe dintre experiențele și observațiile care au loc în timpul terapiei de acest tip sunt atât de ieșite din comun, încât nu pot fi înțelese în contextul abordării materialist-moniste a realității. Impactul lor conceptual este atât de mare, încât subminează principalele ipoteze metafizice ale științei occidentale, mai ales cele privind natura conștiinței și relația sa cu materia.

2
Cartografia psihicului uman: registrele biografic, perinatal și transpersonal

Experiențele din stările holotropice ale conștiinței și observațiile legate de ele nu puteau fi explicate în termenii cadrului conceptual al psihiatriei academice, care se limitează la biografia postnatală și inconștientul freudian individual. Pentru a explica fenomenologia acestor stări și a evenimentelor asociate, avem nevoie de un model cu o viziune incomparabil mai mare și mai cuprinzătoare a psihicului uman, o perspectivă radical diferită asupra conștiinței. În primii ani ai cercetărilor mele psihedelice, am schițat o cartografie mult mai vastă a psihicului care pare să răspundă acestei nevoi.

Cum am arătat mai devreme, această hartă conține, pe lângă *nivelul biografic* obișnuit, două domenii transbiografice: *domeniul perinatal*, legat de trauma nașterii biologice; și *domeniul transpersonal*, care explică fenomene ca identificarea experiențială cu alte persoane, animale, plante și aspecte ale naturii. Ultimul domeniul este și sursa amintirilor ancestrale, rasiale, filogenetice și karmice, ca și a viziunilor de ființe arhetipale și regiuni mitologice. Experiențele extreme din această categorie sunt identificarea cu Mintea Universală și Vidul Supracosmic și Metacosmic. Fenomene perinatale și transpersonale au fost descrise de-a lungul timpului de literatura religioasă, mistică și ocultă a diferitelor țări ale lumii.

Biografia postnatală și inconștientul individual

Domeniul biografic al psihicului cuprinde amintirile noastre începând din fragedă copilărie. Această parte a psihicului nu necesită prea multe discuții, deoarece este bine cunoscută din psihiatria, psihologia și psihoterapia tradiționale. Simplu spus, imaginea psihicului folosită în cercurile academice este limitată exclusiv la acest domeniu și la inconștientul individual. Inconștientul, așa cum a fost descris de Sigmund Freud, este în strânsă legătură cu acest domeniu, deoarece se compune, în cea mai mare parte, din material biografic postnatal uitat sau activ reprimat. Dar descrierea nivelului biografic al psihicului în noua cartografie nu este aceeași cu cea din psihologia tradițională. Lucrul cu stările holotropice a scos la iveală unele aspecte ale dinamicilor domeniului biografic care au rămas ascunse cercetărilor care folosesc psihoterapia verbală.

În primul rând, în stările holotropice, spre deosebire de psihoterapia verbală, o persoană nu își amintește numai evenimente semnificative din punct de vedere emoțional și nu le reconstituie indirect din vise, erori de limbaj sau din distorsiuni transferențiale. Persoana retrăiește și emoțiile inițiale, senzațiile fizice și chiar percepțiile senzoriale în regresie completă la vârsta respectivă. Acest lucru înseamnă că în timpul retrăirii unei traume importante din pruncie sau copilărie, subiectul are imaginea corporală, percepția naivă a lumii, senzațiile și emoțiile care corespund vârstei sale în momentul respectiv. Autenticitatea acestei regresii este dovedită de faptul că ridurile de pe fața acestor persoane dispar temporar, dându-le o expresie infantilă, iar atitudinile, gesturile și comportamentul devin copilărești.

A doua diferență dintre lucrul cu materialul biografic din stările holotropice și psihoterapiile verbale, în afară de confruntarea psihotraumelor obișnuite cunoscută din manualele de psihologie, este că deseori trebuie să retrăim și să reintegrăm în primul rând traumele de natură fizică. Multe persoane care au urmat o psihoterapie psihedelică sau holotropică au retrăit experiențe de resuscitare după înec, operații, accidente și boli ale copilăriei. Deosebit de importante par să fie în special traumele asociate cu sufocarea, precum difteria, tusea convulsivă, strangularea sau aspirarea unui obiect străin.

Acest material apare spontan și fără nicio programare prealabilă. Când apare, realizăm că aceste traume fizice au avut un puternic impact psihotraumatic asupra noastră și că au jucat un rol semnificativ în psihogeneza problemelor noastre emoționale și psihosomatice. La clienții care suferă de astm, cefalee de tip migrenă, dureri psihosomatice, fobii, tendințe sado-masochiste sau depresie și tendințe suicidare poate fi întâlnită de obicei o istorie a traumelor fizice. Retrăirea amintirilor traumatice de acest tip și integrarea lor au consecințe terapeutice importante. Acest fapt contrastează foarte puternic cu poziția psihiatriei și psihologiei academice, care nu recunosc impactul psihotraumatic al traumelor fizice.

O altă observație privind nivelul biografic/al amintirii din psihic evidențiată de cercetările mele a fost descoperirea că amintirile cu relevanță emoțională nu sunt stocate în inconștient ca un mozaic de engrame izolate, ci sub forma unor constelații dinamice complexe. Am creat pentru aceste conglomerate de amintiri termenul de *sisteme* COEX, care este o prescurtare pentru „sisteme de experiență condensată" (systems of condensed experience). Acest concept are o importanță teoretică și practică atât de mare, încât merită să fie discutat separat.

Sistemele de experiență condensată (sistemele COEX)

Un sistem COEX este compus din amintiri cu încărcătură emoțională din diferite perioade ale vieții. Amintirile seamănă din punctul de vedere al calității emoției sau al senzației fizice comune. Fiecare COEX are o temă fundamentală ce se regăsește la toate nivelurile sale, reprezentând numitorul lor comun. Nivelurile individuale conțin variații ale acestei teme fundamentale din diferite perioade de existență. Inconștientul unei persoane poate conține mai multe constelații COEX, numărul și natura temelor centrale variază considerabil de la o persoană la alta.

Nivelurile unui anumit sistem pot conține, de exemplu, toate amintirile importante legate de umilire, înjosire sau rușine care ne-au lezat stima de sine. Într-un alt sistem COEX, numitorul comun poate fi anxietatea trăită în diferite situații șocante și terifiante sau sentimente de sufocare și claustrofobie trezite de situații opresive și limitative. Respingerea și privarea emoțională care ne afectează capacitatea de a avea încredere în bărbați, femei sau oameni, în general, reprezintă o altă temă comună. Situațiile care au generat profunde sentimente de vinovăție și eșec, evenimentele care au produs o convingere că sexul este periculos sau dezgustător și întâlnirile cu agresiunea și violența arbitrară pot fi adăugate la lista de exemple caracteristice de mai sus. Deosebit de importante sunt sistemele COEX care conțin amintiri ale unor situații în care sunt amenințate viața, sănătatea și integritatea corporală.

Discuția de mai sus poate lăsa cu ușurință impresia că sistemele COEX conțin întotdeauna amintiri dureroase și traumatice. Cu toate acestea, intensitatea și relevanța emoțională ale experienței sunt cele care stabilesc dacă o amintire va fi inclusă sau nu într-un sistem COEX, nu caracterul său neplăcut. În afară de constelațiile negative, există și sisteme care conțin amintiri foarte plăcute sau chiar momente și situații extatice.

Conceptul dinamicilor COEX a apărut din psihoterapie o dată cu pacienții care sufereau de forme grave de psihopatologie, unde lucrul cu aspectele traumatice ale vieții joacă un rol foarte important. Aceasta explică faptul că sistemele în care sunt implicate experiențe dureroase s-au bucurat de relativ mai multă atenție. Spectrul sistemelor COEX negative este mult mai bogat și mai divers decât al celor pozitive. Se pare că nefericirea din viața noastră poate avea multe forme diferite, în timp ce fericirea depinde de îndeplinirea câtorva condiții de bază. Cu toate acestea, o discuție generală necesită sublinierea faptului că dinamicile COEX nu se limitează la constelațiile de amintiri traumatice.

În primele stadii ale cercetării psihedelice, când am descoperit pentru prima dată existența sistemelor COEX, le-am descris ca principii care guvernează dinamica nivelului biografic al inconștientului. Pe vremea aceea, perspectiva mea asupra psihologiei se baza numai pe modelul biografic îngust al psihicului moștenit de la profesori, în special de la analistul meu freudian. În plus, în prima ședință dintr-o serie de sesiuni psihedelice, mai ales atunci când se foloseau doze mai mici, materialul biografic domina deseori cadrul. Pe măsură ce experiența mea cu stările holotropice devenea tot mai bogată și mai vastă, era clar că rădăcinile sistemelor COEX merg mult mai departe.

În modul în care înțeleg acum psihicul, fiecare dintre constelațiile COEX pare să fie suprapusă și ancorată într-un anumit aspect al traumei nașterii. Experiența nașterii biologice este atât de complexă și de bogată în emoții și senzații fizice, încât conține în formă de prototip temele elementare ale celor mai obișnuite sisteme COEX. Cu toate acestea, un sistem COEX tipic merge mult mai departe și rădăcinile sale cele mai profunde constau din diferite forme de fenomene transpersonale, ca experiențele din viețile anterioare, arhetipurile jungiene, identificarea conștientă cu diferite animale și altele.

Acum consider sistemele COEX principii generale de organizare ale psihicului uman. Conceptul sistemelor COEX seamănă într-o anumită măsură cu ideea lui C.G. Jung despre „complexele psihologice" (Jung, 1960) și noțiunea lui Hanskarl Leuner despre „sistemele transfenomenale dinamice" (*tdysts*) (Leuner, 1962), dar are multe trăsături care îl diferențiază de ambele. Sistemele COEX joacă un rol important în viața noastră psihologică. Ele pot influența percepția de sine, modul în care îi percepem pe ceilalți și lumea înconjurătoare și felul în care simțim și acționăm. Ele sunt forțele dinamice din spatele simptomelor noastre emoționale și psihosomatice, al dificultăților pe care le resimțim în relațiile cu alte persoane și al comportamentelor iraționale.

Între sistemele COEX și lumea exterioară există o interacțiune dinamică. Anumite evenimente din viață pot activa sistemele COEX corespondente și, invers, sistemele active COEX ne pot face să percepem realitatea și să ne comportăm astfel încât să recreăm temele lor esențiale în viața noastră prezentă. Acest mecanism poate fi observat foarte clar în lucrul experiențial. În stările holotropice, conținutul trăirii, percepția mediului și comportamentul subiectului sunt determinate în termeni generali de sistemul COEX care domină ședința și mai concret de nivelul sistemului care apare momentan în conștiință.

Toate caracteristicile sistemelor COEX pot fi cel mai bine evidențiate printr-un exemplu practic. L-am ales, în acest scop, pe Peter, un profesor de 37 de ani, care a fost spitalizat intermitent și tratat, fără succes, în departamentul nostru din Praga, înainte de a face terapie psihedelică.

>Când am început ședințele experiențiale, Peter abia mai putea funcționa în viața cotidiană. Era aproape constant obsedat de ideea de a găsi un bărbat cu anumite caracteristici fizice și preferabil îmbrăcat în negru. Voia să se împrietenească cu acesta și să-i vorbească despre dorința lui arzătoare de a fi încuiat într-o pivniță întunecată și expus unor torturi diabolice, fizice și mintale. Incapabil să se concentreze asupra altui lucru, hoinărea fără țintă prin oraș, vizitând parcurile publice, toaletele, barurile și gările, în căutarea „bărbatului potrivit".
>
>De câteva ori, a reușit să convingă sau să mituiască diferiți bărbați care răspundeau criteriilor lui să-i promită sau chiar să facă ce le cerea. Având un dar special de a găsi persoane cu trăsături sadice, a fost de două ori aproape ucis, de mai multe ori grav rănit și o dată jefuit. Când reușea să trăiască ceea ce dorea cu atâta înfrigurare, era extrem de speriat și îi displăceau profund torturile. În plus față de această problemă principală, Peter suferea de depresii suicidare, impotență și ocazionale atacuri de epilepsie.
>
>Reconstituindu-i istoria de viață, am descoperit că cele mai mari probleme ale lui au început în momentul în care a ajuns să lucreze involuntar în Germania, în timpul celui de-al doilea război mondial. Naziștii foloseau oamenii aduși în Germania din teritoriile ocupate pentru a-i pune să lucreze în locuri aflate sub amenințarea raidurilor aeriene, cum ar fi topitoriile și fabricile de armament. Ei numeau această formă de muncă cu sclavi *Totaleinsetzung*. Pe vremea aceea, doi ofițeri SS l-au forțat de mai multe ori, sub amenințarea armelor, să participe la practicile lor homosexuale. La terminarea războiului, Peter și-a dat seama că aceste experiențe l-au determinat să prefere actul sexual homosexual pe care îl trăise în rolul de pasiv. Acest lucru s-a transformat treptat în fetișism pentru hainele bărbătești de culoare neagră și, în final, în comportamentul complex masochist obsesiv-compulsiv descris mai sus.

Cincisprezece ședințe psihedelice consecutive au scos la iveală un sistem COEX foarte interesant și important care stătea la baza problemelor sale. La nivelurile superficiale se aflau cele mai recente experiențe traumatice ale lui Peter cu partenerii săi sadici. De mai multe ori, complicii pe care ia recrutat l-au legat cu frânghii, l-au încuiat într-o pivniță fără hrană și apă și l-au torturat prin flagelare și strangulare, conform dorinței sale. Unul dintre acești bărbați l-a lovit în cap, l-a legat cu o frânghie și l-a lăsat să zacă într-o pădure după ce i-a furat banii.

Cea mai dramatică experiență a lui Peter a avut loc când un bărbat a pretins că are în cabana sa din pădure exact tipul de pivniță pe care îl dorea Peter și a promis să-l ducă acolo. În timp ce mergeau cu trenul către casa de vacanță a acestui om, Peter a fost surprins de aspectul ciudat și voluminos al rucsacului însoțitorului său. Când acesta din urmă a ieșit din compartiment pentru a merge la toaletă, Peter s-a ridicat de pe scaun și a verificat bagajul suspect. A descoperit un set complet de arme mortale, printre care un pistol, un cuțit mare de bucătărie, o secure proaspăt ascuțită și un ferăstrău chirurgical folosit la amputări. Cuprins de panică, a sărit din trenul în mișcare și a suferit răni grave. Elementele din episoadele de mai sus formau nivelurile superficiale ale celui mai important sistem COEX al lui Peter.

Un nivel mai profund al aceluiași sistem conținea amintirile lui Peter despre cel de-al Treilea Reich. În ședințele în care s-a manifestat această parte a constelației COEX, el a retrăit în detaliu experiențele cu ofițeri SS homosexuali, cu toate sentimentele complicate ce decurgeau din acestea. În plus, a retrăit mai multe amintiri traumatice din cel de-al doilea război mondial și a reușit să integreze întreaga atmosferă opresivă a acestei perioade. A revăzut pompoasele parade militare și mitingurile naziste, drapelele cu svastici, emblemele gigantice și sinistre cu vulturi, scenele din lagărele de concentrare și multe altele.

Apoi au urmat niveluri legate de copilăria lui Peter, mai ales cele care implicau pedepse primite de la părinți. Tatăl său alcoolic era deseori violent la beție și obișnuia să-l bată cu o curea mare de piele. Metoda favorită de pedeapsă a mamei era să-l încuie într-o pivniță întunecată, fără hrană, lungi perioade de timp. Peter și-a amintit că în copilăria lui, ea a purtat întotdeauna rochii negre; nu și-o amintea îmbrăcată altfel. Atunci a înțeles că una dintre rădăcinile obsesiei lui părea să fie dorința intensă de suferințe care să combine pedepsele aplicate de părinți.

Totuși, lucrurile nu s-au oprit aici. Pe măsură ce am continuat ședințele, procesul s-a aprofundat și Peter s-a confruntat cu trauma nașterii sale în toată brutalitatea ei biologică. Situația a avut toate elementele pe care el le aștepta de la tratamentele sadice pe care încerca cu atâta disperare să le primească: un spațiu întunecat închis, izolarea și limitarea mișcărilor corporale, expunerea la torturi fizice și emoționale extreme. Retrăirea traumei nașterii a rezolvat în final problema simptomelor sale dificile într-o asemenea măsură, încât a fost din nou capabil să funcționeze adecvat în viață.

Într-o stare holotropică, când un sistem COEX apare în conștiință, acesta își asumă o funcție de conducere și determină natura și conținutul experienței. Percepțiile noastre despre noi și mediul fizic și uman din jur sunt distorsionate și transformate iluzoriu, în funcție de motivul fundamental al constelației COEX emergente și de trăsăturile specifice ale straturilor sale individuale. Acest mecanism poate fi ilustrat prin descrierea dinamicii proceselor holotropice ale lui Peter.

Când Peter parcurgea nivelurile cele mai superficiale ale sistemului COEX descris, m-a văzut transformându-mă în foștii săi parteneri sadici sau în figuri care simbolizau agresiunea, cum ar fi un măcelar, un criminal, un călău medieval, un inchizitor sau un cowboy cu lasou. Percepea stiloul meu ca pe un pumnal oriental și se aștepta să fie atacat cu el. Când a văzut pe masă un cuțit cu un mâner în cruce, folosit pentru deschiderea scrisorilor, m-a văzut imediat transformându-mă într-un pădurar violent. În diferite ocazii, mi-a cerut să fie torturat și a vrut să sufere „pentru medic", abținându-se să urineze. În această perioadă, camera de tratament și imaginea care se vedea pe fereastră s-au transformat iluzoriu în diferite decoruri unde avuseseră loc aventurile lui Peter cu partenerii săi sadici.

Când nivelul mai vechi din cel de-al doilea război mondial era ținta trăirii sale, Peter m-a văzut transformat în Hitler și alți lideri naziști, un comandant de lagăr de concentrare, un membru SS și un ofițer al Gestapoului. În locul zgomotelor obișnuite din camera alăturată, auzea zgomotul amenințător și sinistru al soldaților, ghetele, muzica paradelor fasciste trecând prin Poarta Brandenburg și imnul național al Germaniei naziste. Camera de tratament a fost transformată pe rând, într-o cameră din Reichstag cu svastici și embleme cu vulturi, într-o baracă dintr-un lagăr de concentrare, o închisoare cu gratii groase la ferestre și chiar într-un șir de condamnați la moarte.

Când experiențele din copilărie aflate în nucleul sistemului ieșeau la suprafață în aceste sesiuni, Peter mă percepea ca pe o figură parentală care îl pedepsea. În aceste momente, folosea față de mine diferite tipare de comportament anacronice, caracteristice relației cu tatăl sau cu mama sa. Camera de tratament se transforma în diferite părți ale mediului înconjurător din copilărie, în special în pivnița întunecoasă în care fusese încuiat în mod repetat de către mamă.

Mecanismul descris mai sus are și un corespondent dinamic, tendința stimulilor externi de a activa sisteme COEX corespunzătoare la persoanele aflate în stări holotropice și de a facilita ieșirea la suprafață a conținutului acestor sisteme în conștiință. Acesta se întâmplă în acele împrejurări în care influențe externe specifice, de exemplu, elemente ale mediului fizic, interpersonal ori situația terapeutică, seamănă cu scenele traumatice inițiale sau conțin componente identice. Aceasta pare să fie cheia înțelegerii extraordinarei semnificații a cadrului de desfășurare a experiențelor holotropice. Activarea unui sistem COEX printr-un stimul extern introdus accidental în situația terapeutică poate fi ilustrată de o secvență din ședințele LSD cu Peter.

Una dintre experiențele esențiale descoperite de Peter în cadrul terapiei cu LSD a fost o amintire în care era încuiat de mama sa într-o pivniță întunecată și privat de hrană, în timp ce restul familiei mânca. Retrăirea amintirii a fost declanșată pe neașteptate de lătratul furios al unui câine care a trecut în fugă prin fața ferestrei camerei de tratament. Analiza acestui eveniment a arătat o relație interesantă între stimulul extern și amintirea activată. Peter și-a amintit că pivnița folosită de mama sa pentru a-l pedepsi avea o fereastră mică ce dădea spre curtea vecinului. Ciobănescul german al vecinului, legat cu lanțul de cușcă, lătra aproape fără încetare, de câte ori Peter era închis în pivniță.

În stările holotropice, oamenii manifestă deseori reacții aparent inadecvate și foarte exagerate la diverși stimuli din mediu. Aceste reacții sunt specifice și selective și pot fi de obicei înțelese în termenii dinamicii sistemelor COEX activate. Astfel, pacienții sunt deosebit de sensibili la ceea ce ei consideră un tratament dezinteresat, rece și „profesional" când se află sub influența constelațiilor mnezice care implică privarea afectivă, respingerea sau ignorarea de către părinți sau alte figuri importante din copilăria lor.

Când apar probleme de rivalitate între frați, pacienții încearcă să-l monopolizeze pe terapeut și vor să fie singurul sau cel puțin pacientul favorit. Le vine greu să accepte că terapeutul are și alți pacienți și se pot simți extrem de iritați de orice semn de interes acordat altcuiva. Pacienți care cu alte ocazii nu au avut nimic împotrivă sau chiar au dorit să fie lăsați singuri în timpul unei ședințe, nu pot suporta ca terapeutul să iasă din cameră sub niciun motiv, când iau contact cu amintirile legate de abandonul și singurătatea din copilărie. Acestea sunt numai câteva exemple de situații în care hipersensibilitatea la circumstanțe externe reflectă un sistem COEX subiacent.

„Radarul intern" în stările holotropice

Înainte de a ne continua discuția despre noua cartografie extinsă a psihicului uman, mi se pare potrivit să menționez un aspect foarte important și deosebit al stărilor holotropice, care a jucat un rol crucial în trasarea teritoriilor experiențiale ale psihicului. Aceeași trăsătură a stărilor holotropice s-a dovedit de un ajutor neprețuit și în procesul psihoterapeutic. Stările holotropice tind să activeze un fel de „radar intern", care aduce automat în conștiință conținuturile inconștiente cu cea mai mare încărcătură emoțională și relevanță psihodinamică în momentul respectiv, mai ales pe cele mai accesibile procesării conștiente.

Acesta este un mare avantaj față de psihoterapia verbală, unde subiectul vine cu o gamă vastă de informații și terapeutul trebuie să decidă ce este important, ce este irelevant, unde se blochează subiectul. Există un mare număr de școli de psihoterapie care se deosebesc mult în privința opiniilor despre mecanismele fundamentale ale psihicului uman, cauzele și sensul simptomelor și natura mecanismelor terapeutice eficiente. Deoarece nu există un acord general asupra acestor probleme teoretice fundamentale, multe interpretări formulate în psihoterapia verbală sunt arbitrare și îndoielnice. Acestea vor reflecta întotdeauna subiectivitatea inconștientă a terapeutului și perspectiva școlii din care acesta face parte.

Stările holotropice îl scutesc pe terapeut de acest tip de decizii problematice și elimină o mare parte din subiectivismul și idiosincraziile profesionale ale abordărilor verbale. O dată ce subiectul intră într-o stare holotropică, materialul de procesat este ales aproape automat. Cât timp subiectul păstrează experiența interiorizată, cel mai bun lucru pe care îl putem face, ca terapeuți, este să acceptăm și să susținem ceea ce se întâmplă, indiferent dacă este sau nu conform cu conceptele și așteptările noastre teoretice.

Tocmai funcția de „radar intern" a stărilor holotropice a evidențiat că amintirile traumelor fizice poartă o puternică încărcătură fizică și emoțională și joacă un rol important în geneza tulburărilor emoționale și psihosomatice. Această selecție automată a materialului emoțional relevant conduce spontan și procesul la nivelurile perinatal și transpersonal ale psihicului, domenii transbiografice nerecunoscute și neacceptate de psihiatria și psihologia academică.

Nivelul perinatal al inconștientului

Când procesul nostru de autoexplorare experiențială profundă trece dincolo de nivelul amintirilor din copilărie și pruncie și ajunge la naștere, începem să întâlnim emoții și senzații fizice de intensitate extremă, care depășesc adesea orice am considerat anterior omenește posibil. În acest punct, experiențele devin un amestec straniu al temelor nașterii și morții. Ele implică un sentiment de limitare gravă care amenință viața și o luptă disperată și hotărâtă pentru eliberare și supraviețuire.

Din pricina legăturii strânse dintre acest domeniu al inconștientului și nașterea biologică, am ales pentru el numele de *perinatal*. Este un cuvânt compus greco-latin, unde prefixul *peri-* înseamnă „lângă" sau „în jurul", iar rădăcina *natalis* înseamnă „referitor la naștere". Este un termen folosit frecvent în medicină pentru a desemna diverse procese ce au loc cu puțin înaintea nașterii, în timpul sau imediat după aceasta. Obstetricienii vorbesc despre hemoragii, infecții sau leziuni cerebrale perinatale. Totuși, întrucât medicina tradițională neagă faptul că bebelușul poate trăi nașterea conștient și susține că acest eveniment nu este înregistrat în memorie, nu auzim niciodată vorbindu-se despre experiențele perinatale. Folosirea termenului *perinatal* în legătură cu conștiința reflectă descoperirile mele și este complet nouă (Grof, 1975).

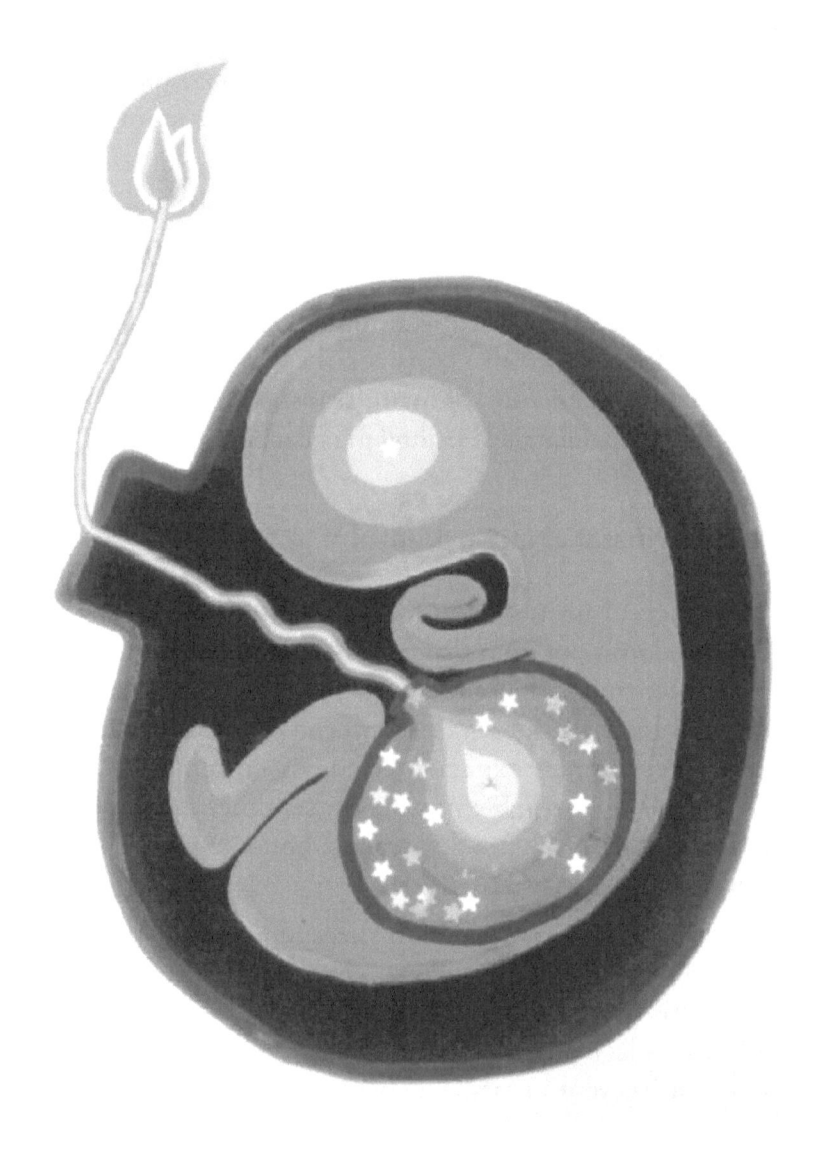

Identificarea cu un făt care anticipează un eveniment exploziv major. Această așteptare este legată nu numai de nașterea biologică ce urmează, dar și de dezlănțuirea puterii creatoare și a potențialului de dezvoltare.

Reprezentarea puternică a nașterii și morții în psihicul nostru inconștient și strânsa legătură dintre ele i-ar putea surprinde pe psihologii și psihiatrii aparținând curentului dominant, deoarece le contrazice credințele profund înrădăcinate. Conform medicinei tradiționale, numai o naștere atât de grea încât produce leziuni ireversibile celulelor cerebrale poate avea consecințe psihopatologice, însă chiar și în acest caz, doar de natură neurologică, precum retardul mintal sau hiperactivitatea. Psihiatria academică neagă în general posibilitatea ca nașterea biologică, indiferent dacă lezează sau nu celulele cerebrale, să aibă un puternic impact psihotraumatic asupra copilului. Cortexul cerebral al nou-născutului nu este complet mielinizat; neuronii săi nu sunt complet acoperiți de teci protectoare alcătuite dintr-o substanță grasă numită *mielină*. Acesta este, de obicei, motivul oferit pentru a justifica faptul că experiența nașterii este irelevantă și nu este înregistrată în memorie.

Presupunerea psihiatrilor din curentul dominant conform căreia bebelușul nu este conștient pe parcursul acestei experiențe extrem de dureroase și chinuitoare, că procesul nașterii nu lasă nicio urmă în creierul lui contrazice serios nu numai observațiile clinice, ci și bunul-simț și logica elementară. Categoric, este foarte greu de acceptat faptul că teoriile fiziologice larg acceptate atribuie o importantă semnificație relației timpurii dintre mamă și copil, inclusiv unor factori precum atașamentul și alăptarea. Imaginea nou-născutului ca organism inconștient și lipsit de reacții contrazice și ea flagrant literatura tot mai vastă care descrie sensibilitatea remarcabilă a fetusului în perioada prenatală (Verny și Kelly, 1981; Tomatis, 1991; Whitwell, 1999).

Negarea posibilității de a ne aminti nașterea, bazată pe faptul că scoarța cerebrală a nou-născutului nu este complet mielinizată, este total absurdă, dacă ținem cont de capacitatea de a memora a multor forme de viață inferioare care nu au deloc cortex cerebral. Și este bine cunoscut faptul că anumite forme primitive de memorie protoplasmatică există chiar și la organismele unicelulare. O contradicție logică atât de evidentă în contextul gândirii științifice riguroase este, desigur, surprinzătoare și foarte probabil rezultatul profundei reprimări emoționale la care este supusă amintirea nașterii.

Cantitatea de stres fizic și emoțional implicată în procesul nașterii o depășește categoric pe cea a oricărei alte traume postnatale din copilărie discutată în literatura psihodinamică, cu excepția poate a formelor de violență fizică extremă. Diferite forme de psihoterapie au strâns dovezi credibile potrivit cărora nașterea biologică este cea mai profundă traumă din viața noastră și un eveniment de o importanță psiho-spirituală absolută. Rămâne înregistrată în memoria noastră în cele mai mici detalii până la nivel celular și are un efect profund asupra dezvoltării noastre psihologice.

Retrăirea diferitelor aspecte ale nașterii biologice poate fi foarte autentică și convingătoare și adesea reia acest proces în detaliu. Acest lucru se poate întâmpla chiar și unor persoane care nu au niciun fel de cunoștințe intelectuale despre naștere și cărora le lipsesc chiar și informațiile elementare de obstetrică. Toate detaliile pot fi confirmate dacă sunt disponibile înregistrări eficiente ale nașterii sau mărturii personale de încredere. De exemplu, putem descoperi prin experiență directă că am avut o naștere cu prezentație pelvină, că s-a folosit un forceps la ieșirea din uter sau că ne-am născut cu cordonul ombilical în jurul gâtului. Putem simți anxietatea, furia biologică, durerea fizică și sufocarea pe care le-am trăit la naștere și chiar putem recunoaște corect tipul de anestezic folosit când ne-am născut.

Acest lucru este deseori însoțit de diferite posturi și mișcări ale corpului, brațelor, picioarelor, ca și rotații și mișcări ale capului ce reproduc adecvat mecanica unui anumit tip de naștere. Când retrăim nașterea, pot apărea în mod neașteptat pe piele vânătăi, umflături și alte modificări vasculare în locurile unde a fost aplicat forcepsul sau unde cordonul ombilical strângea gâtul. Aceste observații sugerează că trauma nașterii este înregistrată până la nivel celular.

Legătura intimă între naștere și moarte din inconștient devine foarte logică. Ea reflectă faptul că nașterea este o amenințare reală sau potențială cu moartea. Nașterea pune capăt în mod brutal existenței intrauterine a fătului. El „moare" ca organism acvatic și se naște ca formă de viață aerobă, fiziologic și chiar anatomic diferită. Iar trecerea prin canalul nașterii este, prin ea însăși, un eveniment dificil și potențial periculos pentru viață.

Diferitele complicații ale nașterii, cum ar fi discrepanța gravă dintre dimensiunile copilului și deschiderea pelviană, poziția transversală ori pelvină a fetusului, sau *placenta praevia* pot spori dificultatea fizică și emoțională asociată acestui proces. Copilul și mama își pot pierde viața în timpul travaliului, iar bebelușii se pot naște vineți din cauza asfixierii sau chiar în moarte clinică, având nevoie de resuscitare.

Retrăirea și integrarea conștientă a traumei nașterii joacă un rol important în procesul psihoterapiei experiențiale și de autoexplorare. Experiențele care își au originea la nivelul perinatal al inconștientului se prezintă sub forma a patru tipare distincte, fiecare caracterizat de emoții, senzații și imagerie simbolică specifice. Aceste tipare sunt strâns legate de experiențele fetusului înainte de începerea nașterii și în timpul celor trei stadii consecutive ale nașterii biologice. În fiecare dintre aceste stadii, copilul trăiește un set specific și tipic de emoții și senzații intense. Aceste experiențe lasă amprente inconștiente profunde în psihic și care, mai târziu, au o influență importantă asupra vieții individului. Voi numi cele patru constelații dinamice din inconștientul abisal *Matrice Perinatale Fundamentale* sau *MPF*-uri.

Spectrul experiențelor perinatale nu este limitat la elementele derivate din procesele biologice și psihologice implicate în procesul nașterii. Domeniul perinatal al psihicului reprezintă și o importantă cale de acces către inconștientul colectiv în accepțiune jungiană. Identificarea cu bebelușul confruntat cu chinul trecerii prin canalul nașterii pare să ofere acces la experiențe implicând persoane din alte epoci și culturi, diferite animale și chiar figuri mitologice. Este ca și cum, conectându-se cu strădania fetusului de a se naște, se ajunge la o conexiune intimă, aproape mistică, cu alte ființe aflate în condiții la fel de dificile.

Legăturile dintre experiențele stadiilor consecutive ale nașterii biologice și diferitele imagini simbolice asociate lor sunt foarte precise și potrivite. Motivul pentru care acestea apar împreună nu poate fi înțeles în termenii logicii convenționale. Aceasta nu înseamnă totuși că asocierile sunt arbitrare ori aleatorii. Ele își au propria ordine profundă care poate fi cel mai bine descrisă ca „logică experiențială". Legătura dintre experiențele caracteristice diferitelor stadii ale nașterii și temele simbolice asociate nu se bazează pe vreo similitudine formală exterioară, ci pe faptul că ele împărtășesc aceleași trăiri emoționale și senzații fizice.

Matricele perinatale sunt bogate și complexe și au dimensiuni biologice, psihologice, arhetipale și spirituale specifice. Confruntarea experiențială cu nașterea și moartea par să conducă automat la o deschidere spirituală și la descoperirea dimensiunilor mistice ale psihicului și existenței. Nu prea contează dacă această întâlnire ia o formă simbolică, ca în ședințele psihedelice și holotropice sau în timpul crizelor psiho-spirituale spontane („urgențe psiho-spirituale"), ori dacă are loc în situații de viață – de exemplu, în cazul femeilor care nasc sau în contextul experiențelor de moarte clinică (Ring, 1982). Simbolismul specific al acestor experiențe provine din inconștientul colectiv, nu din amintirile individuale. Astfel, poate aparține oricărei perioade istorice, arii geografice și tradiții spirituale a lumii, independent de educația culturală sau religioasă a subiectului.

Matricele individuale au legături fixe cu anumite categorii de experiențe postnatale ordonate în sisteme COEX. Ele sunt legate atât de arhetipurile Cumplitei Zeițe Mamă, Măreței Zeițe Mamă, Iadului, Raiului, ca și de alte amintiri rasiale, colective și karmice și experiențe filogenetice. Ar trebui să menționez legăturile teoretice și practice importante dintre MPF-uri și anumite aspecte specifice ale activității fiziologice din zonele erogene freudiene și anumite categorii de tulburări emoționale și psihosomatice. Toate aceste interrelații sunt prezentate în paradigma sinoptică din tabelul 2.1.

Întărite de experiențe emoționale semnificative din copilăria timpurie sau survenite ulterior, ordonate în sisteme COEX, matricele perinatale pot da formă modului în care percepem lumea, ne pot influența profund comportamentul cotidian și pot contribui la dezvoltarea diferitelor tulburări emoționale și psihosomatice. La scară colectivă, putem găsi ecouri ale matricelor perinatale în religie, artă, mitologie, filozofie, și diferite forme de psihologie și psihopatologie socială și politică. Înainte de a analiza aceste implicații mai vaste ale dinamicilor perinatale, voi descrie fenomenologia MPF-urilor individuale.

Prima matrice perinatală fundamentală: MPFI
(Uniunea primară cu mama)

Această matrice este legată de existența intrauterină înainte de travaliului nașterii. Lumea experiențială a acestei perioade poate fi numită „universul amniotic". Fetusul nu are conștiința limitelor și nu face deosebirea între interior și exterior. Acest lucru e reflectat de natura experiențelor asociate cu retrăirea amintirii stării prenatale. În timpul episoadelor de existență embrionară netulburată, avem de obicei experiența unor vaste spații fără limite sau granițe. Ne putem identifica cu galaxiile, spațiul interstelar sau întregul Cosmos.

O experiență asemănătoare este cea a plutirii în apa mării, identificarea cu diferite animale acvatice, precum pești, meduze, delfini sau balene, ori chiar cu oceanul. Acest lucru pare să reflecte faptul că fetusul este în esență o ființă acvatică. Experiențele intrauterine pozitive mai pot fi asociate și cu imagini arhetipale ale Naturii Mamă, care emană siguranță, frumusețe și hrană necondiționat, asemenea unui uter primitor. Putem vedea livezi pline de fructe, câmpuri de porumb copt, terase agricole în Anzi ori insulele virgine ale Polineziei. Imagini mitologice din inconștientul colectiv care apar deseori în acest context prezintă diverse lumi și paradisuri cerești, așa cum sunt ele descrise în mitologiile diferitelor culturi.

TABELUL 2.1 Matrice Perinatale Fundamentale

MPF I	MPF II	MPF III	MPF IV

Sindromuri psihopatologice asociate

MPF I	MPF II	MPF III	MPF IV
Psihoze schizofrenice (simptomatologie paranoidă, sentimente de uniune mistică, întâlnire cu forțe metafizice rele); ipohondrie (care are la bază senzații fizice bizare); halucinații isterice și confundarea visării cu ochii deschiși cu realitatea	Psihoze schizofrenice (elemente ale unor torturi infernale, experiența unei lumi de „carton" fără sens); depresii „endogene" sever inhibate; sentimente iraționale de inferioritate și vină; ipohondrie (care are la bază senzații fizice dureroase); alcoolism și dependență de droguri, psoriazis, ulcer peptic	Psihoze schizofrenice (elemente sado-masochiste și scatologice, automutilare, comportament sexual anormal); depresie agitată, devieri sexuale (sado-masochism, consumarea urinii și a fecalelor); nevroză obsesiv-compulsivă; astm psihogenic, ticuri și bâlbâială; isterie de conversie și anxietate; frigiditate și impotență; neurastenie; nevroză traumatică; nevroze organice; migrene; enuresis și encopressis	Psihoze schizofrenice (experiențe legate de moarte sau renaștere, iluzii mesianice, elemente ale distrugerii și recreării lumii, ale salvării și izbăvirii, identificarea cu Cristos); simptomatologie maniacală; exhibitionism

Activitățile corespunzătoare în zonele erogene freudiene

MPF I	MPF II	MPF III	MPF IV
Satisfacție libidinală în toate zonele erogene; sentimente libidinale în timpul legănării în balansoar și al înotului; aproximarea parțială cu această stare după satisfacție orală, anală, uretrală sau genitală și după nașterea unui copil	Frustrare orală (sete, foame, stimuli dureroși); retenție a fecalelor și/sau a urinei; frustrare sexuală; experiențe legate de senzația de rece, durere și alte senzații neplăcute	Mestecarea și înghițirea mâncării; agresarea orală și distrugerea unui obiect; procesul de defecare și urinare; agresiune anală și uretrală; orgasm sexual; agresiune falică; nașterea unui copil, erotism stato-acustic (jolting, gimnastică, scufundări, parașutism)	Satisfacerea setei și a foamei; plăcerea de a suge; sentimente libidinale după defecare, urinare, orgasm sexual, sau nașterea unui copil

PSIHOLOGIA VIITORULUI – Introducere în Noua Conștiință

Amintiri asociate din viața postnatală

BPM I	BPM II	BPM III	BPM IV
Situații din viața ulterioară în care nevoi importante sunt satisfăcute, cum ar fi clipe fericite din pruncie și copilărie (o bună îngrijire din partea mamei, joaca cu cei de-o seamă, perioade armonioase ale familiei etc.), dragoste împlinită, romantism; excursii sau vacanțe în locuri frumoase din natură; expunerea la creații artistice care au o înaltă valoare estetică; înotul în ocean sau în lacuri limpezi etc.	Situații care pun în pericol supraviețuirea și integritatea corpului (experiențe legate de război, accidente, răniri, operații, boli dureroase, situații de înec aproape iminent, episoade de sufocare, încarcerare, spălare a creierului și interogatoriu ilegal, abuz fizic etc.); traume psihologice grave (privare emoțională, respingere, situații amenințătoare, atmosferă familială opresivă, ridiculizare și umilire etc.)	Lupte, certuri și activități aventuroase (atacuri active în bătălii și revoluții, experiențe legate de serviciul militar, dificile zboruri cu avionul, navigări pe ocean la vreme de furtună; conducerea hazardată a autoturismului, box); amintiri foarte senzuale (carnavaluri, parcuri de distracții și cluburi de noapte, petreceri dezlănțuite, orgii sexuale etc.); observarea în copilărie a activității sexuale a adulților; experiențe de seducție și viol; la femei, nașterea propriilor copii	Evadări norocoase din situații periculoase (sfârșitul unui război sau revoluții, supraviețuirea după un accident sau o operație); depășirea unor obstacole grele printr-un mare efort; episoade de luptă grea și încordată care se termină printr-un succes remarcabil; scene naturale (începutul primăverii, sfârșitul unei furtuni pe ocean, răsăritul soarelui, curcubeul etc.)

Fenomenologie în ședințe LSD

BPM I	BPM II	BPM III	BPM IV
Viață intrauterină netulburată: amintiri realiste ale experiențelor "pântecelui bun"; extaz de tipul "oceanic", natura în cea mai bună formă a ei ("Mama Natură"); experiența unității cosmice; viziuni ale Raiului și Paradisului; tulburări ale vieții intrauterine: amintiri realiste ale "pântecelui rău"	Devorare cosmică, o imensă suferință fizică și psihologică; o situație de nesuportat și fără scăpare, care nu se va sfârși niciodată; variate imagini ale iadului; sentimentul că ești prins în capcană (fără ieșire); vină agonizantă și sentimente de inferioritate; perspectivă apocaliptică asupra lumii	Intensificarea suferinței până la dimensiuni cosmice; stare intermediară între durere și plăcere; extaz de tip "vulcanic"; culori strălucitoare; explozii și artificii; orgii sado-masochiste; crime și sacrificii sângeroase, angajare activă în lupte violente; atmosferă de aventură sălbatică și de explorări periculoase;	Enormă decompresie; expansiunea spațiului; extaz de tip "iluminant", viziuni ale unor săli gigantice; lumină strălucitoare și culori frumoase (albastru ceresc, auriu, curcubeu, pene de fazan); sentimente de renaștere și izbăvire; aprecierea modului simplu

(crize fetale, boli și prefaceri emoționale ale mamei, cazul gemenilor, încercare de avort), amenințare universală: idei paranoide; senzații fizice neplăcute („mahmureală", fiori și spasme ușoare, gusturi neplăcute, dezgust, sentimentul că ești otrăvit); întâlnirea unor entități demonice și a altor forțe metafizice rele

(orori ale războaielor și din lagărele de concentrare, teroarea Inchiziției; epidemii periculoase; boli; decrepitudine și moarte etc.); absurditatea și lipsa de sens a existenței umane; „lume de carton" sau atmosfera de artificialitate și gadget-uri: culori întunecate amenințătoare și simptome fizice neplăcute (sentimente de opresiune și comprimare, tulburări cardiace, fierbințeli și fiori reci, transpirație, respirație îngreunată)

sentimente intense legate de orgii sexuale și scene din haremuri și carnavaluri; experiențe legate de moarte și renaștere, religii care implică sacrificii sângeroase (aztecii, suferința lui Cristos și moartea de pe cruce, Dionisos etc.); manifestări fizice intense (presiuni și dureri, sufocare, tensiune musculară și descărcare prin contracții și tremurături, greață și vomă, fierbințeli și fiori reci, probleme legate de controlul sfincterului, țiuit în urechi)

de a trăi; intensificarea capacităților senzoriale; sentimente fraterne; înclinații umanitare și caritabile; activități maniacale ocazionale și sentimente de grandoare, tranziția la elemente ale MPF I; sentimente plăcute ce pot fi întrerupte de o criză ombilicală; durere ascuțită în buric, pierderea respirației, frică de moarte și castrare, transformări la nivelul organismului, dar fără presiuni exterioare

Etapele nașterii

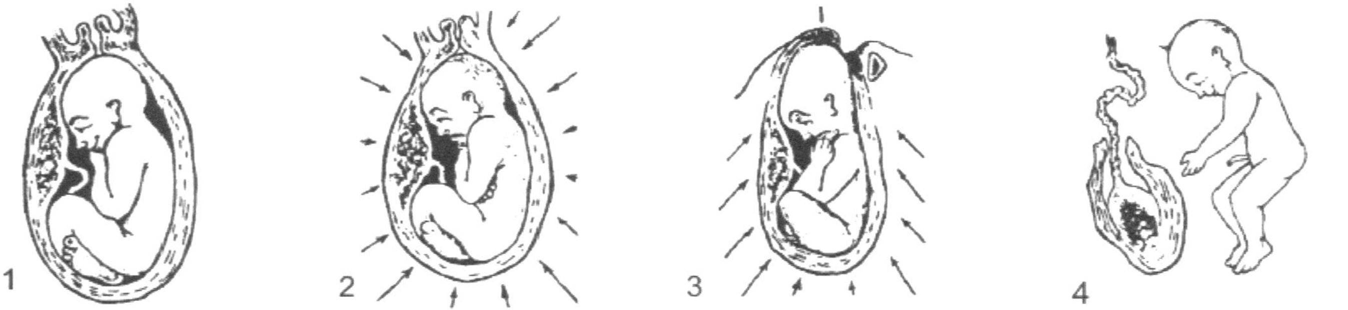

1   2   3   4

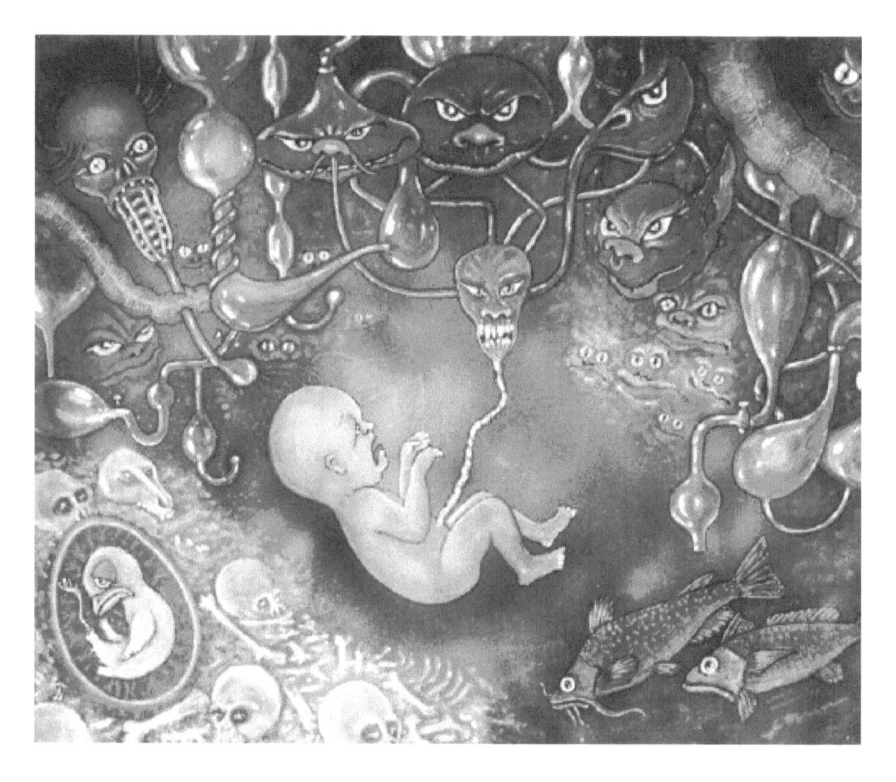

PSIHOLOGIA VIITORULUI – Introducere în Noua Conștiință

Desen reprezentând o experiență a unui „pântece rău", realizată în cadrul unei ședințe psihedelice. Toxicitatea pântecelui este portretizată sub forma unei torturi dureroase și înspăimântătoare care are loc într-un laborator diabolic, întesat de demoni ascunși. Experiența este acompaniată de identificarea cu peștii din apele poluate și cu un embrion de pui aflat într-un stadiu avansat de evoluție în momentul în care interiorul oului este contaminat cu reziduuri metabolice (Robin Maynard-Dobbs).

Când retrăim episoade de tulburări intrauterine, amintiri ale „uterului rău", avem un sentiment de amenințare întunecată și sinistră, și ne simțim adesea otrăviți. Putem vedea imagini cu ape poluate și deșeuri toxice. Acest lucru reflectă faptul că multe tulburări prenatale sunt produse de schimbări toxice din copul mamei însărcinate. Secvențele de acest fel pot fi asociate cu viziuni arhetipale ale unor înspăimântătoare entități demonice sau cu un sentiment al răului omniprezent. Aceia dintre noi care retrăiesc episoade de interferență violentă cu viața prenatală – de exemplu, pericolul de avort iminent sau tentativa de avort – trăiesc, de obicei, o formă de amenințare universală sau sângeroase viziuni apocaliptice ale sfârșitului lumii. Din nou, acest lucru reflectă legăturile intime dintre evenimente din istoria noastră biologică și arhetipurile jungiene.

Desen reprezentând o experiență a „pântecelui rău" dintr-o ședință psihedelică. Ostilitatea pântecelui este resimțită sub forma unor atacuri ale animalelor sălbatice (Robin Maynard-Dobbs).

Următoarea relatare dintr-o ședință psihedelică cu doză mare de LSD poate fi folosită ca exemplu tipic al unei experiențe MPF 1, ajungând uneori până în domeniul transpersonal.

> Tot ceea ce simțeam era un sentiment intens de disconfort care semăna cu o gripă. Nu credeam că o doză mare de LSD, care în ședințele mele anterioare produsese schimbări psihologice dramatice, putea trezi o reacție atât de slabă. Am hotărât să închid ochii și să observ cu atenție ce se întâmplă. În acest moment, experiența părea să se adâncească și mi-am dat seama că ceea ce cu ochii deschiși părea experiența adultă a unei tulburări virale devenise acum o situație reală a unui fetus care suferea ciudate agresiuni toxice în timpul existenței sale intrauterine.
>
> Eram foarte mic și capul meu era considerabil mai mare decât restul corpului și extremitățile mele. Mă aflam suspendat într-un mediu lichid și niște substanțe chimice dăunătoare pătrundeau în corpul meu prin zona ombilicală. Folosind receptori necunoscuți, detectam aceste influențe ca nocive și ostile pentru organismul meu. În timp ce se întâmpla asta, eram conștient că „atacurile" toxice erau legate de starea și activitatea organismului matern. Ocazional, puteam distinge influențe ce păreau să se datoreze ingestiei de alcool, hranei inadecvate sau fumatului. Un alt fel de disconfort părea să fie produs de schimbările chimice care însoțeau emoțiile mamei mele – anxietate, nervozitate, furie și sentimente conflictuale față de sarcină.
>
> Apoi, simptomele de boală și indigestie au dispărut și am trăit o stare tot mai intensă de extaz. Aceasta era însoțită de o înseninare a câmpului vizual. Era ca și cum mai multe straturi de pânză de păianjen groase și murdare ar fi fost rupte și dizolvate ca prin minune, sau ca proiecția unui film adus în atenția mea de un invizibil tehnician cosmic. Perspectiva s-a deschis și o cantitate incredibilă de lumină și energie m-a învăluit și a început să mi se scurgă în vibrații subtile prin toată ființa.
>
> La un anumit nivel, eram încă un fetus care trăia perfecțiunea absolută și extazul unui uter bun ori un nou-născut fuzionând cu un sân hrănitor și dătător de viață. La un alt nivel, am devenit întregul Univers. Eram martorul spectacolului macrocosmosului cu nenumărate galaxii care vibrează și pulsează de viață. Aceste imagini strălucitoare ce îți tăiau respirația se împleteau cu experiențele unui microcosmos la fel de miraculos, de la dansul atomilor și moleculelor până la originile vieții și la lumea biochimică a celulelor individuale. Pentru prima dată, vedeam Universul așa cum era în realitate – un mister de nepătruns, jocul divin al Conștiinței Absolute.

O vreme am oscilat între starea de fetus abătut și o existență intrauterină fericită și liniștită. Uneori, influențele nocive luau forma unor demoni insidioși sau a unor creaturi malefice din lumea descrisă în scripturi sau în basme. În timpul episoadelor de existență fetală netulburată, am trăit sentimente de identificare fundamentală cu întregul Univers; era Tao, ceea ce se află dincolo de limitele interioare, „Tat tvam asi" (tu ești Acela) din Upanishade. Mi-am pierdut sentimentul de identitate, eul meu s-a dizolvat și am devenit una cu întreaga existență.

Uneori, această experiență era intangibilă și lipsită de satisfacție, alteori era însoțită de multe viziuni frumoase – imagini arhetipale ale Paradisului, cornului abundenței, evului de aur sau naturii virgine. Am devenit un delfin care se juca în ocean, un pește înotând în ape cristaline, un fluture plutind peste pajiști montane și un pescăruș planând peste mare. Am fost oceanul, animalele, plantele, norii – uneori toate în același timp.

Nimic concret nu s-a mai întâmplat în după-amiaza sau seara respectivă. Mi-am petrecut aproape tot timpul simțindu-mă una cu natura și Universul, scăldat în lumina aurie care scădea treptat în intensitate.

A doua matrice perinatală:
MPF II (absorbția cosmică fără ieșire sau Iadul)

Când retrăim începutul nașterii biologice, simțim de obicei că suntem supți de un vârtej gigantic sau înghițiți de o fiară mitică. Putem trăi și senzația că întreaga lume sau întregul Univers este înghițit. Aceasta poate fi asociată cu imagini ale unor monștri arhetipali complecși și devoratori, ca leviatanii, dragonii, balenele, șerpii, păianjenii sau caracatițele uriașe. Sentimentul de amenințare vitală copleșitoare poate duce la anxietate intensă și neîncredere vecină cu paranoia. Un alt complex experiențial de la începutul celei de-a doua matrice este tema coborârii în hăurile lumii subterane, tărâmul morții sau al Iadului. După cum a descris foarte elocvent Josef Campbell, acesta este un motiv universal în mitologii – călătoria eroului (Campbell, 1968).

În stadiul de dezvoltare completă a fătului din momentul nașterii biologice, contracțiile intrauterine apasă fetusul și cervixul nu este încă deschis. Fiecare contracție produce compresia arterelor uterine și fetusul este amenințat cu lipsa de oxigen. Retrăirea acestui stadiu al nașterii este una dintre cele mai neplăcute experiențe ale autoexplorării din stările holotropice. Ne simțim prinși într-un monstruos coșmar claustrofobic, expuși agonizantei dureri emoționale și fizice, și avem un sentiment de totală neajutorare și deznădejde. Sentimentele de singurătate, vinovăție, absurditate a vieții și disperare existențială ating proporții metafizice. O persoană în această situație dificilă are deseori sentimentul că aceasta nu va mai lua sfârșit și că nu există nicio scăpare. O triadă experiențială caracteristică pentru această stare este sentimentul de moarte iminentă, nebunie și de imposibilitate a întoarcerii.

Retrăirea acestui stadiu la nașterii este însoțită în mod obișnuit de secvențe care implică oameni, animale și chiar ființe mitologice într-o împrejurare dureroasă și fără speranță, asemenea celei a fetusului prins în strânsoarea canalului nașterii. Putem trăi o identificare cu prizonierii din temnițe subterane, victimele Inchiziției și deținuții din lagărele de concentrare sau azilele de nebuni. Suferința noastră poate lua forma durerilor animalelor prinse în capcane sau chiar atinge dimensiuni arhetipale.

Putem simți chinurile de nesuportat ale păcătoșilor din Iad, agonia lui Isus pe cruce ori chinul atroce al lui Sisif în timp ce împinge bolovanul spre vârful muntelui, din cea mai adâncă prăpastie a lui Hades. Alte imagini apărute în ședințele dominate de această matrice includ simbolurile arhetipale grecești de nesfârșită suferință, Tantal și Prometeu, și alte figuri ce simbolizează condamnarea eternă, precum evreul rătăcitor Ahasuerus sau Olandezul Zburător.

Când ne aflăm sub influența acestei matrice, suferim o orbire selectivă și suntem incapabili să găsim ceva pozitiv în viața noastră și în existența umană în general. Conexiunea cu dimensiunea divină pare irecuperabil întreruptă sau pierdută. Prin prisma acestei matrice, viața pare un teatru al absurdului, o farsă la care iau parte personaje de carton și roboți fără minte sau un crud spectacol de circ. În această stare de spirit, filozofia existențială pare să fie singura descriere adecvată și relevantă a vieții. Este interesant în acest sens că întreaga operă a lui Jean Paul Sartre a fost profund influențată de o ședință cu mescalină prost gestionată și dominată de MPF II, care nu s-a încheiat printr-o rezolvare a conflictelor (Riedlinger, 1982). Preocuparea lui

Samuel Beckett pentru moarte, naștere și căutarea Mamei indică, de asemenea, puternice influențe perinatale.

Este normal ca o persoană care are probleme cu acest aspect al psihicului să evite confruntarea cu el. Aprofundarea experienței pare o condamnare la cele mai cumplite chinuri. Cu toate acestea, cel mai rapid mod de a pune capăt unei asemenea stări insuportabile e acceptarea ei completă și capitularea. Experiența zguduitoare și disperarea fără margini sunt cunoscute din literatura spirituală sub numele de Noaptea Neagră a Sufletului. Este un important stadiu al deschiderii spirituale, care poate avea un puternic efect de purificare și eliberare.

Majoritatea trăsăturilor caracteristice ale MPF II pot fi ilustrate de următoarea relatare:

> Atmosfera era tot amenințătoare și mai încărcată de pericole ascunse. Întreaga încăpere părea că se învârte cu mine și mă simțeam atras spre centrul unui vârtej amenințător. Mi-a venit în minte descrierea înspăimântătoare făcută de Edgar Alan Poe în *Coborâre în Maelstrom*. În vreme ce obiectele din cameră păreau să zboare în jurul meu rotindu-se, o altă imagine mi-a venit în minte – ciclonul care în *Vrăjitorul din Oz* al lui Frank Baum o smulge pe Dorothy din monotonia vieții ei din Kansas și o trimite într-o stranie călătorie plină de aventuri. Experiența mea semăna și cu intrarea în vizuina iepurelui din *Alice în Țara Minunilor* și așteptam cu nerăbdare să văd ce anume voi găsi de cealaltă parte a oglinzii. Universul părea să se repeadă asupra mea și nu puteam face nimic să opresc această înghițire apocaliptică.
>
> Pe măsură ce mă scufundam tot mai adânc în labirintul inconștientului meu, am simțit cum mă cuprinde frica și aceasta se transformă în panică. Totul a devenit întunecat, opresiv și înspăimântător. Ca și cum greutatea întregii lumi apăsa asupra mea, exercitând o incredibilă presiune hidraulică ce amenința să-mi strivească oasele craniului și să-mi reducă trupul la o mică sferă compactă. O rapidă succesiune de amintiri din trecutul meu mi s-a derulat cu viteză prin creier, arătându-mi completa inutilitate și lipsă de sens a vieții mele și a existenței în general. Ne naștem goi, speriați, în agonie și părăsim această lume în același mod. Existențialiștii aveau dreptate! Totul este trecător, viața nu este nimic altceva decât așteptarea lui Godot! Deșertăciunea deșertăciunilor, totul este deșertăciune!

Neliniștea pe care o simțeam s-a transformat în durere, iar durerea în agonie. Tortura s-a intensificat într-atât, încât am ajuns să simt că fiecare celulă din corp îmi era găurită de freza unui dentist diabolic. Viziuni ale unor peisaje infernale și ale demonilor care își torturau victimele m-au determinat să realizez brusc că mă aflam în Iad. Mi-am amintit de *Divina Comedie* a lui Dante: „Lăsați orice speranță voi, cei ce intrați!" Nu părea să existe nicio scăpare din această diabolică situație; eram condamnat pe vecie, fără cea mai mică speranță de izbăvire.

Desen dintr-o ședință de respirație holotropică, în care artista resimte compasiune față de suferința omenirii și față de ea însăși. Pictura reprezintă Moartea care ține în brațe o ființă umană. Textul care o însoțește spune: „Topirea granițelor corpului fizic și ale minții eliberează spiritul și îi permite să se întoarcă la splendoarea luminii divine" (Kathleen Silver).

A treia matrice perinatală:
MPF III (Lupta moarte-renaștere)

Multe aspecte ale acestei experiențe bogate și pline de culoare pot fi înțelese din asocierea ei cu al doilea stadiu clinic al nașterii biologice, propulsarea prin canalul nașterii, după deschiderea cervixului, când capul coboară în pelvis. În acest stadiu, contracțiile uterine continuă, dar cervixul este acum dilatat și permite propulsarea treptată a fetusului prin canalul nașterii. Aceasta implică experimentarea unor presiuni mecanice zdrobitoare, dureri și, deseori, un grad mare de anoxie și sufocare. Un însoțitor firesc al acestei stări extrem de neplăcute și care amenință viața este sentimentul unei intense anxietăți.

Desen dintr-o ședință de respirație holotropică, în care artista retrăiește lipsa iubirii și a îngrijirii din copilărie, combinată cu elemente ale MPF II. Este înfățișată ființa ei strivită de ceea ce ar trebui să fie principiul feminin esențial al îngrijirii – Pământul. Ședința a avut drept rezultat sentimente de compasiune imensă față de ea însăși și de ceilalți, atât victime, cât și făptași. Prunul din stânga imaginii simbolizează viața nouă, dragostea și speranța (Kathleen Silver).

Pe lângă întreruperea circulației sanguine din cauza contracțiilor uterine și compresiunii rezultante asupra arterelor uterine, fluxul sanguin către fetus poate fi întrerupt de diferite complicații. Cordonul ombilical poate fi prins între cap și deschiderea pelviană sau poate fi răsucit în jurul gâtului. Placenta se poate detașa în timpul nașterii sau poate obstrucționa canalul nașterii (*placenta praevia*). În unele cazuri, fetusul poate aspira diferitele forme de material biologic întâlnite în stadiile finale ale acestui proces, ceea ce intensifică și mai mult senzația de sufocare. În acest stadiu, problemele pot fi atât de grave, încât să necesite o intervenție ajutătoare, ca folosirea forcepsului ori chiar o cezariană de urgență.

MPF III este un tipar experiențial deosebit de bogat și de complex. În afara retrăirii realiste a diferitelor aspecte ale zbaterii în canalul nașterii, ea implică și o mare diversitate de imagini luate din istorie, natură și domeniile arhetipale. Cele mai importante dintre acestea sunt atmosfera de luptă titanică, secvențele agresive și sado-masochiste, experiențele de sexualitate deviantă, episoadele demonice, complicațiile scatologice și întâlnirea cu focul. Cea mai mare parte a aspectelor MPF III pot fi semnificativ legate de anumite caracteristici anatomice, fiziologice și biochimice corespunzătoare acestui stadiu al nașterii.

Aspectul titanic al MPF III este perfect logic, având în vedere enormitatea forțelor care operează în ultimul stadiu al nașterii. Când ne întâlnim cu această fațetă a celei de-a treia matrice, simțim râuri de energie de o intensitate copleșitoare străbătându-ne corpul și acumulându-se până la descărcări explozive. În acest moment, ne-am putea identifica cu elemente furioase ale naturii, precum vulcanii, furtunile electrice, cutremurele, valurile gigantice ale refluxului sau ciclonul.

Experiența poate înfățișa și lumea tehnologiei în care sunt implicate energii enorme – tancuri, rachete, nave spațiale, laser, centrale electrice sau chiar reactoare nucleare și bombe atomice. Experiențele titanice ale MPF III pot atinge dimensiuni arhetipale, înfățișând bătălii gigantice, ca lupta cosmică dintre forțele Luminii și Întunericului, îngeri și demoni sau zei și titani.

Aspectele agresive și sado-masochiste ale acestei matrice reflectă furia biologică a organismului a cărui supraviețuire este amenințată de sufocare, ca și de distrugătorul atac al contracțiilor uterine. Confruntați cu acest aspect al MPF III, putem experimenta cruzimi de proporții uimitoare, manifestate în scene de suicid și crime violente, mutilare și automutilare, diferite masacre, războaie și revoluții sângeroase. Acestea iau adesea forma torturii, execuției, sacrificiului ritual, autosacrificiului, luptei sângeroase corp la corp și practicii sado-masochiste.

Logica experiențială a *aspectului sexual* al procesului moarte-renaștere nu este imediat evidentă. Se pare că organismul uman are un mecanism fiziologic încorporat, care transformă suferințele inumane și mai ales sufocarea într-o ciudată excitare sexuală și, în final, în extaz. Acest lucru poate fi ilustrat de experiențele martirilor și flagelanților descrise în literatura religioasă. Alte exemple pot fi găsite în materialele din lagărele de concentrare, în rapoartele prizonierilor de război și în dosarele Amnesty International. Este bine cunoscut și faptul că bărbații uciși prin strangulare au, de obicei, erecție și chiar ejaculează.

Experiențele sexuale care au loc în contextul MPF III sunt caracterizate printr-o dorință de intensitate uriașă, prin caracterul lor mecanic și neselectiv și prin natura lor exploatatorie, pornografică sau deviantă. Ele descriu scene din cartierele cu felinare roșii și din sexualitatea clandestină, practici erotice extravagante și secvențe sado-masochiste. La fel de frecvente sunt episoadele care descriu incestul, abuzul sexual sau violul. Foarte rar, imageria MPF III poate implica extremele sângeroase și respingătoare ale sexualității criminale – crima cu motivație erotică, tăierea organelor sexuale, canibalismul și necrofilia.

Faptul că, la acest nivel al psihicului, excitarea sexuală este legată infailibil de elemente extrem de problematice – riscul pierderii vieții, pericolul extrem, anxietatea, agresivitatea și impulsurile autodistructive, durerea fizică și diferitele forme de material biologic – reprezintă o bază naturală pentru dezvoltarea celor mai importante tipuri de disfuncții, variații, devieri și perversiuni sexuale. Acestea au importante implicații teoretice și practice pe care le vom analiza mai târziu.

Aspectul demonic al MPF III poate prezenta probleme specifice pentru subiecți, ca și pentru terapeuți și asistenți. Natura ciudată și lugubră a manifestărilor implicate conduce deseori la evitarea confruntării. Temele cel mai des întâlnite în acest context sunt scenele de Sabat al Vrăjitoarelor (*Noaptea Walpurgiilor*), orgiile satanice, ritualurile Liturghiei Negre și tentația de a ceda forțelor malefice. Numitorul comun care leagă acest stadiu al nașterii de temele Sabatului și ale ritualurilor Liturghiilor Negre este un amalgam experiențial ciudat de moarte, sexualitate deviantă, durere, frică, agresivitate, scatologie și impulsuri spirituale deviante. Această observație pare să aibă o mare relevanță pentru recenta „epidemie" de experiențe abuzive ale cultului satanic descrise de subiecți în diferite forme de terapii regresive.

Aspectul scatologic al procesului moarte-renaștere își are baza biologică naturală în faptul că, în ultima fază a nașterii, fetusul poate veni în contact strâns cu diferite forme de material biologic – sânge, secreții vaginale, urină și chiar fecale. Totuși, natura și conținutul acestor experiențe depășesc de departe ceea ce nou-născutul ar fi putut trăi la naștere. Experiențe ale acestui aspect al MPF III pot implica scene precum târârea prin resturi în descompunere ori sisteme de canalizare, bălăcirea în grămezi de excremente, băutul sângelui sau urinei, sau participarea la scene de respingătoare putrefacție. Este o întâlnire intimă și cutremurătoare cu cele mai urâte aspecte ale existenței biologice.

Când experiența MPF III se apropie de rezolvare, devine mai puțin violentă și neplăcută. Atmosfera dominantă este aceea de pasiune extremă și energie pulsională de o intensitate amețitoare. Imageria înfățișează cuceriri entuziaste de teritorii noi, vânarea animalelor sălbatice, sporturi dificile și aventuri în parcuri de distracții. Aceste experiențe sunt în mod clar legate de activitățile care implică o „descărcare de adrenalină" – cursele de mașini, salturile cu coarda elastică, spectacolele periculoase de circ și scufundările acrobatice.

În acest moment, putem întâlni și figuri arhetipale de zeități, semizei și eroi legendari care reprezintă moartea și renașterea. Putem avea viziuni ale lui Isus, ale chinurilor și umilirii Lui, ale Drumului

Crucii și ale crucificării sau ne putem chiar identifica integral cu suferința Sa. Indiferent dacă avem sau nu cunoștințe de mitologie, putem trăi aceste teme mitologice precum reînvierea zeului egiptean Osiris, sau moartea și renașterea zeilor greci Dionysos, Attis ori Adonis. Experiența poate înfățișa răpirea Persefonei de către Pluto, coborârea în lumea subpământeană a zeiței sumeriene Inanna sau chinurile Eroilor Gemeni mayași din Popol Vuh.

Chiar înainte de experiența renașterii psiho-spirituale, este un lucru obișnuit să întâlnim *elementul focului*. Motivul focului poate fi trăit fie în forma sa cotidiană obișnuită, fie în forma arhetipală a focului purificator (*pyrocatharsis*). Putem avea sentimentul că trupul ne este cuprins de flăcări, putem avea viziuni ale unor orașe și păduri în flăcări și ne putem identifica cu victimele sacrificiilor. În versiunea arhetipală, arderea pare să distrugă total ce este corupt în noi și să ne pregătească pentru renașterea spirituală. Un simbol clasic al tranziției de la MPF III la MPF IV este legendara pasăre Phoenix, care moare în foc și renaște din propria-i cenușă.

Experiența pirocathartică este un aspect oarecum enigmatic al MPF III, deoarece conexiunea ei cu nașterea biologică nu este atât de directă și de evidentă ca în cazul altor elemente simbolice. Corespondentul biologic al acestei experiențe ar putea fi eliberarea explozivă a energiilor anterior blocate în stadiul final al nașterii sau suprastimularea fetusului cu „combustiile" aleatorii ale neuronilor periferici. Este interesant că această întâlnire cu focul are o paralelă experiențială în mama care naște și care în acest stadiu al procesului simte adesea că vaginul ei arde.

Mai multe caracteristici importante ale celei de-a treia matrice o deosebesc de cealaltă constelație fără ieșire. Aici situația este provocatoare, dificilă, dar nu pare lipsită de speranță și nu simțim neputința. Luăm activ parte la o luptă crâncenă și avem sentimentul că suferința are o direcție precisă, un sens și un scop clar. În termeni religioși, situația este mai curând legată de conceptul de Purgatoriu, decât de ideea de Iad.

Mandală reprezentând renașterea psiho-spirituală în cadrul unei ședințe holotropice, experimentată sub forma unei nașteri din foc în centrul pământului, urmată de ieșirea dintr-un vulcan (Tai Ingrid Hazard).

În plus, nu jucăm exclusiv rolul de victime neajutorate. În acest punct, ne sunt disponibile trei roluri diferite. Pe lângă faptul că suntem observatori la ceea ce se petrece, ne putem identifica atât cu agresorul, cât și cu victima. Identificarea poate fi atât de convingătoare, încât rolurile sunt dificil de diferențiat și separat. De asemenea, dacă situația fără ieșire implică suferința pură, experiența luptei moarte-renaștere reprezintă granița dintre agonie și extaz, și fuziunea ambelor. Pare potrivit să numim acest tip de experiență *extaz dionisiac* sau *vulcanic*, în contrast cu *extazul oceanic* sau *apolonic* al uniunii cosmice asociate cu prima matrice perinatală.

Următoarea relatare a unei ședințe psihedelice cu doză mare de LSD ilustrează multe din temele tipice asociate cu MPF III descrise mai sus:

> Deși nu am văzut niciodată clar canalul nașterii, am simțit presiunea lui strivitoare asupra capului și trupului meu și am știut cu fiecare celulă a corpului că mă nășteam. Tensiunea atingea proporții pe care nu mi le-aș fi imaginat nicicând. Am simțit o presiune continuă asupra creștetului, tâmplelor și zonei occipitale, ca și cum aș fi fost prins între fălcile de oțel ale unei menghine. Tensiunile din corpul meu aveau o brutală calitate mecanică. Îmi imaginam că trec printr-o mașină de tocat monstruoasă sau o presă gigantică plină de roți zimțate. Imaginea lui Charlie Chaplin persecutat de lumea tehnologiei în *Modern Times* mi-a trecut fulgerător prin minte.
>
> Cantități incredibile de energie păreau să se scurgă prin tot corpul meu, acumulându-se și eliberându-se în descărcări explozive. Simțeam un amestec uimitor de sentimente; eram sufocat, speriat și neajutorat, dar și furios și, în mod curios, excitat. Alt aspect important al experienței a fost sentimentul de confuzie totală. Deși mă simțeam ca un bebeluș implicat într-o luptă brutală pentru supraviețuire și realizam că ceea ce avea să se întâmple era nașterea mea, eram în același timp și mama care mă năștea. Conștientizam că, bărbat fiind, nu aș fi putut niciodată să nasc, și totuși depășeam cumva această barieră și imposibilul devenea realitate.
>
> Nu era nicio îndoială că mă aflam în legătură cu un lucru primordial – un vechi arhetip feminin, cel al mamei care dă viață. Imaginea corpului meu cuprindea un uriaș pântece însărcinat și organe genitale feminine, cu toate nuanțele senzațiilor biologice. Mă simțeam frustrat, pentru că nu mă puteam abandona acestui proces primitiv – de a naște și de a mă naște, de a renunța la control și a lăsa copilul să iasă. O cantitate uriașă de agresivitate criminală a țâșnit din lumea subterană a psihicului meu. Ca și cum un abces malefic ar fi fost spart brusc de bisturiul unui chirurg celest. Un vârcolac sau un berserk[1] pusese stăpânire pe mine; Dr. Jekyll se transforma în Dl. Hyde. Erau multe imagini ale călăului și victimei, ca și când ar fi fost una și aceeași persoană, tot așa cum mai devreme nu reușisem să fac distincția între copilul care se năștea și mama care dădea viață.
>
> Eram un tiran nemilos, un dictator care își expunea supușii la cruzimi inimaginabile, dar și un revoluționar care conducea mulțimea furioasă pentru a-l detrona pe tiran. Am devenit un mafiot care ucidea cu sânge rece

---

[1] Vechi luptător scandinav care purta blănuri de animale și lupta sub influența unui drog. (n.t.)

și polițistul care l-a omorât în numele legii. La un moment dat, am simțit ororile lagărelor naziste de concentrare. Când am deschis ochii, m-am văzut în postura de ofițer SS. Am avut sentimentul că el, nazistul și eu, evreul, eram una și aceeași persoană. Îi simțeam în mine și pe Hitler, și pe Stalin și mă simțeam răspunzător de toate atrocitățile din istoria omenirii. Am văzut limpede că problema umanității nu este existența unor dictatori sângeroși, ci acest Ucigaș Ascuns pe care îl adăpostim cu toții în noi, dacă ne uităm suficient de adânc în ființa noastră.

Apoi, natura experienței s-a schimbat și a atins proporții mitologice. În locul răului din istoria omenirii acum simțeam atmosfera de vrăjitorie și prezența elementelor demonice. Dinții mei se transformaseră în colți lungi, plini cu o otravă misterioasă, și m-am trezit zburând pe aripile uriașe și amenințătoare ale unui liliac prin noapte, ca un vampir. Această imagine s-a transformat repede într-o scenă sălbatică, amețitoare din timpul Sabatului Vrăjitoarelor. În acest straniu ritual al simțurilor, impulsurile de obicei reprimate și interzise păreau să iasă la suprafață, unde erau trăite și manifestate întocmai. Eram conștient că participam la o ceremonie misterioasă de sacrificiu care îl celebra pe Zeul Întunericului.

Pe măsură ce calitatea demonică a trăirilor mele dispărea treptat, încă simțeam o dorință sexuală uriașă și am participat la succesiuni nesfârșite de orgii fantastice și fantezii sexuale în care eu jucam toate rolurile. Pe parcursul acestor experiențe, continuam să fiu simultan copilul care luptă să iasă din canalul nașterii și mama care îl aduce pe lume. Pentru mine a devenit foarte clar că sexul și nașterea erau profund conectate și că forțele satanice aveau legături importante cu propulsarea prin canalul nașterii. M-am luptat și m-am zbătut în multe roluri diferite și cu mulți inamici diferiți. Uneori mă întrebam dacă suferința mea avea să se sfârșească vreodată.

Apoi, un element nou a apărut în experiența mea. Întregul meu corp era acoperit cu un gunoi biologic, ceva alunecos și lipicios. Nu-mi dădeam seama dacă era lichid amniotic, urină, mucus, sânge sau secreții vaginale. Aceeași substanță părea să-mi umple gura și plămânii. Mă sufocam, vomitam, mă schimonoseam pentru a-l elimina din mine și de pe piele. În același timp, cineva îmi transmitea mesajul că nu trebuie să mă lupt. Procesul își avea ritmul propriu și tot ce trebuia să fac era doar să mă abandonez lui. Mi-am amintit multe situații din viață când am simțit nevoia de a lupta și a mă zbate și, ulterior, acest lucru mi s-a părut inutil. Ca și cum aș fi fost cumva programat de la naștere să văd viața mult mai complicată și mai periculoasă decât este în realitate. Credeam că experiența ar fi putut să-mi deschidă ochii în această privință și să-mi facă viața mai ușoară și mai jucăușă decât înainte.

A patra matrice perinatală: MPF IV (Experiența moarte-renaștere)

Această matrice este legată de cel de-al treilea stadiu al nașterii clinice, expulzarea finală din canalul nașterii și tăierea cordonului ombilical. Trăind această matrice, completăm dificilul proces de propulsare prin canalul nașterii, atingem eliberarea explozivă și ieșim la lumină. Procesul este deseori însoțit de amintiri concrete și realiste ale diferitelor aspecte specifice stadiului, ca experiența anesteziei, presiunile forcepsului și senzațiile asociate cu diferite manevre obstetrice ori intervenții postnatale.

Retrăirea nașterii biologice nu este o simplă reluare mecanică a evenimentului biologic inițial, ci și o moarte și o renaștere psihospirituale. Pentru a înțelege, trebuie să conștientizăm că în acest proces există câteva importante elemente suplimentare. Deoarece fetusul este complet izolat în timpul nașterii și nu are cum să exprime emoțiile extreme și să reacționeze la senzațiile fizice intense, amintirea acestui eveniment rămâne psihologic nedigerată și neasimilată.

Felul în care ne autodefinim și atitudinile noastre față de lume în viața postnatală sunt profund influențate de această amintire constantă a vulnerabilității, inadecvării și slăbiciunii pe care le-am trăit la naștere. Într-un sens, ne-am născut anatomic, dar nu am integrat acest fapt din punct de vedere emoțional. „Moartea" și agonia luptei pentru renaștere reflectă durerea reală și amenințarea pentru viață reprezentată de procesul biologic al nașterii. Cu toate acestea, moartea eului care precedă nașterea este moartea vechilor noastre idei despre propria identitate și lumea înconjurătoare. Ele au fost fabricate de amprenta traumatică a nașterii și păstrate de amintirea rămasă vie în inconștientul nostru.

Pe măsură ce ștergem aceste programe vechi asimilându-le în conștiință, ele își pierd încărcătura emoțională și, dintr-un anumit punct de vedere, mor. Dar noi ne identificăm într-atât cu ele, încât apropierea momentului morții eului este trăită ca un sfârșit al vieții sau chiar ca sfârșitul lumii. Oricât de înspăimântător poate fi acest proces, el are, de fapt, o mare putere vindecătoare și transformatoare.

Totuși, paradoxal, în vreme ce un singur pas ne desparte de experiența eliberării radicale, avem sentimentul unei anxietăți omniprezente și al unei catastrofe iminente.

Experiența transcenderii morții în cadrul unei ședințe ayahuasca. Viziunea unui craniu și a cutiei toracice care explodează în lumina Spiritului, distrugând sclavia minții și a formei umane. Experiența a generat un sentiment puternic de libertate și bucurie (Kathleen Silver).

Ceea ce moare, de fapt, în acest proces este eul fals pe care, până în acest punct al vieții noastre, l-am confundat cu eul real. În vreme ce pierdem toate reperele cunoscute, nu avem nici cea mai vagă idee despre ceea ce se află de partea cealaltă sau dacă se află ceva acolo. Frica tinde să opună o rezistență enormă la continuarea și completarea experienței. Prin urmare, fără o îndrumare corespunzătoare, multe persoane pot rămâne blocate psihologic în acest teritoriu problematic.

Când depășim teama metafizică din acest important punct de cotitură și hotărâm să lăsăm lucrurile să se întâmple, trăim anihilarea la toate nivelurile imaginabile – distrugere fizică, dezastru emoțional, înfrângere intelectuală și filozofică, eșec moral total și chiar damnarea spirituală. Pe parcursul acestei experiențe, toate reperele – tot ceea ce este important și are un sens în viața noastră – par să fie distruse fără drept de apel. Imediat după experiența anihilării totale – atingerea „străfundurilor hăului cosmic" – suntem copleșiți de viziuni ale unei lumini albe sau aurii, de o strălucire supranaturală și o frumusețe excepțională, ce pare numinoasă și divină.

Desen reprezentând experiența combinată de a naște și de a fi născut, într-o sesiune de respirație holotropică. Experiențele de acest gen pot avea un mare potențial de vindecare și de transformare și au ca urmare senzația că se naște un nou sine. (Jean Perkins: „Coming Out of Darkness" „Ieșind din întuneric"] 54"x74", 1999).

După ce am supraviețuit unei experiențe de anihilare totală și sfârșit apocaliptic al tuturor lucrurilor, peste numai câteva secunde suntem binecuvântați cu imagini fantastice ale unui magnific curcubeu, o multitudine de culori asemănătoare cu modelul de pe coada păunilor, scene celeste și viziuni ale unor ființe arhetipale scăldate în lumina divină. Deseori, acesta este momentul unei întâlniri importante cu arhetipul Măreței Zeițe Mamă, fie în forma ei universală, fie în una din formele cultural specifice. În urma experienței morții și renașterii psiho-spirituale, ne simțim izbăviți și binecuvântați, trăim extazul suprem și avem sentimentul că ne regăsim natura divină și statutul cosmic. Suntem copleșiți de un val de emoții pozitive față de noi înșine, ceilalți, natură și existență în general.

Este important de subliniat că acest tip de experiență vindecătoare capabilă să schimbe viața are loc atunci când nașterea nu a fost prea epuizantă sau afectată de o cantitate mare de anestezic. Dacă lucrurile stau așa, nu avem sentimentul ieșirii triumfătoare la lumină și rezolvării definitive a problemelor. Perioada postnatală ne poate lăsa senzația recuperării lente după o boală grea sau a trezirii din beție. Așa cum vom vedea mai târziu, anestezia la naștere poate avea și consecințe psihologice negative pentru viața postnatală.

Următoarea relatare a unei experiențe de moarte-renaștere dintr-o ședință psihedelică cu doză mare de substanță descrie o secvență caracteristică MPF IV.

> Cu toate acestea, ce era mai rău avea să urmeze. Brusc, am avut senzația că pierd orice legătură cu realitatea, ca și cum cineva ar fi smuls de sub picioarele mele un covor imaginar. Totul se prăbușea și simțeam cum întregul meu univers se sfărâma. Era ca și cum cineva ar fi înțepat un fel de balon metafizic al vieții mele; o bășică gigantică de autoamăgire ridicolă se spărsese și scosese la iveală minciuna uriașă care era viața mea. Toate lucrurile în care crezusem, tot ce făcusem sau urmărisem, tot ce dădea sens vieții mele era dintr-o dată complet fals. Toate erau niște cârje ridicole, fără substanță, cu care încercasem să peticesc realitatea intolerabilă a existenței. Acum erau distruse și împrăștiate ca semințele micuțe ale păpădiei, scoțând la iveală abisul înfricoșător al adevărului ultim – haosul vidului existențial.
>
> Absolut îngrozit, am văzut imaginea unei zeități gigantice care mă domina amenințător. Am recunoscut instinctiv că era zeul hindus Shiva în forma sa distructivă. Am simțit impactul fulgerător al piciorului său enorm zdrobindu-mă, pulverizându-mă și împrăștiindu-mă ca pe o fărâmă insignifiantă de

excrement pe fundul Cosmosului. În momentul următor, mă aflam în fața unei înspăimântătoare zeițe indiene, pe care am identificat-o ca fiind Kali. Fața mea era atrasă de o forță irezistibilă către vaginul ei deschis, plin de ceea ce părea să fie sânge menstrual sau lohii respingătoare.

Am simțit că mi se cerea supunere absolută față de forțele existenței și de principiul feminin reprezentat de zeiță. Nu aveam de ales și trebuia săi sărut și să-i ling vulva cu cea mai deplină supunere și umilință. În acest moment, care a fost finalul oricărui sentiment de supremație masculină pe care îl nutrisem vreodată, mi-am amintit momentul nașterii mele biologice. Capul îmi ieșea din canalul nașterii și gura îmi era în contact intim cu vaginul sângerând al mamei.

M-am umplut cu lumină divină, de o strălucire supranaturală și o frumusețe indescriptibilă; razele ei aurii explodau în mii de superbe cozi de păun. Din această strălucitoare lumină aurie s-a desprins figura Zeiței Mamă care părea să întruchipeze iubirea și protecția tuturor timpurilor. Și-a deschis brațele și le-a întins spre mine, învăluindu-mă în ființa ei. Am fuzionat incredibil cu acest câmp de energie, simțindu-mă purificat, vindecat și hrănit. Ceea ce părea să fie nectar și ambrozie divină, esență arhetipală a laptelui și a mierii, curgea în mine într-o abundență absolută.

Apoi, figura zeiței a început să dispară treptat, absorbită de o lumină și mai strălucitoare. Era abstractă, totuși avea caracteristici personale clare și radia o inteligență infinită. Atunci mi-a fost foarte clar că ceea ce trăiam era uniunea și atragerea în Sinele Universal, sau Brahma, cum citisem în cărțile de filozofie indiană. Această experiență a pălit cam în zece minute pe ceas; cu toate astea, a depășit orice concept de timp și a părut să fie eternitatea însăși. Fluxul energiei vindecătoare și hrănitoare și viziunile strălucirii aurii cu desene multicolore au ținut toată noaptea. Sentimentul de bine care a urmat m-a însoțit multe zile. Amintirea experienței a rămas vie ani de-a rândul și mi-a schimbat profund întreaga filozofie de viață.

Domeniul transpersonal al psihicului

Al doilea domeniu major care trebuie adăugat la cartografia clasică a psihicului uman când lucrăm cu stările holotropice este cunoscut sub numele de transpersonal. Acest termen înseamnă în traducere literală „a trece dincolo de personal" sau „a transcende personalul". Experiențele care pornesc de la acest nivel implică transcenderea limitelor noastre obișnuite (corpul și eul) și a granițelor spațiului tridimensional și timpului liniar ce ne restrâng percepția asupra lumii în starea obișnuită de conștiință. Experiențele transpersonale pot fi cel mai bine definite prin comparație cu modul în care percepem zilnic lumea și pe noi înșine sau, mai concret, cu felul în care se cuvine să ne percepem pe noi și mediul pentru a trece drept „normali", conform standardelor culturii și psihiatriei contemporane.

În starea obișnuită sau normală de conștiință, ne simțim obiecte newtoniene care trăiesc între granițele constituite de piele. Scriitorul și filozoful american Alan Watts s-a referit la această experiență a identificării cu „eul încapsulat în piele". Percepția pe care o avem asupra mediului este limitată de restricțiile fiziologice ale organelor de simț și de caracteristicile fizice ale mediului. Nu putem vedea obiecte de care suntem despărțiți printr-un zid solid, vasele aflate dincolo de orizont sau fața nevăzută a Lunii. Dacă suntem la Praga, nu putem auzi despre ce vorbesc prietenii noștri din San Francisco. Nu putem simți textura pielii unui miel, decât dacă suprafața corpului nostru e în contact direct cu ea.

În plus, putem trăi foarte viu și cu toate simțurile doar evenimente care se petrec în prezent. Ne putem aminti trecutul și putem anticipa evenimentele viitoare sau fantaza în legătură cu ea; totuși, acestea sunt foarte diferite de trăirea imediată și directă a momentului prezent. În stările transpersonale de conștiință, niciuna dintre limitările de mai sus nu este absolută; oricare poate fi depășită. Nu există limite pentru expansiunea simțurilor noastre și putem experimenta cu toate atributele senzoriale episoade care au avut loc în trecut și, ocazional, chiar pe acelea care nu s-au întâmplat încă, dar se vor întâmpla.

Spectrul experiențelor transpersonale este extrem de bogat și include fenomene de la diferite niveluri ale conștiinței. Tabelul 2.2 reprezintă o încercare de a enumera și clasifica diferitele tipuri de experiențe care, în opinia mea, aparțin domeniului transpersonal. Am trăit personal în propriile-mi ședințe psihedelice și holotropice cea mai mare parte a fenomenelor enumerate în acest tabel sinoptic și le-am observat în repetate rânduri în timp ce lucram cu alte persoane. În contextul acestei cărți, nu voi putea oferi definiții și descrieri și nu voi putea da exemple clinice pentru toate aceste tipuri de experiențe. De aceea, voi îndruma cititorii interesați către lucrările mele anterioare. (Grof, 1975, 1985, 1988).

Tabelul 2.2 Experiențe transpersonale

Întinderea experiențială în spațiu-timp și realitatea consensuală
Transcenderea limitelor spațiale
Experiența unității duale
Identificare cu alte persoane
Identificare cu grupul și conștiința de grup
Identificare cu animale
Identificare cu plante și procese botanice
A fi una cu viața și cu întreaga creație
Experiența materialelor și proceselor anorganice
Conștiința planetară
Experiențe legate de ființe și lumi extraterestre
Identificarea cu întregul univers fizic
Fenomene fizice care implică transcenderea spațiului
Transcenderea limitelor temporale
Experiențe embrionale și fetale
Experiențe ancestrale
Experiențe rasiale și colective
Experiențe de încarnări trecute
Experiențe filogenetice
Experiențe ale evoluției planetare
Experiențe cosmogenetice
Fenomene fizice care implică transcenderea timpului
Explorarea experiențială a micro-lumii
Conștiința organelor și a țesuturilor
Conștiința celulară
Experiența ADN-ului
Experiențe ale lumii atomilor și ale particulelor subatomice
Întinderea experiențială dincolo de spațiu-timp și realitatea consensuală
Experiențe spiritiste și mediumnice
Fenomene energetice ale corpului subtil
Experiențe ale spiritelor animale
Întâlniri cu ghizi spirituali și ființe supraumane
Vizite în universuri paralele și întâlniri cu locuitorii lor
Experiențe ale unor secvențe mitologice și din basme

- Experiențe ale anumitor zeități binecuvântate și mânioase
- Experiențe ale arhetipurilor universale
- Înțelegere intuitivă a simbolurilor universale
- Inspirație creatoare și impuls prometeic
- Experiența demiurgului și intuiții referitoare la creația cosmică
- Experiența conștiinței cosmice
- Vidul supracosmic și metacosmic

Experiențe transpersonale de natură psihoidă

Sicronicități (Influența reciprocă dintre experiențe intrapsihice și realitatea consensuală)

Evenimente psihoide spontane
- Trăsături fizice supranormale
- Fenomene spiritiste și mediumnitate fizică
- Psihokinezie spontană recurentă (poltergeist)
- OZN-uri și experiențe referitoare la răpiri de către extratereștri

Psihokinezie intențională
- Magie ceremonială
- Vindecare și vrăjitorie
- Siddhis yoghinic
- Psihokinezie de laborator

Așa cum arată tabelul, experiențele transpersonale pot fi împărțite în trei mari categorii. Prima implică transcendența primară a barierelor spațio-temporale obișnuite. Extinderea experiențială dincolo de limitările spațiale ale „eului încapsulat în piele" duce la experiențe ale fuziunii cu altă persoană într-o stare care poate fi numită „unitate duală", asumarea identității altei persoane sau identificarea cu conștiința unui întreg grup de oameni – de exemplu, toate mamele din lume, toată populația Indiei sau toți deținuții din lagărele de concentrare. Conștiința noastră se poate extinde atât de mult, încât să înglobeze întreaga omenire. Experiențele de acest tip au fost descrise în repetate rânduri în literatura spirituală a lumii.

În mod similar, putem transcende limitele experienței specific umane și ne putem identifica și cu conștiința diferitelor animale, plante sau chiar să experimentăm o formă de conștiință care pare legată de obiecte și procese anorganice. În cazuri extreme, putem simți conștiința biosferei, a întregii planete ori a întregului Univers material.

Oricât de incredibil și de absurd ar putea părea unui occidental convins de materialismul monist, aceste experiențe sugerează că tot ceea ce putem trăi ca obiect în starea noastră cotidiană de conștiință, are în starea holotropică de conștiință o reprezentare subiectivă corespunzătoare. Este ca și cum tot ceea ce există în Univers își are aspectul lui subiectiv și obiectiv, după cum arată marile filozofii spirituale ale Orientului. De exemplu, hindușii consideră tot ce există ca o manifestare a lui Brahma, iar taoiștii gândesc Universul în termenii transformărilor lui Tao.

Alte experiențe transpersonale din această primă categorie sunt caracterizate în primul rând de depășirea granițelor temporale, nu spațiale, de transcenderea timpului liniar. Am vorbit deja despre posibilitatea unei retrăiri vii a amintirilor importante din pruncie și despre retrăirea traumei nașterii. Regresia istorică poate continua mai departe, și să implice autentice amintiri fetale și embrionare din diferite perioade ale vieții intrauterine. Nu este un lucru neobișnuit să se experimenteze la nivelul conștiinței celulare totala identificare cu sperma și ovulul în momentul concepției.

Însă procesul retrăirii experiențiale a creației nu se oprește aici. În stările holotropice, putem trăi episoade din viețile strămoșilor noștri de origine umană sau animală, și chiar pe cele care par să vină din inconștientul rasial sau colectiv, așa cum descrise C.G. Jung. Deseori, experiențe care par să fi avut loc în alte culturi și perioade istorice sunt asociate cu o senzație de amintire personală, un sentiment intens de déjà vu sau déjà vecu. Atunci, oamenii vorbesc despre retrăirea amintirilor din viețile anterioare.

Experiențele din stările holotropice ne pot duce și în universul microscopic, la structuri și procese care în mod obișnuit nu sunt accesibile simțurilor noastre singure. Aici intră secvențele din filmul lui Isaac Asimov, *Fantastic Voyage (O călătorie fantastică)*, ce descrie lumea organelor noastre interne, țesuturile și celulele sau implică chiar identificarea experiențială completă cu ele. Deosebit de fascinante sunt experiențele de identificare cu ADN-ul asociate cu incursiuni în misterul suprem al vieții, reproducerii și eredității. Uneori, acest tip de experiență transpersonală ne poate purta către lumea anorganică a moleculelor, atomilor și particulelor subatomice.

Conținutul experiențelor transpersonale descrise până acum a inclus diferite fenomene existente în timp și spațiu, elemente ale realității noastre de zi cu zi – alte persoane, animale, plante, materiale – și evenimente din trecut. Niciunul dintre aceste fenomene nu este neobișnuit. Ele aparțin unei realități pe care o cunoaștem; le acceptăm existența și le considerăm de la sine înțelese. Ceea ce ne surprinde în legătură cu cele două categorii de experiențe transpersonale descrise mai sus nu este conținutul lor, ci faptul că putem fi martori sau ne putem identifica total cu ceva ce nu este în mod obișnuit accesibil simțurilor noastre.

Știm că există balene însărcinate, dar nu am putea avea o experiență autentică de identificare cu una dintre ele. Faptul că Revoluția Franceză a existat este evident pentru noi, dar n-am fi capabili să avem o experiență vie a prezenței noastre în epoca respectivă, zăcând răniți pe una dintre baricadele din Paris. Știm că în lume se întâmplă multe lucruri în locuri în care nu suntem prezenți, dar de obicei trăirea unui eveniment care are loc la o distanță foarte mare (fără ajutorul televiziunii sau al transmisiei prin satelit) este considerată imposibilă. Putem descoperi cu surprindere și asocierea conștiinței cu animale și plante inferioare și cu materia anorganică.

A doua categorie de fenomene transpersonale este și mai ciudată. În stările holotropice, conștiința noastră se poate extinde în lumi și dimensiuni pe care cultura industrială occidentală nu le consideră „reale". Aici intră numeroase viziuni sau identificări cu ființe arhetipale, zeități și demoni din diverse culturi și vizite în peisaje mitologice fantastice. În acest context, putem ajunge la înțelegerea intuitivă a simbolurilor universale, precum crucea, crucea Nilului sau *ankh*, svastica, pentagrama, steaua cu șase colțuri sau semnul yin-yang. Putem, de asemenea, întâlni sau comunica cu entități supraomenești și imateriale, ghizi spirituali, ființe extraterestre sau locuitori ai unor universuri paralele.

Interiorul I (deasupra) și Interiorul II (p. 97), două desene care reflectă experiențele legate de interiorul corpului, din cadrul unei ședințe psihedelice. Capacitatea unei persoane de a avea experiențe legate de schelet și organele interne în stările holotropice ale conștiinței aruncă o lumină interesantă asupra „artei razelor X" a șamanilor siberieni sau eschimoși și a aborigenilor australieni (Robin Maynard-Dobbs).

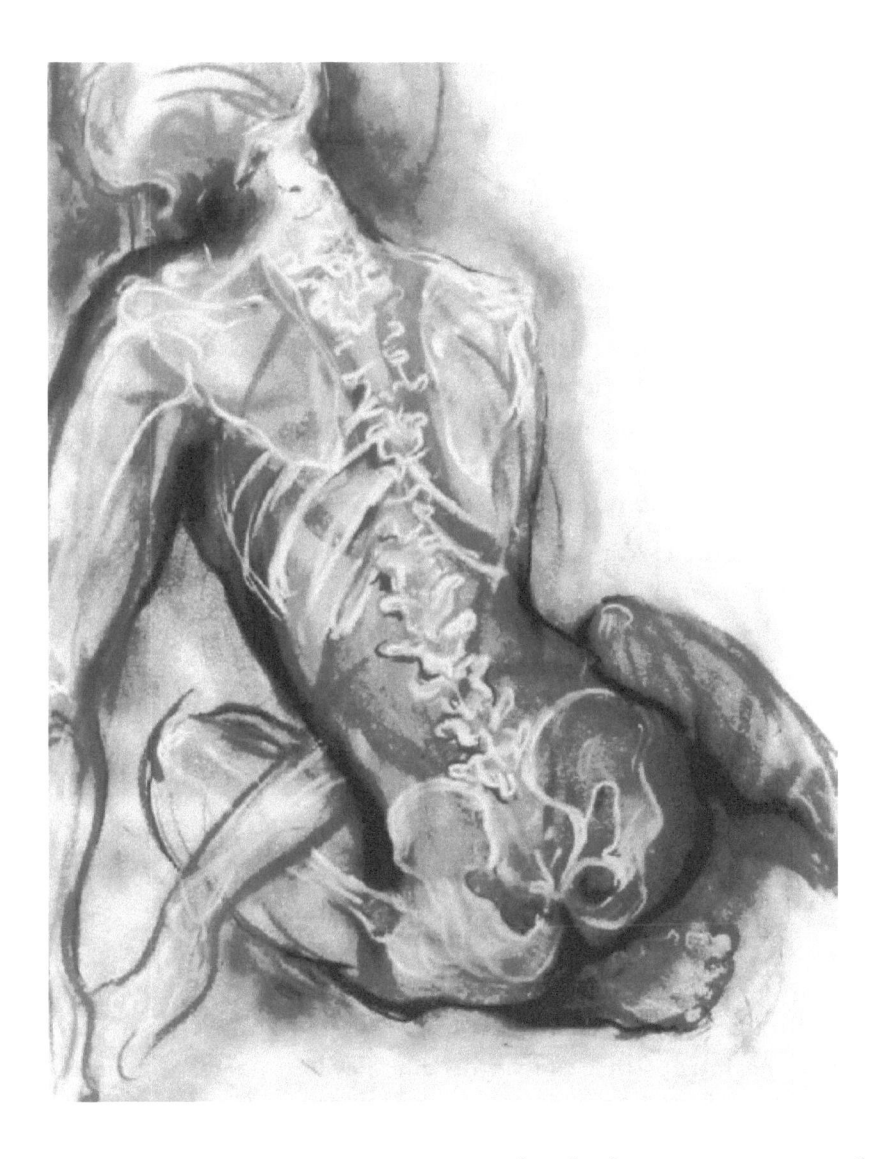

La extremă, conștiința noastră individuală poate transcende toate granițele, identificându-se cu Conștiința Cosmică sau Mintea Universală, cunoscută sub diferite nume: Brahma, Buddha, Christul Cosmic, Keter, Allah, Tao, Marele Spirit, și multe altele. Cea mai importantă dintre toate experiențele pare să fie identificarea cu Golul Supracosmic și Metacosmic, nimicul, golul misterios și primordial conștient de sine și leagănul suprem al întregii existențe, lipsit de conținut concret, totuși cuprinzând tot ceea ce există în formă de germene și ca potențialitate.

A treia categorie de experiențe transpersonale cuprinde fenomenele pe care eu le numesc *psihoide*, folosind termenul inventat de fondatorul vitalismului, Hans Driesch, și adoptat de C.G. Jung. Acest grup include situații în care experiențele intrapsihice sunt asociate cu evenimente corespondente din lumea externă (sau, mai bine zis, o realitate consensuală) asociate cu ele printr-o legătură semnificativă. Experiențele *psihoide* acoperă o paletă largă de experiențe de la sincronicități, vindecare spirituală și magie rituală, la psihokinezie și alte fenomene de control al minții asupra materiei cunoscute din literatura yoga sub numele de *siddhi's* (Grof, 1988).

Experiențele transpersonale au multe caracteristici stranii care zdruncină până și ipotezele metafizice fundamentale ale concepției materialiste despre lume și ale paradigmei newtoniano-carteziene. Cercetătorii care au studiat și/sau trăit personal aceste fenomene fascinante își dau seama că încercările curentului științific dominant de a le respinge ca jocuri irelevante ale fanteziei omenești sau ca extravagante produse halucinatorii ale unui creier bolnav sunt naive și inadecvate. Orice cercetare obiectivă a domeniului transpersonal al psihicului va confirma faptul că fenomenele întâlnite aici reprezintă o provocare critică nu numai pentru psihiatrie și psihologie, ci și pentru întreaga filozofie occidentală.

Deși experiențele transpersonale au loc în timpul autoexplorării individuale profunde, nu este posibil să le interpretăm doar ca fenomene intrapsihice convenționale. Pe de o parte, apar în același continuum experiențial ca și experiențele biografice sau perinatale și se ivesc, din acest motiv, din psihicul individual. Pe de altă parte, par să fie conectate direct, fără mijlocirea simțurilor, la surse de informații care depășesc mult capacitățile obișnuite ale individului.

Într-un anumit punct al nivelului perinatal, pare să se producă o curioasă comutare experiențială: ceea ce era până în acel punct o sondare intra-psihică profundă devine o trăire extrasenzorială a diferitelor aspecte ale Universului. Unele persoane care au trăit această ciudată tranziție de la interior către exterior au comparat-o cu arta pictorului olandez Maurits Escher; alții au vorbit despre o „fâșie experiențială multidimensională Moebius". Aceste observații confirmă principiul fundamental al unor sisteme ezoterice, precum Tantra, Cabala sau tradiția hermetică, conform cărora fiecare dintre noi este un microcosmos ce conține, într-un fel misterios, întregul Univers. În textele mistice, acest lucru a fost redat de expresii ca: „precum sus așa și jos" sau „precum afară, la fel înăuntru".

Aceste observații indică faptul că putem obține informații despre Univers în două moduri radical diferite. Modul convențional de învățare se bazează pe percepția senzorială și pe analiza și sinteza datelor de către creier. Alternativa radicală care devine accesibilă în stările holotropice este învățarea prin identificare experiențială directă cu diversele aspecte ale lumii. În contextul vechii paradigme a gândirii, ipotezele sistemelor ezoterice din antichitate că microuniversul poate reflecta macrouniversul sau că partea conține întregul erau total absurde, deoarece păreau să jignească bunul-simț elementar și să violeze principiile de bază ale logicii aristoteliene. Situația s-a schimbat radical după descoperirea laserului și a holografiei optice, care au deschis căi noi de înțelegere a relației dintre parte și întreg. Gândirea holografică sau holonomică a oferit pentru prima oară un cadru conceptual pentru o abordare științifică a acestui mecanism extraordinar (Bohm, 1980; Pribram, 1981; Laszlo 1993).

Relatările subiecților care au trăit episoade din existența embrionară, momentul concepției și elemente ale conștiinței celulare, tisulare sau organice, abundă în explicații corecte din punct de vedere medical despre aspectele anatomice, fiziologice și biochimice ale proceselor implicate. Similar, amintirile ancestrale, rasiale și colective și experiențele încarnărilor trecute oferă deseori detalii foarte precise despre arhitectura, îmbrăcămintea, armele, formele de artă, structura socială, practicile religioase și ritualice ale culturilor respective și perioadele istorice corespunzătoare sau chiar evenimente istorice concrete.

Cei care au trăit experiențe filogenetice sau identificări cu forme de viață existente nu numai că le-au resimțit extrem de autentice și convingătoare, ci au și dobândit adesea în acest proces intuiții extraordinare despre psihologia animală, etologie, obiceiuri specifice sau cicluri reproductive neobișnuite. În unele cazuri, acest lucru a fost însoțit de inervații musculare necaracteristice oamenilor sau chiar de comportamente complexe, precum executarea unui dans nupțial al unei anumite specii.

Oricât de mare ar fi provocarea filozofică asociată cu observațiile descrise mai sus, ea este amplificată și de faptul că experiențele transpersonale ce reflectă corect lumea materială spațio-temporală apar deseori în cadrul aceluiași continuum și intim înlănțuite cu cele care conțin elemente pe care lumea industrială occidentală nu le consideră reale. Aici intră, de exemplu, experiențele cu zeități și demoni din diferite culturi, tărâmuri mitologice ca raiuri și paradisuri, ori secvențe din basme.

De exemplu, putem trăi experiența raiului lui Shiva, a paradisului aztec al zeului ploii Tlaloc, a lumii subpământene sumeriene ori a unuia dintre iadurile budiste incandescente. Este de asemenea posibil să comunicăm cu Isus, să avem o întâlnire cumplită cu zeița hindusă Kali sau să ne identificăm cu Shiva dansatorul. Chiar și aceste episoade pot oferi informații noi și precise despre simbolismul religios și motivele mitice anterior necunoscute subiectului. Observațiile de acest tip confirmă ideea lui C.G. Jung că, pe lângă inconștientul individual freudian, putem avea acces și la inconștientul colectiv care cuprinde moștenirea culturală a întregii omeniri (Jung, 1959).

Clasificarea pe care am făcut-o experiențelor transpersonale este strict fenomenologică, și nu ierarhică; ea nu precizează nivelurile de conștiință la care acestea au loc. De aceea, este interesant să comparăm această schemă cu descrierea pe care o face Ken Wilber nivelurilor evoluției spirituale care, după părerea lui, urmează integrarea deplină a corpului și minții (nivelurile postcentaurice de evoluție a conștiinței în terminologia lui) (Wilber, 1980). Nu este dificil de arătat paralelele dintre această schemă de dezvoltare și cartografia experiențelor transpersonale realizată de mine.

În construcția hărții mintale a dezvoltării psiho-spirituale, Wilber a folosit mai ales material din literatura spirituală antică, mai ales din hinduismul vedanta și budismul theravada. Informațiile mele sunt extrase din datele clinice asupra populației contemporane din Europa, America de Nord și Sud și Australia, completate de experiențe limitate cu grupuri din Japonia și India de Est. Astfel, lucrările mele oferă dovezi empirice despre existența majorității experiențelor incluse în această schemă. Ea arată și că descrierile din surse spirituale antice sunt încă în mare măsură relevante pentru populația modernă. Cu toate acestea, așa cum vom vedea, sistemele nu sunt total identice și materialul meu ar necesita unele adăugiri, modificări și ajustări.

Schema pe care Wilber o face domeniului spiritual postcentauric include nivelurile subtile inferior și superior și cauzale inferior și superior, ca și realitatea Supremă sau Absolutul. Din perspectiva lui, nivelul subtil inferior sau psiho-astral al conștiinței este caracterizat de un anumit grad de diferențiere a conștiinței în raport cu mintea și corpul, care trece dincolo de cel atins la nivelul centaurului. Conștiința este astfel capabilă să depășească abilitățile normale ale corpului/ minții și să funcționeze în moduri ce par imposibile și fantastice minții obișnuite.

În viziunea lui Wilber, „nivelul astral include, în esență, experiențe de decorporalizare, unele informații oculte, aurele, magia autentică, *călătoria astrală* ș.a.m.d.". Descrierea făcută de Wilber nivelului subtil include și diferite fenomene „psi": percepție extrasenzorială, precogniție, clarviziune, psihokinezie ș.a.m.d. El îndrumă cititorul pentru acest subiect către *Yoga Sutrele* lui Patanjali, care includ în nivelul psihic toate forțele paranormale, fenomenele în care mintea subjugă materia sau *siddhis*.

În *domeniul subtil superior*, conștiința se diferențiază complet de mintea obișnuită și devine ceea ce poate fi numit „supraeu" sau „supraminte". Wilber plasează în această regiune intuiția și inspirația religioasă superioară, viziuni ale luminii divine, iluminările auditive și prezențele superioare – ghizii spirituali, ființele angelice, Ishtadevasii, Dhyani-Buddha și arhetipurile lui Dumnezeu, pe care le consideră forme arhetipale superioare ale propriei ființe.

Ca și nivelul subtil, nivelul cauzal poate fi subîmpărțit în inferior și superior. Wilber sugerează că *domeniul cauzal inferior se* manifestă printr-o stare de conștiință cunoscută ca *savikalpa samadhi*, experiența Dumnezeului suprem, fundamentul, esența și sursa tuturor manifestărilor arhetipale și divin-inferioare întâlnite în domeniile subtile. *Domeniul cauzal superior* implică atunci o „transcendere totală și hotărâtă și eliberarea în Conștiința Fără Formă, Strălucirea Fără Granițe". Wilber se referă în acest context la *nirvikalpa samadhi* din hinduism, *nirodh* din budismul hinayana și la opt din cele zece imagini de conducere a turmei de boi din budismul zen.

La ultimul nivel al lui Wilber, cel al Absolutului, Conștiința se trezește la starea ei Originară (*tathagata*), care este, în același timp, tot ceea ce există în stare brută, subtilă sau cauzală. Deosebirea dintre observator și observat dispare și iese la iveală întregul Proces al Lumii, moment cu moment, ca Ființă Unică, în afară și înainte de care nu există nimic.

Așa cum am menționat mai devreme, propriile mele experiențe și observații aduc dovezi în sprijinul stărilor experiențiale incluse în schema ontologică și cosmologică a lui Wilber. Subiecții cu care am lucrat dea lungul anilor au trăit și au relatat experiențe directe cu majoritatea fenomenelor incluse pe harta lui. Nici propriile mele ședințe nu fac excepție; am întâlnit și descris în scrierile mele majoritatea experiențelor. Consider această convergență foarte importantă, deoarece materialul meu e alcătuit din observații directe pe subiecți contemporani.

Într-o clasificare ierarhică pe baza datelor mele, aș include în nivelul *subtil inferior* sau *psiho-astral* experiențele care implică elemente din lumea materială, dar oferă informații despre ele într-un mod care diferă radical de percepția noastră cotidiană. Aici se înscriu, mai ales, experiențele studiate tradițional de parapsihologi (unele dintre ele și de tanatologi), cum ar fi experiențele de decorporalizare, călătorie astrală, percepție extrasenzorială, precogniție și clarviziune.

Aș adăuga la această listă experiențele cu fenomene strâns legate de lumea materială, care dezvăluie aspecte sau dimensiuni ale realității inaccesibile conștiinței obișnuite, precum cunoașterea experiențială directă a corpului subtil sau corpului energetic și canalelor sale (*nadisuri* sau *meridiane*) și câmpurilor (*aure*) sale. Conceptul de punct de întâlnire, punte între realitatea vizibilă și invizibilă, aflat în literatura tantrică pare să aibă o relevanță deosebită în acest context (Mookerjee și Khanna, 1977).

Aș include la nivelul subtil inferior și unele experiențe transpersonale importante prezente pe harta mea, dar nemenționate de Wilber. Lor le-ar aparține identificarea experiențială cu diferite aspecte spațio-temporale – cu alți oameni, animale, plante, materiale și procese organice, ca și experiențe ancestrale, rasiale, colective, filogenetice și karmice. Acestea sunt experiențe care, în mod surprinzător, nu se bucură aproape de nicio atenție în scrierile lui Wilber. Am arătat în lucrările mele anterioare că toate aceste experiențe furnizează accesul la informații noi și exacte despre fenomenele implicate, mediate de canale extrasenzoriale. Ele joacă un rol important în procesul deschiderii spirituale (Grof, 1975, 1980, 1985, 1988, 1998). Urmându-l pe Patanjali, aș include aici din clasificarea mea și *siddhis*-urile yoghine, ca și întregul grup de fenomene pe care le numesc „psihoide".

Experiențele transpersonale din cartografia mea care ar putea fi încadrate în *nivelul subtil superior* includ viziuni ale luminii divine, întâlniri cu diferite zeități arhetipale extatice și înfiorătoare, comunicarea cu ghizi spirituali și entități supraumane, contactul cu puternice animale șamanice, accesul direct la simbolurile universale și episoade de inspirație religioasă și creativă („Epifania prometeică"). Viziunile ființelor arhetipale sau identificarea experiențială cu aceste ființe le pot înfățișa în forma lor universală (de exemplu, Marea Zeiță Mamă) ori în forma manifestărilor culturale specifice (de exemplu, Fecioara Maria, Isis, Cibela, Parvati etc.).

De-a lungul anilor, am avut privilegiul să particip la ședințe cu oameni ale căror experiențe psihedelice sau holotropice au avut caracteristicile celor incluse, în schema lui Wilber, în universul cauzal inferior ori superior și posibil și în cel al Absolutului. Am avut și experiențe personale care cred că se pot înscrie în aceste categorii. În clasificarea mea, aceste episoade sunt descrise ca experiențe ale Demiurgului, ale Conștiinței Cosmice, Conștiinței Absolute sau Vidului Supracosmic și Metacosmic.

În lumina observațiilor de mai sus, nu am nicio îndoială că fenomenele pe care Wilber le include în schema sa holoarhică sunt reale nu numai din punct de vedere experiențial, ci și ontologic, și nu sunt produsele unor speculații metafizice sau procese patologice din creier. Sunt, de asemenea, pe deplin conștient de faptul că trăirea unor experiențe la aceste niveluri nu înseamnă neapărat să te și deplasezi permanent către niveluri superioare de evoluție a conștiinței. Problema factorilor critici care stabilesc când trăirile efemere ale stărilor superioare de conștiință conduc la schimbări durabile ale structurilor evolutive ale conștiinței este un subiect important. Eu și Ken l-am atins în treacăt în discuțiile noastre anterioare și sper că vom continua să-l analizăm.

Conceptul general al Marelui Lanț al Ființei, conform căruia realitatea include o întreagă ierarhie (sau holarhie) a dimensiunilor ascunse de obicei percepției noastre, este foarte important și bine fondat. Ar fi o greșeală să respingem această înțelegere a existenței ca fiind iluzie psihotică sau superstiție primitivă, cum s-a întâmplat frecvent. Oricine e tentat să facă acest lucru ar trebui să aibă o explicație plauzibilă pentru faptul că experiențele care susțin sistematic această viziune complexă și detaliată a realității s-au produs atât de frecvent la persoane de diferite rase, culturi și perioade istorice.

Așa cum am încercat să arăt într-un alt context, oricine încearcă să apere din acest punct de vedere poziția materialist-monistă a științei occidentale ar trebui să explice faptul că aceste experiențe continuă să apară la persoane deosebit de inteligente, educate și sănătoase mintal din epoca noastră (Grof, 1998). Aceasta se întâmplă nu numai sub influența substanțelor psihedelice, ci și în împrejurări atât de diferite: ședințele de psihoterapie experiențială, în meditațiile persoanelor implicate în practica spirituală sistematică, în experiențele de moarte clinică și în cursul episoadelor spontane de criză psiho-spirituală.

Nu este o sarcină ușoară să rezumi într-o relatare scurtă concluziile observațiilor zilnice acumulate pe parcursul a peste 40 de ani de cercetări asupra stărilor holotropice și să faci aceste afirmații credibile. Deși am avut multe experiențe personale și prilejul de a observa îndeaproape și alte persoane aflate în aceste stări, de a le asculta relatările, mi-au trebuit ani pentru a absorbi complet impactul acestui șoc cognitiv. Din considerente de spațiu, nu am putut prezenta studii de caz detaliate care ar fi ajutat la ilustrarea naturii experiențelor transpersonale și a dezvăluirilor pe care ele ni le pun la dispoziție. Totuși, mă îndoiesc că ar fi fost suficient pentru a contracara singur programele profund înrădăcinate pe care știința occidentală le-a inculcat în cultura noastră. Provocările conceptuale sunt atât de impresionante, încât numai o experiență personală profundă este potrivită acestei sarcini.

Existența și natura experiențelor transpersonale contrazic unele dintre ipotezele fundamentale ale științei mecaniciste. Ele implică noțiuni aparent absurde, ca relativitatea și natura arbitrară a tuturor granițelor fizice, conexiuni non-locale din Univers, comunicare prin mijloace și canale necunoscute, memoria fără un substrat material, neliniaritatea timpului ori conștiința asociată tuturor organismelor vii și chiar materiei anorganice. Multe experiențe transpersonale implică evenimente din microcosmos și macrocosmos, lumi la care simțurile omenești nu pot în mod normal ajunge fără ajutor, sau perioade istorice anterioare creării sistemului solar, formarea Pământului, apariția organismelor vii, dezvoltarea sistemului nervos și apariția lui homo sapiens.

Cercetarea stărilor holotropice a scos în evidență un remarcabil paradox al naturii umane. El arată clar că, într-un mod misterios și încă inexplicabil, fiecare dintre noi deține informații despre întregul Univers și întreaga existență, are potențial acces experiențial la toate părțile sale și într-un anumit sens este întreaga rețea cosmică, în aceeași măsură în care el/ea este doar o parte infinitezimală a lui, o entitate biologică separată și insignifiantă. Noua cartografie reflectă acest fapt și descrie psihicul uman individual ca fiind, în esență, una cu întregul Cosmos și cu totalitatea existenței. Oricât de absurdă și de implauzibilă ar părea această idee unui om de știință de formație tradițională și bunului-simț elementar, ea poate fi relativ ușor demonstrată de noile descoperiri revoluționare din diferite discipline științifice numite, de obicei, noua paradigmă.

Cred cu tărie că această cartografiere extinsă, descrisă mai sus, are o importanță crucială pentru orice abordare serioasă a unor fenomene ca șamanismul, riturile de trecere, misticismul, religia, mitologia, parapsihologia, experiențele de moarte clinică și stările psihedelice. Acest nou model al psihicului nu este doar o problemă de interes academic. Cum vom vedea în capitolele ulterioare, el are implicații profunde și revoluționare pentru înțelegerea tulburărilor emoționale și psihosomatice, inclusiv a multor suferințe diagnosticate curent ca psihotice, și oferă noi posibilități terapeutice fantastice.

3
Arhitectura tulburărilor emoționale și psihosomatice

Înainte de a explora mai amănunțit implicațiile profunde ale cercetării stărilor holotropice asupra înțelegerii tulburărilor emoționale și psihosomatice, vom arunca o privire rapidă asupra cadrelor conceptuale acceptate curent în cercurile academice și folosite în activitatea clinică. Încercările de a explica natura și originile acestor tulburări se înscriu în două mari categorii. Unii teoreticieni și clinicieni preferă să privească aceste tulburări ca fiind produse de cauze în principal biologice; alții preferă explicațiile psihologice. În practica de zi cu zi, psihiatrii aleg deseori o abordare eclectică și atribuie diferite grade de semnificație elementelor din ambele categorii, înclinând alternativ mai mult spre una sau alta dintre explicații.

Psihiatrii de orientare organică sunt convinși că, întrucât psihicul este un produs al proceselor materiale din creier, răspunsurile ultime în psihiatrie vor veni din neurofiziologie, biochimie, genetică și biologia moleculară. În opinia lor, aceste discipline vor reuși într-o zi să ofere explicații adecvate și soluții practice pentru majoritatea problemelor din domeniul lor. Această orientare este, de obicei, asociată cu aderarea rigidă la modelul medical și cu încercările de a construi o clasificare diagnostică fixă pentru toate tulburările emoționale, inclusiv cele la care nu s-a găsit nicio bază organică.

Orientarea psihiatrică alternativă subliniază factorii de natură psihologică, precum cel al influențelor traumatice din pruncie, copilărie și mai târziu în viață, potențialul patogen al conflictelor, importanța dinamicilor familiale și a relațiilor interpersonale sau impactul mediului social. În cazuri extreme, acest mod de gândire nu este aplicat doar nevrozelor și tulburărilor psihosomatice, ci și stărilor psihotice pentru care medicina nu are explicație biologică.

O consecință logică a acestei abordări este punerea serioasă la îndoială a aplicabilității modelului medical, inclusiv a etichetelor diagnostice rigide, unor tulburări care nu sunt determinate biologic și, din acest motiv, sunt diferite față de cele organice. Din această perspectivă, tulburările psihogene reflectă complexitatea factorilor evolutivi la care am fost expuși în cursul vieții (și, din perspectiva psihologiei transpersonale, de-a lungul întregii noastre istorii psiho-spirituale). Deoarece aceste influențe diferă foarte mult de la un individ la altul, eforturile de a forța tulburările ce apar pentru a intra în cămașa de forță a diagnosticului medical sunt greu de înțeles.

Deși mulți specialiști susțin o abordare eclectică ce recunoaște interacțiunile complexe dintre natură și educație, sau dintre biologie și psihologie, abordarea biologică domină gândirea în cercurile academice și în practica psihiatrică de rutină. Ca urmare a dezvoltării ei istorice complexe, psihiatria s-a încetățenit ca o subspecialitate medicală, fapt care îi dă o puternică înclinație biologică. Curentul dominant de gândire conceptuală în psihiatrie, felul în care sunt abordate persoanele cu tulburări emoționale și probleme de comportament, strategia de cercetare, educația și pregătirea de bază și măsurile judiciare, toate sunt dominate de modelul medical.

Această situație este o consecință a două seturi importante de circumstanțe. Medicina a avut succes în stabilirea etiologiei și găsirea unei terapii eficiente pentru un grup specific, relativ restrâns, de anomalii mintale de origine organică. Ea și-a dovedit și capacitatea de a controla simptomatic multe dintre aceste tulburări pentru care nu a putut fi găsită o etiologie organică specifică. Succesele inițiale în dezvăluirea cauzelor biologice ale tulburărilor mintale, deși uimitoare, au fost în realitate izolate și limitate la o mică fracțiune din problemele cu care are de-a face psihiatria. Abordarea medicală în psihiatrie nu a reușit să găsească o etiologie organică specifică pentru probleme cu care se confruntau cei mai mulți dintre pacienți – psihonevrozele, tulburările psihosomatice, boala maniaco-depresivă și psihozele funcționale.

Orientarea psihologică în psihiatrie a fost inspirată de cercetările de pionierat ale lui Sigmund Freud și ale adepților săi. Unii dintre ei, precum Carl Gustav Jung, Otto Rank, Wilhelm Reich și Alfred Adler, au părăsit Asociația de Psihanaliză sau au fost expulzați din ea și și-au format școli proprii. Alții au rămas în organizație, dar și-au construit variante proprii ale teoriei și tehnicii psihanalitice. În cursul secolului XX, acest efort colectiv a dus la un mare număr de școli de „psihologie abisală" care diferă semnificativ una de alta atât prin felul în care înțeleg psihicul uman și natura tulburărilor emoționale, cât și prin tehnicile terapeutice folosite.

Majoritatea acestor persoane au avut o influență minimă sau inexistentă asupra curentului dominant în psihiatrie și trimiteri la lucrările lor apar în literatura academică sub forma unor note istorice sau chiar de subsol. Doar primele lucrări ale lui Freud, lucrările câtorva dintre adepții săi și descoperirile moderne din psihanaliză cunoscute sub numele de „psihologia eului" au avut un impact semnificativ asupra domeniului psihiatriei.

Freud și colegii săi au dat o clasificare dinamică a tulburărilor emoționale și psihosomatice care explică și ordonează aceste stări în termenii fixației într-un anumit stadiu al dezvoltării libidoului și al evoluției eului. Una din contribuțiile majore ale lui Freud a fost descoperirea faptului că interesele copilului trec treptat de la zona orală (în perioada alăptării) la zona anală și uretrală (în perioada învățării micțiunii condiționate) și în final la zona falusului (centrate pe penis și clitoris la momentul complexelor Oedip și Electra). Traumatizarea sau, dimpotrivă, îngăduința exagerată în aceste perioade critice poate duce la o fixație asupra uneia dintre aceste zone. Acest lucru predispune individul la regresie psihologică spre această zonă când va avea dificultăți serioase în viitor.

Înțelegerea psihopatologiei bazate pe teoria libidoului a lui Freud a fost rezumată de psihanalistul german Karl Abraham (1927). În faimoasa lui schemă, Abraham a definit formele majore ale psihopatologiei în termenii fixației primare a libidoului. În opinia lui, stagnarea la stadiul oral pasiv (înainte de înțărcare) predispune individul la schizofrenie, iar cea la stadiul oral-sadic sau canibalic (după înțărcare) poate duce la tulburări de tip maniaco-depresiv și comportament suicidar. Fixația orală joacă și ea un rol critic în dezvoltarea alcoolismului și a dependenței de drog.

Fixația primară în cazul nevrozei și personalității obsesiv-compulsive are loc la nivelul anal. Fixația anală joacă un rol important în geneza așa-ziselor nevroze pregenitale, ca bâlbâiala, ticurile psihogene și astmul. Fixația uretrală este asociată cu rușinea, frica de a se face de râs și tendința de a compensa prin ambiție și perfecționism excesiv. Isteria anxioasă (diferitele fobii) și isteria de conversie (paralizia, anestezia, orbirea, muțenia și isteria) rezultă dintr-o fixație la stadiul falic.

Schema lui Karl Abraham ține cont nu numai de punctele de fixație a libidoului, ci și de fixarea la stadiile de evoluție ale eului de la autoerotism și narcisism primar, la întemeierea iubirii obiectuale. Acest aspect al psihopatologiei a fost elaborat în detaliu în evoluția ulterioară a psihanalizei. Psihologia modernă a eului, inspirată de opera de pionierat a Anei Freud și a lui Heinz Hartmann, a revizuit și rafinat conceptele psihanalitice clasice adăugând importante dimensiuni noi (Blanck și Blanck, 1974, 1979).

Combinând observarea directă a bebelușilor și copiilor mici cu cunoașterea profundă a teoriei psihanalitice, Rene Spitz și Margaret Mahler au pus bazele unei mai bune înțelegeri a dezvoltării eului și a stabilirii identității personale. Lucrările lor au atras atenția asupra importanței evoluției relațiilor obiectale și a dificultăților asociate cu ele pentru dezvoltarea psihopatologiei. Descrierea și definirea celor trei faze ale evoluției eului – autistă, simbiotică și faza separare-individuație – au importante implicații teoretice și clinice.

Margaret Mahler, Otto Kernberg, Heinz Kohut și alții au extins schema lui Karl Abraham adăugând mai multe tulburări care, în opinia lor, își au originea în primele perturbări ale relațiilor obiectale – psihozele infantile autistă și simbiotică, tulburarea de personalitate narcisică și tulburările de personalitate *borderline* (limită). O nouă înțelegere a dinamicii evoluției eului și a vicisitudinilor sale a făcut posibilă și dezvoltarea tehnicilor de psihoterapie pentru pacienții din aceste categorii ce nu pot fi tratați prin metodele clasice ale psihanalizei.

Nu există nicio îndoială că psihologii eului au îmbunătățit, perfecționat și extins înțelegerea psihanalitică a psihopatologiei. Totuși, ei au în comun cu psihanaliza înțelegerea îngustă a psihicului, limitată la biografia postnatală și inconștientul individual. Observațiile rezultate din studiul stărilor holotropice ale conștiinței arată că tulburările emoționale și psihosomatice, inclusiv multe stări diagnosticate în prezent ca psihotice, nu pot fi înțelese adecvat numai din dificultățile de dezvoltare post-natală, cum ar fi problemele de dezvoltare a libidoului sau vicisitudinile în formarea relațiilor obiectale.

Conform noilor descoperiri, tulburările emoționale și psihosomatice au o structură multinivelară, multidimensională, cu importante rădăcini adiționale la nivelurile perinatal și transpersonal. Ținând cont de aceste elemente, se ajunge la o imagine nouă, mult mai completă, a psihopatologiei și la perspective noi și incitante în terapie. Recunoașterea rădăcinilor perinatale și transpersonale ale tulburărilor emoționale nu înseamnă negarea semnificației factorilor biologici descriși de psihanaliză și psihologia eului. Evenimentele din pruncie și copilărie continuă categoric să joace un important rol în imaginea de ansamblu.

Totuși, în loc să fie cauze primare ale acestor tulburări, amintirile evenimentelor traumatice din biografia postnatală funcționează ca factori importanți în ieșirea la suprafață a elementelor de la nivelurile profunde ale psihicului. Complexele constelații COEX dau simptomelor nevrotice, psihosomatice și psihotice extraordinara lor putere dinamică și conținutul specific. Ele nu sunt limitate la nivelurile biografice, care vin din profunzimea domeniilor perinatal și transpersonal. Influențele patogene subliniate de analiza freudiană și psihologia eului modifică conținutul temelor de la nivelurile profunde ale inconștientului și adaugă la încărcătura lor emoțională, mediind accesul lor în conștiință.

Relația dintre simptome și sistemul multistratificat COEX aflat la baza lor, cuprinzând elemente biografice, perinatale și transpersonale poate fi ilustrată de un exemplu. Este vorba de Norbert, un psiholog și preot de 51 de ani, care a participat la unul dintre atelierele noastre de 5 zile de la Institutul Esalen.

În timpul prezentării de grup care a precedat prima ședință de respirație holotropică, Norbert s-a plâns de dureri severe în umăr și în mușchii pectorali, care îi produceau o mare suferință și îi făceau viața foarte neplăcută. Examene medicale repetate, inclusiv radiografii, nu au detectat nicio bază organică pentru problema lui, și toate încercările terapeutice au rămas fără succes. Seriile de injecții cu procaină îi aduseseră doar o ameliorare temporară pe perioada efectului medicamentului.

La începutul ședinței de respirație holotropică, Norbert a avut o tentativă impulsivă de a părăsi camera, deoarece nu putea suporta o melodie care i se părea că îl „omoară". A fost nevoie de efort pentru a-l convinge să continue procesul și să caute motivele disconfortului. În final, a acceptat și timp de aproape trei ore a suferit dureri intense în piept și în umăr, care s-au intensificat până au devenit insuportabile. Se zbătea ca și când i-ar fi fost amenințată viața; se îneca și tușea, scotea tot felul de țipete. După acest episod furtunos, s-a calmat și a fost relaxat și liniștit. Foarte surprins, și-a dat seama că experiența eliberase tensiunea din umăr și mușchi și scăpase de durere.

Retrospectiv, Norbert a povestit că în trăirea sa erau trei niveluri diferite, toate legate de durerea pe care o simțea în umăr și asociate cu sufocarea. La nivel superficial, a retrăit o situație terifiantă din copilărie, în care aproape și-a pierdut viața. Când avea șapte ani, se apucase să sape împreună cu prietenii un tunel pe o plajă nisipoasă din apropierea oceanului. Când tunelul a fost gata, Norbert s-a strecurat înăuntru să-l exploreze. În timp ce ceilalți copii săreau de jur-împrejur, tunelul s-a prăbușit și l-a îngropat de viu. L-au salvat când aproape murise prin sufocare.

Când experiența respirației s-a adâncit, a retrăit un episod violent și terifiant care l-a purtat către momentul nașterii sale biologice foarte dificile, deoarece umărul îi rămăsese blocat în spatele osului pubian al mamei. Acest episod avea în comun cu cel anterior combinația de sufocare și durere intensă în umăr.

În ultima parte a ședinței, experiența s-a transformat dramatic. Norbert a început să vadă uniforme militare și cai, și și-a dat seama că lua parte la o bătălie. A reușit să o identifice ca fiind una din bătăliile din Anglia lui Cromwell. La un moment dat, a simțit o durere intensă și și-a dat seama că umărul îi fusese străpuns de o lance. A căzut de pe cal și a simțit cum era călcat în picioare de caii care treceau peste corpul lui și îi zdrobeau pieptul.

Conștiința lui Norbert s-a separat de corpul muribund și s-a ridicat deasupra câmpului de bătălie, urmărind scena din această perspectivă. După moartea soldatului, pe care l-a recunoscut ca fiind el însuși într-o viață anterioară, conștiința i-a revenit în prezent și s-a reconectat cu trupul acum scăpat de durere, pentru prima oară, după mulți ani de agonie. Eliberarea de durere adusă de aceste experiențe s-a dovedit a fi permanentă. Au trecut 20 de ani de la această ședință memorabilă și simptomele nu au revenit.

Amintirea traumatică a unor aspecte ale nașterii pare să fie o componentă importantă a simptomelor psihogene de orice fel. Înregistrarea inconștientă a experiențelor asociate cu nașterea biologică reprezintă o bancă universală de emoții și senzații fizice dificile, care constituie o potențială sursă pentru diferitele forme de psihopatologie. Apariția tulburărilor emoționale și psihosomatice și forma pe care o iau depind de influența evenimentelor traumatice din istoria postnatală sau dimpotrivă, de reducerea unor factori biografici favorabili.

După cum am văzut în cazul lui Norbert, rădăcinile unei probleme pot include nu numai nivelul perinatal, ci și domeniul transpersonal al psihicului. Ele pot lua forma diferitelor experiențe din viețile anterioare sau a figurilor și motivelor arhetipale tematic conectate cu simptomele. Deseori, descoperim că simptomele sunt legate la un nivel mai profund de elemente aparținând regnurilor vegetal sau animal. Simptomele tulburărilor emoționale și psihosomatice sunt astfel rezultatul unei complicate interacțiuni care implică factori biografici, perinatali și transpersonali.

Este interesant de speculat ce factori ar putea fi responsabili pentru inițierea constelațiilor COEX și pentru relația dintre nivelurile lor biografice, matricele perinatale și componentele transpersonale. Similaritatea unor traume postnatale și asemănarea lor cu unele aspecte ale dinamicii perinatale ar putea fi atribuite întâmplării. Viața unor indivizi poate conduce accidental în diferite momente la situații de victimizare asemănătoare cu MPF II, traume violente sau sexuale cu elemente din MPF III, episoade care implică durere și sufocare și alte agresiuni similare cu suferința perinatală. Când un sistem COEX s-a format, el are tendința de a se reproduce și poate împinge inconștient individul la recrearea unor situații similare, adăugând astfel straturi noi constelației mnezice, cum am văzut mai devreme în cazul lui Peter.

Multe persoane implicate în autoexplorare profundă au avut viziuni interesante despre relația dintre experiențele din viețile anterioare și trauma nașterii. Retrăirea nașterii coincide sau adesea alternează cu diferite episoade karmice care împart cu ea calitatea emoțională sau anumite senzații fizice. Această conexiune sugerează posibilitatea ca modul în care trăim nașterea să fie determinat de karma noastră. Acest lucru este valabil nu numai pentru natura generală a experienței nașterii, ci și pentru detaliile specifice.

De exemplu, spânzurarea sau strangularea într-o împrejurare dintr-o viață anterioară se poate traduce în sufocare la naștere prin răsucirea cordonului ombilical în jurul gâtului. Durerile induse de obiecte ascuțite în drame karmice se pot transforma în dureri produse de contracțiile și presiunile uterine. Experiența închiderii într-un turn medieval, cameră de tortură a Inchiziției sau lagăr de concentrare poate fuziona cu trăirea situației fără ieșire din MPF II. Tiparele karmice pot da formă sau pot sta la baza evenimentelor traumatice din biografia postnatală.

După această prezentare generală, vă voi arăta cum se schimbă perspectiva noastră psihologică asupra celor mai importante forme de psihopatologie, în lumina observațiilor rezultate din stările holotropice de conștiință. Discuția care urmează se va concentra exclusiv asupra rolului factorilor psihologici în crearea simptomelor. Astfel, nu include tulburările care sunt clar de natură organică și țin de domeniul medicinei.

Anxietăți și fobii

Majoritatea psihiatrilor ar fi de acord că anxietatea – fie ea teamă fără obiect bine precizat, fobie (implicând persoane, animale și situații specifice) sau factor ce stă la baza altor simptome diverse – reprezintă una dintre cele mai frecvente și mai importante probleme psihiatrice. Deoarece, prin natura sa, anxietatea este o reacție la situații care amenință viața sau integritatea corporală, una dintre primele surse de anxietate clinică este trauma nașterii, care e o amenințare reală sau potențială a supraviețuirii.

Freud însuși s-a gândit, la un moment dat, că experiența terifiantă a nașterii ar putea fi prototipul tuturor anxietăților viitoare. Totuși, el nu a dezvoltat această idee și, când colegul și adeptul său, Otto Rank, a publicat ulterior cartea *The Trauma of Birth* (1929), în care situa nașterea în centrul unei noi psihologii, a fost expulzat din mișcarea psihanalitică.

Lucrul cu stările holotropice demonstrează că nivelul perinatal al inconștientului joacă un rol crucial în geneza fobiilor. Relația cu trauma nașterii reiese cel mai evident în *claustrofobie*, teama de spații închise și strâmte. Se manifestă, de exemplu, în lifturi, metrouri, camere mici fără ferestre. Persoanele care suferă de claustrofobie se află sub influența selectivă a unui sistem COEX asociat cu începutul MPF II, când contracțiile uterine încep să se intețească, strângând fetusul ca într-o capcană.

Factorii biografici care contribuie la această tulburare implică amintirile unor situații de îngrădire inconfortabilă din viața postnatală. De la nivelul transpersonal, elementele cele mai importante pentru această fobie sunt amintirile karmice de încarcerare, prindere în capcană și sufocare. Deși, în general, tendința pacienților ce suferă de claustrofobie este de a evita situațiile care le intensifică simptomele, modificarea terapeutică cere trăirea deplină a disconfortului asociat cu amintirile ce stau la baza lui.

Agorafobia, frica de spații deschise sau de tranziția de la unul închis la unul larg deschis, pare, la prima vedere, exact opusul claustrofobiei. În realitate, pacienții agorafobici sunt, de multe ori, și claustrofobici, dar tranziția de la un spațiu închis la unul deschis are de obicei o mai puternică încărcătură pentru ei decât rămânerea într-un spațiu închis. La nivel perinatal, agorafobia este asociată cu ultimul stadiu al MPF III, când eliberarea bruscă după multe ore de limitare extremă este însoțită de teama de a pierde toate granițele, de a exploda și de a muri. Experiența morții eului și renașterea psiho-spirituală tind să aducă o ameliorare semnificativă acestei tulburări.

Pacienții care suferă de *tanatofobie*, adică teama patologică de moarte, trăiesc episoade de atac de panică pe care le interpretează ca fiind începutul unui atac de cord, atac vascular cerebral sau sufocare ce le-ar pune viața în pericol. Această fobie are rădăcini adânci în disconfortul fizic extrem și senzația de catastrofă iminentă asociate cu trauma nașterii. Sistemele COEX implicate sunt, de obicei, legate de situații care amenință viața, ca operațiile, bolile și rănile, mai ales cele care interferează cu respirația. Soluționarea radicală a tanatofobiei necesită retrăirea conștientă a diferitelor niveluri ale sistemului COEX corespondent și confruntarea experiențială cu moartea.

Nosofobia, frica patologică de a avea sau dezvolta o boală, este strâns legată de tanatofobie și de ipohondrie, o convingere iluzorie, lipsită de bază reală, că suferi de o boală gravă. Pacienții cu această tulburare au o varietate de senzații fizice ciudate pe care nu și le pot explica și tind să le interpreteze în termenii unei patologii simptomatice reale. Aceste simptome includ dureri, presiuni și crampe în diferite părți ale corpului, greață, fluxuri ciudate de energie, parestezii și alte fenomene neobișnuite. Ele pot fi și semne ale disfuncției unor organe – de exemplu, dificultăți de respirație, dispepsie, greață și vomă, constipație și diaree, tremor muscular, rău general, slăbiciune și oboseală.

Examenele medicale repetate nu reușesc să detecteze vreo tulburare organică ce ar putea explica simptomele reclamate. Motivul este faptul că senzațiile și emoțiile neplăcute nu sunt legate de niciun proces fiziologic prezent, ci de amintiri ale unor traume fizice trecute. Pacienții cu aceste probleme cer deseori repetarea unor teste clinice și de laborator și pot deveni o adevărată pacoste pentru cabinetele medicale și spitale. Mulți dintre ei ajung în grija psihiatrilor, unde nu primesc acceptarea plină de compasiune pe care o merită.

Simptomele fizice care nu se pot justifica prin descoperiri adecvate de laborator sunt deseori eliminate din discuție ca produse ale imaginației pacienților. Nimic nu poate fi mai departe de adevăr. În ciuda rezultatelor medicale negative, neajunsurile fizice ale acestor pacienți sunt foarte reale. Totuși, ele nu reflectă nicio problemă medicală curentă, ci sunt mai degrabă produse de ieșirea la suprafață a unor amintiri legate de importante dificultăți fiziologice din trecut. Sursele lor sunt diferite boli, operații, răni și mai ales trauma nașterii.

Trei varietăți distincte de nosofobie merită o atenție specială: cancerofobia, frica patologică de a dezvolta sau de a avea un cancer, bacilofobia, frica de microorganisme și infecții, și mysofobia, frica de murdărie și contaminare. Toate aceste probleme au rădăcini perinatale adânci, deși formele lor specifice sunt biografic codeterminate. În *cancerofobie*, elementul important este similitudinea dintre cancer și sarcină. Se știe, din literatura psihanalitică, că dezvoltarea malignă a tumorilor este identificată inconștient cu dezvoltarea embrionară. Această similitudine depășește paralela superficială cea mai evidentă, un corp străin care crește rapid în interiorul propriului corp. Acest lucru poate fi susținut cu date anatomice, fiziologice și biochimice. Din multe puncte de vedere, celulele canceroase seamănă cu celulele nediferențiate din primele stadii ale dezvoltării embrionare.

În *bacilofobie* și *mysofobie*, frica patologică se concentrează în jurul materialului biologic, mirosurilor corporale și murdăriei. Determinanții biografici ai acestor tulburări implică, de obicei, amintiri din perioada de formare a reflexului condiționat de micțiune, dar rădăcinile lor merg mult mai departe, până la aspectul scatologic al procesului perinatal. Cheia înțelegerii acestor fobii este conexiunea existentă în MPF III între moarte, agresiune, excitație sexuală și diferite forme de material biologic.

Pacienții care suferă de aceste tulburări nu se tem numai de faptul că ei înșiși ar putea fi contaminați biologic, ci sunt frecvent preocupați și de posibilitatea de a-i infecta pe alții. Teama de materiale biologice este astfel strâns legată de agresiunea orientată atât spre interior, cât și spre exterior, situație caracteristică și stadiilor finale ale nașterii.

La un nivel mai superficial, teama de infectare este asociată inconștient cu sperma și concepția și, astfel, cu sarcina și nașterea. Cele mai importante sisteme COEX asociate cu fobiile de mai sus implică amintiri relevante din stadiul sadic-anal al dezvoltării libidoului și conflicte legate de formarea reflexelor de micțiune condiționată și curățenie. Materialul biografic suplimentar este reprezentat de amintirile care descriu sexul și sarcina ca murdare și periculoase. Ca toate tulburările emoționale, aceste fobii au deseori componente transpersonale.

Obsesia și identificarea profundă cu contaminanții biologici stau de asemenea la baza unui anumit tip de stimă de sine redusă care implică autodenigrarea și un fel de dezgust față de propria persoană, numit în limbaj colocvial „stimă de sine de doi bani". Este frecvent asociată cu acele comportamente care urmăresc îmbunătățirea aspectului exterior, ceea ce leagă această problemă de nevrozele obsesiv-compulsive. Acestea implică ritualuri care, la un nivel mai profund, reprezintă un efort de evitare sau neutralizare a contaminării biologice. Cel mai evident dintre aceste ritualuri este *spălarea obsesivă a mâinilor sau a altor părți ale corpului*. Poate fi atât de exagerată, încât să determine leziuni grave ale pielii și sângerare.

O femeie la care amintirea evenimentelor perinatale este aproape de suprafață poate suferi de o *fobie de sarcină și naștere*. Stabilirea contactului cu amintirea agoniei nașterii îi face dificilă acceptarea feminității și a rolului ei reproductiv, deoarece a fi mamă înseamnă pentru ea a produce durere și suferință. Ideea de a fi însărcinată și obligată să facă față chinului nașterii poate fi asociată, în aceste condiții, cu o groază paralizantă.

Fobia maternității, condiție de mare tulburare emoțională, care începe de obicei curând după nașterea copilului, nu este o fobie pură, ci implică elemente obsesiv-compulsive. Este o combinație între impulsurile violente împotriva copilului și panica de a-i face rău. Este deseori asociată cu un comportament exagerat de protector și griji iraționale că i s-ar putea întâmpla ceva bebelușului. Oricare ar fi determinanții biologici ai acestei probleme, cauza mai profundă poate fi detectată la aducerea pe lume a copilului. Acest lucru reflectă faptul că aspectele pasive și active ale nașterii sunt strâns conectate în inconștient.

Stările de uniune biologică simbiotică dintre mamă și copil reprezintă stări de unitate a trăirii. Femeile care își retrăiesc propria naștere se simt, simultan sau alternativ, născând. Similar, amintirea de a fi un fetus în uter este caracteristic asociată cu senzația de a fi însărcinată, iar cea de a suge la sân, cu alăptarea. Rădăcinile profunde ale fobiei maternității se află în primul stadiu clinic al nașterii (MPF II), când mama și copilul se află într-o stare de antagonism biologic, producându-și reciproc durere și schimbând cantități enorme de energie distructivă.

Experiența acestei situații tinde să activeze amintirea mamei despre propria sa naștere, să elibereze potențialul agresiv asociat cu ea și să-l îndrepte spre copil. Faptul că aducerea pe lume a unui copil deschide accesul experiențial la dinamica perinatală reprezintă o importantă ocazie din punct de vedere terapeutic. Este un moment foarte bun pentru femeile care au născut recent să realizeze un proces psihologic de profunzime.

Ca efect negativ, activarea inconștientului perinatal al mamei poate declanșa depresii post-partum, nevroze sau chiar psihoze. Psihopatologia post-partum este explicată de referințe vagi la modificări hormonale. Ceea ce nu prea are sens, având în vedere că reacția femeii la naștere acoperă o gamă foarte largă de stări, de la extaz la psihoză, în vreme ce modificările hormonale urmează un tipar destul de obișnuit. Din experiența mea, amintirile perinatale joacă un rol crucial în fobiile sarcinii și maternității, ca și în psihopatologia post-partum. Lucrul experiențial asupra traumei nașterii și începutului perioadei postnatale pare să fie metoda cea mai eficientă în aceste tulburări.

Fobia călătoriilor cu trenul și cu metroul se bazează, printre altele, pe anumite similarități între experiența nașterii și călătoria cu aceste mijloace de transport. Cele mai importante elemente comune ale celor două situații sunt senzația de a fi prins în capcană și experiența unor forțe și energii enorme în mișcare, fără niciun control asupra procesului. Elemente suplimentare sunt trecerea prin tunel și întâlnirea cu întunericul. Pe vremea demodatei mașini cu aburi, focul, presiunea aburului și sirena zgomotoasă care inspira un sentiment de grabă, erau factori care amplificau asocierea. Pentru ca situațiile de acest gen să declanșeze o fobie, amintirile perinatale trebuie să fie ușor accesibile conștiinței, datorită intensității și efectului de punte între nivelurile postnatale ale sistemului COEX adiacent.

O fobie strâns legată de cea de mai sus este *frica de călătoriile cu avionul*. Are în comun cu celelalte situații disconfortul senzației de prindere în capcană, teama de puternica energie implicată și incapacitatea de a avea vreo influență asupra cursului evenimentelor. Lipsa de control pare un element de importanță majoră în fobiile care implică mișcarea. Acest lucru poate fi ilustrat de *fobia călătoriei cu mașina*, un mijloc de transport în care putem cu ușurință juca atât rolul călătorului, cât și pe cel al șoferului. Această fobie se manifestă, în general, numai atunci când suntem conduși de alții, și nu când ne aflăm pe scaunul șoferului și putem schimba sau opri când vrem mișcarea.

Este interesant de menționat în legătură cu aceste fobii că *răul de mare* și *răul de avion* sunt deseori legate de dinamica perinatală și tind să dispară după ce persoana a dus până la capăt procesul moarte-renaștere. Elementul esențial aici pare să fie dorința de renunțare la nevoia de a deține controlul și capacitatea de a se abandona fluxului evenimentelor, indiferent ce vor aduce ele. Dificultățile apar atunci când persoana încearcă să-și impună controlul asupra proceselor care au propria dinamică. Nevoia excesivă de a controla este caracteristică persoanelor care se află sub o puternică influență a MPF III și a sistemelor COEX asociate, în timp ce capacitatea de a se abandona denotă o conexiune puternică cu aspectele pozitive ale MPF I și MPF IV.

Acrofobia, adică frica de înălțimi, nu e o fobie pură. E întotdeauna asociată cu impulsul de a sări dintr-un loc înalt – turn, fereastră, stâncă sau pod. Sentimentul căderii asociat cu frica de distrugere este o manifestare tipică a stadiilor finale din MPF III. Originea acestei asocieri nu este clară, dar ar putea implica o componentă filogenetică. Unele animale nasc din picioare, iar femeile din unele culturi tribale nasc suspendate de ramurile unui copac, pe vine sau în patru labe. O altă variantă ar fi aceea ca legătura să reflecte prima întâlnire cu fenomenul gravitației, inclusiv posibilitatea de a fi scăpat sau chiar o amintire de acest fel.

În orice caz, se întâmplă deseori ca persoanele care în stările holotropice se află sub influența acestei matrice să aibă trăiri de cădere, scufundări sau sărituri cu parașuta. Un interes deosebit pentru

PSIHOLOGIA VIITORULUI – Introducere în Noua Conștiință

sporturi și alte activități în care este implicată căderea (parașutism, săriturile cu coarda elastică, cascadoriile din filme, zborurile acrobatice) pare să reflecte nevoia de a exterioriza sentimentele de dezastru iminent în situații care permit un anumit grad de control (săritura cu coarda elastică sau cu parașuta) sau implică alte măsuri de siguranță (finalizarea căzăturii în apă). Sistemele COEX responsabile de manifestarea acestei fațete particulare a traumei nașterii includ amintirile din copilărie, când subiectul era aruncat în sus, în joacă, și accidente care implică o cădere.

O serie de desene din ședințele de respirație holotropică ale Jarinei Moss, o tânără care suferea de fobia înălțimilor. Ele ilustrează legătura psihodinamică între acest tip de fobie și experiența etapei finale a nașterii.

Experiență dintr-o sesiune dominată de MPF II, în care Jarina este prezentată ca o victimă neajutorată a Mamei Devoratoare sub forma unei tarantule uriașe.

Acest desen o înfățișează pe Jarina într-un stadiu mai avansat al procesului, când reușește să iasă din ceea ce anterior părea a fi o situație absolut fără speranță. Ea se apropie acum de lumina divină (MPF III-IV), dar lumina se află mult dedesubt, într-un abis, iar ea trebuie să facă față unei căderi pentru a o ajunge.

TERROR I

În acest punct, Jarina are de-a face cu o amintire traumatizantă din copilărie. Era născută la Praga, Cehoslovacia, în timpul celui de-al doilea război mondial. Praga a fost eliberată de Armata Roșie și, imediat după război, soldații sovietici au locuit pentru un scurt timp în numeroase case particulare, printre care și casa familiei Jarinei. Pictura îi înfățișează pe soldații care se joacă nepăsători cu Jarina aruncând-o în sus. Această experiență s-a dovedit a fi o parte a COEX-ului ce se afla la baza acrofobiei ei.

Imaginea îngerului reprezintă promisiunea transcendenței. Totuși, pentru a ajunge la ea, e nevoie de abandonarea de sine și de moartea eului. Aceasta este asociată cu o frică uriașă și Jarina rezistă încă.

Ultima pictură a seriei arată ce s-a întâmplat când, în final, ea s-a abandonat pe sine. Vechea structură a personalității s-a scindat și s-a dezintegrat. Din ea a apărut un sine nou (sau Sine) care are o legătură spirituală. Titlul pe care Jarina l-a ales pentru această pictură este ELIBERAREA.

Din cauza legăturii întrucâtva enigmatice dintre fobia de înălțimi, experiența căderii și stadiile finale ale nașterii, voi face o excepție și voi ilustra acest tip particular de fobie cu un exemplu specific. Este vorba despre Ralph, un emigrant german în Canada, care a participat cu mulți ani în urmă la seminarul nostru de respirație holotropică din Columbia Britanică. Analize de caz legate de alte tipuri de fobii pot fi găsite în lucrările mele anterioare.

În această ședință holotropică, Ralph a trăit un puternic sistem COEX, pe care îl resimțea drept cauza fobiei sale de înălțimi. Nivelul superficial al acestui sistem COEX conținea o amintire din Germania prenazistă. Era momentul când trebuia să adune rapid o armată și să pregătească la fel de repede Jocurile Olimpice din Berlin, prin care Hitler intenționa să demonstreze superioritatea rasei nordice.

Deoarece victoria la Olimpiadă era pentru Hitler o problemă de extremă importanță politică, mulți atleți talentați au fost trimiși în tabere speciale pentru o pregătire riguroasă. Era o variantă la recrutarea în Wehrmacht, celebra armată germană. Ralph, un pacifist care ura armata, a fost ales pentru una dintre aceste tabere, fapt care a fost pentru el o ocazie foarte bună să evite recrutarea.

Antrenamentul implica o varietate de sporturi și era incredibil de dificil; toate evoluțiile erau notate și sportivii cu punctajele cele mai mici erau trimiși pe front. Ralph era printre ultimii și a avut un ultim prilej de a-și ameliora poziția. Miza și motivația lui de a reuși erau foarte mari, dar dificultatea era imensă. Sarcina pe care trebuia să o ducă la îndeplinire era un lucru pe care nu-l făcuse în viața lui: săritură cu capul înainte într-o piscină, de la o înălțime de 20 de metri.

Nivelul biografic al acestui sistem COEX consta în retrăirea unei enorme ambivalențe și anxietăți în legătură cu săritura și senzațiile căderii. Nivelul mai profund al aceluiași sistem COEX, care a urmat imediat după această experiență, a fost retrăirea zbaterii lui Ralph în stadiul final al nașterii, cu toate emoțiile și senzațiile fizice implicate. Procesul a continuat apoi cu ceea ce Ralph a dedus că trebuie să fi fost o experiență dintr-o viață anterioară.

A devenit un adolescent dintr-o cultură primitivă, care lua parte împreună cu un grup de prieteni la un periculos rit de trecere. Unul după altul, au urcat în vârful unui turn făcut din stâlpi de lemn strânși între ei cu fibre flexibile din material vegetal. Odată ajunși în vârf, își legau de glezne capătul unei liane lungi, fixând celălalt capăt de marginea unei platforme din vârful turnului. Era un simbol al statutului și o mare mândrie să ai liana cea mai lungă și să nu mori.

Când a trăit sentimentele asociate cu săritura din acest rit de trecere, și-a dat seama că semănau foarte mult atât cu emoțiile asociate săriturii în bazin, cât și cu senzațiile din ultimele stadii ale nașterii. Toate cele trei situații erau clar părți integrale ale aceluiași sistem COEX.

Zoofobia, frica de animale, poate implica multe forme de viață, atât animale mari și periculoase, cât și creaturi mici și inofensive. În esență, nu are nicio legătură cu pericolul pe care un anumit animal îl reprezintă pentru om. În analiza clasică, animalul temut era văzut ca o reprezentare simbolică a tatălui castrator sau a mamei rele și are întotdeauna o conotație sexuală. Lucrul cu stările holotropice a arătat că o astfel de interpretare biografică a zoofobiei este nepotrivită și că aceste tulburări au importante rădăcini perinatale și transpersonale.

Dacă obiectul fobiei este un animal mare, cele mai importante elemente par să fie ori tema înghițirii și încorporării (lupul), ori relația cu sarcina și alăptatul (vaca). S-a menționat mai devreme că simbolismul arhetipal de la începutul MPF II este experiența înghițirii și încorporării. Această frică perinatală de înghițire poate fi proiectată asupra animalelor mari, mai ales a prădătorilor.

În plus, anumite animale au o asociere simbolică specială cu procesul nașterii. Astfel, imaginile unor tarantule gigantice apar frecvent la nivelul inițial al MPF II ca simboluri ale Feminității devoratoare. Acest lucru pare să reflecte faptul că păianjenii prind în pânză insecte care zboară liber, le imobilizează, le înfășoară și le omoară. Nu este dificil de văzut o similitudine profundă între succesiunea evenimentelor și trăirile copilului din timpul nașterii biologice. Conexiunea pare esențială pentru dezvoltarea *arachnofobiei*.

O altă zoofobie cu importantă componentă perinatală este *ofiofobia* sau *serpentofobia*, frica de șerpi. Imaginea șarpelui, care la un nivel superficial are o conotație falică, este un simbol comun, ce reprezintă agonia nașterii și, astfel, Feminitatea distructivă și devoratoare. Viperele otrăvitoare reprezintă, de obicei, o amenințare iminentă cu moartea, în timp ce boa constrictorii mari simbolizează strivirea și strangularea din timpul nașterii. Faptul că boa constrictorii își înghit prada și par gestanți amplifică și mai mult conotația perinatală.

Simbolismul șarpelui are rădăcini profunde în universul transpersonal, unde poate avea multe sensuri diferite în funcție de cultură (șarpele din Grădina Raiului, Kundalini, șarpele Muchalinda care îl apără pe Buddha, Ananta lui Vishnu, Șarpele cu Pene Quetzalcoatl, Șarpele Curcubeu al aborigenilor australieni și mulți alții).

Presupunerea lui Freud că imaginile șerpilor simbolizează întotdeauna penisul a fost o simplificare grosolană. Șerpii au și o profundă legătură cu procesul perinatal, așa cum indică aceste două desene de la o ședință terapeutică LSD.

Contracțiile uterine sunt resimțite ca un atac al unui boa constrictor. Pitonii își înghit prada fără să o dezmembreze, ceea ce îi face să pară gestanți. De asemenea, își încolăcesc trupurile în jurul victimelor și le zdrobesc. Ambele caracteristici fac din ei ideale simboluri perinatale.

Interiorul uterului resimțit ca un șarpe periculos. Viperele simbolizează iminența morții și, din pricina năpârlirii, și renașterea.

Fobiile de insecte mici pot fi frecvent trasate până la dinamicile matricelor perinatale. Albinele par să fie legate de reproducție și sarcină, din cauza rolului lor în transferul polenului și fertilizarea plantelor, dar și pentru capacitatea de a produce umflături. Muștele, din cauza afinității lor pentru excremente și tendinței de a răspândi infecția, sunt asociate cu aspectul scatologic al nașterii. După cum am arătat deja, aceasta are o strânsă legătură cu fobiile de murdărie și microorganisme și spălarea exagerată a mâinilor.

Keraunofobia, adică teama patologică de furtunile cu fulgere, este asociată psihodinamic cu tranziția de la MPF III la MPF IV și, astfel, cu moartea eului. Fulgerul reprezintă o conexiune energetică între cer și pământ, iar electricitatea este expresia fizică a energiei divine. Din acest motiv, o furtună electrică simbolizează contactul cu lumina divină, care se produce în punctul culminant al procesului moarte-renaștere. Pe vremea când lucram la Praga, am observat în câteva ocazii pacienți care în ședințele psihedelice retrăiau conștient electroșocurile ce le fuseseră administrate cu mult timp în urmă. Au avut aceste experiențe când procesul de transformare spirituală a atins momentul morții eului. Cea mai renumită persoană care a suferit de keraunofobie a fost Ludwig van Beethoven. El a reușit să se confrunte cu obiectul temerilor sale, când a inclus o magnifică reprezentare a unei furtuni cu fulgere în Simfonia Pastorală.

Pirofobia, teama patologică de foc, are și ea profunde rădăcini psihologice în tranziția de la MPF III la MPF IV. Când am discutat fenomenologia matricelor perinatale, am văzut că persoanele care se apropie de moartea eului au, de obicei, viziuni ale focului. Ele trăiesc deseori și senzația că trupul lor arde și că trec printr-un foc purificator. Motivul focului și al purgatoriului este astfel un important element însoțitor în stadiul final al transformării psiho-spirituale. Când acest aspect al dinamicii inconștientului atinge pragul conștiinței, legătura dintre experiența focului și moartea iminentă a eului dă naștere pirofobiei.

La persoanele capabile să intuiască potențialul pozitiv al acestui proces, faptul că rezultatul final este renașterea psiho-spirituală, efectul final poate fi exact cel opus. Ele au sentimentul că li se va întâmpla ceva fantastic, dacă vor putea experimenta forța distructivă a focului. Această așteptare poate fi atât de puternică, încât se poate transforma într-o pulsiune irezistibilă de a declanșa un incendiu. Observarea conflagrației produce doar un entuziasm trecător și tinde să fie dezamăgitoare. Totuși, sentimentul că experiența focului trebuie să aducă o neobișnuită eliberare este atât de convingător, încât aceste persoane încearcă din nou și devin piromani. Astfel, pirofobia e strâns legată de piromanie.

Hidrofobia, teama patologică de apă, are și ea, de regulă, o puternică componentă perinatală. Ceea ce reflectă faptul că apa joacă un rol important în naștere. Dacă sarcina și nașterea au un curs normal, această conexiune este foarte pozitivă. În acest caz, apa reprezintă pentru copil confortul existenței amniotice ori al perioadei postnatale, când îmbăierea anunță că pericolul nașterii a luat sfârșit. Totuși, diferite crize prenatale, inhalarea lichidului amniotic în timpul nașterii sau accidentele postnatale la îmbăiere pot da apei o încărcătură negativă. Sistemele COEX care stau la baza hidrofobiei conțin, în mod tipic, elemente biografice (experiențe traumatice legate de apă în pruncie sau copilărie) și transpersonale (naufragierea unui vas, inundații sau înecarea, într-o viață anterioară).

Isteria de conversie

Această psihonevroză era mult mai frecventă pe vremea lui Freud decât astăzi și a jucat un important rol în istoria și dezvoltarea psihanalizei. Mai mulți pacienți de-ai lui Freud și mulți dintre pacienții continuatorilor săi au aparținut acestei categorii de diagnostic. *Isteria de conversie* are o simptomatologie bogată și plină de culoare și este, conform schemei psihogenetice psihanalitice, strâns legată de grupul fobiilor sau de isteria anxioasă.

Înseamnă că fixația majoră pe această tulburare există din stadiul falic al dezvoltării libidoului, iar trauma psihosexuală care stă la baza ei a apărut atunci când copilul se afla sub influența puternică a complexului Electra sau Oedip. Dintre mecanismele de apărare implicate în psihogeneza isteriei de conversie, cel mai caracteristic este conversia, care a dat acestei forme de isterie numele său. Termenul se referă la transformarea simbolică a conflictelor inconștiente și impulsurilor instinctuale în simptome fizice.

Exemplele de afectare isterică a funcțiilor motorii sunt *paralizia mâinilor și picioarelor, pierderea capacității de a vorbi (afonia) și voma*. Conversia concentrată pe organele și funcțiile senzoriale poate duce la *orbire temporară, surditate* sau *anestezie psihogenă*. Isteria de conversie poate produce și o combinație de simptome care imită convingător sarcina. Această *sarcină falsă* sau *pseudokyesis* implică amenoreea și o extensie destul de mare a cavității abdominale, produsă, cel puțin în parte, de retenția de gaze în intestine. *Stigmatele religioase* care simulează rănile lui Christos au fost deseori interpretate drept isterii de conversie.

Freud a sugerat că, în conversiile isterice, gândurile și impulsurile sexuale reprimate își găsesc expresia indirectă în schimbări ale funcțiilor fizice, iar organul afectat este „sexualizat", adică devine un substitut simbolic al organelor sexuale. De exemplu, hiperemia și umflarea diferitelor organe ar putea simboliza erecția, iar senzațiile anormale la nivelul acestor organe pot imita senzațiile genitale. În unele împrejurări, amintirea unei întregi situații traumatice poate fi înlocuită cu anumite senzații fizice pe care persoana le-a trăit în acel moment.

Cea mai complexă și deosebită manifestare a isteriei este o formă specifică de atac psihosomatic, numită *criză isterică majoră*. Este o tulburare asociată cu alternarea plânsului și râsului, mișcări erotice teatrale și arcuirea extremă spre spate a corpului (*arc de circle*). În opinia lui Freud, crizele de isterie sunt expresii pantomimice ale amintirii unor evenimente uitate din copilărie și ale povestirilor fantastice construite în jurul acestor evenimente. Ele reprezintă teme sexuale mascate legate de complexele Oedip și Electra și de derivatele lor. Freud a arătat că, în timpul crizelor isterice, comportamentul trădează categoric natura sexuală. El a comparat pierderea cunoștinței în momentul de intensitate maximă al atacului cu pierderea temporară a controlului în timpul orgasmului sexual.

Observațiile asupra stărilor holotropice arată că isteria de conversie, împreună cu determinanții biologici, are importante rădăcini perinatale și transpersonale. La baza fenomenelor de conversie, în general, și a crizelor de isterie, în particular, se află blocaje bioenergetice importante și inervații conflictuale legate de dinamica MPF III. Comportamentul persoanelor care trec prin stadiile finale ale acestei matrice perinatale, mai ales deflecția caracteristică a capului și arcuirea extremă spre spate, seamănă deseori cu o criză isterică.

Natura și poziția în timp a materialului biografic implicat în psihogeneza isteriei de conversie sunt fundamental în acord cu teoria freudiană. Lucrul experiențial relevă de obicei traume psihosexuale din copilărie, când pacientul a ajuns la stadiul falic de dezvoltare și s-a aflat sub influența complexelor Oedip sau Electra. Simptomele crizei de isterie reprezintă, pe lângă elementele perinatale menționate, și aluzii simbolice la aceste aspecte specifice ale traumei din copilărie care a produs tulburarea.

Conținutul sexual al amintirilor traumatice asociate cu isteria de conversie explică de ce sunt parte a unui sistem COEX care include și latura sexuală a MFP III. Dacă nu suntem familiarizați cu faptul că amintirea nașterii are un puternic element sexual, putem trece ușor cu vederea contribuția perinatală la geneza isteriei de conversie, și să atribuim această tulburare în totalitate influențelor postnatale. Este interesant de menționat în acest context remarca lui Freud, care a observat și a recunoscut că temele principale ce stau la baza crizelor de isterie nu sunt, de cele mai multe ori, seducția sau actul sexual, ci sarcina sau nașterea.

Implicarea MPF III în psihogeneza isteriei de conversie explică multe aspecte importante ale acestei tulburări care au fost frecvent menționate, dar niciodată explicate în mod adecvat în literatura psihanalitică. Este, în primul rând, vorba despre faptul că analiza simptomelor isterice scoate la lumină nu numai conexiunea lor cu impulsurile libidoului și orgasmul sexual, ci și cu „erecția" generalizată a întregului corp (orgasmul nașterii) și foarte clar cu nașterea și sarcina. Același lucru este valabil pentru legăturile ciudate existente în isteria de conversie între sexualitate, agresiune și moarte.

Baza psihodinamică a isteriei de conversie este destul de asemănătoare cu cea a depresiei agitate. Acest lucru devine evident când examinăm expresia deplină a acestei tulburări, criza isterică majoră. În general, depresia agitată este o tulburare mai gravă decât isteria de conversie și manifestă într-o formă mult mai pură conținutul și dinamica MPF III. Observarea expresiei faciale și a comportamentului unui pacient cu depresie agitată nu lasă nicio îndoială că există motive de serioasă îngrijorare. Incidența suicidului la acești pacienți și chiar a suicidului combinat cu crima susține această impresie.

Criza isterică majoră seamănă, la prima vedere, cu depresia agitată. Totuși, tabloul general este evident mult mai puțin grav și e lipsit de profunzimea disperării. Pare stilizat, născocit și are clare trăsături teatrale, cu nuanțe sexuale inconfundabile. În general, un atac de isterie are multe din caracteristicile fundamentale ale MPF III — tensiune excesivă, iritare și agitație psihomotorie, un amestec de depresie și agresivitate, țipete, tulburări respiratorii și arcuire dramatică. Totuși, tiparul experiențial apare aici într-o formă considerabil redusă comparativ cu depresia agitată și este substanțial modificat și colorat de evenimente traumatice ulterioare.

Legătura dinamică dintre isteria de conversie, depresia agitată și MPF III devine foarte evidentă în cursul terapiei experiențiale profunde. La început, stările holotropice tind să declanșeze sau să amplifice simptomele isterice și clientul le descoperă sursa în traumele psihosexuale din copilărie. Ședințele ulterioare seamănă din ce în ce mai mult cu depresia agitată și, în final, ies la lumină elementele de bază ale MPF III. Retrăirea nașterii și conexiunea cu MPF IV aduc o ameliorare sau chiar dispariția simptomelor. Rădăcinile cele mai adânci ale conversiilor isterice pot ajunge până la nivelul transpersonal și să ia forma amintirilor karmice sau a motivelor arhetipale.

Paralizia isterică a brațelor și palmelor, incapacitatea de a sta în picioare (*abasia*), pierderea capacității de a vorbi (*afonia*) și alte simptome de conversie au și ele componente perinatale importante. Aceste stări nu sunt cauzate de lipsa impulsurilor motorii, ci de un conflict dinamic între impulsurile motorii care se anulează reciproc. Sursa acestei situații este trăirea unei nașteri dureroase și solicitante, căreia organismul copilului îi răspunde prin generarea unor impulsuri neuronale excesiv de haotice, pentru care nu există o descărcare adecvată.

O interpretare similară a simptomelor isteriei de conversie a fost sugerată pentru prima dată de Otto Rank în cartea sa inovatoare, *The Trauma of Birth* (1929). În vreme ce Freud a considerat conversiile expresii ale conflictului psihologic în termeni corporali, Rank credea că baza lor reală era fiziologică, reflectând situația originară din timpul nașterii. Pentru Freud problema era traducerea unei tulburări mai mult psihologice într-un simptom fizic. Rank a trebuit să se confrunte cu o dificultate opusă – să explice cum un fenomen în primul rând somatic ar putea dobândi, prin elaborare secundară, conținut psihologic și înțeles simbolic.

Unele manifestări grave ale isteriei de conversie situate la granița cu psihoza, precum *stuporul psihogen, reveria incontrolabilă și confundarea fanteziei cu realitatea (pseudologia fantastica)*, par să fie dinamic legate de MPF I. Ele reflectă o nevoie profundă de a restabili starea de extaz emoțional caracteristică existenței intrauterine netulburate și uniunea simbiotică a copilului cu mama. În vreme ce componenta de satisfacție fizică și emoțională din aceste stări poate fi ușor detectată ca un înlocuitor al uterului bun și al sânului bun atât de râvnite, conținutul concret al fanteziilor și reveriilor folosește teme și elemente legate de copilăria, adolescența și maturitatea pacientului.

Nevroza obsesiv-compulsivă

Pacienții care suferă de tulburări obsesiv-compulsive sunt chinuiți de gânduri iraționale de care nu pot scăpa și se simt obligați să realizeze anumite ritualuri absurde și repetitive. Dacă refuză să se supună acestor impulsuri stranii, sunt copleșiți de anxietate. În literatura psihanalitică există un consens general potrivit căruia baza psihanalitică a acestei tulburări este reprezentată de conflictele legate de homosexualitate, agresivitate și materialele biologice, împreună cu inhibiția genitalității cu accent puternic pe impulsurile pregenitale, în special pe cele de natură anală. Aceste aspecte ale nevrozei obsesiv-compulsive indică o componentă perinatală puternică, mai ales aspectul scatologic al MPF III.

Alte caracteristici ale acestei nevroze sunt o ambivalență puternică și un conflict legat de Dumnezeu și religie. Mulți pacienți obsesiv-compulsivi trăiesc constant într-un grav conflict cu Dumnezeu și credința religioasă și au intense gânduri, sentimente și impulsuri de rebeliune și blasfemie. De exemplu, asociază imaginea lui Dumnezeu cu masturbarea sau defecația și sunt irezistibil tentați să râdă, să strige obscenități și să-și evacueze zgomotos gazele intestinale în biserică sau la o înmormântare. Acest lucru alternează cu tendințe disperate de a se căi și de a ispăși, astfel încât subiecții se pedepsesc pentru a compensa transgresiunile și păcatele.

Așa cum am văzut mai devreme în discuția despre fenomenologia matricelor perinatale, această asociere strânsă a impulsurilor sexuale și agresive cu elementul numinos și divin este caracteristic tranziției de la MPF III la MPF IV. Similar, un conflict puternic între revolta împotriva unei forțe copleșitoare și dorința de a ceda în fața ei este caracteristică pentru stadiile finale ale procesului moarte-renaștere. În stările holotropice, această inflexibilă forță dictatorială poate fi trăită cu o formă arhetipală figurativă.

O putem privi ca pe un Dumnezeu crud, strict, punitiv, comparabil cu Yahweh din Vechiul Testament sau chiar cu o violentă zeitate pre-columbiană care cere un sacrificiu sângeros. Corelatul biologic al acestei zeități punitive este influența restrictivă a canalului nașterii care produce suferință extremă, amenințătoare pentru viața individului și împiedicând orice expresie externă a energiilor instinctuale de natură sexuală și agresivă activate de chinul nașterii biologice.

Forța restrictivă a canalului nașterii reprezintă baza biologică pentru partea supraeului pe care Freud a numit-o „sălbatică". Este un element primitiv și barbar al psihicului care poate împinge individul la automutilare sau chiar sinucidere sângeroasă. Freud a considerat această parte a supraeului ca fiind de natură instinctuală și, prin urmare, un derivat al sinelui. Postnatal, influența restrictivă și coercitivă ia forme mult mai subtile, ca interdicțiile venite din partea autorităților parentale, instituțiilor legislative și poruncilor religioase. În plus, un alt aspect al supraeului, „eul ideal" al lui Freud, reflectă tendința noastră de a ne identifica și de a copia persoana pe care o admirăm.

O importantă sursă perinatală a nevrozei obsesiv-compulsive este întâlnirea neplăcută sau chiar periculoasă cu diferite forme de material biologic în stadiile finale ale nașterii. Sistemele COEX asociate filogenetic cu această tulburare implică experiențe traumatice legate de zona anală și de materialul biologic, precum istoria condiționării stricte a reflexelor de micțiune, clisme dureroase, viol anal și boli gastrointestinale. O altă categorie importantă de material biografic asociat include amintiri ale diferitelor situații reprezentând o amenințare pentru organizarea genitală. Foarte des, elemente transpersonale cu teme similare joacă un rol important în geneza acestei dificile stări.

Depresia, mania și comportamentul suicidar

În psihanaliză, *depresia* și *mania* sunt considerate tulburări legate de probleme serioase din perioada orală activă (sadică sau canibalică), precum interferențele cu suptul, respingerea și privarea emoțională și dificultățile din cadrul relației timpurii mamă-copil. Tendințele suicidare sunt atunci interpretate ca acte de ostilitate împotriva unui obiect introiectat, imaginea „mamei rele", mai ales a sânului ei. Din perspectiva observațiilor asupra stărilor holotropice, această imagine trebuie revizuită și extinsă substanțial. În forma sa prezentă, este neplauzibilă, neconvingătoare și nu explică unele observații clinice fundamentale asupra depresiilor.

De exemplu, de ce avem două forme radical diferite de depresie: forma inhibată și forma agitată? De ce sunt persoanele deprimate tipic blocate bioenergetic, după cum indică incidența ridicată a durerilor de cap, senzațiilor de greutate pe piept, durerilor psihosomatice și retenției de apă? De ce sunt inhibați fiziologic și își pierd apetitul, suferă de disfuncții gastrointestinale, constipație, amenoree? De ce persoanele deprimate, inclusiv cele cu depresie inhibată, prezintă niveluri înalte de stres biochimic? De ce simt că și-au pierdut speranța și spun deseori că se simt „blocate"?

Aceste întrebări nu pot primi un răspuns de la școlile psihoterapeutice care se limitează conceptual la biografia postnatală și inconștientul freudian individual. Și mai puțin eficiente din acest punct de vedere sunt teoriile care încearcă să explice tulburările depresive pur și simplu ca fiind rezultate ale aberațiilor chimice din organism. Este foarte improbabil ca o modificare chimică să poată, singură, răspunde de complexitatea tabloului clinic al depresiei, inclusiv de legătura strânsă cu mania și suicidul. Situația se schimbă dramatic când ne dăm seama că aceste tulburări au componente perinatale și transpersonale importante. Începem să vedem problemele legate de depresie într-o lumină complet nouă și multe dintre manifestările depresiei devin, brusc, logice.

Depresiile inhibate au, de obicei, rădăcini importante în a doua matrice perinatală. Fenomenologia ședințelor guvernate de MPF II ca și perioadele ce urmează unor experiențe prost încheiate dominate de această matrice prezintă toate trăsăturile esențiale ale depresiei profunde. Persoana care se află sub influența MPF II trăiește o suferință mintală și emoțională agonizantă – deznădejde, disperare copleșitoare, sentimente de vinovăție și neadaptare. Simte o anxietate profundă, lipsa inițiativei, pierderea interesului pentru toate lucrurile și incapacitatea de a se bucura de viață. În această stare, viața pare complet lipsită de sens, goală emoțional și absurdă.

Lumea și viața persoanei sunt văzute ca printr-un șablon negativ. Aceasta conștientizează selectiv aspectele dureroase, negative și tragice, fiind incapabilă să vadă lucrurile pozitive. Situația pare complet insuportabilă, lipsită de speranță și imposibil de depășit. Uneori, este însoțită de pierderea capacității de a vedea culorile; când se întâmplă acest lucru, întreaga lume este percepută ca un film alb-negru. În ciuda suferinței extreme, această stare nu este asociată cu plâns sau alte manifestări exterioare dramatice; e caracterizată de o inhibiție motorie generală.

După cum am menționat mai devreme, depresia inhibată este asociată cu blocaje biogenetice în diferite părți ale corpului și o inhibare gravă a principalelor funcții fiziologice. Simptomele fizice asociate de regulă cu această formă de depresie sunt sentimentele de oprimare, închidere și izolare, senzația de sufocare, tensiuni și presiuni în diferite părți ale corpului și dureri de cap. Frecvente sunt și retenția de apă și urină, constipația, tulburările cardiace, pierderea interesului pentru hrană și sex, și o tendință către ipohondrie.

Toate simptomele sunt conforme cu înțelegerea acestui tip de depresie ca o manifestare a MPF II. Teoria este susținută și de descoperiri biochimice paradoxale. Oamenii care suferă de depresie inhibată manifestă, de obicei, un grad sporit de stres, după cum indică nivelul înalt de catecolamine și hormoni steroizi din sânge și urină. Tabloul biochimic se potrivește bine cu faptul că MPF II reprezintă o situație internă profund stresantă fără posibilitatea vreunei acțiuni sau manifestări exterioare („inert în exterior, agitat în interior").

Teoria psihanalitică leagă depresia cu probleme orale timpurii și privare afectivă. Deși conexiunea este evident corectă, nu explică importante aspecte ale depresiei – sentimentul de blocare, lipsa speranței cu senzația de situație fără ieșire și blocaj bioenergetic, ca și manifestările fizice, incluzând constatările biochimice. Actualul model arată că explicația freudiană este în esență corectă, dar incompletă. În vreme ce sistemele COEX asociate depresiei inhibate includ elemente biografice subliniate de psihanaliză, o înțelegere mai completă și mai cuprinzătoare trebuie să includă și dinamica MPF II.

Privarea și frustrarea orală inițială au multe în comun cu MPF II și includerea ambelor situații în același sistem COEX reflectă o logică experiențială profundă. MPF II implică întreruperea conexiunii simbiotice dintre făt și organismul matern, produsă de contracțiile uterine și comprimarea arterială rezultantă. Întreruperea și pierderea contactului biologic și emoțional important cu mama presupune și stoparea fluxului de oxigen, hrană și căldură către făt. Consecințele adiționale ale contracțiilor uterine sunt acumularea temporară de produse toxice în corpul fetusului și expunerea lui la o situație neplăcută și potențial periculoasă.

Este de înțeles atunci că aceste componente tipice ale sistemelor COEX dinamic asociate cu depresia inhibată (și cu MPF II) includ separarea și absența mamei în pruncie și copilărie și sentimentele rezultante de singurătate, răceală, foame și frică. Ele reprezintă, într-un sens, o „octavă superioară" a privării mai intense și mai chinuitoare produsă în timpul nașterii de contracțiile uterine. Straturile mai superficiale ale sistemului COEX relevant reflectă situații familiale opresive și punitive pentru copil și nu permit revolta sau eliberarea. Ele includ deseori și amintiri ale rolului de țap ispășitor jucat în cadrul diferitelor grupuri de aceeași vârstă, amintirea comportamentului abuziv al unor șefi și oprimarea politică sau socială. Toate aceste situații întăresc și perpetuează rolul de victimă într-o împrejurare fără ieșire, caracteristic MPF II.

O categorie importantă a sistemelor COEX, esențială în dinamica depresiei, implică amintirile evenimentelor care au amenințat supraviețuirea sau integritatea corporală a subiectului și în care el a jucat rolul de victimă neajutorată. Această observație este o contribuție complet nouă a cercetării holotropice la înțelegerea depresiilor. Psihanaliștii și psihiatrii de orientare psihodinamică subliniază rolul factorilor psihologici în patogeneza depresiei și nu țin cont de psihotraumele care rezultă din agresiunile fizice.

Efectele psihotraumatice ale bolilor grave, rănilor, operațiilor și accidentelor în care subiectul a fost în pericol de înec au fost trecute cu vederea și grosolan subestimate de psihiatrii din curentul dominant, fapt surprinzător, având în vedere accentul pus în general pe factorii biologici. Pentru teoreticienii și clinicienii care consideră depresia rezultatul unei fixații în perioada orală de dezvoltare a libidoului, descoperirea că traumele fizice joacă un rol important în evoluția acestei tulburări reprezintă o dificultate conceptuală majoră. Totuși, această afirmație pare perfect logică în contextul modelului prezentat, care atribuie o semnificație patogenă sistemelor COEX ce include trauma combinată emoțional-fizică a nașterii.

Spre deosebire de depresia inhibată, fenomenologia *depresiei agitate* este asociată psihodinamic cu MPF III. Elementele ei fundamentale pot fi observate în ședințele experimentale și în perioada de după ședința guvernată de a treia matrice. Energiile reprimate la naștere nu sunt complet blocate, ca în cazul depresiei inhibate legate de MPF II. Aici, energiile anterior complet blocate își găsesc o supapă și o descărcare sub forma diferitelor tendințe distructive și autodistructive. Este important de subliniat că depresia agitată reflectă un compromis dinamic între blocajul energetic și descărcare. O descărcare completă a acestor energii ar pune capăt stării și ar duce la vindecare.

Trăsăturile caracteristice ale acestui tip de depresie sunt un nivel înalt al tensiunii, anxietate, agitație psihomotorie și neliniște. Cei care trec prin depresia agitată sunt foarte activi. Ei tind să se rostogolească pe podea, să-și agite brațele și să se dea cu capul de pereți. Durerea lor emoțională își găsește expresia în țipete și urlete, se pot zgâria pe față sau își pot smulge părul din cap și sfâșia hainele de pe ei. Simptomele fizice deseori asociate cu această tulburare sunt tensiuni musculare, tremurături, crampe dureroase, spasme uterine și intestinale. Dureri intense de cap, greață și probleme cu respirația completează tabloul clinic.

Sistemele COEX asociate acestei matrice sunt legate de agresiune și violență, cruzimi de diferite feluri, abuz sexual și viol, intervenții medicale dureroase, boli care provoacă sufocarea și zbaterea pentru a putea respira. Spre deosebire de sistemele COEX asociate cu MPF II, subiecții implicați în aceste situații nu sunt victime pasive; ei sunt activ angajați în încercarea de a răspunde la agresiune, de a se apăra, de a îndepărta obstacolele sau de a scăpa. Amintirile întâlnirilor violente cu figuri parentale sau fraterne, bătăile cu colegii, scenele de abuz sexual sau viol și secvențele de război sunt exemple tipice de acest fel.

Interpretarea psihanalitică a *maniei* e și mai puțin satisfăcătoare și convingătoare decât cea a depresiei, după cum recunosc chiar mulți analiști (Fenichel, 1945). Totuși, majoritatea autorilor par să fie de acord că mania reprezintă un mijloc de evitare a conștientizării depresiei din spatele ei și că include o negare a realității interioare dureroase și refugierea în lumea externă. Ea reflectă victoria sinelui și eului asupra supraeului, drastica reducere a inhibițiilor, creșterea stimei de sine, o abundență de impulsuri agresive și senzuale.

În ciuda acestui fapt, mania nu lasă impresia unei libertăți autentice. Teoriile psihologice cu privire la tulburările maniaco-depresive subliniază intensa ambivalență a pacienților maniaco-depresivi și faptul că sentimentele simultane de iubire și ură interferează cu abilitatea lor de a relaționa cu ceilalți. Foamea de obiecte, tipic maniacală, este de obicei privită ca o manifestare a puternicei fixații orale, iar periodicitatea maniei și depresiei este considerată o indicație a legăturii ei cu ciclul satietății și al foamei.

Multe dintre trăsăturile altfel inexplicabile ale episoadelor maniacale devin ușor de înțeles când sunt privite în relația lor cu dinamica matricelor perinatale. Mania este asociată psihogenetic cu tranziția experiențială de la MPF III la MPF IV. Ea indică faptul că individul este parțial în contact cu cea de-a patra matrice perinatală, dar încă sub influența celei de-a treia. Deoarece maniacul a regresat până la nivelul nașterii biologice, impulsurile orale sunt progresive, și nu regresive în natura lor. Ele indică mai degrabă starea pe care individul maniac o dorește intens și spre care țintește, dar pe care încă nu a atins-o conștient, în loc să reprezinte regresia la nivelul oral. Relaxarea și satisfacția orală sunt caracteristice stadiului care urmează nașterii biologice. A fi liniștit, a dormi și a mânca – triada tipică de dorințe întâlnită în manie – sunt obiectivele naturale ale unui organism inundat de impulsuri, asociate cu stadiul final al nașterii.

În terapia experiențială se pot observa ocazional episoade maniacale pasagere *in statu nascendi*, ca fenomene ce sugerează o renaștere incompletă. Aceasta se întâmplă de obicei când persoanele implicate în procesul de transformare au atins stadiul final al experienței moarte-renaștere și au simțit eliberarea din agonia nașterii. Totuși, în același timp, ele sunt incapabile și nu doresc să se confrunte cu restul materialului nerezolvat legat de MPF III. Ca urmare a agățării anxioase de această victorie incertă și precară, noile sentimente pozitive sunt accentuate până la caricaturizare. Imaginea „fluieratului în întuneric" pare să se potrivească foarte bine acestei stări. Natura exagerată și forțată a emoțiilor și comportamentelor maniacale trădează vizibil faptul că acestea nu sunt expresii ale bucuriei și libertății autentice, ci structuri de reacție la frică și agresiune.

Subiecții LSD ale căror ședințe se încheie cu o stare de renaștere incompletă manifestă toate semnele tipice ale maniei. Sunt hiperactivi, se mișcă prin cameră într-un ritm alert, încearcă să fie sociabili, să fraternizeze cu toată lumea și vorbesc fără încetare despre sentimentul lor de triumf și bunăstare, sentimentele minunate și despre magnifica experiență pe care tocmai au avut-o. Ei tind să elogieze minunile tratamentului cu LSD și urzesc planuri grandioase și mesianice de transformare a lumii, care să permită fiecărui om să aibă aceeași experiență. Criza constrângerilor supraeului se soldează cu tendințe de promiscuitate și dialog obscen. Foamea extremă de stimuli și contact social este însoțită de entuziasm, autoapreciere, stimă de sine și o mai mare indulgență în diferite aspecte ale vieții.

Nevoia de senzații intense și căutarea dramei și acțiunii, caracteristice pacienților maniacali, servesc un scop dublu. Pe de o parte, oferă o supapă pentru impulsurile și tendințele care fac parte din MPF III activată. Pe de altă parte, angajarea în situații exterioare turbulente, ce se potrivesc intensității și calității suferinței interioare, ajută la reducerea „disonanței emoțional-cognitive" intolerabile ce amenință persoanele maniace – înțelegerea terifiantă a faptului că experiențele lor interioare nu corespund circumstanțelor exterioare. Și, bineînțeles, discrepanța serioasă dintre interior și exterior implică nebunia.

Otto Fenichel (1945) a atras atenția asupra faptului că multe aspecte importante ale maniei o asociază cu psihologia carnavalurilor, evenimente care oferă ocazia eliberării aprobate social a unor impulsuri altfel interzise. Acest lucru confirmă încă o dată conexiunea profundă a maniei cu trecerea dinamică de la MPF III la MPF IV. În stadiile finale ale procesului moarte-renaștere, multe persoane trăiesc spontan experiența viziunii unor scene colorate de carnaval. Ca în procesiunile de Mardi Gras, aceasta poate include imagini de cranii, schelete și alte simboluri asociate cu moartea și motive care apar în contextul exuberantei celebrări. În stările holotropice, acest lucru are loc în momentul culminant al MPF III, când începem să simțim că vom triumfa și supraviețui confruntării cu moartea.

Când persoanele care trăiesc această stare pot fi convinse să se întoarcă spre interior și să facă față emoțiilor dificile care au rămas nerezolvate, completând astfel procesul de (re)naștere, calitatea maniacală dispare din comportamentul și starea lor sufletească. Experiența MPF IV în forma ei pură se caracterizează printr-o bucurie radioasă, o mai mare poftă de viață, relaxare profundă, liniște și seninătate. În această stare de spirit, oamenii trăiesc un sentiment de pace interioară și satisfacție totală. Bucuria și euforia lor nu sunt exagerate până la a deveni caricaturi grotești și comportamentul lor nu are caracteristica de entuziasm și spectacol multicolor a stărilor maniacale.

Sistemele COEX asociate psihogenetic cu mania cuprind amintirea situațiilor în care satisfacția a fost trăită în condiții de nesiguranță și incertitudine privind autenticitatea și continuitatea gratificării. Similar, așteptarea sau solicitarea deschisă a unui comportament vizibil fericit în situații care nu îl justifică pare să introducă tiparul maniacal. În plus, întâlnim frecvent în istoria de viață a pacienților maniacali influențe nocive asupra stimei de sine, precum atitudinile hipercritice sau de subminare a încrederii din partea unei figuri parentale, alternând cu supraestimarea, înfumurarea și construirea de așteptări nerealiste din partea celuilalt părinte. Am observat la mai mulți pacienți europeni că alternarea între constrângerea totală și libertatea absolută ce caracteriza obiceiul de a înfășa bebelușii părea psihogenetic legată de manie.

Toate observațiile din practica mea experiențială par să sugereze că nașterea biologică, cu trecerea bruscă de la agonie la un sentiment de eliberare dramatică, reprezintă baza naturală a tiparelor alternante din tulburările maniaco-depresive. Desigur, acest lucru nu exclude participarea factorilor biochimici la tabloul clinic. De exemplu, este logic ca sistemele COEX pozitive și negative să aibă corelate biochimice specifice sau chiar să fie activate selectiv de anumite modificări chimice din organism. Oricum, chiar dacă cercetările ar putea demonstra că depresia și mania sunt constant însoțite de modificări biochimice, factorii chimici nu ar putea explica independent natura complexă și trăsăturile psihologice specifice ale acestor tulburări emoționale.

Ar fi greu de imaginat o situație mai clar definită chimic decât o ședință clinică de LSD. Totuși, cunoștințele noastre despre compoziția chimică și doza administrată pentru declanșarea stării ne ajută prea puțin în explicarea conținutului psihologic al experienței. În funcție de circumstanțe, subiectul ședinței cu LSD poate trăi o stare extatică sau una depresivă, maniacală sau paranoidă. Similar, depresia sau mania apărute natural, în toată complexitatea tabloului lor clinic, nu pot fi explicate de o simplă ecuație chimică. Există întotdeauna întrebarea dacă factorii biologici joacă sau nu un rol în tulburare sau sunt numai simptome însoțitoare. De exemplu, este posibil ca schimbările fiziologice și biochimice din tulburările maniaco-depresive să reprezinte o reluare a stărilor din organismul unui copil abia născut.

Noua înțelegere a depresiei care include dinamica matricelor perinatale fundamentale oferă viziuni noi și fascinante asupra psihologiei sinuciderii, un fenomen care în trecut a reprezentat o serioasă dificultate teoretică pentru interpretările de orientare psihanalitică. Orice teorie care încearcă să explice fenomenul sinuciderii trebuie să răspundă la două întrebări importante. Prima este de ce un anumit individ vrea să se sinucidă, act care violează evident dictatul altfel obligatoriu al impulsului de autoconservare, o forță puternică ce impulsionează evoluția vieții în natură. A doua întrebare, la fel de enigmatică, este specificitatea alegerii mijloacelor. Pare să existe o strânsă conexiune între starea mintală în care se află persoana deprimată și tipul de sinucidere pe care el sau ea îl intenționează sau încearcă.

Pulsiunea sinucigașă nu este astfel un simplu impuls de a pune capăt vieții, ci de a o face într-un anumit mod. Poate părea natural ca o persoană care ia o supradoză de tranchilizante sau barbiturice să nu sară de pe o stâncă sau sub un tren. Totuși, selectivitatea alegerii funcționează și în sens invers: o persoană care alege o sinucidere sângeroasă nu folosește medicamente, chiar dacă ele ar fi la îndemână. Materialul din cercetările psihedelice și din alte forme de lucru experiențial profund cu stările holotropice aruncă o lumină nouă atât asupra motivelor profunde ale sinuciderii, cât și asupra problemei interesante a alegerii metodei.

Ideația și tendințele sinucigașe pot fi ocazional observate în orice stadiu al lucrului cu stările holotropice. Totuși, ele sunt deosebit de frecvente și de intense când subiecții se confruntă cu materialul inconștient legat de matricele perinatale negative. Observațiile rezultate din ședințele psihedelice și holotropice și din episoadele de urgență spirituală arată că tendințele sinucigașe se înscriu în două categorii distincte, care au legături specifice cu procesul perinatal. Am văzut că experiența depresiei inhibate este dinamic legată de MPF II și că depresia agitată este un derivat al MPF III. Diferite forme de fantezii, tendințe și acțiuni sinucigașe pot fi înțelese ca încercări motivate inconștient de a scăpa de aceste stări psihologice insuportabile folosind două căi. Fiecare dintre acestea reflectă un anumit aspect al istoriei biologice timpurii a individului.

Sinuciderea de tip I, sau *nonviolentă*, se bazează pe amintirea inconștientă că situația fără ieșire din MPF II a fost precedată de experiența existenței intrauterine. O persoană care suferă de depresie inhibată încearcă să scape de intolerabila experiență a celei de-a doua matrice perinatale alegând calea cea mai disponibilă în această stare, cea a regresiei la o unitate originară nediferențiată a stării prenatale (MPF I). Nivelul inconștientului implicat în acest proces nu este de obicei accesibil, decât dacă individul are prilejul unei autoexplorări experiențiale profunde. Neavând intuițiile necesare, el este atras de situații și mijloace din viața de zi cu zi care par să aibă unele elemente comune cu situația prenatală.

Intenția inconștientă fundamentală ce stă la baza acestei forme de tendință sinucigașă este de a reduce intensitatea stimulilor dureroși asociați cu MPF II și, în final, de a-i elimina. Scopul final este atingerea stării de „conștiință oceanică" nediferențiată, caracteristică existenței embrionare. Formele blânde de ideație sinucigașă de acest tip se manifestă ca o dorință de a nu mai exista sau de a cădea într-un somn profund, de a uita totul. Planurile și sinuciderile reale din acest grup implică folosirea unor doze mari de hipnotice sau tranchilizante, înecarea, inhalarea de monoxid de carbon sau gaz metan.

Iarna, această pulsiune inconștientă de revenire în uter poate lua forma unei plimbări în natură, în timpul căreia subiectul se culcă sau este acoperit de zăpadă. Fantezia din spatele acestei situații este că disconfortul inițial provocat de îngheț dispare și este înlocuit de senzații de confort și căldură, ca starea dintr-un uter bun. Sinuciderea prin tăierea venelor într-o cadă plină cu apă caldă intră tot în această categorie. Folosirea acestui mijloc de a pune capăt vieții era la modă în Roma antică și a fost o metodă folosită de bărbați iluștri, precum Petronius și Seneca. Această formă de sinucidere poate părea, la prima vedere, diferită de celelalte din această categorie, deoarece implică sânge. Totuși, accentul psihologic este pus pe dizolvarea granițelor și fuziunea cu mediul acvatic, nu pe agresarea corpului.

Sinuciderea de tip II, sau *violentă*, urmează inconștient tiparul trăit în timpul nașterii biologice. Este strâns legat de depresia agitată și MPF III. Pentru persoana aflată sub influența acestei matrice, regresia la starea oceanică din uter nu este o opțiune posibilă, deoarece ar însemna trecerea prin starea diabolică fără ieșire din MPF II. Acest lucru ar fi mult mai rău din punct de vedere psihologic decât MPF III, deoarece implică sentimentul de disperare totală și lipsă de speranță.

Totuși, este disponibilă o cale psihologică de eliberare – amintirea faptului că odată o stare similară s-a încheiat prin exploziva eliberare din momentul nașterii biologice. Pentru a înțelege această formă de sinucidere, este important să realizăm că în timpul nașterii noastre biologice ne-am născut anatomic, dar nu am integrat emoțional și fizic acest eveniment copleșitor. Persoana care intenționează o sinucidere violentă își folosește amintirea nașterii biologice ca rețetă de a face față celei de „a doua nașteri", revenirea emoțiilor și senzațiilor fizice neasimilate pentru procesarea conștientă.

Ca și în cazul sinuciderii nonviolente, persoanele implicate în acest proces nu au de obicei acces experiențial la nivelul perinatal al inconștientului. Nu știu că strategia ideală în situația lor ar fi să completeze procesul în interior – retrăirea amintirii nașterii și conectarea experiențială cu situația postnatală. Nefiind conștienți de această opțiune, ei exteriorizează procesul și tind să transpună în fapt, în lumea exterioară, o situație care implică aceleași elemente și are componente experiențiale similare. Strategia de bază a sinuciderii violente urmează tiparul trăit la naștere – intensificarea tensiunii și suferinței emoționale până la un punct critic și ajungerea la o rezolvare explozivă printre diferite forme de material biologic.

Această descriere este valabilă atât pentru nașterea biologică, cât și pentru sinuciderea violentă. Ambele implică încheierea bruscă a tensiunii fizice și emoționale excesive, descărcarea instantanee a enormelor energii distructive și autodistructive, extinse distrugeri de țesuturi și prezența materialului organic – sânge, materii fecale și măruntaie. Juxtapunerea fotografiilor care înfățișează nașterea biologică cu cele care înfățișează victimele sinuciderii violente demonstrează clar paralela formală dintre cele două situații. Astfel, este ușor pentru inconștient să le confunde. Conexiunea între tipul de traumă a nașterii și alegerea sinuciderii a fost confirmată de cercetarea clinică (Jacobson și al., 1987).

Fanteziile și actele sinucigașe care aparțin acestei categorii implică moartea sub roțile trenului, în turbina unei centrale hidroelectrice, sau în accidentele de mașină. Exemple suplimentare includ tăierea gâtului, împușcarea în cap, autoînjunghierea cu un cuțit sau aruncarea de la fereastră sau de pe o stâncă. Sinuciderea prin spânzurare pare să aparțină unei faze mai timpurii a MPF III, caracterizată de senzații de strangulare, sufocare și excitare sexuală puternică. În categoria sinuciderii violente intră și unele forme cultural determinate de sinucidere precum harakiri, kamikaze și amokul.

Ultimele trei au fost în trecut forme exotice de comportament sinucigaș care au avut loc exclusiv în culturile orientale. În ultimele decenii, episoade similare cu amokul, cum ar fi uciderea fără discriminare și finalizate cu moartea agresorului, au devenit din ce în ce mai frecvente în SUA și alte țări occidentale. Un aspect destul de îngrijorător al acestor episoade a fost incidența lor crescândă printre adolescenți și chiar la școlari. Comportamentul de tip kamikaze a fost observat repetat în țările arabe din Orientul Mijlociu ca formă de sabotaj.

Lucrul cu stările holotropice a oferit și informații fascinante în problema curioasă a alegerii unui anumit tip sau forme specifice de sinucidere care a fost prost înțeleasă în trecut. Sinuciderea nonviolentă reflectă o tendință generală de a reduce intensitatea stimulilor emoționali și fizici dureroși. Alegerea mijloacelor specifice pentru acest tip de sinucidere pare determinată de elemente biografice sau transpersonale. Sinuciderea violentă implică un mecanism complet diferit. Aici am remarcat de mai multe ori că persoanele care intenționau o anumită formă de sinucidere deseori trăiau în viața de zi cu zi emoții și senzații fizice care aveau să fie implicate în transpunerea în act. Lucrul experiențial intensifică de obicei aceste sentimente și senzații, și le aduce la o rezolvare bruscă.

Astfel, persoanele ale căror fantezii și tendințe distructive se concentrează asupra trenurilor sau turbinelor hidroelectrice suferă deja de senzația intensă că sunt strivite sau rupte în bucăți. Cei care au o tendință de a se tăia și înjunghia se plâng deseori de dureri insuportabile exact în acele zone ale corpului pe care intenționează să le rănească sau simt dureri în locurile respective în timpul psihoterapiei experiențiale. Similar, tendința de a se spânzura se bazează pe senzații intense de strangulare sau înecare preexistente. Atât durerile, cât și senzația de înecare sunt ușor de recunoscut ca elemente ale MPF III. Dacă intensificarea simptomelor ar avea loc într-o situație terapeutică și cu îndrumare adecvată, ar putea duce la rezolvarea acestor senzații inconfortabile și ar avea rezultate terapeutice. Tendințele autodistructive de mai sus pot fi considerate astfel eforturi inconștiente, prost conduse și trunchiate de autovindecare.

Mecanismul sinuciderii violente presupune o amintire relativ clară a tranziției bruște de la chinul din canalul nașterii la lumea exterioară și la eliberarea explozivă care urmează. Dacă această tranziție a fost tulburată de o anestezie puternică, persoana va fi programată pentru viitor, aproape la nivel celular, să scape de stresul și disconfortul grav drogându-se. Aceasta ar crea o predispoziție spre alcoolism și abuz de droguri la o persoană altfel dominată de MPF III. În cazuri extreme, ar putea duce la sinuciderea cu medicamente. În cercetarea cazurilor individuale de comportament sinucigaș, examinarea detaliată a procesului nașterii trebuie completată cu analiza biografică, deoarece evenimentele postnatale pot codetermina și colora semnificativ tiparul sinuciderii.

Când persoanele cu intenții sinucigașe intră în terapia psihedelică sau holotropică și încheie procesul de moarte-renaștere, ele consideră retrospectiv sinuciderea ca pe o greșeală tragică din cauza lipsei autoînțelegerii. Omul obișnuit nu știe că se poate trăi în siguranță experiența eliberării de insuportabila tensiune fizică și emoțională printr-o moarte și o renaștere simbolică sau prin reconectarea cu starea de existență prenatală. Prin urmare, el poate fi împins de intensitatea disconfortului și suferinței să caute în lumea materială o situație care implică elemente similare. Rezultatul extrem este deseori tragic și ireversibil.

Analiza sinuciderii nu ar fi completă dacă nu am menționa relația dintre comportamentul autodistructiv și transcendență. După cum am văzut mai devreme, experiențele MPF I și MPF IV nu reprezintă numai regresia la stările biologice simbiotice, ci au și dimensiuni spirituale foarte distincte. Pentru MPF I este experiența extazului oceanic și a uniunii cosmice, pentru MPF IV cea a renașterii psiho-spirituale și a divinei epifanii. Din această perspectivă, tendințele sinucigașe ale ambelor tipuri par intense impulsuri distorsionate și nerecunoscute ale nevoii de transcendență. Ele reprezintă o confuzie fundamentală între suicid și egocid. Cel mai bun remediu pentru tendințele autodistructive și impulsul sinucigaș este atunci trăirea morții eului, a renașterii și a sentimentelor de unitate cosmică generate de ele.

Impulsurile agresive și autodistructive nu sunt doar consumate în procesul morții și renașterii psiho-spirituale, ci persoana se conectează experiențial la contextul transpersonal în care sinuciderea nu mai pare o soluție. Acest sentiment al inutilității sinuciderii este asociat cu ideea că transformările conștiinței și ciclurile morții și renașterii vor continua și după propria moarte biologică. Mai concret, asta rezultă din recunoașterea imposibilității de a scăpa de tiparele karmice personale.

Alcoolismul și dependența de droguri

Observațiile din stările holotropice sunt în general în acord cu teoria psihanalitică ce susține că alcoolismul și dependența de narcotice sunt privite ca strâns legate de tulburările maniaco-depresive și sinucidere. Însă diferă considerabil de psihanaliză în privința naturii mecanismelor psihologice implicate și nivelul psihicului la care acestea operează. Ca și indivizii sinucigași, dependenții trăiesc o mare suferință emoțională – depresie, tensiune generală, anxietate, vinovăție, o stimă de sine redusă și au o nevoie acută de a scăpa de aceste sentimente insuportabile. Am văzut mai devreme că psihologia depresiei și sinuciderii nu poate fi corespunzător explicată de fixația orală, care este interpretarea oferită de psihanaliza freudiană. Același lucru este cu certitudine adevărat pentru alcoolism și dependența de droguri.

Caracteristica fundamentală a alcoolicilor și a dependenților și cauza cea mai profundă pentru consumul de narcotice nu este numai nevoia de a regresa la sânul matern, ci și o dorință mult mai profundă de a retrăi unitatea extatică nediferențiată a vieții intrauterine netulburate. Așa cum am văzut mai devreme, experiențele regresive ale ambelor stări simbiotice au dimensiuni numinoase intrinseci. Cea mai puternică forță care stă la baza alcoolismului și dependenței este astfel o nevoie prost orientată și nerecunoscută de transcendere. Ca și sinuciderea, aceste tulburări implică o tragică eroare bazată pe înțelegerea inadecvată a dinamicii inconștientului propriu.

În cercetarea noastră psihedelică și holotropică, alcoolici și dependenții de droguri care au avut ocazia și norocul de a atinge prin experiență pozitivă MPF IV sau MPF I ne-au spus în repetate rânduri că acestea erau stările pe care le doreau, și nu intoxicația alcoolică sau narcotică. Dar până să trăiască satisfacția prenatală și perinatală, ei n-au știut cu adevărat ce căutau și dorința lor avea o formă foarte vagă.

Consumul excesiv de alcool sau narcotice pare să fie o reproducere la scară redusă a comportamentului sinucigaș. Alcoolismul și dependența de droguri au fost frecvent descrise ca forme prelungite și lente de sinucidere. Mecanismul principal caracteristic pentru aceste două grupuri de pacienți este același ca și pentru sinuciderea nonviolentă și reflectă o nevoie inconștientă de a parcurge în sens invers procesul nașterii și de a reveni în uter, la starea de dinaintea declanșării nașterii. Alcoolul și narcoticele tind să inhibe diferitele emoții și senzații dureroase pentru a produce o stare de difuză conștiență și indiferență față de propriile probleme trecute și prezente. Această stare seamănă superficial cu experiența unității cosmice și conștiința fetală.

Totuși, asemănarea nu înseamnă identicitate și există diferențe fundamentale între intoxicația alcoolică și narcotică și stările transcendentale. Alcoolul și narcoticele amețesc simțurile, învăluie conștiința, perturbă funcțiile intelectuale și produc anestezie emoțională. Stările transcendentale sunt caracterizate de o amplificare a percepției senzoriale, liniștii, clarității gândirii, abundenței intuițiilor filozofice și spirituale și o neobișnuită bogăție a emoțiilor. În ciuda unor trăsături comune, intoxicația cu alcool și medicamente puternice reprezintă doar o caricatură demnă de milă a stării mistice. Totuși, similitudinea, oricât de precară, pare suficientă pentru a-i seduce pe dependenți și a determina un comportament autodistructiv.

Tendința de a scăpa de emoțiile dureroase asociate cu MPF II și sistemele COEX corespondente prin încercarea de a recrea situația din uter pare să fie mecanismul psihodinamic cel mai des întâlnit în alcoolism și abuzul de droguri. Totuși, am lucrat și cu alcoolici și dependenți ale căror simptome indicau faptul că se află sub influența MPF III și căutau totuși o soluție farmacologică pentru problemele lor. Evident, aceste cazuri implicau un mecanism alternativ și necesitau o explicație diferită. Toate aceste persoane s-au născut sub anestezie puternică și multe dintre ele avuseseră independent viziuni convingătoare care legau acest fapt de dependența lor.

Explicația este foarte logică. Nașterea este prima provocare importantă cu care ne confruntăm și prima situație foarte stresantă și dureroasă. O excepție posibilă de la această regulă ar putea fi situațiile în care crizele severe au avut loc deja în timpul existenței embrionare. Extraordinara influență a evenimentelor din pruncie asupra comportamentului ulterior a fost dovedită în repetate rânduri în timpul unor experimente făcute de etologi — cercetători ai comportamentului animal instinctual — și este cunoscută ca „amprentare" (Lorenz, 1963; Tinbergen, 1965).

Natura nașterii și felul în care a fost condusă are un puternic impact asupra vieții. Când nașterea are o durată și o gravitate medie și venim pe lume după ce am parcurs-o cu succes, ne lasă un sentiment de optimism și încredere în fața obstacolelor pe care le întâlnim ulterior. O naștere lungă, care slăbește organismul, creează în noi un sentiment de pesimism și înfrângere. Ea lasă impresia că lumea este prea dificilă pentru a-i face față cu succes și că noi suntem neajutorați și incapabili.

Dacă durerea și disconfortul asociate cu nașterea sunt ușurate sau eliminate de anestezie, în psihicul nostru rămâne o amprentă profundă și convingătoare ce ne comunică faptul că putem face față dificultăților vieții drogându-ne. Poate că nu e doar o coincidență faptul că epidemia abuzului de droguri din zilele noastre implică persoane care s-au născut în perioada când obstetricienii au început să folosească anestezia la naștere în mod curent, de multe ori împotriva dorinței mamelor. După fondarea Asociației de Psihologie Prenatală și Perinatală, o disciplină care aplică descoperirile terapiilor experiențiale și ale cercetărilor fetale în practica nașterii, obstetricienii sunt din ce în ce mai conștienți de faptul că nașterea implică mai mult decât mecanica trupului.

Felul în care sunt conduse nașterea și perioada postnatală are o influență profundă asupra vieții emoționale și sociale a individului și importante implicații pentru viitorul societății noastre. El este baza unei relații altruiste și iubitoare cu semenii sau, dimpotrivă, a unei atitudini agresive și neîncrezătoare față de societate (Odent, 1995). Poate fi și un factor critic, care să hotărască dacă individul va fi capabil să facă față constructiv vicisitudinilor vieții sau dacă va fi înclinat să fugă de provocările existenței, optând pentru alcool sau narcotice.

Faptul că alcoolismul și narcoticele reprezintă o căutare greșit gestionată a transcendenței ne ajută să înțelegem efectul de vindecare și transformare al crizelor profunde, cunoscute drept „atingerea pragului de jos". În multe cazuri, atingerea unei stări de total faliment emoțional și anihilare devine un punct de cotitură în viața alcoolicului sau a dependentului de droguri. În contextul discuției noastre, acest lucru ar însemna că persoana a trăit moartea eului în tranziția de la MPF III la MPF IV. În acest punct, alcoolul sau narcoticele nu mai sunt capabile să-l protejeze de atacul materialului inconștient profund. Erupția dinamicii perinatale duce atunci la o experiență psihosomatică de moarte-renaștere, care reprezintă adesea un punct de cotitură pozitiv în viața alcoolicului sau a dependentului. Implicațiile acestei observații pentru terapie vor fi discutate mai târziu.

Ca toate problemele emoționale, alcoolismul și dependența au nu numai rădăcini biografice și perinatale, ci și transpersonale. Cele mai importante sunt influențele din domeniul arhetipal. Acest aspect al dependenței a fost explorat mai ales de către terapeuții de orientare jungiană. Printre arhetipurile care prezintă legături puternice cu dependența, *puer aeternus* (cu varietățile Icar și Dionysos), pare să joace un rol deosebit (Lavin, 1987). Multe persoane cu care am lucrat au descoperit și material karmic cu rol important în dependența lor.

Tulburări și devianțe sexuale

În psihanaliza clasică, interpretarea problemelor sexuale se bazează pe mai multe concepte fundamentale formulate de Freud. Primul este noțiunea de *sexualitate infantilă*. Una dintre pietrele de temelie ale teoriei psihanalitice este aceea că sexualitatea nu se manifestă la pubertate, ci încă din copilărie. Pe măsură ce libidoul se dezvoltă prin diferite stadii evolutive – oral, anal, uretral și falic – frustrarea sau indulgența excesivă în oricare dintre ele poate duce la fixație. În sexualitatea matură, accentul principal este genital, iar componentele pregenitale joacă un rol secundar, mai mult ca parte a preludiului. Stresul psihologic din viața ulterioară poate produce o regresie către un stadiu anterior de dezvoltare a libidoului în care s-a produs fixația. În funcție de puterea mecanismelor de apărare care se opun acestor impulsuri, poate da naștere la perversiuni sau psihonevroze (Freud, 1953).

Un alt concept important în abordarea psihanalitică a problemelor sexuale este *complexul de castrare*. Freud considera că ambele sexe atribuie o valoare deosebită penisului și afirma că acest lucru este o problemă de importanță capitală pentru psihologie. În opinia lui, băieții trăiesc teama excesivă că și-ar putea pierde acest organ extrem de valoros. Fetele cred că au avut un penis și l-au pierdut, ceea ce le face mai înclinate spre masochism și vinovăție. Criticii lui Freud au arătat în mod repetat că aceste puncte de vedere reprezintă o serioasă distorsiune și o neînțelegere a sexualității feminine, deoarece descrie femeile ca pe niște bărbați castrați.

Discuția perspectivei freudiene asupra sexualității nu ar fi completă fără a menționa un alt concept important, faimosul său *vagina dentata*, observația că în general copiii văd organul genital feminin ca pe un organ periculos, echipat cu dinți, unul care poate omorî sau castra. Împreună cu complexele Oedip și Electra și cu complexul de castrare, fantezia organului genital feminin periculos joacă un rol crucial în interpretarea psihanalitică a deviațiilor sexuale și psihonevrozei.

Freud a sugerat două motive pentru care imaginea organelor genitale feminine poate trezi anxietate la băieți. În primul rând, recunoașterea faptului că există persoane fără penis duce la concluzia că oricine poate ajunge așa, ceea ce împrumută putere temerilor de castrare. În al doilea rând, percepția organului genital feminin ca instrument castrator capabil să muște se datorează asocierii cu vechile anxietăți ale sexului oral (Fenichel, 1945). Niciunul dintre aceste două motive nu este deosebit de convingător sau de riguros.

Observațiile din stările holotropice extind radical și aprofundează perspectiva freudiană asupra sexualității, adăugând la inconștientul individual domeniul perinatal. Ele sugerează că nu trăim primele senzații sexuale la sân, ci încă din canalul nașterii. Așa cum am discutat mai devreme, sufocarea și agonia din timpul MPF III par să genereze o excitare sexuală de intensitate extremă. Asta înseamnă că prima noastră întâlnire cu senzațiile sexuale are loc în circumstanțe foarte precare.

Nașterea este o împrejurare în care viața noastră este amenințată, trăim sufocarea și alte forme de extrem disconfort fizic și emoțional. Producem durere unui alt organism și un alt organism ne produce durere. În plus, suntem în contact cu diferite forme de material biologic – sânge, secreții vaginale, lichid amniotic și poate chiar materii fecale și urină. Răspunsul tipic la situația dificilă este un amestec de anxietate și furie. Aceste asocieri problematice formează o bază naturală pentru înțelegerea disfuncțiilor sexuale, deviațiilor și perversiunilor fundamentale.

Recunoașterea influenței profunde a dinamicii perinatale asupra sexualității clarifică și unele probleme teoretice asociate cu teoria lui Freud despre complexul de castrare. Mai multe caracteristici importante ale acestui complex nu au sens atât timp cât le asociem penisului. Din perspectiva freudiană, intensitatea temerilor de castrare e atât de mare, încât egalează frica de moarte. El vedea castrarea ca echivalentă psihologic cu pierderea unei importante relații umane și sugera că ar putea fi activată de o astfel de pierdere. Printre asociațiile libere ce apar deseori în legătură cu complexul de castrare se numără și cele legate de situații ce implică sufocarea și pierderea suflului. Așa cum am menționat mai devreme, complexul de castrare este prezent și la bărbați și la femei.

Niciuna dintre conexiunile de mai sus nu poate fi explicată adecvat dacă complexul de castrare reflectă numai grijile legate de pierderea penisului. Observațiile din stările holotropice arată că experiențele pe care Freud le considera sursa complexului de castrare reprezintă, de fapt, numai stratul superficial al sistemului COEX, suprapus amintirii traumatice a tăierii cordonului ombilical. Toate inadvertențele pe care le-am discutat mai devreme dispar când ne dăm seama că multe caracteristici misterioase ale complexului freudian de castrare se referă la separarea de mamă în momentul tăierii cordonului ombilical, și nu la pierderea penisului.

Spre deosebire de glumețele amenințări verbale cu castrarea venite din partea adulților, fantezii spontane legate de castrare și chiar intervenții chirurgicale asupra penisului, precum circumcizia sau corectarea adeziunii prepuțiului (*fimoza*), tăierea cordonului ombilical este asociată cu o împrejurare potențial periculoasă pentru viață. Deoarece taie conexiunea vitală cu organismul matern, reprezintă prototipul pierderii unei relații importante. Asocierea dintre tăierea cordonului ombilical și sufocare este și plină de sens, deoarece cordonul ombilical este sursa de oxigen pentru fetus. Și, nu în ultimul rând, este o experiență împărtășită de ambele sexe.

Similar, imaginea vaginului cu dinți („vagina dentata") pe care Freud a considerat-o o fantezie infantilă primitivă apare într-o lumină nouă o dată ce acceptăm că nou-născutul e o ființă conștientă sau că trauma nașterii este înregistrată în memorie. În loc să fie o invenție absurdă și ilogică a psihicului imatur al unui copil, imaginea vaginului ca organ periculos reflectă corect pericolele asociate cu organele genitale feminine într-o anumită situație – mai exact, în timpul nașterii. Departe de a fi o simplă fantezie fără nicio bază reală, ea reprezintă o generalizare a unei experiențe periculoase la alte contexte în care nu este potrivită.

Legătura dintre sexualitate și trauma potențial periculoasă pentru viață creează o dispoziție generală către tulburări sexuale de diferite feluri. Când aceste elemente perinatale sunt întărite de traumele postnatale din pruncie și copilărie, se dezvoltă tulburări specifice. Așa cum se întâmplă cu tulburările emoționale și psihosomatice în general, experiențele traumatice pe care psihanaliștii le consideră cauze primare ale acestor probleme întăresc anumite aspecte ale traumei nașterii și facilitează revenirea lor în conștiință. Ca și alte tulburări psihogene, problemele sexuale au rădăcini mai adânci în domeniul transpersonal ce le leagă de diferite elemente karmice, arhetipale și filogenetice. După această introducere generală, voi trece pe scurt în revistă observațiile din stările holotropice asupra diferitelor forme specifice ale experienței și comportamentului sexual uman.

Homosexualitatea are multe tipuri și subtipuri și, fără îndoială, mulți factori determinanți. În primele stadii ale dezvoltării, embrionul uman este anatomic și fiziologic bisexual. Experimentele homoerotice în adolescență sunt foarte frecvente, chiar și pentru cei care la maturitate devin heterosexuali. În situații în care alegerea heterosexuală este imposibilă, ca închisorile, serviciul militar îndelungat sau perioadele lungi pe mare, nu este neobișnuit pentru persoanele heterosexuale să recurgă la activități homosexuale. Unele triburi americane recunosc și respectă nu două sau patru, ci șase sexe (Tafoia, 1994).

Preferința și comportamentul sexual pot fi influențate de predispoziții genetice și hormoni, dar și de factori culturali, sociali și psihologici. Cercetările care folosesc stări holotropice oferă acces la dinamica inconștientă profundă și observații psihologice interesante care nu pot fi obținute în alt mod. Aceste date relevă existența determinanților perinatali și transpersonali în comportamentul sexual, furnizând astfel o piesă importantă în mozaicul complex al cunoștințelor noastre despre preferințele sexuale, acumulate deja de diferite alte discipline. Analiza ce urmează trebuie privită din această perspectivă.

Experiența mea clinică cu homosexualitatea era destul de părtinitoare, fiind limitată la persoane care veneau la tratament deoarece își considerau homosexualitatea o problemă și aveau conflicte serioase din cauza ei. Pacienții mei homosexuali aveau de obicei și alte manifestări clinice – depresie, tendințe suicidare, simptome nevrotice sau manifestări psihosomatice. Aceste considerații sunt importante în formularea unor concluzii generale pe baza observațiilor mele.

În plus, am avut ocazia să conduc ședințe psihedelice și holotropice cu lesbiene și homosexuali care au participat la programul nostru psihedelic pentru profesioniști și la formarea în tehnica de respirație holotropică. Motivația lor principală nu era terapia, ci formarea profesională și dezvoltarea personală. Pentru mulți dintre ei homosexualitatea era în mod clar o preferință și erau mulțumiți de modul lor de viață. Problema principală era conflictul cu societatea intolerantă, nu o luptă sau un conflict interior.

Majoritatea subiecților homosexuali cu care am lucrat erau capabili să stabilească relații sociale cu femeile, dar erau incapabili să relaționeze sexual cu ele. Deseori recurgeau la activități homosexuale după repetate experiențe frustrante cu femei. În timpul tratamentului, această problemă a putut fi urmărită până la temerile freudiene de castrare și *vagina dentata*. Cum am discutat deja, aceste concepte trebuie radical reinterpretate și să primească un sens perinatal și transpersonal.

Unii pacienți și-au trasat predispoziția către rolul homosexual pasiv până la identificarea profundă inconștientă cu mama care năștea. Aceasta implică o anumită combinație de senzații caracteristice MPF III – senzația de obiect biologic în propriul corp, un amestec de plăcere și durere, o combinație între excitare sexuală cu presiune anală. Ei și-au dat seama că aceasta era experiența pe care o căutau în actul homosexual. Faptul că actul sexual anal tinde să aibă componente puternic sado-masochiste sugerează conexiunea dintre această formă de homosexualitate masculină și dinamica MPF III.

La un nivel mai superficial, apăreau factori biografici ce păreau să fi contribuit la opțiunea pacienților mei. Deosebit de frecventă era fie absența figurii paterne, fie distanța emoțională față de aceasta și dorința profundă de a avea parte de afecțiunea unui bărbat. La un bărbat adult, o nevoie puternică de a avea o relație intimă, afectuoasă, de iubire cu un altul nu poate fi satisfăcută decât printr-o relație homosexuală. Un alt factor comun era puternica fixație asupra mamei, fixație asociată cu probleme de limitare și cu tabuul incestului.

Cum am menționat deja, unii homosexuali care au luat parte la programul nostru de formare în terapia LSD și la programul de respirație holotropică nu erau în conflict interior cu privire la orientarea lor sexuală. În ședințe, ei și-au urmărit orientarea sexuală până la surse transpersonale. Pentru unii, era vorba despre influența unei anumite figuri arhetipale, cum ar fi o formă specific culturală de *puer aeternus*. Alții și-au trasat preferința până la o experiență dintr-o viață anterioară ca o persoană de sex opus sau ca un individ dintr-o cultură care accepta sau chiar admira homosexualitatea; de exemplu, Grecia antică. Câțiva și-au înțeles și acceptat orientarea ca pe un experiment al conștiinței cosmice, o variație în cadrul proiectului universal reflectând curiozitatea principiului creativ.

Comentariile mele cu privire la *orientarea lesbiană* trebuie prezentate cu aceleași rezerve ca și cele care vizează homosexualitatea masculină, deoarece eșantionul meu a fost atât redus numeric, cât și afectat de variabile incontrolabile. Un factor decisiv pentru pacientele mele lesbiene a fost categoric dorința nesatisfăcută de contact intim cu corpul feminin, reflectând o perioadă de privare emoțională în copilărie. Dacă nevoile de apropiere nu sunt satisfăcute în copilărie, ele tind să persiste toată viața. La maturitate, singurul mod de a rezolva această dorință nesatisfăcută este în contextul nonsexual al terapiei regresive. Alternativa – a da acestei dorinței intense o expresie în viața cotidiană – conduce în mod natural la lesbianism.

O altă componentă importantă a orientării lesbiene pare să fie tendința de revenire la amintirea momentului expulzării la naștere, care s-a produs în strâns contact cu organele genitale feminine. Acest lucru ar fi în esență similar cu psihodinamica preferinței heterosexuale masculine pentru practicile oral-genitale. Un element perinatal suplimentar legat de amintirea nașterii este teama de a fi dominată, depășită ca forță și violată, ceea ce e mai probabil să se întâmple cu un partener de sex masculin. Foarte des, experiențele negative cu o figură paternă în copilărie sunt factori care contribuie la căutarea femeilor și evitarea bărbaților.

În general, lesbianismul pare să fie mai puțin conectat la matricele perinatale negative și la probleme de viață și moarte decât homosexualitatea. Tendințele de lesbianism reflectă o componentă perinatală pozitivă a atracției față de organismul matern (MPF I și IV), în vreme ce homosexualitatea este asociată cu amintirea *vaginei dentata* care amenința viața. Contactul erotic între femei pare de asemenea mai natural, deoarece contactul intim cu corpul feminin este un lucru trăit de ambele sexe la începutul vieții. Toleranța mai mare a societății față de lesbianism comparativ cu homosexualitatea pare să confirme această perspectivă. Ca și homosexualii, unele lesbiene manifestă o preferință fără echivoc față de persoane de același sex și nu par să aibă conflicte interioare în legătură cu acest lucru. Aici factorii determinanți par să fie de natură biologică sau transpersonală.

Disfuncția erectilă (impotența), incapacitatea de a dezvolta sau menține o erecție, și *incompetența orgasmică (frigiditatea)*, incapacitatea de a ajunge la orgasm, au o bază psihodinamică similară. Abordarea convențională a acestor probleme consideră impotența o expresie a slăbiciunii sexuale, o lipsă de forță sau masculinitate. Incompetența orgasmică la femeie, după cum arată și vechiul său nume „frigiditate", este de obicei interpretată ca răceală sexuală și lipsă de reacție erotică. Din experiența mea, situația pare să fie exact invers; în ambele cazuri problema este excesul de energie sexuală perinatală.

Persoanele care suferă de aceste tulburări se află sub o puternică influență a aspectului sexual al MPF III, ceea ce face imposibilă pentru ei trăirea excitației sexuale fără activarea simultană a tuturor celorlalte elemente ale acestei matrice. Intensitatea energiei, impulsurile agresive, anxietatea vitală, teama de a pierde controlul asociate cu MPF III inhibă actul sexual. În ambele cazuri, problemele sexuale sunt legate de sistemele COEX care, în afara acestei componente perinatale, au și niveluri biografice și rădăcini transpersonale – amintiri individuale și karmice ale unor abuzuri sexuale, violuri, asocieri ale sexului cu durerea sau pericolul și teme similare.

Suportul empiric pentru amestecul dinamicilor perinatale în „impotență" și „frigiditate" vine din psihoterapia experiențială. Când creăm o situație nonsexuală în care elemente din MPF III pot fi aduse în conștiință și energia asociată cu ele este descărcată, impotența poate fi temporar înlocuită de o tulburare numită *satiriazis* – un apetit și o pulsiune sexuală excesive. Acest lucru apare datorită faptului că s-a stabilit o conexiune între penis și energia sexuală generată de trauma nașterii. De data aceasta, în actul sexual este folosită această energie perinatală, și nu libidoul obișnuit.

Din pricina cantității excesive de energie disponibilă la nivelul perinatal, situația poate duce la un apetit și o performanță sexuală imense. Bărbații care anterior nu puteau să-și păstreze erecția sunt acum capabili de acte sexuale de mai multe ori pe noapte. Descărcarea nu e de obicei pe deplin satisfăcătoare și imediat ce ating orgasmul și ejaculează, energia sexuală începe să se acumuleze din nou. Pentru a aduce această energie la un nivel la care poate fi cu ușurință controlată într-o situație sexuală este necesar un efort experiențial nonsexual.

În mod similar, femei care până acum nu erau capabile să se relaxeze și să atingă orgasmul pot deveni orgasmice când descarcă într-o situație nonsexuală o parte din energia excesivă asociată cu MPF III. Când se întâmplă acest lucru, orgasmele inițiale tind să devină copleșitoare. Ele sunt deseori însoțite de țipete involuntare intense și urmate de mai multe minute de tremurături violente. Poate apărea și o tendință de pierdere a controlului și de zgâriere sau producere de vânătăi partenerului. În aceste situații, nu e neobișnuit ca femeia să trăiască orgasme multiple. Eliberarea inițială poate duce la o amplificare atât de mare a apetitului sexual, încât să pară insațiabil. Astfel putem vedea o transformare temporară a frigidității într-o stare cunoscută sub numele de *nimfomanie*. Din nou, ca și în cazul bărbaților impotenți, este necesar lucrul interior într-o situație nonsexuală pentru a aduce energia la un nivel la care să poată fi confortabil gestionată într-un context sexual.

Înțelegerea dimensiunilor perinatale ale sexualității aruncă o lumină nouă și interesantă asupra *sado-masochismului*, tulburare care a constituit o dificultate teribilă pentru speculațiile teoretice ale lui Freud. El s-a luptat cu această problemă până la sfârșitul vieții și nu a găsit o soluție satisfăcătoare. Căutarea activă a durerii la persoanele sado-masochiste contrazicea unul dintre reperele fundamentale ale primului model freudian, „principiul plăcerii". Conform acestui concept, motivația fundamentală a psihicului era căutarea plăcerii și evitarea disconfortului. Freud a fost nedumerit și de strania fuziune a două instincte fundamentale, sexualitatea și agresivitatea, care e trăsătura esențială a sado-masochismului.

Existența sado-masochismului și a altor tulburări „dincolo de principiul plăcerii" l-a forțat pe Freud să-și abandoneze teoriile inițiale și să creeze un sistem cu totul nou pentru psihanaliză, care să includă și controversatul Thanatos sau instinctul morții (Freud, 1955, 1964). Deși nu a făcut niciodată legătura între moarte și naștere, aceste speculații târzii reflectă clar intuiția lui că sado-masochismul se află la granița dintre viață și moarte. Ele reflectă și credința lui Freud că o teorie psihologică viabilă trebuie să încorporeze problema morții. Categoric, gândirea sa în această direcție era cu mult înaintea celei a adepților săi; unii dintre ei au formulat teorii ale sado-masochismului care se concentrau asupra situațiilor biografice relativ obișnuite. Teoria lui Kucera (1959), care asociază sado-masochismul cu experiența înțărcatului, când eforturile active ale copilului de a mușca devin dureroase, este un exemplu. Explicațiile de acest tip nici măcar nu pot reda profunzimea impulsurilor sado-masochiste.

Sado-masochismul și sindromul sclaviei pot fi înțelese din legăturile care există în contextul MPF III între excitarea sexuală, izolarea fizică, durere și sufocare. Aceasta explică fuziunea dintre sexualitate și agresiune, ca și legătura dintre sexualitate și durerea trăită sau produsă altuia ce caracterizează aceste două stări. Persoanele care simt nevoia să combine sexul cu elemente ca restricționarea fizică, dominarea și supunerea, impunerea și trăirea durerii, strangularea sau sufocarea repetă pur și simplu o combinație de senzații și emoții trăite în timpul nașterii. Ținta primară a acestor activități este perinatală, nu sexuală. Experiențele și viziunile sado-masochiste sunt o apariție frecventă în ședințele dominate de MPF III.

Nevoia de a crea o situație sado-masochistă și de a exterioriza complexul experiențial menționat anterior nu e doar un comportament simptomatic, ci și o încercare trunchiată a psihicului de a elimina și integra amprenta simptomatică originară. Motivul pentru care acest efort nu are succes și nu duce la autovindecare este faptul că nu coboară destul de adânc în inconștient și îi lipsește elementul introspecției, intuiția și înțelegerea naturii procesului. Complexul experiențial e trăit fără recunoașterea și conștientizarea surselor sale inconștiente.

Același lucru este valabil pentru *coprofilie, coprofagie și urolanie*, deviații sexuale caracterizate de o puternică nevoie de a introduce în actul sexual fecale și urină. Persoanele care manifestă aceste deviații caută contactul intim cu materiile biologice considerate de obicei respingătoare, se simt excitate sexual de ele și tind să le încorporeze în viața lor sexuală. La limită, activități ca urinarea și defecarea asupra partenerului, murdărirea cu fecale, ingerarea de excremente sau băutul urinei pot fi o condiție necesară pentru atingerea satisfacției sexuale.

O combinație între excitare sexuală și elemente scatologice este o experiență comună în stadiile finale procesului moarte-renaștere. Aceasta pare să reflecte faptul că în nașterile în care nu se folosește cateterizare sau clismă, mulții copii trăiesc contactul intim nu numai cu sângele, mucusul și lichidul amniotic, ci și cu fecalele și urina. Baza naturală a acestei devieri aparent extreme și bizare este contactul oral cu fecalele și urina în momentul când, după multe ore de agonie și amenințări ale vieții, capul este eliberat din puternica strânsoare a canalului nașterii. Contactul intim cu aceste materii devine astfel simbolul unei descărcări orgasmice totale, ca și condiția sa necesară.

Conform literaturii psihanalitice, bebelușul – din pricina naturii sale esențial animalice – este atras inițial de diferite forme de material biologic și dezvoltă abia mai târziu o aversiune față de ele, în urma măsurilor parentale și sociale represive. Observațiile din cercetarea psihedelică sugerează că nu se întâmplă neapărat așa. Atitudinea față de materialul biologic este semnificativ codeterminată de natura întâlnirii cu acest material în timpul nașterii. În funcție de circumstanțele specifice, această atitudine poate fi extrem pozitivă sau negativă.

În unele nașteri, copilul întâlnește secreții vaginale, urină sau fecale ca parte a mediului fizic și a eliberării emoționale. În altele, materialul este inhalat, obstrucționează căile respiratorii și produce o sufocare înspăimântătoare. În situațiile extreme de acest tip, viața nou-născutului trebuie salvată prin intubare și sucțiune care eliberează traheea și bronhiile. Acestea sunt două forme radical diferite de întâlnire cu materialul biologic la naștere, una pozitivă și alta terifiantă și traumatică. O situație în care respirația se declanșează prematur și materialul biologic inhalat amenință viața copilului poate genera o frică intensă și devine baza viitoarelor tulburări obsesiv-compulsive discutate anterior.

O bogată sursă în informații fascinate despre devianțele sexuale este *A Sexual Profile of Men in Power*, de Janus, Bess și Saltus (1977). Studiul lor se bazează pe câteva sute de ore de interviuri cu prostituate de înaltă clasă de pe Coasta de Est a Statelor Unite. Spre deosebire de mulți alți cercetători, autorii au fost mai puțin interesați de personalitățile prostituatelor decât de preferințele și obiceiurile clienților lor. Printre aceștia se numărau mulți reprezentanți de marcă ai politicii, afacerilor, legii și justiției americane.

Interviurile au arătat că numai o minoritate absolută dintre clienți dorea un simplu act sexual. Cei mai mulți erau interesați de diferite practici erotice deviante care puteau fi calificate drept extrem de excentrice. Foarte frecvente erau și cererile de legare, biciuire sau alte forme de tortură. Unii clienți erau dispuși să plătească sume mari pentru punerea în scenă a unor tablouri sado-masochiste complexe. Un client a cerut, de exemplu, o reprezentare realistă a unei situații în care el juca rolul unui pilot american împușcat și capturat de naziști în timpul celui deal doilea război mondial. Prostituatelor li s-a cerut să se îmbrace în femei monstruoase din Gestapo, să poarte cizme înalte și căști militare. Sarcina lor era să supună clientul la cele mai ingenioase torturi.

Printre cele mai cerute și mai bine remunerate practici erau „dușul auriu" și „dușul maro", în care partenera urina sau defeca pe client în timpul contactului sexual. Conform relatărilor prostituatelor, după ce experiența sado-masochistă și scatologică atingea punctul culminant și clienții aveau orgasm, mulți dintre acești bărbați extrem de influenți și ambițioși regresau la o stare infantilă. Doreau să fie ținuți în brațe, să sugă la sânul prostituatelor și să fie tratați ca niște bebeluși. Acest comportament contrasta puternic cu imaginea publică pe care încercau să o proiecteze în viața de zi cu zi.

Interpretările acestor descoperiri oferite în carte sunt strict biografice și de natură freudiană. Autorii asociau torturile cu pedepsele părintești, dușul auriu și maro cu probleme legate de formarea reflexului condiționat de micțiune, nevoia de a suge la sân cu nevoi de supt frustrate și fixație maternă. Totuși, analiza mai atentă arăta că s-au pus în scenă teme perinatale clasice mai degrabă decât evenimente postnatale. Combinația de limitare fizică, durere și tortură, excitație sexuală, implicații scatologice și comportament oral regresiv au rezultat în urma activării MPF III și IV.

Voi menționa pe scurt o altă ilustrare a legăturii dintre practici sexuale similare și procesele perinatale. Un prieten australian, care avea la terapie o prostituată dintr-un mare oraș și era bine informat asupra situației din lumea sexuală subterană a acestui oraș, mi-a descris care era atracția cea mai populară și mai frecvent oferită de prostituatele locale. Clientul se încuia într-o cameră cu trei adolescente, toate îmbrăcate în călugărițe. În timp ce le fugărea și le agresa sexual, ele se prefăceau că intră în panică, i se împotriveau sau se prefăceau că încearcă să scape. Toate se întâmplau în timp ce din mai multe difuzoare se auzeau cântece religioase sacre, ca Mesa Sfintei Cecilia de Gounod sau Recviemul lui Mozart. Această combinație de sex, agresivitate și elemente spirituale este tipică pentru trecerea de la MPF III la IV.

Concluziile lui Janus, Bess și Saltus merită o atenție specială. Autorii au făcut apel la publicul american să nu se aștepte ca politicienii lor sau alte persoane importante să fie modele de comportament sexual. În lumina cercetărilor lor, această așteptare ar fi extrem de nerealistă. Descoperirile lor indicau că pulsiunea sexuală excesivă și înclinația către sexualitate deviantă sunt inextricabil legate de un înalt grad de ambiție necesar în societatea de azi pentru a ajunge persoană publică de succes. Astfel, nu trebuie să fim surprinși de scandalurile din cele mai înalte cercuri sociale și politice – afacerea Profumo care a zguduit Parlamentul britanic, escapadele lui Ted Kennedy care i-au distrus șansele de candidat la președinție, măruntele greșeli ale lui John Kennedy care au amenințat securitatea națională și extravaganțele sexuale ale lui Bill Clinton care au paralizat luni de-a rândul Guvernul SUA.

Înțelegerea rădăcinilor perinatale ale comportamentului uman oferă o soluție neașteptată la vechea dispută dintre Freud și Adler, dacă pulsiunea sexuală sau dorința de putere este elementul dominant în psihicul uman. După Freud, cea mai importantă forță care ne conduce gândurile, emoțiile și comportamentul este căutarea satisfacției sexuale. Și ne dorim puterea deoarece aceasta ne face mai dezirabili și ne sporește oportunitățile în plan sexual. Pentru Adler, elementul motivator decisiv în psihic este sentimentul de inferioritate și pulsiunea de a-l supracompensa – lupta pentru putere sau „protestul masculin", cum a numit-o el. Cel mai mult ne dorim puterea și folosim sexul pentru a o obține și a ne îmbunătăți poziția în lume.

Janus, Bess și Saltus sugerează că pulsiunea sexuală puternică și ambiția nu sunt în conflict, fiind în realitate două fațete ale aceleiași monede. Această sugestie este în perfect acord cu modelul perinatal; în contextul MPF III, cele două forțe sunt inextricabil legate. După cum am văzut, sufocarea și durerea trăite în canalul nașterii pot genera o pulsiune sexuală extraordinar de intensă care caută să se descarce. Iar confruntarea cu forțele primitive ale contracțiilor uterine și cu rezistența canalului nașterii face fetusul să se simtă neputincios și neajutorat. În același timp, disconfortul extrem și pericolul de moarte la naștere mobilizează instinctul de supraviețuire și declanșează eforturi disperate pentru a face față provocării și a o depăși. Evenimente din viața postnatală alcătuiesc atunci sisteme COEX care pot întări unul dintre elementele acestei diade complementare.

Unele forme extreme ale patologiei sexuale criminale, ca *violurile, crima sadică și necrofilia*, trădează clar rădăcini perinatale. Persoanele care trăiesc aspecte sexuale ale MPF III vorbesc frecvent despre faptul că acest stadiu al nașterii are multe în comun cu violul. Această comparație pare foarte logică dacă ținem cont de unele trăsături esențiale ale experienței violului. Pentru victimă, implică un pericol grav, teama de a-și pierde viața, durere extremă, limitare fizică, lupta pentru a se elibera, sufocare și excitare sexuală impusă. La rândul ei, experiența violatorului cuprinde corespondentele active ale acestor elemente — crearea pericolului, amenințarea, producerea suferinței, limitarea, sufocarea și inducerea excitării sexuale. Experiența victimei are multe elemente comune cu cea a copilului care suferă în strânsorile canalului nașterii, în timp ce violatorul exteriorizează și transpune în act forțele contracțiilor uterine în vreme ce se răzbună pe un surogat de mamă.

Dacă amintirea MPF III este aproape de conștiință, ea poate crea o puternică presiune psihologică asupra individului, împingându-l să transpună în viață elementele ei — angajarea într-un act sexual violent consensual sau chiar atragerea inconștientă a unor situații sexuale periculoase. Acest mecanism nu se aplică tuturor victimelor agresiunilor sexuale, dar în unele cazuri poate juca un rol important. Deși vizibil autodistructiv, un asemenea comportament conține un impuls inconștient de căutare a vindecării. Experiențe similare generate chiar de psihicul subiectului în contextul terapiei experiențiale asociate cu înțelegerea surselor lor inconștiente ar duce la vindecare și transformare psiho-spirituală.

Din cauza acestei similitudini dintre experiența violului și experiența nașterii, victima violului suferă o traumă psihologică ce reflectă nu numai impactul dureros al situației recente, ci și eșecul elementelor care apără subiectul de amintirea nașterii biologice. Frecventele probleme emoționale de lungă durată, care urmează violurilor, sunt foarte probabil produse de revenirea în conștiință a emoțiilor perinatale și a manifestărilor psihosomatice. Soluția terapeutică va trebui să includă lucrul asupra traumei nașterii.

Influența celei de-a treia matrice perinatale este chiar mai evidentă în cazul *crimelor sadice*, strâns legate de violuri. Pe lângă o descărcare combinată a impulsurilor sexuale și agresive, aceste acte implică și elemente ca moartea, mutilarea, tăierea membrelor și contactul scatologic plăcut cu sângele și intestinele. Este categoric o combinație caracteristică retrăirii stadiilor finale ale nașterii.

Mandală de la o ședință de respirație holotropică, în care artista a avut experiența unui omuleț captiv în stomacul ei. Ea a simțit că această figură era implicată în psihodinamica stării de greață și a bulimiei ei. Limba verde a omulețului care atârna părea să aibă o importanță deosebită; ea era o reprezentare grafică foarte potrivită a stării de boală și a schimbării totale a sentimentelor (Kathleen Silver).

Tiparul crimei sadice este strâns legat de cel al sinuciderii sângeroase. Singura diferență este că, în primul caz, individul își asumă deschis rolul agresorului, în timp ce în al doilea caz este și victimă.

În ultimă instanță, ambele roluri reprezintă aspecte separate ale aceleiași personalități: cea a agresorului reflectă introiecția forțelor opresive și distructive ale canalului nașterii, iar cea a victimei, amintirea emoțiilor și senzațiilor copilului în timpul nașterii.

O combinație similară de elemente, dar în proporții întrucâtva diferite, pare să sublinieze tabloul clinic al *necrofiliei*. Aceasta apare în multe forme și grade diferite, de la cele mai inocente la cele criminale. Varietățile cele mai superficiale implică excitarea sexuală produsă de vederea cadavrelor sau atracția față de cimitire, morminte ori obiectele legate de ele. Forme mai grave de necrofilie sunt caracterizate printr-o intensă dorință de a atinge cadavrele, de a le mirosi sau gusta și de a simți apropierea putrefacției și descompunerii. Pasul următor este manipularea cu accent sexual a cadavrelor, culminând cu actul sexual real cu cadavrele din morgi, agențiile de pompe funebre și cimitire.

Cazuri extreme ale acestei perversiuni sexuale combină abuzarea sexuală a cadavrelor cu acte de mutilare, tăiere a membrelor și canibalism. Analiza necrofiliei indică același amalgam ciudat de sexualitate, moarte, agresiune și scatologie, atât de caracteristic celei de-a treia matrice perinatale. Cele mai profunde rădăcini ale acestei grave tulburări par să implice regresia filogenetică la regnul animal și identificarea cu conștiința speciilor de animale necrofage.

Manifestări psihosomatice ale tulburărilor emoționale

Multe tulburări emoționale, ca psihonevrozele, depresiile și psihozele funcționale, au manifestări fizice distincte. Cele mai comune sunt durerile de inimă, palpitațiile, transpirația excesivă, ticurile și tremurăturile, durerile psihosomatice și diferite probleme ale pielii. La fel de frecvente sunt tulburările gastrointestinale, precum greața, pierderea apetitului, constipația și diareea. Printre însoțitorii tipici ai problemelor emoționale se numără și diferite disfuncții sexuale, de exemplu, amenoreea, ciclurile neregulate, crampele menstruale sau spasmele vaginale dureroase din timpul sexului. Am discutat deja despre disfuncția erectilă și incapacitatea de a ajunge la orgasm. Aceste tulburări pot să însoțească alte probleme nevrotice sau pot apărea ca simptome primare.

În unele psihonevroze, ca isteria de conversie, simptomele fizice sunt distincte și caracteristice și pot reprezenta trăsătura predominantă a tulburării. Acest lucru este valabil pentru o categorie de tulburări pe care psihanaliza clasică le-a numit *nevroze pregenitale*; ea include diferite ticuri, bâlbâiala și astmul psihogen. Afecțiunile reprezintă hibrizi între nevroza obsesiv-compulsivă și isteria de conversie. Structura personalității care stă la baza lor este obsesiv-compulsivă, dar principalul mecanism de apărare și formare a simptomului este conversia, ca în isterie. Există, de asemenea, și un grup de afecțiuni medicale în care rolul factorilor psihologici este atât de important, încât chiar și medicina tradițională se referă la ele ca la *tulburări psihosomatice*.

Această categorie include *migrenele, hipertensiunea funcțională, colita și ulcerele peptice, astmul psihogen, psoriazisul, diferite eczeme* și, conform unor specialiști, chiar și unele forme de *artrită*. Generaliștii și psihiatrii din curentul dominant acceptă natura psihogenă a acestor tulburări, dar nu oferă o explicație plauzibilă pentru mecanismele psihogenetice implicate. Mare parte a activității clinice, speculațiilor teoretice și cercetărilor făcute până în ziua de azi s-a bazat pe ideile psihanalistului Franz Alexander, considerat fondatorul medicinei psihosomatice. În 1935, Alexander a propus un model teoretic care să explice mecanismul tulburărilor psihosomatice. Contribuția sa cea mai importantă a fost recunoașterea faptului că simptomele psihosomatice rezultă din însoțitorii fiziologici ai conflictului și traumei psihologice. În opinia lui, incitarea emoțională din timpul anxietății intense, a supărării sau furiei dă naștere unor reacții fiziologice acute, care conduc la dezvoltarea simptomelor și tulburărilor psihosomatice (Alexander, 1950).

Alexander a făcut distincția între reacțiile de conversie și tulburările psihosomatice. În primul caz, simptomele au o semnificație simbolică și folosesc drept apărare împotriva anxietății; aceasta este o importantă caracteristică a psihonevrozelor. În tulburările psihosomatice, sursa stării emoționale ce stă la baza lor poate fi urmărită până la trauma psihologică, conflictele nevrotice și relațiile interpersonale patologice, dar simptomele nu au nicio funcție utilă. Ele reprezintă, de fapt, un eșec al mecanismelor psihologice de a proteja individul împotriva excesivei activități afective. Alexander a subliniat că această somatizare a emoțiilor are loc numai la persoanele predispuse, și nu la cele sănătoase; totuși, nici el și nici urmașii săi nu au putut defini natura acestei predispoziții.

După mai bine de 60 de ani, situația medicinei psihosomatice este în general descurajantă. Ea e caracterizată de o totală lipsă de acord asupra mecanismelor implicate în psihogeneza simptomelor somatice și absența unui cadru conceptual în întregime satisfăcător (Kaplan și Kaplan, 1967). Lipsa unor răspunsuri clare este responsabilă de faptul că mulți autori aderă la ideea multicauzalității. Conform acestei perspective, factorii psihologici joacă un rol semnificativ în tulburările psihosomatice, dar trebuie să se țină cont și de o varietate de alți factori, precum constituția, ereditatea, patologia organică, statutul nutrițional, mediul, factorii sociali și culturali. Aceștia, desigur, nu pot fi specificați adecvat, ceea ce face ca problema etiologiei tulburărilor psihosomatice să rămână foarte vagă și confuză.

Așa cum am văzut mai devreme, terapia psihedelică și respirația holotropică au adus dovezi clare potrivit cărora traumele psihologice postnatale nu sunt suficiente pentru a explica dezvoltarea tulburărilor emoționale. Acest lucru este valabil chiar într-o măsură mult mai mare pentru simptomele și tulburările psihosomatice. Conflictul psihologic, pierderea unei relații importante, dependența excesivă, observarea de către copil a actului sexual parental și alți factori similari, pe care psihanaliștii îi consideră factori cauzali, nu pot explica natura și intensitatea perturbărilor fiziologice implicate în tulburările psihosomatice.

În lumina profundului proces experiențial, oricare dintre teoriile psihanalitice referitoare la tulburările psihosomatice care încearcă să le explice numai pe baza traumelor psihologice din biografia postnatală este superficială și neconvingătoare. La fel de neplauzibilă este și presupunerea că aceste tulburări pot fi tratate eficient prin terapie verbală. Cercetarea holotropică a contribuit cu intuiții importante la teoria și terapia tulburărilor psihosomatice. Probabil cea mai importantă dintre aceste contribuții a fost descoperirea enormei cantități de energie emoțională și fizică blocată, aflată la baza simptomelor psihosomatice.

Dacă există îndoieli justificate că traumele pur psihologice și biografice ar putea produce profunde perturbări funcționale sau chiar severe leziuni anatomice ale organelor, aceasta este mai mult decât o posibilitate rezonabilă în cazul energiilor primordiale distructive ce se manifestă în stările holotropice. În sensul cel mai general, această observație a confirmat conceptele genialului și controversatului pionier al psihanalizei, Wilhelm Reich. Pe baza observațiilor făcute în timpul ședințelor terapeutice, Reich a conchis că principalii factori aflați la baza tulburărilor emoționale și psihosomatice sunt acumularea și blocarea unei cantități semnificative de bioenergie în mușchi și viscere, constituind ceea ce el a numit *armura caracterială – character armor* (Reich, 1949, 1961).

Aici însă ia sfârșit paralela dintre psihologia reichiană și concluziile cercetărilor holotropice. După Reich, această energie acumulată este de natură sexuală și motivul blocării ei este conflictul fundamental dintre nevoile noastre biologice și influența restrictivă a societății, care împiedică deplina eliberare orgasmică și o viață sexuală satisfăcătoare. Energia sexuală neexprimată se acumulează și își găsește expresia deviantă sub forma perversiunilor și simptomelor nevrotice sau psihosomatice. Lucrul cu stările holotropice oferă o explicație radical diferită. El arată că energia intensă reprimată pe care o purtăm în organism nu este libidoul neexprimat acumulat, ci încărcătura emoțională și fizică atașată sistemelor COEX.

O parte a acestei energii aparține nivelurilor biografice ale acestor sisteme, care conțin amintiri ale unor traume psihologice și fizice din pruncie și copilărie. O altă parte considerabilă a acestei încărcături energetice este de origine perinatală și reflectă faptul că amintirea nașterii nu a fost adecvat procesată și continuă să existe în inconștient sub forma unui incomplet *gestalt*[1] emoțional și fizic de importanță majoră. În timpul nașterii, cantități extraordinare de energie sunt generate prin stimularea excesivă a neuronilor și nu pot fi descărcate, din cauza captivității în canalul nașterii. Motivul pentru care Reich a confundat această energie cu o acumulare de libidou a fost probabil puternica excitare sexuală asociată cu MPF III.

---

[1] Gestalt – termen conform căruia întregul organizat este mai puternic decât suma părților. (n.t.)

În unele cazuri, traumele prenatale pot contribui semnificativ la încărcătura negativă generală a sistemelor COEX și participă la geneza simptomelor psihosomatice. Unii oameni au o istorie prenatală extrem de dificilă, care implică factori precum stresul emoțional și fizic la care este supusă mama însărcinată, pericolul sau tentativa de avort, sarcina toxică sau incompatibilitatea Rh-ului. Sursele cele mai profunde ale energiei aflate la baza tulburărilor psihosomatice pot fi trasate de obicei până în domeniul transpersonal, în special până la elemente karmice și arhetipale (vezi povestea lui Norbert din această lucrare).

De un interes deosebit este observația rezultată din stările experiențiale profunde conform căreia forțele conducătoare primare ce stau la baza tuturor manifestărilor psihosomatice nu sunt traumele psihologice. Rolul crucial în geneza lor îl dețin traumele fizice neasimilate și neintegrate, precum amintirile disconfortului asociat cu bolile copilăriei, operațiile, rănirile sau senzația de înec. La un nivel mai profund, simptomele sunt legate de trauma nașterii și chiar de traumele fizice asociate cu amintirile din viețile anterioare. De exemplu, materialul care generează suferințele psihosomatice poate include amintirile accidentelor, operațiilor sau bolilor din fragedă pruncie, durerea trăită în timpul nașterii și suferința fizică asociată cu rănirile sau moartea dintr-o viață anterioară.

Acest lucru contrastează foarte puternic cu perspectiva majorității școlilor psihodinamice care tind să atribuie conflictelor și traumelor psihologice rolul principal în geneza simptomelor psihosomatice. Din perspectiva lor, simptomele se manifestă astfel încât aceste probleme psihologice sunt exprimate în limbaj corporal simbolic sau „somatizate". De exemplu, atașamentul și eliberarea emoțională sunt privite ca factori psihologici care stau la baza constipației și diareei. Durerea intensă din mușchii gâtului este o expresie simbolică a faptului că persoana venită la terapie „duce pe umeri prea multă responsabilitate".

Similar, problemele de stomac apar la persoanele incapabile să „înghită" sau să „digere" un anumit lucru. Paralizia isterică reflectă o apărare împotriva unei acțiuni sexuale infantile criticabile. Dificultățile respiratorii sunt produse de o mamă care „sufocă" pacientul, astmul este un „strigăt disperat după mamă" și senzația de apăsare pe piept este determinată de un mare necaz. În același sens, bâlbâiala este privită ca rezultatul suprimării agresiunii verbale și un impuls de a rosti obscenități, iar problemele dermatologice sunt o protecție împotriva tentației sexuale.

Un sistem psihologic care, spre deosebire de toate celelalte, recunoaște imensa importanță a impactului traumelor fizice este scientologia lui Ron Hubbard (Hubbard, 1950). Scientologii au descoperit importanta semnificație psihologică a agresiunilor fizice prin auditare, un proces de explorare și terapie condus obiectiv cu galvanometre ce măsoară rezistența pielii și indică încărcătura emoțională a materialului discutat în ședințe. Acest feedback devine apoi linia directoare pentru auditorul care conduce interviul de explorare și este un instrument neprețuit în detectarea materialului cu adevărat relevant din punct de vedere emoțional. În stările holotropice, această orientare este oferită automat de „radarul interior" despre care am discutat anterior.

Sistemul teoretic al scientologiei recunoaște nu numai traumele fizice din viața postanatală, dar și trauma nașterii și traumele somatice din viețile trecute. Hubbard a numit amprentele traumatismelor fizice *engrame* și le-a considerat surse primare ale tulburărilor emoționale. În terminologia sa, traumele psihologice obișnuite se numesc traume *secundare*; ele își împrumută puterea emoțională din asocierea cu engramele. Într-o anumită măsură, aspectele mai practice și mai concrete ale cadrului conceptual formulat de Hubbard arată o anumită similitudine cu materialul discutat în această carte (Gormsen și Lumbie, 1979). Din nefericire, abuzul nechibzuit al scientologiei în căutarea puterii și a banilor și speculațiile exagerate ale lui Hubbard cu privire la influențele extraterestre au discreditat interesantele sale contribuții teoretice.

Lucrul cu stările holotropice oferă informații interesante privind dinamica tulburărilor psihosomatice. În prezent, este un lucru obișnuit să fii martor la atacuri astmatice, migrene, diferite eczeme și chiar erupții de psoriazis *in statu nascendi*, adică așa cum se manifestă ele în terapia psihedelică și holotropică. Acest lucru este de obicei asociat cu intuiții despre rădăcinile lor psihodinamice. În privința laturii pozitive, ameliorări dramatice și de durată ale diferitelor tulburări psihosomatice au fost raportate de către terapeuți și asistenți care folosesc în munca lor tehnici experiențiale profunde. Ei descriu tipic retrăirea traumelor fizice, mai ales a traumei nașterii, și a diferitelor experiențe transpersonale ca mecanisme terapeutice cu cel mai important efect curativ.

Din lipsă de spațiu nu pot să descriu mai detaliat noile teorii legate de psihodinamica anumitor tulburări psihosomatice și să ofer exemple din istoricul cazurilor. În această privință, mă văd obligat să îndrum cititorii interesați către lucrările mele anterioare (Grof, 1980, 1985).

Psihozele autiste și simbiotice infantile, personalitatea narcisistă și stările borderline

Pionierii psihologiei eului, Margaret Mahler, Otto Kernberg, Heinz Kohut și alții, au contribuit la introducerea în psihanaliza clasică a câtorva noi categorii de diagnostic care, după părerea lor, își au originea în perturbările timpurii ale relațiilor obiectale. Dezvoltarea psihologică sănătoasă înaintează de la stadiul autist și simbiotic al narcisismului primar, prin procesul separării și individuației până la atingerea unor relații obiectale constante. Grava interferență cu acest proces și lipsa recompensei pentru nevoile fundamentale în aceste stadii timpurii pot duce la tulburări grave. În funcție de intensitatea acestor adversități și de momentul apariției lor, perturbările pot duce la *psihoze autiste și simbiotice infantile, tulburarea de personalitate narcisică sau tulburarea de personalitate borderline.*

Analiza perturbărilor din relațiile obiectale ce stau la baza acestor afecțiuni este deosebit de detaliată și complexă. Totuși, asemenea psihanaliștilor de orientare clasică, psihologii eului nu recunosc faptul că evenimentele postnatale singure nu pot explica adecvat simptomatologia tulburărilor emoționale. Observațiile din stările holotropice sugerează că traumele din pruncie au un impact profund asupra vieții psihologice a individului, nu numai pentru că se întâmplă unui organism foarte imatur și afectează fundamentele personalității, ci și pentru că îngreunează recuperarea în urma traumei nașterii. Ele lasă cale deschisă inconștientului perinatal.

Termenii folosiți în psihologia eului pentru descrierea dinamicii postnatale a acestor tulburări trădează dimensiunile lor prenatale și perinatale. Gratificarea simbiotică, căreia psihologii eului îi atribuie o mare importanță, se aplică nu numai calității alăptării și satisfacerii nevoii afective din pruncie, ci și calității stării prenatale. Același lucru este valabil și pentru efectele nocive ale privării simbiotice. Voi folosi drept ilustrare descrierea făcută de Margaret Mahler fazei simbiotice: „În timpul fazei simbiotice, bebelușul se comportă și funcționează ca și cum el și mama ar fi un sistem omnipotent (o unitate duală) în interiorul aceleiași granițe – o membrană simbiotică" (Mahler, 1961). Similar, regresia la autism și la starea de lipsă a obiectului are caracteristicile distincte ale unei întoarceri psihologice în uter, nu doar la starea postnatală timpurie.

Alte aspecte importante ale afecțiunilor produse de perturbările din dezvoltarea relațiilor obiectale indică în mod clar spre dinamica perinatală. Împărțirea lumii obiectuale în bună și rea, caracteristică a pacienților *borderline*, nu reflectă numai inconstanța atitudinii materne („mamă bună" și „rea") subliniată de psihologii eului. La un nivel mai profund, sursa ei este ambiguitatea fundamentală a rolului pe care mama îl joacă în viața copilului, chiar și în cele mai bune condiții. Prenatal și postnatal, ea reprezintă principiul care dă și susține viața, în vreme ce la naștere este o amenințare pentru viață.

Experiențele cu copii care suferă de psihoza infantilă simbiotică, prinși între teama de separare și teama de a fi înghițiți, își au categoric originea în trauma nașterii, nu numai în tranziția de la narcisismul primar la relațiile obiectale. Similar, intensitatea furiei caracteristice acestei categorii de pacienți trădează origini perinatale.

Psihodinamica stărilor psihotice la adult

În ciuda enormei investiții de timp, energie și bani în cercetarea psihiatrică, natura procesului psihotic a rămas un mister. Cercetări vaste și sistematice au relevat și explorat importante variabile legate de factori genetici și constituționali, modificări hormonale și biochimice, corelate biologice, determinanți psihologici și sociali, factori de mediu perturbatori și multe altele. Niciunul din aceștia nu s-a dovedit până acum suficient de consistent pentru a oferi o explicație convingătoare etiologiei psihozelor funcționale.

Totuși, chiar dacă cercetările biologice și biochimice ar fi detectat procese care să indice corelații constante cu apariția stărilor psihotice, numai acest fapt nu ar fi ajutat la înțelegerea naturii și conținutului experiențelor psihotice. Am atins deja această chestiune într-un capitol anterior, când am discutat despre cercetările de laborator cu substanțe psihedelice. În stările induse de psihedelicele pure, declanșatorul biochimic și dozarea sunt cunoscute foarte precis. Cu toate acestea, nu se obțin niciun fel de date pentru înțelegerea naturii și conținutului experiențelor implicate și pentru variabilitatea lor inter și intraindividuală. Ele explică doar prezența materialului inconștient profund în conștiință.

Aceeași doză administrată în aceleași condiții la diferite persoane poate induce un larg spectru de trăiri, mergând de la autoexplorarea mnezic-analitică din stările maniacale și paranoide până la profunde revelații mistice. Drept urmare, perspectiva găsirii unei simple soluții biologice pentru problema complexă a psihozelor (și stărilor mistice) este într-adevăr foarte sumbră. În lumina acestor date, e greu să acceptăm speculațiile de acest fel ca propuneri științifice demne de luat în seamă. Potențialul creării acestor experiențe este categoric o proprietate inerentă a psihicului uman. Fenomenologia psihozelor funcționale combină în diferite feluri fenomene perinatale și transpersonale, cu interferența ocazională a elementelor biografice postnatale.

Experiențele caracteristice MPF 1 sunt reprezentate în simptomatologia stărilor psihotice atât în forma lor pozitivă, cât și în cea negativă. Mulți pacienți trăiesc episoade de uniune simbiotică cu

Măreața Zeiță Mamă și sentimentul de a fi hrăniți în pântecele sau la sânul ei. Acest fenomen este trăit deseori ca o extatică uniune cu Mama Natură, cu întregul Univers și cu Dumnezeu. Când sunt sprijinite, trăirile pot corija lipsa de satisfacție simbiotică din copilăria pacientului.

De asemenea, pare să existe o legătură profundă între perturbările din viața embrionară și stările psihotice, cu diferite distorsiuni paranoide ale realității. Deoarece multe perturbări prenatale sunt produse de modificări chimice din corpul mamei și transmise copilului prin intermediul cordonului ombilical, asemenea episoade paranoide se concentrează deseori pe factorii toxici sau pe diverse influențe nocive invizibile. Mulți pacienți psihotici cred că hrana lor este otrăvită, că sunt pompate gaze otrăvitoare în casă sau că un dușman diabolic îi expune unor radiații periculoase. Aceste influențe ostile coincid adesea cu viziuni ale unor entități rele și ale unor ființe arhetipale demonice.

O altă sursă a stărilor paranoide este faza de început a celei de-a doua matrice perinatale. Nu este surprinzător, întrucât declanșarea nașterii este o perturbare majoră și ireversibilă a existenței prenatale. Ținând cont cât de neplăcute și confuze pot fi aceste două situații pentru fetus, nu este greu să ne imaginăm că revenirea amintirii declanșării nașterii sau a unei serioase perturbări intrauterine poate produce sentimente de intensă anxietate. Din motive evidente, sursa pericolului nu poate fi identificată și rămâne necunoscută. Atunci, individul tinde să proiecteze aceste sentimente asupra unei situații amenințătoare din lumea externă: organizațiile secrete subterane, naziștii, comuniștii, francmasonii, Ku Klux Klan, sau orice altă grupare potențial sau efectiv periculoasă, chiar și invadatorii extratereștri. Conținutul specific al acestor experiențe înspăimântătoare poate fi extras și din zonele corespunzătoare ale inconștientului colectiv.

MPF II, în forma sa complet dezvoltată, contribuie la simptomatologia psihotică a temei disperării și melancoliei profunde, sentimentul eternei damnări și la motivul torturilor inumane și chinurilor diabolice. Mulți pacienți psihotici trăiesc o suferință fără sfârșit în iad și torturi ce par provocate de dispozitive ingenioase concepute în acest scop. Cercetările psihanalitice au arătat că mașinăria descrisă de mulți pacienți psihotici ca producând o agonie insuportabilă reprezintă corpul „mamei rele". Totuși, aceste cercetări nu au reușit să determine faptul că trupul periculos și chinuitor aparține femeii care naște, nu celei care alăptează (Tausk, 1933). Alte teme psihotice legate de MPF II sunt sentimentul unei lumi de personaje de carton și automate fără sens, și atmosfera unui grotesc spectacol de circ.

MPF III adaugă la tabloul clinic al stărilor psihotice o bogată arie de experiențe care reprezintă diferite fațete ale acestei matrice complexe. Aspectul titanic se manifestă sub forma unor tensiuni insuportabile, a unor puternice fluxuri de energie, a ciocnirilor și a descărcărilor. Imageria și ideația corespondente cuprind scene violente de război, revoluție și masacre sângeroase. Acestea pot atinge adesea proporții arhetipale compunând scene impresionante – bătălia cosmică dintre forțele binelui și ale răului, îngeri în lupta cu demonii, titani provocându-i pe zei sau supereroi luptând cu monștri mitologici.

Elementele agresive și sado-masochiste ale MPF III explică viziunile pacienților psihotici în care apar cruzimi de tot felul, violență ocazională, automutilări, crime sângeroase și sinucideri. Preocuparea pentru fantezii și viziuni sexuale aberante, experiențe ale invaziei sexuale și intervenții dureroase asupra organelor reproductive sunt și ele trăsături caracteristice ale celei de-a treia matrice perinatale. Interesul pentru fecale și alte materii biologice și puterea magică atribuită funcțiilor excretorii și excrementelor trădează implicarea fațetei scatologice a MPF III. Același lucru este valabil pentru coprofilie și coprofagie, retenția de urină și fecale sau, dimpotrivă, pentru lipsa de control asupra sfincterelor. Experiențele care implică elemente satanice, ca Sabatul Vrăjitoarelor sau ritualurile Liturghiei Negre, combină moartea, sexul, agresiunea și scatologia într-un mod caracteristic pentru MPF III. Ele apar frecvent în experiențele pacienților psihotici.

Tranziția de la MPF III la MPF IV contribuie la spectrul experiențelor psihotice prin succesiuni de moarte și renaștere psiho-spirituală, viziuni apocaliptice ale distrugerii și recreării lumii, și scene ale Judecății de Apoi sau a Judecății Morților. Acestea pot fi însoțite de identificarea cu Christos sau cu alte figuri arhetipale care reprezintă moartea și renașterea, și duc la infatuare și trăiri mesianice. Aici intră și fanteziile și experiențele de concepere sau naștere a Pruncului

Divin. Experiența epifaniei divine, viziunile Marii Zeițe Mamă sau identificarea cu ea, întâlnirile cu ființe angelice și zeități învăluite de lumină și sentimentul izbăvirii și mântuirii se numără și ele printre manifestările caracteristice MPF IV.

Când am sugerat pentru prima dată că o mare parte din simptomatologia psihotică poate fi înțeleasă în termenii dinamicii perinatale (Grof, 1975), nu am găsit niciun studiu clinic în favoarea acestei ipoteze sau care măcar să exploreze această posibilitate. Era uimitor cât de puțină atenție acordaseră cercetătorii posibilei relații dintre psihoze și trauma nașterii. Astăzi, un sfert de secol mai târziu, există ample dovezi clinice potrivit cărora trauma nașterii joacă un rol important în geneza psihozelor.

În realitate, infecțiile virale din timpul sarcinii și complicațiile obstetrice de la naștere, inclusiv travaliul prelungit și privarea de oxigen, sunt printre puținii factori de risc constant raportați în schizofrenie (Wright și al., 1997; Verdoux și Murray, 1998; Dalman și al., 1999; Kane, 1999; Warner, 1999). Din cauza puternicei influențe a gândirii biologice asupra psihiatriei, interpretările acestor date tind să favorizeze presupunerea că nașterea a produs subtile leziuni cerebrale, nedetectabile prin metodele curente de diagnostic. Teoreticienii și clinicienii din curentul dominant nu recunosc rolul fundamental al nașterii ca psihotraumă majoră.

În vreme ce experiențele perinatale descrise mai sus reprezintă deseori o combinație de amintiri biologice ale nașterii și motive arhetipale cu teme corespondente, fenomenologia stărilor psihotice poate conține și diferite experiențe transpersonale în formă pură, nealterate de elemente biologice perinatale. Cele mai comune sunt experiențele amintirilor din viețile anterioare, ale contactului cu inteligențe extraterestre și ale întâlnirii cu diferite zeități și ființe demonice. Ocazional, indivizii diagnosticați ca psihotici pot avea și experiențe spirituale superioare, ca identificarea cu Dumnezeu, cu Absolutul sau cu Vidul Metacosmic.

Multe dintre experiențele prezentate au fost relatate de mistici, sfinți, profeți și maeștri spirituali din toate timpurile. Este absurd, după cum am văzut mai devreme, să atribuim toate aceste experiențe unui proces patologic necunoscut din creier sau din altă parte a corpului, practică frecventă în psihiatria modernă. Acest lucru ridică în mod firesc problema relației dintre psihoză și experiența mistică. Am folosit până acum termenii de *psihoză* și *psihotic*, așa cum se obișnuiește în psihiatria academică. Așa cum vom vedea, observațiile și experiențele din stările holotropice sugerează nevoia redefinirii radicale a conceptului de psihoză.

Când privim aceste experiențe în contextul cartografiei extinse a psihicului, nelimitată la biografia postnatală, ci incluzând și domeniile perinatal și transpersonal, devine clar că diferența dintre misticism și tulburarea mintală ține mai puțin de natura și conținutul experiențelor implicate, cât de atitudinea noastră față de ele, de stilul „experiențial" personal, modul de interpretare și capacitatea de a le integra. Josef Campbell folosea deseori în conferințele sale un citat care redă această relație: „Psihoticul se îneacă în aceleași ape în care misticul înoată încântat." Rezervele mele față de acest citat, de altfel foarte adecvat, țin de faptul că experiențele misticului sunt deseori dificile și au un preț, și nu sunt neapărat plăcute în întregime. Dar misticul este capabil să vadă aceste provocări în contextul mai larg al unei călătorii spirituale, cu un scop mai profund și un obiectiv dezirabil.

Această abordare a psihozelor are implicații profunde nu numai pentru teorie, ci și pentru terapie și, mult mai important, pentru desfășurarea și rezultatul final al stărilor. Observațiile din terapia experiențială confirmă în mare măsură ideile revoluționare ale pionierilor înțelegerii alternative a psihozei: C.G. Jung (1960), Roberto Assagioli (1977) și Abraham Maslow (1964). Vom aborda acest important subiect și în capitolul următor.

4
Urgențele spirituale: înțelegerea și tratarea crizelor de transformare

Una dintre cele mai importante implicații ale cercetării holotropice este înțelegerea faptului că multe dintre stările în prezent diagnosticate ca psihotice și tratate fără discriminare cu medicație supresivă sunt, în realitate, stadii dificile ale unei transformări radicale a personalității și a deschiderii spirituale. Dacă sunt corect înțelese și sprijinite, crizele psiho-spirituale pot duce la vindecare emoțională și psihosomatică, la remarcabile schimbări psihologice și la evoluția conștiinței (Grof și Grof, 1989, 1990).

Astfel de episoade pot fi întâlnite în istoria de viață a șamanilor, yoghinilor, misticilor și sfinților. Literatura mistică descrie aceste crize ca repere importante ale căii spirituale și confirmă potențialul lor de vindecare și transformare. Din cauza cadrului lor conceptual îngust, psihiatrii de orientare clasică sunt incapabili să vadă diferența dintre crizele psiho-spirituale sau chiar stările mistice necomplicate și tulburările mintale grave. Psihiatria academică are un model al psihicului limitat la biografia postnatală și o puternică influență biologică. Acestea sunt obstacole majore în calea înțelegerii naturii și conținutului stărilor psihotice.

Termenul *urgență spirituală*, pe care l-am creat împreună cu Christina pentru a descrie aceste stări, face aluzie la potențialul lor pozitiv. Este un joc de cuvinte care sugerează o criză, dar în același timp o posibilitate de ridicare la un nivel superior de funcționare psihologică și de conștiință spirituală. Vom folosi deseori în acest context litera chinezească pentru *criză* care ilustrează ideea fundamentală a urgenței spirituale. Această idiogramă este compusă din două imagini, una reprezentând pericolul, iar cealaltă, șansa.

Printre beneficiile ce pot rezulta din crizele psiho-spirituale, dacă li se permite să-și urmeze cursul natural, se numără o mai bună sănătate psihosomatică, o mai mare poftă de viață, o strategie de viață aducătoare de mai multe satisfacții și o perspectivă extinsă asupra lumii, care include dimensiunea spirituală a existenței. Finalizarea și integrarea cu succes a unor asemenea episoade implică și reducerea substanțială a agresivității, creșterea toleranței rasiale, politice și religioase, intensificarea sensibilității ecologice și profunde schimbări în ierarhia valorilor și priorităților. Nu este o exagerare să spunem că finalizarea și integrarea cu succes a crizelor psiho-spirituale poate ridica individul la un nivel superior de evoluție a conștiinței.

În ultimele decenii, am fost martorii unei creșteri rapide a interesului pentru problemele spirituale, fapt ce duce la experimentarea pe scară largă a „tehnologiilor", fie ele antice, aborigene sau moderne ale sacrului, a tehnicilor de transformare a minții care pot media deschiderea spirituală. Printre ele se numără diferite metode șamanice, practicile meditative orientale, substanțele psihedelice, intense psihoterapii experiențiale și metode de laborator dezvoltate de psihiatria experimentală. Conform sondajelor publice, numărul americanilor care au avut experiențe spirituale a crescut în mod semnificativ în a doua jumătate a secolului XX. Se pare că acest fenomen a fost însoțit de o creștere a numărului *urgențelor spirituale*.

Din ce în ce mai multe persoane par să-și dea seama că spiritualitatea autentică, bazată pe experiențe personale profunde, este o dimensiune de importanță critică a vieții. Având în vedere tot mai intensa criză globală produsă de orientarea materialistă a civilizației tehnologice occidentale, a devenit evident că plătim un preț mare pentru negarea și respingerea spiritualității. Am izgonit din viața noastră o forță care hrănește, întărește și dă sens existenței umane.

La nivel individual, prețul pierderii spiritualității este un mod de viață sărăcăcios, alienat și nesatisfăcător, și o creștere a frecvenței tulburărilor emoționale și psihosomatice. La nivel colectiv, absența valorilor spirituale duce la strategii existențiale ce amenință supraviețuirea pe planeta noastră, ca distrugerea resurselor epuizabile, poluarea mediului natural, perturbarea echilibrului ecologic și folosirea violenței ca principal mijloc de rezolvare a problemelor.

Este deci în interesul tuturor să găsim căi de a readuce spiritualitatea în viața noastră la nivel individual și colectiv. Acest demers va trebui să includă nu doar recunoașterea teoretică a spiritualității ca aspect vital al existenței, ci și încurajarea și validarea socială a activităților care mediază accesul experiențial la dimensiunile spirituale ale realității. O parte importantă a acestui efort ar trebui să fie dezvoltarea unui sistem adecvat de sprijin pentru persoanele care trec prin crize spirituale, ceea ce ar face posibilă utilizarea potențialului pozitiv al acestor stări.

În 1980, Christina a fondat Spiritual Emergency Network – SEN (Rețeaua de ajutor în urgențele spirituale), o organizație care înlesnește contactul dintre persoanele care trec prin crize spirituale și profesioniștii capabili și dispuși să ajute conform noului mod de înțelegere a acestor stări. Filiale SEN există acum în multe țări ale lumii.

Factori declanșatori ai urgenței spirituale

În multe cazuri, este posibilă identificarea situației care a provocat criza psiho-spirituală. Poate fi în primul rând un factor fizic – de pildă, o boală, un accident sau o operație. Alteori, epuizarea fizică extremă sau lipsa prelungită de somn poate fi cel mai direct factor declanșator. La femei, poate fi nașterea, avortul spontan sau provocat. Am văzut și situații în care începutul procesului a coincis cu o experiență sexuală deosebit de puternică.

În alte cazuri, criza psiho-spirituală începe la scurt timp după o experiență emoțională traumatică. Aceasta poate fi moartea unui copil sau a unei alte rude apropiate, divorțul ori sfârșitul brusc al unei iubiri. Similar, o serie de eșecuri, precum pierderea locului de muncă ori a proprietății poate preceda declanșarea crizei spirituale.

La persoanele predispuse, „ultima picătură" poate fi o experiență cu substanțe psihedelice sau o ședință de psihoterapie experiențială.

Unul dintre cei mai importanți catalizatori ai urgenței spirituale pare să fie implicarea profundă în diferite forme de meditație și practică spirituală. Aceasta nu ar trebui să surprindă, deoarece metodele respective au fost special concepute pentru a facilita experiențele spirituale. Am fost contactați în mod repetat de persoane la care apariția spontană a stărilor holotropice a fost declanșată de practica zen sau meditația budistă vipassana, yoga kundalini, exercițiile sufite, contemplarea monastică ori rugăciunea creștină.

Gama largă de agenți declanșatori ai urgențelor spirituale sugerează în mod clar că disponibilitatea individului pentru transformarea interioară joacă un rol mult mai important decât stimulii externi. Când căutăm un numitor comun sau o cale comună spre situațiile descrise mai sus, descoperim că toate implică o schimbare radicală a echilibrului dintre procesele conștiente și cele inconștiente. Slăbirea sistemului psihologic de apărare sau, dimpotrivă, amplificarea încărcării energetice a dinamicilor inconștiente dă inconștientului și supraconștientului posibilitatea materială de a pătrunde în conștiință.

Este bine cunoscut faptul că elementele de apărare psihologică pot fi reduse de o varietate de agresiuni biologice, cum ar fi o traumă fizică, epuizarea, privarea de somn sau intoxicarea. Traumele psihologice pot mobiliza inconștientul, mai ales atunci când ele implică elemente care sunt reminiscențe ale traumelor timpurii și fac parte dintr-un important sistem COEX. Puternicul potențial al nașterii ca declanșator al crizelor psiho-spirituale pare să reflecte faptul că procesul venirii pe lume a unui copil combină reducerea rezistenței biologice cu specifica reactivare a amintirilor perinatale.

Eșecurile și dezamăgirile din viața profesională și personală pot submina și perturba motivațiile orientate spre exterior și ambițiile individului. Acest lucru face mult mai dificilă folosirea activităților externe ca o evadare din problemele emoționale și duce la izolarea psihologică și îndreptarea atenției către lumea interioară. Ca urmare, conținuturile inconștiente pot pătrunde în conștiință, interferând cu experiența de fiecare zi a individului sau chiar s-o înlocuiască complet.

Diagnosticarea urgențelor spirituale

Când subliniem nevoia de a recunoaște existența urgențelor spirituale, aceasta nu înseamnă o respingere nediscriminată a teoriilor și practicilor psihiatriei de orientare clasică. Nu toate stările diagnosticate în mod curent ca psihotice sunt crize de transformare psiho-spirituală ori au un potențial de vindecare. Episoadele de stări modificate de conștiință acoperă un spectru foarte larg, plecând de la experiențe pur spirituale, până la afecțiuni de natură clar biologică în care este nevoie de tratament medical. În vreme ce psihiatrii de orientare clasică tind în general să patologizeze stările mistice, există și eroarea opusă a romanțării și glorificării stărilor psihotice sau, mai rău, de trecere cu vederea a unei probleme medicale grave.

Mulți profesioniști care întâlnesc conceptul *urgență spirituală* vor să știe exact criteriile după care se poate face „diagnosticarea diferențiată" între aceasta și o psihoză. Din nefericire, în principiu este imposibil de făcut o diferențiere conform standardelor folosite în medicina somatică. Spre deosebire de bolile tratate de medicina somatică, stările psihotice care nu au o natură clar organică, „psihozele funcționale" nu sunt medical definite. În realitate, este greu de spus dacă trebuie sau nu să fie numite boli.

Categoric, psihozele funcționale nu sunt boli de tipul diabetului, febrei tifoide sau anemiei pernicioase. Ele nu generează concrete descoperiri clinice sau de laborator care să susțină diagnosticul și să justifice presupunerea că au o origine biologică. Diagnosticarea acestor stări e bazată în întregime pe observarea unor experiențe și comportamente neobișnuite, pentru care psihiatria contemporană nu are o explicație adecvată. Atributul „endogen" folosit pentru aceste stări este lipsit de sens și echivalent cu recunoașterea acestei lacune. În prezent, nu există motive pentru a numi aceste stări „boli mintale" și nici de a presupune că experiențele implicate sunt produse ale unui proces patologic din creier ce urmează să fie descoperit de cercetări ulterioare.

Dacă ne gândim puțin, ne dăm seama că este extrem de improbabil ca un proces patologic care afectează creierul să poată genera independent și de la sine un spectru experiențial incredibil de bogat de stări curent diagnosticate ca psihotice. Cum ar putea procesele anormale din creier să genereze experiențe precum secvențele cultural specifice de moarte și renaștere, identificarea convingătoare cu Isus pe cruce sau dansul cu Shiva, un episod care implică moartea pe baricadele din Paris în timpul Revoluției Franceze sau scene complexe de răpire extraterestră?

Când experiențe similare se manifestă în situații în care schimbările biologice sunt definite cu precizie, cum ar fi administrarea unor doze precise de LSD-25 pur chimic, natura și originea conținutului lor rămân un profund mister. Spectrul posibilelor reacții la LSD este foarte larg și include episoade de extaz mistic, sentimente de unitate cosmică, senzația de a fi una cu Dumnezeu, amintiri din viețile anterioare, ca și stări paranoide, episoade maniacale, viziuni apocaliptice, reacții exclusiv psihosomatice și multe altele. Aceeași doză administrată unor persoane diferite sau repetat aceleiași persoane poate induce experiențe extrem de diverse.

Schimbările chimice din organism catalizează evident experiența, dar nu sunt singurele capabile să creeze imageria complexă și viziunile filozofice și spirituale bogate, cu atât mai puțin să medieze accesul la informații noi și exacte despre diferitele aspecte ale Universului. Administrarea LSD-ului și a altor substanțe similare poate explica revenirea materialului inconștient profund în conștiință, dar nu poate explica natura și conținutul lui. Pentru a înțelege fenomenologia stărilor psihedelice este nevoie de o abordare mult mai sofisticată decât o simplă referire la procesele biochimice sau biologice anormale din corp. De aceea, este nevoie de o abordare comprehensivă, care să includă psihologia transpersonală, mitologia, filozofia și religiile comparate. Același lucru este valabil și pentru crizele psiho-spirituale.

Experiențele care se manifestă prin urgențe spirituale nu sunt produse artificiale ale proceselor patofiziologice aberante din creier, ci aparțin psihicului ca atare. Firesc, pentru a le putea vedea în acest fel, trebuie să transcendem îngusta înțelegere a psihicului oferită de psihiatrii din curentul dominant și să folosim un cadru conceptual mult mai extins. Exemple ale unor asemenea modele extinse ale psihicului sunt cartografia descrisă anterior în această lucrare, psihologia spectrală a lui Ken Wilber (Wilber, 1977), psihosinteza lui Roberto Assagioli (Assagioli, 1976), și conceptul psihicului în viziunea lui C.G. Jung ca *anima mundi*, sau sufletul lumii, care include inconștientul colectiv istoric și arhetipal (Jung, 1958). O viziune atât de amplă și de comprehensivă a psihicului au și marile filozofii orientale și tradiții mistice ale lumii.

Deoarece psihozele funcționale nu sunt definite medical ci psihologic, este imposibil de furnizat un diagnostic diferențial riguros între urgențele spirituale și psihoze, în maniera practicată de medicina de azi pentru diferitele forme de encefalită, tumori cerebrale sau demență. Ținând cont de acest fapt, este posibil să se tragă vreo concluzie? Cum putem aborda problema și ce putem oferi în locul unui diagnostic diferențial clar și lipsit de ambiguități între urgențele spirituale și tulburările mintale?

O variantă viabilă este definirea criteriilor ce ar face posibilă stabilirea persoanei care trăind spontan o intensă stare holotropică de conștiință e probabil un bun candidat pentru o strategie terapeutică ce validează și susține procesul. De asemenea, putem stabili în ce condiții folosirea unei abordări alternative nu ar fi potrivită și ar fi preferabilă practica obișnuită a suprimării farmacologice a simptomelor.

O precondiție necesară pentru o astfel de evaluare e un examen medical corect, care să elimine stările de natură organică ce necesită un tratament biologic. Odată realizat acest lucru, următorul pas important este fenomenologia stărilor modificate de conștiință ce au apărut. Urgențele spirituale implică o combinație între experiențele biografice, perinatale și transpersonale care au fost descrise mai devreme, cu prilejul discutării cartografiei extinse a psihicului. Experiențele de acest fel pot fi induse într-un grup de persoane „normale" alese aleatoriu, nu numai prin substanțele psihedelice, ci și prin mijloace simple precum meditația, sunetul tobelor șamanice, respirația accelerată, muzica evocatoare, lucrul cu corpul și o varietate de alte tehnici nemedicamentoase.

Persoanele care lucrează cu respirația holotropică asistă zilnic la experiențe de acest fel în seminariile și atelierele noastre formative și au ocazia să evalueze potențialul lor de transformare și vindecare. În lumina acestui fapt, este dificil de atribuit o experiență similară unei patologii exotice și necunoscute atunci când experiența apare spontan în cursul vieții de zi cu zi. Pare foarte logică abordarea holotropică a acestor experiențe – încurajând oamenii să se abandoneze procesului și să susțină revenirea și exprimarea completă a materialului inconștient care devine accesibil.

Un alt important indicator prognostic e atitudinea persoanei față de proces și stilul ei experiențial. Este, în general, foarte încurajator când o persoană cu experiență holotropică recunoaște că ceea ce i se întâmplă e un proces intern, este deschisă pentru lucrul experiențial și interesată să-l încerce. Strategiile transpersonale nu se potrivesc persoanelor cărora le lipsește această intuiție elementară și care folosesc predominant mecanismul proiecției sau care suferă de mania persecuției. Capacitatea de a forma o bună relație de lucru, cu o doză adecvată de încredere, este o condiție absolut esențială pentru procesul psihoterapeutic cu persoanele aflate în criză.

De asemenea, e foarte important să se acorde atenție felului în care subiecții ne vorbesc despre experiențele lor. Stilul de comunicare face uneori singur distincția între candidații promițători și cei inadecvați sau îndoielnici. Este un foarte bun indicator prognostic dacă o persoană descrie experiențele într-un mod coerent și clar, oricât de extraordinar și de ciudat ar fi conținutul lor. Într-un anume sens, acest lucru ar fi similar cu auzirea unei relatări făcute de o persoană proaspăt ieșită dintr-o ședință psihedelică și care descrie coerent ceea ce unui om neinformat ar putea să i se pară straniu și extravagant.

Tipuri de urgențe spirituale

O problemă strâns legată de problema diagnosticului diferențial al crizelor psiho-spirituale este clasificarea lor. Este posibil să diferențiem și să definim anumite tipuri sau categorii specifice în maniera prezentată în *Manualul de Diagnoză și Statistică a Tulburărilor Mintale* (DSM IV) folosit de psihiatrii tradiționaliști? Înainte să ne punem această problemă e necesar să subliniem că încercările de clasificare a tulburărilor psihiatrice, cu excepția celor de natură organică, n-au avut în general succes.

Există un dezacord general în privința categoriilor de diagnostice printre psihiatrii și societățile de psihiatrie din diferite țări. Deși DSM a fost revizuit și modificat de mai multe ori, clinicienii se plâng că au dificultăți în corelarea simptomelor pacienților lor cu categoriile de diagnostic oficiale. Urgențele spirituale nu fac excepție de la regulă; repartizarea oamenilor aflați în criză psiho-spirituală în nișe bine definite de diagnostic e destul de problematică, deoarece fenomenologia lor este neobișnuit de bogată și poate implica toate nivelurile psihicului.

Simptomele crizelor psiho-spirituale reprezintă o manifestare și exteriorizare a dinamicilor profunde ale psihicului uman. Psihicul uman individual este un sistem multidimensional și multistratificat, fără diviziuni sau limite interne. Elementele din biografia postnatală și din inconștientul freudian individual formează un continuum cu dinamica nivelului perinatal și domeniului transpersonal. De aceea, nu ne putem aștepta să găsim tipuri clar delimitate de urgențe spirituale.

Cu toate acestea, în practica noastră cu persoane aflate în criză psiho-spirituală, din discuțiile cu acei colegi care au o activitate similară și din studiul literaturii de specialitate ne-am convins că este posibil și chiar folositor să descriem unele forme majore de crize psiho-spirituale care au suficiente caracteristici pentru a fi deosebite de altele. Firesc, limitele lor nu sunt clare și, în practică, vom întâlni unele suprapuneri importante. Voi prezenta pentru început o listă cu tipurile majore de crize psiho-spirituale observate de noi și voi descrie pe scurt pe fiecare.

1. Criza șamanică
2. Trezirea energiei kundalini
3. Episoade de conștiință unificată („experiențe de rând")
4. Reînnoirea psihologică prin reîntoarcerea la centru
5. Criza deschiderii psihicului
6. Experiențe din viețile anterioare
7. Comunicarea cu ghizi spirituali și „channeling"-ul
8. Experiențe de moarte clinică (NDE-uri)
9. Întâlniri cu OZN-uri și răpirea de către extratereștri
10. Stări de posedare
11. Alcoolismul și dependența de droguri

Criza șamanică

Așa cum am discutat mai devreme, cariera multor șamani – vrăjitori sau vraci, bărbați sau femei – din diferite culturi începe cu o involuntară stare vizionară pe care antropologii o numesc „boala șamanică". În timpul unor asemenea episoade, viitorii șamani se retrag (de obicei psihologic sau chiar și fizic) din mediul lor de zi cu zi și au puternice experiențe holotropice. Ei întreprind de obicei o călătorie în lumea de dincolo, tărâmul celor morți, unde sunt atacați de demoni și expuși la torturi și chinuri groaznice.

Această dureroasă inițiere culminează cu experiența morții și tăierea membrelor, urmată de renaștere și ascensiunea către tărâmurile cerești. Procesul ar putea implica transformarea într-o pasăre, precum un vultur, pasărea tunetului (pachycephala gutturalis) sau un condor, și zborul către tărâmul soarelui cosmic. Șamanul novice poate trăi și experiența purtării lui de către aceste păsări spre tărâmul solar. În unele culturi, motivul zborului magic este înlocuit de atingerea tărâmului ceresc prin urcarea în copacul lumii, pe un curcubeu, pe un stâlp cu multe noduri sau pe o scară făcută din săgeți.

În cursul acestor dificile călătorii vizionare, șamanii novici realizează o legătură profundă cu forțele naturii și cu animalele, atât în forma lor naturală, cât și în versiunile lor arhetipale – „spiritele animale" sau „animale ale puterii". Când aceste călătorii vizionare se încheie cu succes, ele pot fi profund tămăduitoare. În acest proces, șamanul novice se eliberează deseori de tulburări emoționale, psihosomatice și chiar fizice. Este motivul pentru care șamanii sunt adesea numiți „vindecători răniți".

În multe cazuri, inițiații involuntari ajung în cadrul acestei experiențe la intuiții profunde despre cauzele energetice și metafizice ale bolilor și învață cum să-i vindece pe alții și pe ei înșiși. După încheierea cu succes a crizei inițiatice, individul devine șaman și se întoarce la poporul său ca membru perfect funcțional și respectat al comunității. Își asumă rolul combinat de preot, vizionar și vindecător.

În cadrul atelierelor și formărilor noastre profesionale, americani, europeni, australieni și asiatici moderni au trăit adesea în ședințele de respirație holotropică episoade ce semănau foarte mult cu crizele șamanice. În afara elementelor de tortură fizică și emoțională, moarte și renaștere, asemenea stări implică experiențe de conectare cu animale, plante și forțe elementare ale naturii. Persoanele care au trecut prin astfel de crize au manifestat deseori tendințe spontane de a crea ritualuri similare cu cele practicate de șamanii din diferite culturi. Ocazional, profesioniști din domeniul sănătății mintale care au avut acest tip de experiență au fost capabili să folosească în munca lor lecțiile învățate în călătorii și să creeze versiuni moderne ale procedurilor șamanice.

Desene reprezentând experiențe șamanice în cadrul unor ședințe de respirație holotropică.

Născută din Urs la Luna Turcoază

Îndrumată de Corbi către Poarta de dincolo de Spațiu și Timp

Inițiere în Tribul Ursului

Șaman inuit devine Focă și Călătorește către Lumea din Adâncul Mării (Tai Ingrid Hazard).

Atitudinea culturilor aborigene față de crizele șamanice a fost deseori explicată prin lipsa noțiunilor elementare de psihiatrie, care determină tendința de a atribui fiecare experiență și comportament neînțeles unor forțe supranaturale. Cu toate acestea, nimic nu poate fi mai departe de adevăr. Culturile în care șamanii sunt recunoscuți și respectați nu au dificultăți în a-i deosebi de indivizii nebuni sau bolnavi.

Pentru a fi considerat șaman, individul trebuie să încheie cu succes călătoria de transformare și să integreze episoadele dificile din stările holotropice de conștiință. Trebuie să fie capabil să funcționeze cel puțin la fel de bine ca ceilalți membri ai tribului. Felul în care sunt abordate și tratate crizele șamanice în aceste societăți e un model util și ilustrativ pentru felul în care trebuie abordate crizele psiho-spirituale în general.

Trezirea energiei kundalini

Manifestările acestei forme de criză psiho-spirituală seamănă cu descrierile făcute trezirii energiei *kundalini*, sau Puterii Șarpelui, din literatura indiană veche. Conform yoghinilor, kundalini este energia cosmică creatoare, de natură feminină, responsabilă de crearea Cosmosului. În formă latentă, ea își are sediul la baza măduvei spinării, în corpul subtil sau energetic, care este un câmp ce străbate și înconjoară corpul fizic. Această energie latentă poate fi activată prin meditație, exerciții specifice, intervenția unui maestru spiritual avansat (*guru*), sau spontan.

Kundalini activată, numită shakti, se ridică prin *nadisuri*, canale sau conducte din corpul subtil. Urcând, kundalini șterge urmele vechilor traume și deschide centrii energiei subtile, numiți *chakre*. Acest proces, deși extrem de apreciat și de benefic în tradiția yoghină, nu este lipsit de pericole și necesită îndrumarea pricepută a unui guru, a cărui kundalini este complet activată și stabilizată. Cele mai dramatice semne ale trezirii energiei kundalini sunt manifestările fizice și psihologice numite *kryias*.

Kryias-urile implică intense senzații de energie și căldură ce urcă prin măduva spinării, care pot fi asociate cu tremurături, spasme sau contorsionări violente. Valuri puternice de emoții aparent nemotivate, precum anxietatea, furia, tristețea sau bucuria și extazul pot ieși la suprafață și domina temporar psihicul. Procesul poate fi însoțit de viziuni ale unei lumini strălucitoare sau ale unor ființe arhetipale și de o varietate de sunete percepute interior. Multe persoane implicate în acest proces au și trăiri intense a ceea ce par a fi amintiri din vieți anterioare. Comportamente involuntare și deseori incontrolabile completează tabloul: vorbitul în limbi străine, intonarea unor cântece necunoscute sau a unor incantații sacre (*mantre*), adoptarea unor posturi (*asane*) și gesturi (*mudre*) yoghine și asumarea unei game largi de comportamente și sunete animale.

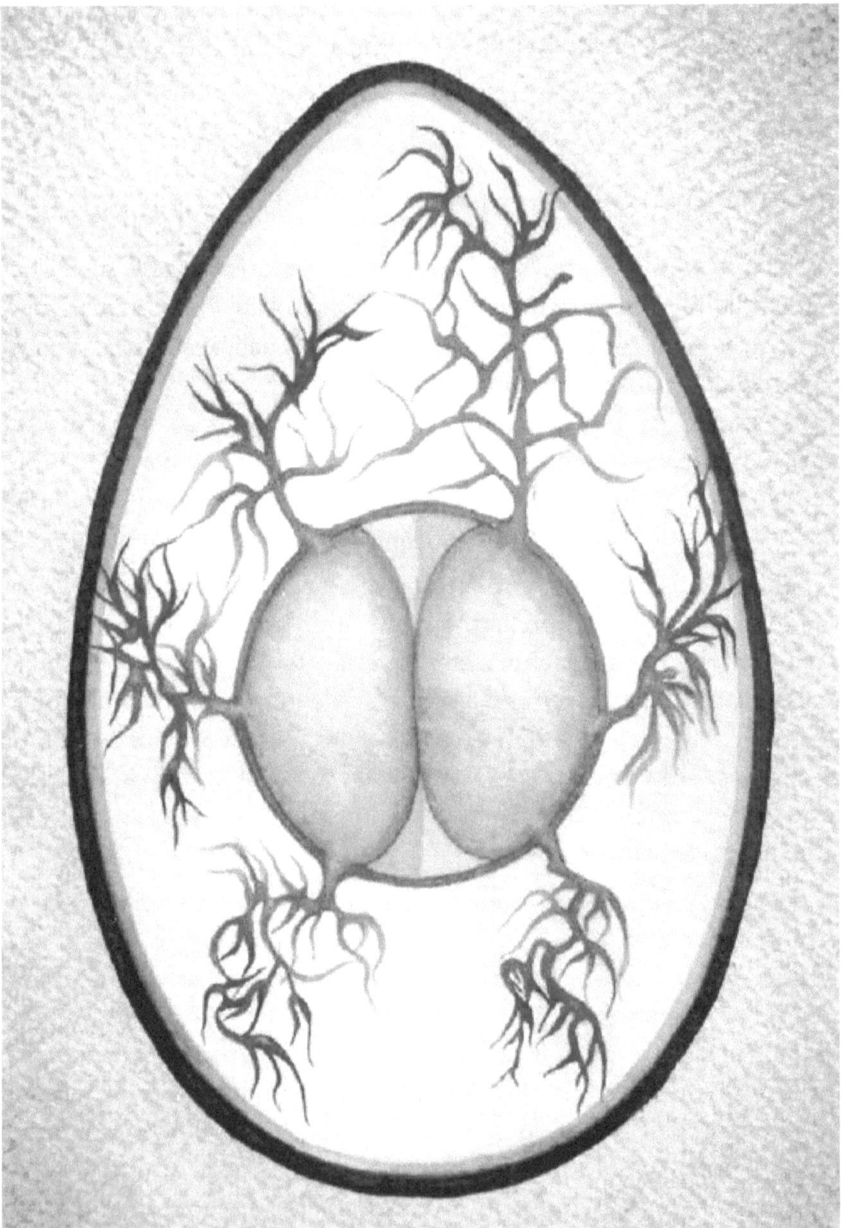

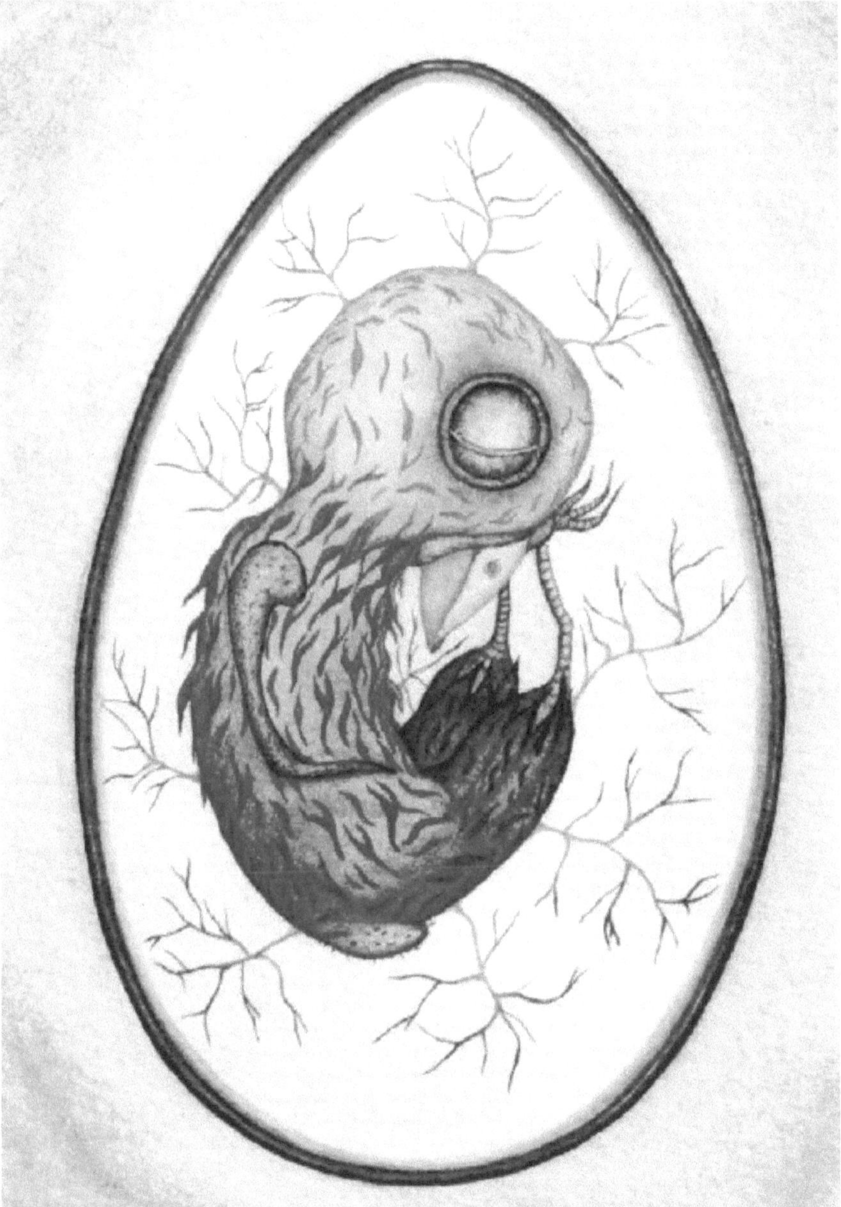

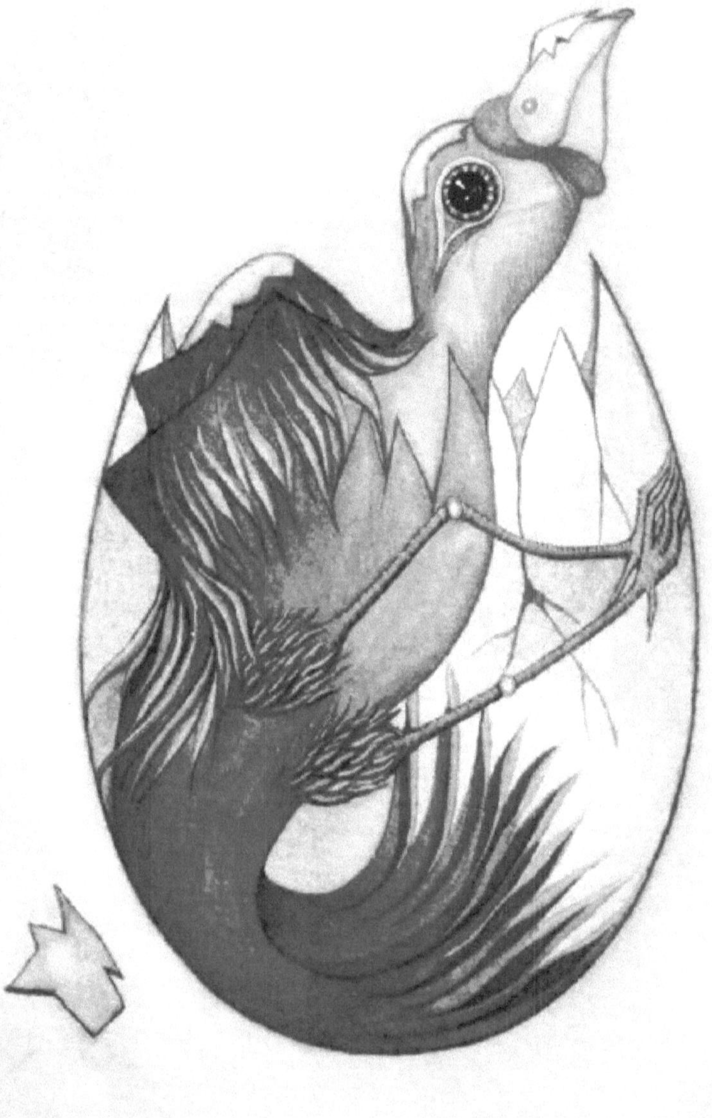

O interpretare artistică a celor patru matrice perinatale care sugerează că cele patru tipare fundamentale sunt manifestări ale unei secvențe arhetipale universale ce guvernează nu numai nașterea umană, ci și o diversitate de alte procese (paginile 198-200).

Experiențele legate de energia kundalini sunt printre cele mai comune manifestări din stările holotropice ale conștiinței. Experiența sistemului chakrelor și a altor părți ale corpului energetic, într-o ședință de respirație holotropică.

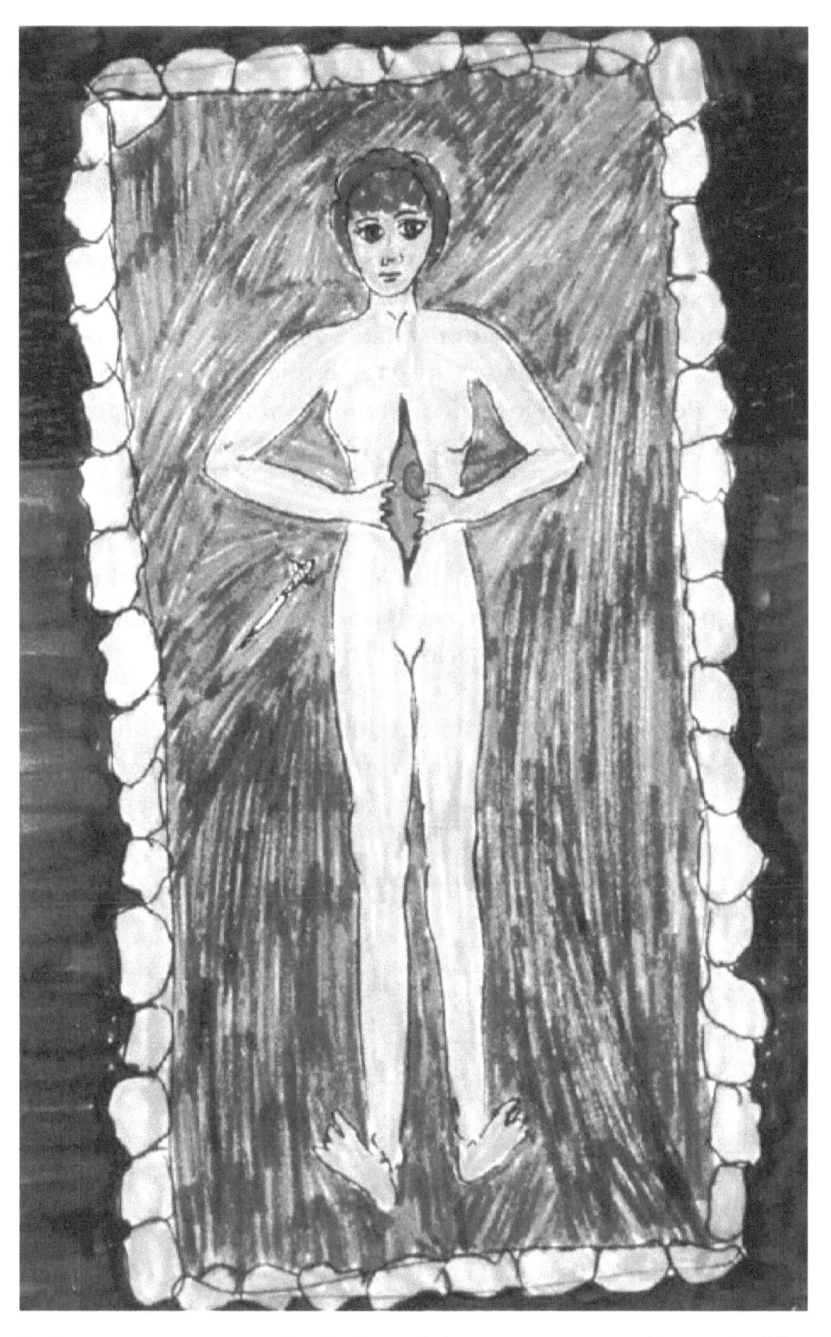

O pictură care reprezintă deschiderea chakrei inimii într-o ședință psihedelică.

C.G. Jung și colaboratorii săi au dedicat acestui fenomen o serie de seminarii speciale. Perspectiva lui Jung asupra energiei kundalini s-a dovedit a fi probabil cea mai mare eroare din cariera sa. El a conchis că trezirea energiei kundalini este un fenomen exclusiv oriental și a prezis că va fi nevoie de cel puțin o mie de ani până când această energie să fie pusă în mișcare în Occident, ca rezultat al studiilor psihologiei abisale. În ultimele decenii, semne inconfundabile ale trezirii energiei kundalini au fost observate la mii de occidentali. Meritul pentru sesizarea acestui fenomen aparține unui psihiatru și oftalmolog californian, Lee Sannella, care a studiat singur aproape o mie de cazuri de acest fel și își rezumă descoperirile în cartea The Kundalini Experience: Psychosis or Transcendence (Sannella, 1987).

Episoade de conștiință unificată („experiențele de rând")

Psihologul american Abraham Maslow a studiat mai multe sute de persoane care au trăit experiențe mistice de unificare, pe care le-a numit experiențe de rând (Maslow, 1964). El a criticat aspru tendința psihiatriei occidentale de a confunda aceste stări mistice cu boala psihică. În opinia sa, ele trebuie considerate fenomene supranormale, și nu anormale. Dacă nu se intervine în desfășurarea lor și li se permite să-și urmeze cursul natural, stările au ca rezultat o mai bună funcționare în lume, dezvoltarea conștiinței de sine, a capacității de a-și exprima mai complet potențialul creativ și de a trăi o viață mai plină de recompense și satisfacții.

Psihiatrul și cercetătorul conștiinței Walter Pahnke a alcătuit o listă de caracteristici fundamentale ale unei experiențe de rând pe baza lucrărilor lui Abraham Maslow și W.T. Stace. El a folosit următoarele criterii pentru descrierea acestei stări mintale (Pahnke și Richards, 1966):

Unitate (interioară și exterioară)
Puternică emoție pozitivă
Transcenderea timpului și spațiului
Sentimentul sacrului (numinozitatea)
Natura paradoxală
Obiectivitate și realitate a viziunilor
Inefabil
Efecte secundare pozitive

Potrivit acestei liste, când avem o experiență crucială, avem sentimentul depășirii fragmentării obișnuite a minții și corpului, și simțim că am atins o stare de unificare și întregire. Depășim, de asemenea, distincția obișnuită între subiect și obiect și trăim sentimentul uniunii extatice cu omenirea, natura, Cosmosul și Dumnezeu. Trăirea este asociată cu intense sentimente de bucurie, extaz, liniște și pace interioară. Într-o experiență mistică de acest gen, avem sentimentul părăsirii realității obișnuite, unde spațiul are trei dimensiuni și timpul este liniar. Intrăm într-un domeniu metafizic, transcendent, în care aceste categorii încetează să se mai aplice. În această stare, infinitul și eternitatea devin realități ale experienței. Calitatea numinoasă a stării nu are nimic de-a face cu credințele religioase anterioare; ea reflectă o înțelegere directă a naturii divine a realității.

Descrierile experiențelor cruciale sunt, de obicei, pline de paradoxuri. Experiența poate fi descrisă ca „lipsită de conținut, însă atotcuprinzătoare"; nu are un conținut specific, dar conține totul într-o formă potențială. Putem avea sentimentul de a fi simultan totul și nimic. În timp ce identitatea noastră personală și eul limitat au dispărut, simțim că ne-am extins atât de mult, încât ființa noastră cuprinde întregul Univers. Similar, este posibil să percepem toate formele ca fiind goale, sau golul încărcat de forme. Putem atinge chiar o stare în care considerăm că lumea există și nu există în același timp.

Experiența crucială poate transmite ceea ce pare a fi înțelepciunea și cunoașterea supremă în probleme de relevanță cosmică, pe care Upanishadele o descriu ca fiind „cunoașterea Aceluia, acea cunoaștere care dă cunoașterea tuturor lucrurilor". Ceea ce am învățat prin această experiență este inefabil; nu poate fi descris prin cuvinte. Însăși natura și structura limbajului nostru par inadecvate acestui scop. Cu toate astea, experiența ne poate influența profund sistemul de valori și strategia de viață.

Din pricina naturii în general benigne și a potențialului pozitiv al experienței cruciale, aceasta este categoria de urgență spirituală care ar trebui să ridice cele mai puține probleme. Experiențele sunt, prin natura lor, trecătoare și autolimitate. Nu există absolut niciun motiv pentru care să aibă consecințe malefice. Cu toate acestea, din cauza ignoranței culturii noastre și a concepțiilor greșite ale profesiei psihiatrice în ce privește problemele spirituale, multe persoane care trăiesc asemenea stări sfârșesc prin a fi spitalizate, sedate și capătă însemne patologice.

Reînnoirea psihologică prin reîntoarcerea la centru

O altă categorie importantă de criză transpersonală a fost descrisă de psihiatrul și analistul jungian californian John Weir Perry, care a numit-o „procesul de înnoire" (Perry, 1974, 1976). Datorită profunzimii și intensității ei, este tipul de criză psiho-spirituală cel mai probabil diagnosticat ca tulburare mintală gravă. Experiențele persoanelor implicate în procesul de înnoire sunt atât de ciudate, de extravagante și de îndepărtate de realitatea de fiecare zi, încât pare evident că un proces patologic trebuie să afecteze funcționarea cerebrală.

Persoanele care trăiesc acest tip de criză își simt psihicul ca pe un colosal câmp de luptă, unde are loc o bătălie cosmică între forțele Binelui și ale Răului sau ale Luminii și ale Întunericului. Ele sunt preocupate de tema morții – crimă ritualică, sacrificiu, martiriu și viața după moarte. Problema contrariilor îi fascinează, în special temele legate de diferențele dintre sexe. Se simt centrul unor evenimente fantastice, cu relevanță cosmică și deosebită importanță pentru viitorul lumii. Stările lor vizionare tind să-i ducă tot mai mult înapoi – prin propria lor istorie de viață și prin istoria de viață a omenirii, până la crearea lumii și starea paradisului originar. În acest proces, ei par să jinduiască după perfecțiune, încercând să corecteze ceea ce a fost rău în trecut.

După o perioadă de suferință și confuzie, experiențele devin din ce în ce mai plăcute și încep să se îndrepte către o rezolvare. Procesul culminează deseori cu experiența *hieros gamos*, a „căsătoriei sacre", în care individul este ridicat la un statut ilustru sau chiar divin și trăiește uniunea cu un partener la fel de distins. Acest lucru arată că aspectele masculine și feminine ale personalității ating un nou echilibru. Uniunea sacră poate fi trăită fie cu o figură arhetipală imaginară, fie prin proiecția pe o persoană reală idealizată, care apare atunci ca partener karmic sau suflet-pereche.

În acest punct, persoana poate avea și experiențe care implică ceea ce psihologii jungieni ar interpreta ca simboluri ce reprezintă Sinele, centrul transpersonal care reflectă natura noastră cea mai profundă și autentică, asociat, dar nu total identic, cu conceptul hindus de Atman-Brahman, Divinul Interior. În stările vizionare, poate apărea sub forma unei surse de lumină de o frumusețe supranaturală, a pietrelor prețioase, perlelor, bijuteriilor strălucitoare și a altor reprezentări simbolice. Exemple ale acestei treceri de la experiențe dureroase și dificile la divinitatea personală pot fi găsite în cărțile lui John Perry (Perry, 1953, 1974, 1976) și în *The Stormy Search for the Self*, cartea noastră despre urgențe spirituale (Grof și Grof, 1990).

În acest stadiu al procesului, experiențele glorioase sunt interpretate ca o apoteoză personală, o sărbătorire rituală care ridică trăirea la un înalt statut uman sau la o stare superioară condiției umane – un mare conducător, un mântuitor sau chiar Stăpânul Universului. Starea este deseori asociată cu un sentiment profund de renaștere spirituală care ia locul preocupării anterioare pentru moarte. În momentul încheierii și integrării, persoana își imaginează de obicei un viitor ideal – o lume nouă guvernată de iubire și dreptate, unde toate bolile și relele au fost învinse. Pe măsură ce intensitatea procesului scade, ea își dă seama că toată drama a fost o transformare psihologică limitată la lumea interioară și nu implică neapărat realitatea exterioară.

În opinia lui John Perry, procesul de înnoire conduce persoana către ceea ce Jung numea „individuație" – realizarea și expresia deplină a potențialului său profund. Un aspect al cercetărilor lui Perry merită o atenție specială, deoarece a dus la dovada cea mai convingătoare împotriva înțelegerii biologizante simpliste a psihozelor. El a reușit să arate că experiențele implicate în procesul de înnoire se potrivesc întocmai cu principalele teme ale grandioaselor drame montate în multe culturi antice în ziua de Anul Nou.

În toate aceste culturi, dramele rituale care celebrau sosirea noului an erau jucate în ceea ce Perry numește „era arhaică a mitului viu". Era perioada în care conducătorii erau considerați zei întrupați. Exemple de asemenea zei/regi: faraonii egipteni, incașii peruvieni, regii evrei și hitiți sau împărații japonezi și chinezi (Perry, 1966). Potențialul pozitiv al procesului de înnoire și legătura sa profundă cu simbolismul arhetipal și cu anumite perioade specifice ale istoriei reprezintă un argument foarte convingător împotriva teoriei ce susține că experiențele sunt produse patologice haotice ale unor creiere bolnave.

Criza deschiderii psihice

O creștere a capacităților intuitive și apariția fenomenelor psihice sau paranormale sunt foarte comune în timpul urgențelor spirituale de orice fel. Totuși, în unele cazuri, influxul de informație din surse neobișnuite, ca precogniția, telepatia sau clarviziunea, devine atât de copleșitor și produce atâta confuzie, încât domină tabloul și devine o problemă majoră în sine.

Printre manifestările cele mai spectaculoase ale deschiderii psihice se numără experiențele de decorporalizare. În toiul vieții de fiecare zi și deseori fără niciun declanșator notabil, conștiința persoanei poate da impresia că se detașează de corp și este martoră la ceea ce se întâmplă în jur sau în locuri îndepărtate. Informația obținută în timpul unor astfel de episoade de percepție extrasenzorială corespunde adesea realității consensuale. Experiențele de decorporalizare se produc cu extraordinară frecvență în situațiile de moarte clinică, unde acuratețea acestei „vederi la distanță" a fost stabilită prin cercetări sistematice (Ring, 1982, 1985; Ring și Valarino, 1998).

Cei ce trăiesc o intensă deschidere psihică pot intra atât de mult în contact cu procesele interne ale altora, încât dovedesc aptitudini telepatice remarcabile. Ei pot formula fără discriminare intuiții extrem de precise legate de ceea ce se petrece în mintea altor persoane, lucruri pe care acestea încearcă să le ascundă. Acest lucru îi poate speria, irita și îndepărta pe cei din jur într-atât, încât devine adesea un factor decisiv ce contribuie la o spitalizare inutilă. Similar, precogniția exactă a situațiilor viitoare și clarviziunea, care se produc repetat, pot tulbura serios persoana aflată în criză, ca și pe cei din jur, deoarece perturbă noțiunea de realitate.

În experiențele ce pot fi numite „de medium", o persoană are sentimentul pierderii propriei identități și al asumării identității alteia. Procesul poate implica asumarea imaginii corporale a altei persoane, a posturii, gesturilor, expresiei faciale, sentimentelor și chiar a proceselor de gândire. Șamanii, mediumurile și vindecătorii spirituali experimentați pot folosi experiențele într-o manieră controlată și productivă. Spre deosebire de persoanele aflate în criză spirituală, ei sunt capabili să adopte identitatea altora după dorință și de asemenea să-și reasume propria lor identitate după ce îndeplinesc sarcina ședinței. În timpul crizelor de deschidere psihică, pierderea bruscă, imprevizibilă și incontrolabilă a identității poate fi terifiantă.

Cei aflați în criză spirituală trăiesc deseori coincidențe stranii ce leagă realitatea lor interioară, visele și stările vizionare de evenimentele din viața cotidiană. Acest fenomen a fost recunoscut și descoperit pentru prima dată de C.G. Jung, care i-a dat numele de *sincronicitate* și l-a analizat într-un eseu special (Jung, 1960). Studiul sincronicității l-a ajutat pe Jung să-și dea seama că arhetipurile nu erau principii limitate la domeniul intrapsihic. A sesizat că au ceea ce a numit el o calitate „psihoidă"; prin urmare, guvernează nu numai psihicul, ci și evenimentele din lumea realității consensuale. Am explorat acest subiect fascinant în alte scrieri ale mele (Grof, 1988, 1992).

Sincronicitățile jungiene reprezintă fenomene autentice și nu pot fi ignorate și desconsiderate ca fiind coincidențe. De asemenea, ele nu trebuie respinse fără discriminare ca distorsiuni patologice ale realității – perceperea unor relații cu sens acolo unde în realitate nu există niciuna. Aceasta este o practică frecventă în psihiatria contemporană și orice aluzie la o coincidență cu sens este automat diagnosticată ca „iluzie". În cazul sincronicităților autentice, orice martor cu mintea deschisă care are acces la toate informațiile relevante recunoaște că, în general, coincidențele depășesc orice probabilitate statistică rezonabilă. Sincronicități extraordinare însoțesc multe forme de criză spirituală și în crizele de deschidere psihică ele sunt foarte frecvente.

Experiențe din vieți anterioare

Printre cele mai dramatice și mai spectaculoase experiențe transpersonale ce apar în stările holotropice se numără și amintirile din viețile anterioare. Acestea sunt secvențe care au loc în alte perioade istorice și de obicei în alte țări, fiind însoțite de senzații fizice și emoții intense. Deseori, ele descriu în detaliu persoanele, circumstanțele și cadrele istorice implicate. Aspectul cel mai pregnant este un convingător sentiment de reîntâlnire cu un lucru pe care persoana l-a văzut deja (déjà vu) sau l-a trăit deja (déjà vecu). Este categoric același tip de experiență care în India și în multe alte țări ale lumii a inspirat credința în reîncarnare și în legea karmei.

Informațiile bogate și exacte oferite de aceste „amintiri din viețile anterioare", ca și potențialul lor de vindecare, ne îndeamnă să le luăm în serios. Când conținutul unei experiențe karmice apare complet în conștiință, el poate oferi brusc o explicație pentru multe aspecte altfel de neînțeles ale vieții cotidiene. Dificultăți stranii în relațiile cu anumite persoane, temeri nemotivate, atracții și ideosincrazii ciudate, ca și simptome emoționale și psihosomatice altfel ilogice par acum să capete sens ca vestigii karmice dintr-o viață anterioară. Problemele dispar de obicei în momentul în care tiparul karmic este trăit complet și conștient. Vom reveni la subiectul interesant al experiențelor din viețile anterioare.

Ele pot complica viața în mai multe feluri. Înaintea intrării depline, complete în conștiință, subiectul poate fi urmărit în viața cotidiană de emoții ciudate, senzații fizice și viziuni, fără să știe de unde vin acestea sau ce înseamnă. Trăite în afara contextului, este normal ca experiențele să pară fără sens și iraționale. Un alt gen de complicație apare atunci când o experiență karmică foarte intensă începe să pătrundă în conștiință în toiul activităților cotidiene și să tulbure funcționarea normală.

Persoana se poate simți împinsă să transpună în act unele dintre elementele tiparului karmic înainte ca acesta să fi fost trăit și înțeles complet. De exemplu, ni se poate părea brusc că cineva din viața actuală a jucat un rol important într-o viață anterioară, persoană a cărei amintire ne apare în conștiință. Când se întâmplă așa, subiectul poate căuta contactul emoțional cu o persoană care acum pare a fi un „suflet-pereche" din trecutul karmic sau, dimpotrivă, o confruntare și un conflict cu un adversar dintr-o altă viață. Se poate ajunge la complicații neplăcute, deoarece pretinșii parteneri karmici nu au de obicei niciun temei în experiența proprie pentru a înțelege acest comportament.

Chiar dacă subiectul reușește să evite pericolul unei transpuneri în act stânjenitoare, problemele nu se opresc neapărat aici. După ce o amintire dintr-o viață anterioară a pătruns în întregime în conștiință, iar conținutul și implicațiile ei i s-au revelat subiectului, mai rămâne o dificultate. Subiectul trebuie să reconcilieze experiența cu credințele și valorile tradiționale ale civilizației occidentale. Negarea posibilității reîncarnării reprezintă un caz rar de acord complet între știința materialistă și biserica creștină. De aceea, în Occident, acceptarea și integrarea intelectuală a amintirilor din viețile anterioare reprezintă o sarcină dificilă atât pentru un ateu, cât și pentru o persoană religioasă.

Asimilarea experiențelor din viețile anterioare în sistemul propriu de credințe poate fi o sarcină relativ ușoară pentru un subiect care nu e prea atașat de religia creștină sau de perspectiva materialistă. Experiențele sunt de obicei atât de convingătoare, încât subiectul acceptă pur și simplu mesajul lor și poate chiar să se simtă entuziasmat de această nouă descoperire. Totuși, fundamentaliștii creștini și cei care cred cu tărie în rațional și știința tradițională pot fi catapultați într-o perioadă de confuzie, în care se confruntă cu experiențe convingătoare ce par să contrazică propriul sistem de valori.

Comunicarea cu ghizi spirituali și „channeling"-ul

Ocazional, un subiect poate întâlni într-o experiență holotropică o ființă ce pare să manifeste interes pentru o relație personală și care ia poziția unui profesor, ghid, protector sau devine, pur și simplu, o sursă accesibilă de informații. Asemenea ființe sunt de obicei percepute ca ființe omenești acorporale, entități supraomenești sau zeități care există în planuri superioare ale conștiinței și sunt înzestrate cu o extraordinară înțelepciune. Uneori, ele iau forma unei persoane; alteori, apar sub forma unor surse strălucitoare de lumină sau, pur și simplu, își fac simțită prezența. Mesajele lor sunt recepționate ca un transfer direct de gânduri sau prin alte mijloace extrasenzoriale. În unele cazuri, comunicarea poate lua forma mesajelor verbale.

Un fenomen deosebit de interesant din această categorie este „channeling"-ul, care în ultimii ani s-a bucurat de multă atenție din partea publicului și mass-media. O persoană „canal" transmite altora mesaje primite de la o sursă ce pare a fi exterioară conștiinței sale. Subiectul vorbește în transă, folosește scrierea automată sau înregistrează gândurile primite telepatic. „Channeling"-ul a jucat un rol important în istoria omenirii. Printre învățăturile spirituale primite prin „channeling" se află multe scrieri cu enormă influență culturală, precum vedele indiene, Coranul și Cartea lui Mormon. Un remarcabil exemplu modern de text transmis prin „channeling" este *A Course in Miracles*, scris de psiholoaga Helen Schucman (Anonim, 1975).

Experiențele de „channeling" pot declanșa o criză psihologică și spirituală serioasă. O posibilitate este ca subiectul să interpreteze experiența ca indicație a debutului demenței. Este foarte probabil, dacă „channeling"-ul implică auzirea unor voci, bine cunoscut simptom al schizofreniei paranoide. Calitatea materialului transmis prin „channeling" variază de la o conversație banală și îndoielnică la informații extraordinare. Uneori, „channeling"-ul poate oferi date exacte despre subiecte cu care subiectul nu a avut nicio legătură. Acest fapt poate părea apoi o dovadă deosebit de convingătoare a implicării unor realități supranaturale și poate genera o serioasă confuzie filozofică pentru un neinițiat ateu sau un savant cu o perspectivă materialistă asupra lumii.

Ghizii spirituali sunt percepuți de obicei ca ființe spirituale avansate, aflate la un nivel înalt de evoluție a conștiinței, dotate cu o inteligență superioară și o integritate morală extraordinară. Ceea ce poate duce la infatuare, subiectul putându-se simți ales pentru o misiune specială și privind fenomenul ca pe o dovadă a superiorității lui.

Experiențele de moarte clinică

Mitologia, folclorul și literatura spirituală abundă în relatări vii despre experiențele asociate cu moartea. Texte sacre speciale au fost dedicate exclusiv descrierilor și discuțiilor despre călătoria postumă a sufletului, precum *Cartea tibetană a morților (Bardo Thödol)*, *Cartea egipteană a morților (Pert em hru)* și corespondentul lor european, *Ars Moriendi (The Art of Dying)* (Grof, 1994).

În trecut, această mitologie funerară a fost privită cu neîncredere de oamenii de știință occidentali ca un produs al fanteziei sau luarea dorințelor drept realitate la popoarele primitive care nu erau capabile să se confrunte cu efemeritatea și propria lor mortalitate. Situația s-a schimbat dramatic după publicarea best-seller-ului internațional al doctorului Raymond Moody, *Life After Life*, care a adus confirmarea științifică a acestor relatări și a demonstrat că o întâlnire cu moartea poate fi o fantastică aventură a conștiinței. Cartea lui Moody s-a bazat pe relatările a 150 de persoane care au trăit o apropiată confruntare cu moartea sau au fost declarați clinic decedați, dar și-au recăpătat cunoștința și au apucat să-și povestească experiențele (Moody, 1975).

Moody a relatat că persoanele care au avut experiența morții clinice au fost frecvent martorii unei treceri în revistă sub forma unei reluări incredibil de condensată și colorată a întregii vieți. Conștiința, deseori detașată de corp, plutește liber deasupra scenei, observând amuzată și în același timp curioasă, sau călătorește în locuri îndepărtate. Mulți subiecți au o trecere printr-un tunel întunecat sau un coș către lumina divină, de o supranaturală strălucire și frumusețe.

Lumina nu era de natură fizică, dar avea caracteristici personale distincte. Era o Ființă de Lumină, radiind iubire infinită și atotcuprinzătoare, iertare și acceptare. Într-un dialog personal, deseori perceput ca o discuție cu Dumnezeu, subiecții au primit lecții despre existență și legile universale, și au avut ocazia să-și evalueze trecutul după aceste noi standarde. Apoi, au ales să se întoarcă la realitate și să-și trăiască viețile într-un mod nou, conform cu principiile pe care le învățaseră. De la publicarea lor, descoperirile lui Moody au fost confirmate repetat de alți cercetători.

Majoritatea supraviețuitorilor ies din experiențele de moarte clinică profund schimbați. Ei au o viziune universală atotcuprinzătoare și spirituală asupra realității, un nou sistem de valori și o strategie de viață radical diferită. Dezvoltă o deosebită apreciere a vieții și simt o legătură strânsă cu toate ființele vii și preocupare pentru viitorul omenirii și al planetei. Totuși, faptul că întâlnirea cu moartea are un mare potențial pozitiv nu înseamnă că această transformare este și ușoară.

Experiențele de moarte clinică duc foarte des la crize spirituale. O trăire intensă poate tulbura perspectiva asupra lumii a subiecților, deoarece catapultează brusc și fără avertisment individul într-o realitate diferită. Un accident de mașină la o oră de vârf sau un infarct în timp ce face jogging poate în câteva secunde să arunce persoana într-o aventură fantastică și vizionară care îi rupe în mii de bucăți realitatea obișnuită. După experiență, subiectul poate avea nevoie de consiliere și sprijin pentru a o putea integra în viața cotidiană.

Întâlniri cu OZN-uri și răpiri de către extratereștri

Experiențele întâlnirilor cu nave spațiale extraterestre și de răpire de către ființe extraterestre pot declanșa adesea o gravă criză emoțională și intelectuală, care are multe elemente comune cu urgențele spirituale. Acest fapt necesită o explicație, deoarece majoritatea oamenilor privesc OZN-urile în termenii a patru posibilități: vizitarea reală a Pământului de către un vehicul extraterestru, o escrocherie, perceperea greșită a unor fenomene naturale sau a unor aparate de origine terestră și halucinații psihotice. Alvin Lawson a încercat să explice răpirile de către OZN-uri ca interpretări greșite ale traumei nașterii, folosind propriul meu material clinic (Lawson, 1984).

Descrierile OZN-urilor vorbesc de obicei despre lumini care au o calitate stranie, supranaturală. Luminile seamănă cu cele menționate în multe relatări despre stările vizionare. C.G. Jung, care a dedicat o cercetare specială problemei „farfuriilor zburătoare", a sugerat că aceste fenomene ar putea fi viziuni arhetipale care își au originea în inconștientul colectiv al umanității, și nu halucinații psihotice sau vizite ale unor extratereștri (Jung, 1964). El și-a susținut teza printr-o analiză atentă a legendelor despre discuri zburătoare de-a lungul istoriei și a relatărilor despre apariții reale care au produs uneori crize și panică în masă.

S-a arătat, de asemenea, că ființele extraterestre implicate în aceste întâlniri au importante corespondente în mitologia și religiile lumii, sisteme care își au rădăcinile în inconștientul colectiv. Navele spațiale extraterestre și zborurile cosmice descrise de cei care afirmă că au fost răpiți sau invitați să facă o călătorie au și ele corespondente în literatura spirituală, precum carul zeului vedic Indra sau mașina care arunca flăcări a lui Iezechiel descrisă în Biblie. Peisajele și orașele fabuloase vizitate în aceste călătorii seamănă cu vizionarele trăiri ale paradisului, tărâmurilor cerești și orașelor de lumină.

Persoanele răpite afirmă deseori că extratereștrii i-au dus într-un laborator special și i-au supus la diferite experimente și examinări dureroase, folosind instrumente exotice. Poate fi vorba despre sondarea cavităților corporale, cu accent special pe organele sexuale. Există referiri frecvente la experimentele genetice făcute în scopul producerii de urmași hibrizi. Intervențiile sunt foarte dureroase și sunt adesea la limita cu tortura. Ceea ce face ca experiențele persoanelor răpite să se apropie mult de crizele inițiatice ale șamanilor și de chinurile neofiților din riturile aborigene de trecere.

Există un motiv suplimentar pentru care o experiență extraterestră poate declanșa o criză spirituală. El e asemănător cu problema discutată mai sus, în legătură cu ghizii spirituali și „channeling". Vizitatorii extratereștri sunt considerați reprezentanți ai unor civilizații incomparabil mai avansate decât a noastră, nu numai din punct de vedere tehnologic, ci și intelectual, moral și spiritual. Un asemenea contact are deseori foarte intense nuanțe mistice și este asociat cu viziuni de importanță cosmică. Astfel, este ușor pentru persoanele care s-au bucurat de o atenție specială să interpreteze evenimentul ca pe o indicație a unicității lor.

Subiecții pot avea sentimentul că au atras interesul unor ființe superioare dintr-o civilizație avansată, deoarece ele însele sunt, dintr-un anumit punct de vedere, excepționale și deosebit de potrivite pentru un scop special. În psihologia jungiană, o situație în care persoana pretinde că trăiește experiențe din lumea arhetipală datorită unor merite personale este numită infatuare. Din toate aceste motive, experiențele „întâlnirilor directe" cu extratereștrii pot duce la grave crize transpersonale.

Persoanele care au luat contact cu strania lume a experiențelor OZN și a răpirilor de către extratereștri au nevoie de ajutor specializat de la cineva care are cunoștințe generale de psihologie arhetipală și care e familiarizat cu caracteristicile specifice fenomenului OZN. Cercetători experimentați, precum psihiatrul John Mack de la Universitatea Harvard, au adus ample dovezi că răpirile de către extratereștri reprezintă o provocare conceptuală majoră pentru psihiatria occidentală și știința materialistă în general, și este naiv și ilogic să le privim ca manifestări ale bolilor mintale sau să le respingem cu totul (Mack, 1994, 1999).

De-a lungul anilor, am lucrat cu multe persoane care au avut experiențe intense de răpire de către extratereștri în timpul ședințelor psihedelice, a celor de respirație holotropică sau a urgențelor spirituale. Aproape fără excepție, aceste episoade erau extrem de puternice și de convingătoare din punct de vedere experiențial; ocazional, aveau și clare trăsături psihoide. În urma observațiilor mele, sunt convins că experiențele reprezintă fenomene sui generis și merită să fie serios studiate. Poziția psihiatrilor din curentul dominant, care le consideră produse ale unui proces patologic necunoscut din creier, este clar prea simplistă și extrem de neplauzibilă.

Alternativa care implică vizitele reale ale extratereștrilor este la fel de neplauzibilă. O civilizație extraterestră capabilă să trimită nave spațiale pe planeta noastră ar trebui să aibă capacități tehnice inimaginabile pentru noi. Avem informații suficiente despre planetele sistemului solar pentru a ști că sunt surse improbabile ale unei expediții de acest fel. Distanța până la cel mai apropiat corp ceresc din afara sistemului solar se ridică la mulți ani lumină. Abordarea unor distanțe de acest fel ar necesita viteze apropiate de cea a luminii sau călătorii interdimensionale prin hiperspațiu. O civilizație capabilă de asemenea realizări ar trebui să aibă tehnologii care ne-ar face imposibilă deosebirea între halucinație și realitate. Până când nu vor fi disponibile informații mai sigure, pare logic să privim experiențele cu OZN-uri ca manifestări ale elementelor arhetipale din inconștientul colectiv.

Stări de posedare

Persoanele aflate în acest tip de criză transpersonală au senzația clară că psihicul și corpul lor au fost invadate și că sunt controlate de o entitate demonică sau de o energie cu caracteristici personale. Ele o percep ca venind din afara lor, ostilă și perturbatoare. Ea poate părea o entitate acorporală confuză, o ființă demonică sau conștiința unei persoane rele, care invadează prin intermediul vrăjitoriei și practicilor magiei negre.

Există multe tipuri și grade diferite ale unor asemenea stări. În unele cazuri, natura adevărată a tulburării rămâne ascunsă. Problema se manifestă ca o psihopatologie gravă, prin comportamente antisociale sau chiar criminale, depresie suicidară, agresivitate criminală sau comportamente autodistructive, impulsuri sexuale promiscue și deviante și transpunerea lor în act, precum și folosirea excesivă a alcoolului și drogurilor. Deseori, abia după ce subiectul începe psihoterapia experiențială, „posedarea" este identificată ca starea ce se află la baza acestor probleme.

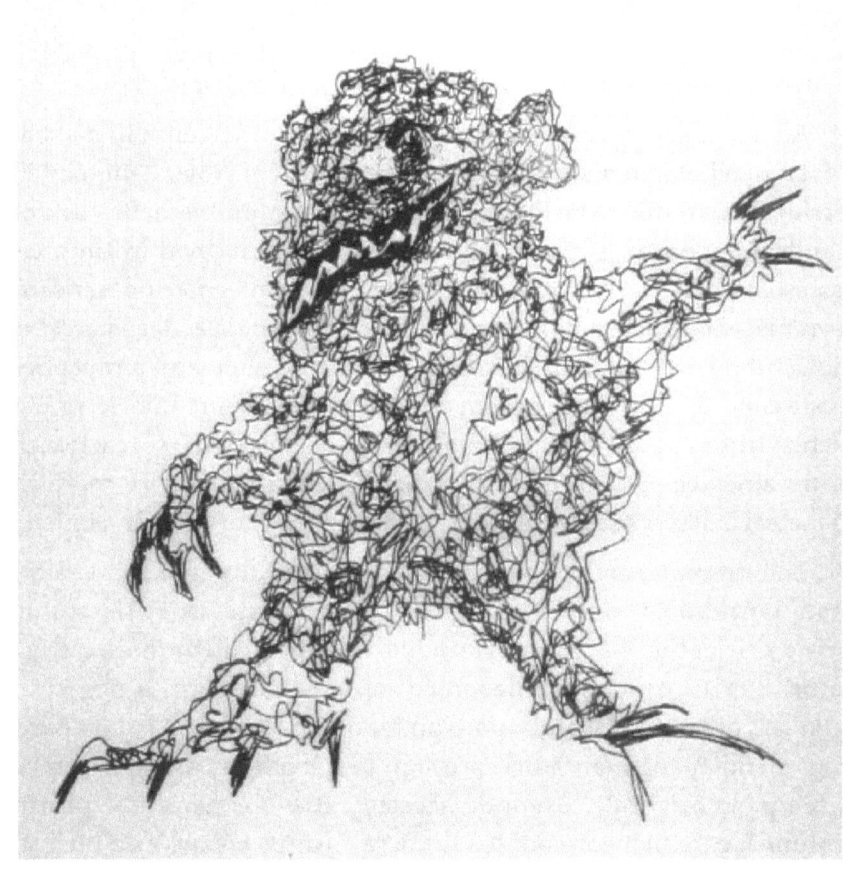

Desen reprezentând o figură demonică întâlnită într-o ședință de respirație holotropică. Era legată de capacitatea minții de a ne separa de adevărata noastră natură.

În timpul unei ședințe experiențiale, chipul subiectului poate fi cuprins de grimase și lua forma unei „măști a răului", iar ochii pot căpăta o expresie sălbatică. Mâinile și corpul pot suferi contorsiuni stranii, iar vocea se poate altera căpătând o calitate nelumească. Dacă procesul este lăsat să se deruleze, ședința seamănă foarte mult cu exorcizările din religia catolică sau cu ritualurile de exorcizare din vechi culturi aborigene. Rezolvarea vine adesea după episoade dramatice de sufocare, vomă și activitate fizică frenetică, sau chiar pierderea temporară a controlului. Astfel de secvențe pot avea un efect de vindecare și transformare neobișnuită și deseori determină schimbarea spirituală profundă a subiectului. Descrierea detaliată a celui mai dramatic episod de acest tip la care am fost martor se găsește în lucrarea publicată anterior (cazul Flora) (Grof, 1980).

Alteori, subiectul este conștient de prezența unei „entități diabolice" și face mari eforturi să se lupte cu ea și să-i controleze influența. În versiunea extremă a stării de posedare, energia problematică se poate manifesta spontan și poate pune stăpânire pe individ în timp ce-și desfășoară activitățile cotidiene. Situația seamănă cu cea descrisă mai devreme, când vorbeam despre ședințele experiențiale, dar în acest caz, subiectul nu are suportul și protecția oferite de contextul terapeutic. În aceste condiții, el se simte extrem de speriat și de singur. Rudele, prietenii și chiar și terapeuții tind să evite persoana „posedată" și reacționează cu un amestec straniu de teamă metafizică și respingere morală. Ei etichetează deseori subiectul ca demonic și refuză orice contact ulterior.

Tulburarea aparține limpede categoriei de „urgențe spirituale", în ciuda faptului că implică energii negative și este asociată cu multe forme criticabile de comportament. Arhetipul demonic este, prin natura sa, transpersonal, deoarece reprezintă imaginea negativă în oglindă a divinului. Deseori, pare un fenomen tip „poartă", comparabil cu gardienii înspăimântători care stau la stânga și la dreapta intrărilor în templele orientale. Ascunde accesul către o experiență spirituală profundă, care urmează adesea după rezolvarea cu succes a unei stări de posedare. Cu ajutorul cuiva care nu se teme de natura ei ciudată și poate încuraja manifestarea ei conștientă deplină, energia poate fi disipată, producându-se o vindecare remarcabilă.

Alcoolismul și dependența de droguri

Este perfect logic să descriem dependența printre urgențele spirituale, în ciuda faptului că diferă în manifestările ei exterioare de tipurile mult mai evidente de crize spirituale. În dependență, ca și în stările de posedare, dimensiunea spirituală este mascată de natura distructivă și autodistructivă a tulburării. În vreme ce în celelalte forme de urgență spirituală oamenii au dificultăți în a face față experiențelor mistice, în dependență sursa problemei este puternica nevoie spirituală și faptul că nu s-a putut realiza încă un contact cu dimensiunea mistică.

Există ample dovezi ale faptului că în spatele impulsului irezistibil de a consuma alcool sau droguri se află impulsul nerecunoscut spre transcendență sau plenitudine. Multe persoane aflate în recuperare vorbesc despre continua căutare a unui element sau a unei dimensiuni necunoscute din viața lor și descriu neîmplinirea și căutarea frustrantă de substanțe, relații, posesiuni sau putere, care reflectă un efort necruțător de a satisface această nevoie (Grof, 1993).

Am discutat mai devreme despre o anumită similitudine superficială care există între stările mistice și intoxicarea cu alcool sau droguri puternice. Ambele tulburări au în comun o dizolvare a granițelor individuale, dispariția emoțiilor perturbatoare și transcenderea problemelor lumești. Deși în abuzul de alcool sau droguri lipsesc multe dintre caracteristicile importante ale stării mistice, precum seninătatea, numinozitatea și bogăția intuițiilor filozofice, suprapunerea experiențială este suficientă pentru a-i atrage pe alcoolici și dependenți spre abuz.

William James a fost conștient de această conexiune și a scris despre ea în *Varieties of Religious Experience*: „Puterea alcoolului se datorează, neîndoielnic, capacității lui de a stimula facultățile mistice ale omului, de obicei strivit de faptele și criticile din perioada de trezie. Trezirea diminuează, discriminează și refuză; beția dilată, unește și confirmă." (James, 1961) El a văzut și implicațiile acestui fapt pentru terapie, pe care le-a exprimat succint în celebra afirmație: „Cel mai bun tratament pentru dipsomanie (un termen arhaic pentru alcoolism) este religiomania."

Intuiția independentă a lui C.G. Jung a avut un rol decisiv în dezvoltarea rețelei mondiale a Programelor în Doisprezece pași. Nu toată lumea știe că Jung a jucat un rol foarte important în istoria asociației Alcoolicii Anonimi (AA). Informații despre acest aspect puțin cunoscut al activității lui Jung pot fi găsite într-o scrisoare pe care Bill Wilson, cofondatorul AA, i-a scris-o lui Jung în 1961 (Wilson și Jung, 1963).

Jung a avut un pacient, Roland H., care a venit la el după ce epuizase alte mijloace de vindecare de alcoolism. După o ameliorare temporară în urma unui an de tratament cu Jung, pacientul a suferit o recidivă. Jung i-a spus că era un caz fără speranță și i-a sugerat că singura lui șansă era să se alăture unei comunități religioase, cu speranța unei experiențe spirituale profunde. Roland H. s-a alăturat Grupului Oxford, o mișcare evanghelică ce punea accentul pe autosupraveghere, confesiune și slujbă. Acolo a trăit o convertire religioasă care l-a eliberat de alcoolism. După care s-a întors în New York City și s-a implicat în Grupul Oxford de acolo. A reușit să-l ajute pe prietenul lui Bill Wilson, Edwin T., care, la rândul său, l-a ajutat pe Bill Wilson în criza acestuia. În timpul unei puternice experiențe spirituale, Bill Wilson a avut viziunea unei frății globale a alcoolicilor, un lanț în care să se ajute unii pe alții.

Peste ani, Wilson i-a scris lui Jung o scrisoare, în care i-a prezentat rolul important pe care l-a jucat în istoria AA. În răspunsul său, Jung a scris despre acest pacient: „Atracția lui irezistibilă față de alcool era, la un nivel inferior, echivalentul dorinței noastre spirituale de plenitudine, exprimată în limbajul medieval prin „unirea cu Dumnezeu"." Jung a arătat că, în latină, termenul *spiritus* are ambele sensuri – alcool și spirit. Apoi a rezumat succint, în expresia „spiritus contra spiritum", convingerea sa că numai o experiență spirituală profundă poate scoate oamenii de sub vraja alcoolului. Intuițiile lui James și Jung au fost confirmate ulterior de cercetarea clinică (Grof, 1980).

Tratamentul urgențelor spirituale

Strategia psihoterapeutică pentru persoanele care trec prin crize spirituale reflectă principiile pe care le-am discutat mai devreme. Ea se bazează pe înțelegerea faptului că aceste stări nu sunt manifestări ale unui proces patologic necunoscut, ci iau naștere dintr-o mișcare psihică spontană, dotată cu potențial de vindecare și transformare.

Înțelegerea și tratamentul adecvat al urgențelor spirituale necesită un model foarte extins al psihicului, care să includă dimensiunile perinatală și transpersonală.

Natura și gradul de asistență terapeutică necesare depind de intensitatea procesului psiho-spiritual. În formele ușoare de criză spirituală persoana este, de obicei, capabilă să facă față cotidian experiențelor holotropice. Singurul lucru de care are nevoie este posibilitatea de a discuta procesul cu un terapeut de orientare transpersonală, care să-i furnizeze un feedback constructiv și să o ajute să-și integreze experiențele în viața de zi cu zi.

Dacă procesul este mai activ, subiectul ar putea avea nevoie de ședințe regulate de terapie experiențială pentru a facilita ieșirea la suprafață a materialului inconștient și exprimarea deplină a emoțiilor și energiilor fizice blocate. Strategia generală a abordării este identică cu cea folosită în ședințele de respirație holotropică. Când experiențele sunt foarte intense, tot ce trebuie să facem este să încurajăm subiectul să se abandoneze procesului. Dacă ne confruntăm cu o puternică rezistență psihologică, am putea folosi ocazional lucrul eliberator cu corpul ca cel practicat la finalul ședințelor de respirație. Respirația holotropică este indicată numai dacă desfășurarea naturală a procesului intră într-un impas.

Aceste intense ședințe experiențiale pot fi completate cu practică gestaltistă, jocul jungian în nisip al Dorei Kalff sau lucrul cu corpul sub conducerea unui practician experimentat. O varietate de tehnici auxiliare se pot dovedi și ele extrem de utile. Printre acestea se numără scrierea unui jurnal, desenarea mandalelor, dansul expresiv, joggingul, înotul sau alte activități sportive. Dacă subiectul este capabil să se concentreze pe citit, cărțile de orientare transpersonală, în special cele centrate pe tema crizelor psiho-spirituale sau pe un anumit aspect al experiențelor interioare, pot fi extrem de utile.

Persoanele ale căror experiențe sunt atât de intense și dramatice încât nu pot fi tratate ca pacienți externi reprezintă o problemă specială. Nu există, practic, nicio instituție care să ofere o supraveghere de 24 de ore fără folosirea rutinieră a intervenției psiho-farmacologice supresive. Câteva centre experimentale de acest tip au existat în trecut în California – de exemplu, John Perry's Diabasis în San Francisco și Chrysalis în San Diego sau Barbara Findeisen's Pocket Ranch în Geyserville – dar au avut viață scurtă. Crearea unor centre alternative de acest tip este o premisă necesară pentru tratarea eficientă a urgențelor spirituale în viitor.

În unele locuri, asistenții au încercat să depășească această deficiență prin crearea unor echipe de persoane specializate care să facă cu schimbul în casa subiectului pe durata episodului. Gestionarea formelor intens acute de criză spirituală necesită măsuri extraordinare, fie că survin într-o instituție specializată, fie în propria casă. Episoadele prelungite pot dura zile sau săptămâni și pot fi asociate cu o activitate fizică și emoțională intense, pierderea apetitului și insomnie. Ceea ce duce la pericolul deshidratării, al carențelor de vitamine și minerale și al epuizării. Hrana insuficientă poate duce la hipoglicemie, care slăbește capacitățile psihologice de apărare și aduce material suplimentar din inconștient. Toate acestea pot crea un cerc vicios care perpetuează tulburarea acută. Ceaiul cu miere, bananele sau o altă formă de alimentație conținând glucoză pot fi foarte utile în stabilizarea procesului.

O persoană aflată într-o criză psiho-spirituală intensă este, de obicei, atât de profund implicată în experiență, încât uită să mănânce, să bea sau să se ocupe de igiena elementară. Astfel, sarcina satisfacerii nevoilor sale fundamentale revine persoanelor însărcinate să o ajute. Deoarece îngrijirea persoanelor care trec prin cele mai acute forme de urgență spirituală este deosebit de solicitantă, cei care asistă trebuie să lucreze în schimburi de durată rezonabilă, pentru a-și proteja propria sănătate mintală și fizică. Pentru a garanta o îngrijire completă și continuă, este nevoie să se țină un jurnal și să se înregistreze cu grijă ingestia de hrană, lichide și vitamine.

Privarea de somn, ca și postul, tinde să slăbească apărarea și să faciliteze pătrunderea materialului inconștient în conștiință. Aceasta poate duce, de asemenea, la un cerc vicios care trebuie întrerupt. Din acest motiv, ar putea fi necesar ca subiectului să i se administreze din când în când un tranchilizant slab sau un hipnotic pentru a-i proteja somnul. În acest context, medicația e considerată o măsură pur paliativă, și nu o terapie, cum e prezentată frecvent medicația sedativă în psihiatria clasică. Administrarea unor tranchilizante ușoare întrerupe cercul vicios și oferă subiectului odihna și energia necesare pentru continuarea procesului de descoperire în ziua următoare.

În stadiile ultime ale urgențelor spirituale, când intensitatea procesului scade, subiectul nu mai are nevoie de supraveghere constantă. El revine treptat la activitățile cotidiene și își reia responsabilitatea privind îngrijirea de bază. Perioada totală petrecută într-un mediu protejat depinde de nivelul de stabilizare și integrare a procesului. Dacă este nevoie, putem programa ședințe experiențiale ocazionale și recomanda folosirea unor tehnici complementare și auxiliare. Discuțiile regulate despre experiențele și intuițiile avute de la începerea procesului pot fi foarte utile în integrarea episodului.

Tratamentul alcoolismului și dependenței de drog prezintă probleme specifice și trebuie discutat separat de cel al altor urgențe spirituale. Mai ales dependența fiziologică și natura progresivă a tulburării necesită măsuri speciale. Înainte de a ne ocupa de problemele psihologice care stau la baza dependenței, este obligatoriu să se întrerupă ciclul chimic ce perpetuează folosirea substanțelor. Subiectul trebuie să treacă printr-o perioadă de abstinență și dezintoxicare într-un centru special.

Abia apoi ne putem concentra asupra rădăcinilor psiho-spirituale ale problemei. După cum am văzut, alcoolismul și dependența de droguri reprezintă o căutare greșit îndrumată a transcendenței. Din acest motiv, pentru a avea succes, programul terapeutic trebuie să pună un puternic accent pe dimensiunea spirituală a problemei. Din perspectivă istorică, cel mai mare succes în combaterea dependenței l-au avut programele Alcoolicii Anonimi (AA) și Narcomanii Anonimi (NA), grupuri suport care oferă o abordare completă bazată pe filozofia celor doisprezece pași descrisă de Bill Wilson.

Urmând programul pas cu pas, alcoolicul sau dependentul observă și recunoaște că a pierdut controlul asupra propriei vieți și că a devenit neputincios. Este încurajat să se abandoneze și să lase o putere superioară aleasă de el să preia controlul. O dureroasă reanaliză a istoriei sale de viață produce un inventar al greșelilor, oferind o bază pentru repararea acestora față de toate persoanele pe care le-a rănit prin dependența sa. Cei care au ajuns la abstinență și sunt în recuperare sunt îndemnați să transmită mesajul mai departe altor dependenți și să-i ajute să-și depășească obișnuința.

Programele în doisprezece pași sunt extrem de valoroase pentru susținerea și orientarea alcoolicilor și dependenților de la începutul tratamentului și pe tot parcursul anilor de recuperare și abstinență. Deoarece cartea se concentrează asupra potențialului de vindecare al stărilor holotropice, acum vom analiza dacă și în ce fel aceste stări pot fi folositoare în tratamentul dependenței. Problema este strâns legată de al unsprezecelea pas care subliniază nevoia „de a ne ameliora prin rugăciune și meditație contactul conștient cu Dumnezeu, așa cum îl înțelegem noi". Deoarece stările holotropice pot facilita experiențe mistice, ele intră, bineînțeles, în această categorie.

De-a lungul anilor, am ajuns la o experiență bogată în folosirea stărilor holotropice în tratamentul alcoolicilor și dependenților și în lucrul cu persoane vindecate care doreau să ridice nivelul calitativ al stării de abstinență. Am făcut parte din echipa Centrului de Cercetări Psihiatrice Maryland din Baltimore, care a realizat o amplă cercetare controlată asupra terapiei psihedelice la alcoolici și dependenți de droguri (Grof, 1980). Am avut și prilejul de a fi martor la efectul ședințelor regulate de respirație holotropică asupra multor persoane aflate în recuperare în contextul pregătirilor organizate de noi. Vă voi împărtăși mai întâi observațiile și experiențele mele pe parcursul acestei activități și abia după aceea voi discuta problemele implicate în contextul mai larg al „Mișcării celor doisprezece pași".

Din experiența mea, este foarte improbabil ca respirația holotropică sau terapia psihedelică să-i poată ajuta pe alcoolici și dependenți în momentul în care folosesc activ drogul. Nici măcar experiențele profunde și pline de înțeles nu par să aibă puterea de a rupe ciclul chimic implicat. Activitatea terapeutică cu stările holotropice trebuie introdusă numai după ce alcoolicii și dependenții au făcut o cură de dezintoxicare, au depășit simptomele de sevraj și au ajuns la abstinență. Numai atunci vor putea beneficia de experiențele holotropice și vor putea pătrunde în profunzimea problemelor psihologice care stau la baza dependenței. În acest punct, stările holotropice pot fi extrem de utile, ajutând subiectul să se confrunte cu amintirile traumatice, să proceseze emoțiile dificile asociate cu ele și să capete intuiții valoroase în legătură cu rădăcinile psihologice ale abuzului.

Experiențele holotropice pot și să medieze procesul morții și renașterii psiho-spirituale cunoscut sub numele de „atingerea fundului prăpastiei" care este un punct de cotitură important în viața multor alcoolici și dependenți. Experiența morții eului are loc aici într-un cadru protejat, în care nu există consecințele fizice și sociale periculoase ce s-ar manifesta în mediul natural al clientului. Și, în final, stările holotropice pot media accesul experiențial către trăiri spirituale profunde, obiectul real al dorinței intense a alcoolicului sau dependentului, reducând astfel probabilitatea ca el să mai caute surogate în alcool sau narcotice.

Programele de terapie psihedelică pentru alcoolici și dependenți realizate la Centrul de Cercetări Psihiatrice Maryland au avut mare succes, în ciuda faptului că protocolul limita numărul ședințelor psihedelice la maximum trei. Într-un studiu efectuat după 6 luni, peste 50% dintre alcoolicii cronici și o treime dintre dependenții de narcotice care participaseră la aceste programe au fost considerați „în esență recuperați" de către o echipă independentă de evaluare (Pahnke și al., 1970; Savage și McCabe, 1971; Grof, 1980). Aproape fără excepție, persoanele însănătoșite în cadrul programelor și atelierelor noastre consideră respirația holotropică un mod de a ameliora calitatea abstinenței și de a le facilita dezvoltarea psiho-spirituală.

În ciuda efectelor sale benefice, folosirea stărilor holotropice în cazul persoanelor aflate în recuperare s-a lovit de o puternică opoziție din partea unor membri conservatori ai „Mișcării celor doisprezece pași". Ei afirmă că alcoolicii și dependenții aflați în căutarea oricărei forme de „euforie" trăiesc o „recădere" și formulează această sentință nu numai când stările holotropice implică folosirea substanțelor psihedelice, ci și în cazul formelor experiențiale ale psihoterapiei și chiar pentru meditație, abordare astfel menționată în însăși descrierea celui de-al unsprezecelea pas.

Este probabil ca atitudinea extremistă să vină din istoria AA. Bill Wilson, cofondatorul AA, a participat, după 20 de ani de abstinență, la un program psihedelic și a făcut mai multe ședințe LSD. El a considerat experiențele foarte utile și a făcut eforturi pentru a introduce ședințele psihedelice supravegheate în programul Alcoolicilor Anonimi. Acest lucru a produs o mare tulburare în cadrul mișcării și a fost în final respins.

Ne confruntăm aici cu două moduri diferite de a vedea relația dintre dependență și stările holotropice. Una apreciază orice efort de a te îndepărta de starea obișnuită de conștiință inacceptabil pentru o persoană dependentă, considerată recidivistă. Perspectiva opusă apreciază ca legitimă și perfect normală căutarea unei stări spirituale, o tendință naturală a omului, căci nevoia de transcendență este cea mai puternică forță motivațională a psihicului (Weil, 1972). Dependența este atunci o formă greșită și distorsionată a efortului, iar remediul cel mai eficient este facilitarea accesului la o experiență autentică a divinului.

Viitorul va decide care dintre cele două abordări va fi adoptată de profesioniști și de persoanele în recuperare. În opinia mea, dezvoltarea cea mai promițătoare în tratamentul alcoolismului și abuzului de droguri ar fi o combinare a programului „celor doisprezece pași", cea mai eficientă metodă de tratare a alcoolismului și dependenței, cu psihologia transpersonală, care poate oferi o bază teoretică solidă pentru terapia pe baze spirituale. Folosirea responsabilă a terapiei holotropice ar fi o componentă logică a tratamentului global de acest tip.

În anii '80, am organizat împreună cu soția mea două întruniri ale Asociației Transpersonale Internaționale (International Transpersonal Association – ITA) în Eugene, Oregon, și Atlanta, Georgia, care au demonstrat fezabilitatea și utilitatea unificării programului „celor doisprezece pași" cu psihologia transpersonală. Justificarea empirică și teoretică a fuziunii a fost discutată în mai multe lucrări (Grof, 1987; Grof, 1993; Sparks, 1993).

Conceptul de „urgență spirituală" este nou și va fi fără îndoială completat și perfecționat în viitor. Totuși, am văzut în repetate rânduri că, și în forma sa actuală, așa cum l-am definit eu și Christina, a fost foarte util multor persoane aflate în crize de transformare. Am observat că, atunci când tulburările sunt tratate cu respect și primesc ajutorul adecvat, pot conduce la o vindecare remarcabilă, la o profundă transformare pozitivă și la un nivel superior de funcționare. Aceasta s-a întâmplat adesea, în ciuda faptului că, în prezent, condițiile de tratare a persoanelor aflate în criză psiho-spirituală sunt departe de a fi ideale.

În viitor, succesul acestei întreprinderi poate crește considerabil, dacă terapeuții vor avea la dispoziție o rețea de centre cu program de douăzeci și patru de ore pentru cei ale căror experiențe sunt atât de intense, încât nu pot fi tratate ambulatoriu. În prezent, absența unor asemenea facilități și lipsa de susținere din partea companiilor de asigurări pentru abordările neconvenționale reprezintă cele mai serioase obstacole în calea aplicării eficiente a noilor strategii terapeutice.

5
Noi perspective în autoexplorare și psihoterapie

Așa cum am văzut, cercetarea stărilor holotropice a revoluționat înțelegerea tulburărilor emoționale și psihosomatice. A demonstrat și că simptomele psihopatologice și sindroamele de origine psihogenă nu pot fi adecvat explicate de către evenimentele traumatice din biografia postnatală. Observațiile din psihoterapia experiențială profundă au arătat că aceste stări au o structură dinamică multinivelară, ce include cu regularitate elemente semnificative din domeniile perinatal și transpersonal ale psihicului.

Descoperirea descrie un tablou foarte pesimist al psihoterapiei din perspectiva obișnuită. Explică de ce abordările verbale, orientate spre elemente biografice au înșelat, în general, așteptările ca instrumente de soluționare a problemelor clinice grave. Din cauza limitărilor conceptuale și tehnice, aceste metode sunt incapabile să ajungă la rădăcinile profunde ale tulburărilor pe care încearcă să le vindece. Din fericire, lucrul cu stările holotropice nu se limitează la a scoate în evidență faptul că tulburările emoționale și psihosomatice au semnificative dimensiuni perinatale și transpersonale. El oferă și acces la mecanisme terapeutice noi și eficiente care acționează asupra nivelurilor profunde ale psihicului.

Recurgerea la terapia și autoexplorarea bazată pe intuițiile dobândite din studiul stărilor holotropice și utilizarea potențialului lor de vindecare poate fi numită *strategie holotropică de psihoterapie*. Această strategie reprezintă o importantă alternativă la tehnicile diferitelor școli de psihologie abisală care subliniază schimbul verbal între terapeut și client. De asemenea, diferă semnificativ de terapiile experiențiale dezvoltate de psihologii umaniști, care încurajează exprimarea emoțională directă și angajarea corpului, dar au loc în starea obișnuită de conștiință.

Ceea ce au în comun toate școlile tradiționale de psihoterapie este efortul de a înțelege cum funcționează psihicul, de ce apar simptomele și ce înseamnă ele. Cunoștințele teoretice sunt apoi folosite pentru dezvoltarea unei tehnici pe care terapeutul o folosește în interacțiunea cu clientul, pentru a corecta procesele psihodinamice deviante. Deși cooperarea clientului este o parte esențială a procesului de vindecare, terapeutul este considerat agentul activ și sursa cunoașterii necesare rezolvării cu succes a problemelor.

Această abordare, deși rareori serios pusă la îndoială de teoreticieni și practicieni, este plină de probleme majore. Lumea psihoterapiei este fragmentată în multe școli care prezintă o remarcabilă lipsă de acord asupra celor mai importante probleme teoretice și a măsurilor terapeutice adecvate. Nu e valabil doar pentru modalitățile de tratament bazate pe ipoteze filozofice și științifice incompatibile a priori, ca decondiționarea behavioristă și psihanaliza, ci și pentru majoritatea școlilor de psihologie abisală, care s-au inspirat din lucrările inițiale ale lui Freud. Ele manifestă un dezacord considerabil în privința forțelor motivatoare ale psihicului și a factorilor responsabili de dezvoltarea psihopatologiei. Prin urmare, vederile lor asupra strategiei de psihoterapie și a naturii intervențiilor terapeutice diferă.

În aceste condiții, activitățile și intervențiile terapeutului sunt inevitabil mai mult sau mai puțin arbitrare, deoarece sunt influențate de pregătirea lui și de filozofia personală. Principiul de bază al terapiei holotropice este acela că simptomele tulburărilor emoționale și psihosomatice reprezintă o încercare a organismului de a se elibera de vechi engrame traumatice, de a se vindeca și de a-și simplifica funcționarea. Acestea nu sunt numai o pacoste și o complicare a vieții, ci și o importantă oportunitate. Terapia eficientă constă în activarea și intensificarea temporară, urmată de rezolvarea simptomelor. Atunci, terapeutul nu face decât să susțină procesul declanșat spontan.

Iată un principiu pe care terapia holotropică îl împărtășește cu *homeopatia*. Un homeopat identifică și aplică remediul care la persoanele sănătoase, în timpul așa-numitei *imunizări*, produce simptomele pe care le manifestă subiectul (Vithoulkas, 1980). Starea holotropică de conștiință tinde să funcționeze ca remediu homeopatic universal, prin aceea că activează orice simptom existent și exteriorizează simptomele latente.

Am descris mai devreme „funcția de radar" care operează în stările holotropice și aduce automat la suprafață acele conținuturi inconștiente cu puternică încărcătură emoțională și cel mai ușor accesibile procesării. E un mecanism extrem de util și de important, care eliberează terapeutul de sarcina imposibilă de a stabili care sunt aspectele cu adevărat relevante ale materialului prezentat de subiect.

În acest punct, pare potrivit să spunem câteva cuvinte despre atitudinea și abordarea simptomelor în psihiatria de orientare clasică. Sub influența modelului medical care domină gândirea psihiatrică, psihiatrii tind, în general, să privească intensitatea simptomelor ca pe un indicator al gravității tulburărilor emoționale și psihosomatice. Intensificarea simptomelor este astfel văzută ca o „înrăutățire" a stării clinice, iar ameliorarea simptomelor ca o „îndreptare".

Aceasta este o optică frecvent întâlnită în practica de zi cu zi, în ciuda faptului că ea contrazice experiența psihiatriei dinamice. În cursul psihoterapiei sistematice, intensificarea simptomelor sugerează ieșirea la suprafață a unui material inconștient important și deseori anunță progrese majore în terapie. Este la fel de bine cunoscut că stările emoționale acute și dramatice bogate în simptomatologie au, de obicei, un prognostic clinic mult mai bun decât tulburările cu evoluție lentă și insidioasă, ale căror simptome sunt mai puțin vizibile. Confundarea gravității tulburării cu intensitatea simptomelor, asociată cu factori precum volumul de lucru al majorității psihiatrilor, preocupările economice și comoditatea intervențiilor farmacologice sunt responsabile de faptul că o mare parte a terapiei psihiatrice se centrează aproape exclusiv pe suprimarea simptomelor.

Deși această practică reflectă influența modelului medical în psihiatrie, în medicina somatică o concentrare exclusivă pe suprimarea simptomelor ar fi considerată o practică medicală complet greșită. În tratamentul bolilor fizice, terapia simptomatică este aplicată numai simultan cu măsurile cauzale. De exemplu, dacă am aplica gheață și am da aspirină unui pacient cu febră mare, fără să stabilim etiologia stării febrile, nu am realiza evident un tratament medical acceptabil. Singura excepție de la această regulă o face terapia bolilor incurabile, care este limitată la tratamentul simptomatic, deoarece tratamentul cauzal nu este cunoscut.

La una dintre conferințele sale din anii '70, Fritjof Capra a folosit o parabolă interesantă pentru a ilustra greșeala concentrării pe simptome, și nu pe problema care stă la baza lor. Imaginați-vă că sunteți la volanul unei mașini și, brusc, se aprinde un bec roșu pe panoul de bord. Din întâmplare, este becul care arată că nivelul uleiului este foarte scăzut. Nu înțelegeți funcționarea mașinii, dar știți că un bec roșu pe panoul de bord înseamnă probleme. Duceți mașina la garaj și prezentați problema mecanicului. Acesta aruncă o privire și spune: „Un bec roșu? Nici o problemă!" Întinde mâna către fir și îl smulge. Becul roșu se stinge și mecanicul vă trimite la plimbare.

Nu am avea o părere prea bună despre un mecanic care ne-ar oferi acest tip de „soluție". Ne așteptam la o intervenție care ar rezolva problema și ar lăsa sistemul de semnalizare intact, nu la eliminarea mecanismului care ne avertiza dacă apărea o problemă. Tot așa, obiectivul terapiei reale a tulburărilor emoționale este atingerea unei stări în care simptomele să nu se manifeste deoarece nu există niciun motiv pentru care ar face-o, nu una în care ele nu pot apărea pentru că sistemul de semnalizare nu este funcțional.

E soluția pe care și-o propune și strategia holotropică de terapie; când încurajăm, facilităm și susținem ieșirea completă la suprafață a materialului care stă la baza simptomelor, procesul reușește ceea ce organismul încerca să facă – eliberarea de engramele traumatice și eliberarea energiilor emoționale și fizice reprimate și asociate lor. După cum am văzut în capitolul despre urgențele spirituale, această înțelegere a procesului terapeutic nu se aplică doar nevrozelor și tulburărilor psihosomatice, ci și multor stări pe care psihiatrii din curentul dominant le-ar diagnostica drept psihotice și le-ar considera manifestări ale unei grave boli mintale.

Incapacitatea de a recunoaște potențialul de vindecare al unor asemenea stări extreme arată cât de îngust este cadrul conceptual al psihiatriei occidentale, limitat la biografia postnatală și inconștientul individual. Experiențele pentru care cadrul conceptual îngust nu are o explicație logică sunt atribuite unui proces patologic de origine necunoscută. Cartografia extinsă a psihicului, care include domeniile perinatal și transpersonal, oferă însă o explicație naturală pentru intensitatea și conținutul unor stări extreme.

O altă presupoziție importantă a terapiei holotropice este că omul obișnuit al culturii noastre funcționează într-un mod mult inferior potențialului său real. Sărăcirea se datorează faptului că persoana se identifică numai cu o mică fracțiune a ființei sale – corpul fizic și eul. Această identificare falsă duce la un mod de viață inautentic, nesănătos, nesatisfăcător și contribuie la dezvoltarea tulburărilor emoționale și psihosomatice de origine psihologică. Apariția unor simptome supărătoare care nu au nicio bază organică poate fi văzută ca o indicație a faptului că persoana, funcționând pe baza unor premise false, a ajuns într-un punct în care devine evident că vechiul mod de a fi nu mai funcționează și a devenit de nesusținut.

Când devine clar că orientarea spre lumea exterioară a eșuat, individul se retrage în lumea sa interioară și în conștiință încep să apară conținuturi inconștiente cu puternică încărcătură emoțională. Invazia de material perturbator tinde să interfereze cu abilitatea individului de a funcționa în viața de zi cu zi. O astfel de criză poate apărea numai într-o arie limitată a vieții – precum căsătoria și viața sexuală, activitatea profesională sau urmărirea diferitelor ambiții personale – sau afectează simultan toate segmentele și aspectele vieții.

Întinderea și profunzimea crizei depind de sincronizarea importantelor traume pe care individul le-a suferit în pruncie sau copilărie; ele stabilesc dacă procesul atinge proporții nevrotice sau psihotice. Traumatizarea în stadiile ulterioare ale vieții postnatale determină predispoziția pentru o decompensare nevrotică ce afectează doar anumite segmente ale funcționării sociale și interpersonale. Procesul care atinge proporții psihotice implică toate domeniile vieții; de obicei, el indică perturbări grave în stadiile timpurii ale copilăriei.

Situația rezultată reprezintă o criză sau chiar o urgență, dar și o mare șansă. Obiectivul principal al terapiei holotropice este susținerea activității inconștiente, mobilizarea și aducerea la deplină conștiință a amintirilor traumelor reprimate și uitate. În acest proces, energia blocată de către simptomele emoționale și psihosomatice este eliberată și descărcată, iar simptomele se transformă într-un șuvoi de experiențe. Conținutul experiențelor poate fi extras din orice nivel al psihicului – biografic, perinatal sau transpersonal.

Sarcina asistentului sau a terapeutului în terapia holotropică este susținerea procesului experiențial cu deplină încredere în natura sa vindecătoare, fără a încerca să-l direcționeze sau să-l modifice în vreun fel. Procesul este ghidat de propria inteligență tămăduitoare internă a clientului. Termenul terapeut este folosit aici în sensul grecescului *terapeutes*, care înseamnă o persoană ce asistă la procesul de vindecare, nu un agent activ a cărui sarcină ar fi să „vindece" clientul. Este important pentru terapeut să susțină desfășurarea experiențială a fenomenului, chiar dacă nu o înțelege rațional.

Unele experiențe intense de vindecare și transformare ar putea să nu aibă un conținut specific; ele constau în secvențe de intense acumulări emoționale sau tensiuni fizice urmate de o relaxare și o eliberare profundă. Frecvent, intuițiile și conținuturile specifice apar mai târziu în cadrul procesului sau chiar în ședințele ulterioare. În unele cazuri, rezolvarea apare la nivel biografic, în altele, în conexiune cu materialul perinatal sau cu diferite teme transpersonale. Vindecarea radicală și transformarea personalității cu efecte durabile se ivește deseori din experiențe ce scapă cu totul înțelegerii raționale.

Cea mai puternică tehnică de inducere a stărilor holotropice în scopuri terapeutice este, fără îndoială, folosirea plantelor sau substanțelor psihedelice. În acest moment, există doar câteva proiecte oficiale de cercetare în care se folosesc aceste substanțe, iar terapia psihedelică nu este disponibilă în orice colț al lumii. Din acest motiv, voi concentra discuția pe o abordare care poate induce stări holotropice prin mijloace non-farmacologice, neasociată cu probleme politice, administrative și legale complicate.

Teoria și practica respirației holotropice

În ultimii 20 de ani, eu și soția mea, Christina, am pus la punct o abordare terapeutică și de autoexplorare pe care o numim „respirație holotropică". Ea induce stări holotropice foarte puternice, printr-o combinație de mijloace extrem de simple – respirație accelerată, muzică evocatoare și o tehnică de lucru corporal care ajută la eliberarea blocajelor bioenergetice și emoționale reziduale. În teorie și practică, metoda reunește și integrează diferite elemente din tradițiile antice și aborigene, filozofiile spirituale orientale și psihologia abisală occidentală.

Puterea vindecătoare a respirației

Folosirea diferitelor tehnici de respirație în scopuri religioase și tămăduitoare poate fi trasată până la începuturile istoriei umane. În culturile antice și preindustriale, respirația a jucat un rol foarte important în cosmologie, mitologie și filozofie, fiind și un instrument deosebit în practicile rituale și spirituale. Încă de la începuturile istoriei, încercând să înțeleagă natura umană, aproape fiecare sistem psiho-spiritual important a privit respirația ca pe o legătură crucială între corp, minte și spirit. Acest lucru se reflectă clar în cuvintele pe care multe limbi le folosesc pentru a denumi respirația.

În vechea literatură indiană, termenul *prana* însemna nu numai respirația fizică și aerul, ci și esența sacră a vieții. Similar, în medicina tradițională chineză, cuvântul *chi* se referă la esența cosmică și energia vieții, ca și la aerul natural pe care îl respirăm prin plămâni. În Japonia, cuvântul corespondent este *ki*. Ki joacă un rol extrem de important în practicile spirituale și artele marțiale japoneze. În Grecia atică, cuvântul *pneuma* însemna atât aer sau respirație, cât și spirit sau esența vieții. Grecii considerau respirația strâns legată de psihic. Termenul *phren* era folosit și pentru diafragmă, cel mai mare mușchi implicat în respirație, și pentru minte (după cum vedem în termenul *schizofrenie* = minte scindată). În vechea tradiție iudaică, același cuvânt, *ruach*, desemna și respirația, și spiritul creator, care erau considerate identice. În latină, același cuvânt era folosit pentru respirație și pentru spirit – *spiritus*. Similar, în limbile slave, spiritul și respirația au aceeași rădăcină lingvistică.

Se știe de secole că este posibilă influențarea conștiinței prin tehnici de respirație. Procedurile folosite în acest scop de diferite culturi antice non-occidentale acoperă o gamă foarte largă, de la interferențele drastice în respirație până la exercițiile subtile și sofisticate din diferitele tradiții spirituale. Astfel, forma de botez practicată de esenieni implica scufundarea inițiatului sub apă pentru o perioadă lungă de timp. Procesul avea ca rezultat o intensă experiență de moarte și renaștere. În alte grupuri, neofiții erau pe jumătate asfixiați – cu fum, prin strangulare sau comprimarea arterelor carotide.

Schimbări profunde în conștiință pot fi induse prin ambele extreme ale ritmului respirator, hiperventilația și reținerea prelungită a respirației, dar și prin folosirea lor alternativă. Metode foarte avansate și sofisticate de acest tip pot fi întâlnite în vechea știință indiană a respirației sau *pranayama*. Tehnici specifice care implică o respirație intensă sau reținerea respirației fac parte și din diferite exerciții de *yoga kundalini*, *yoga siddha*, *vajrayana tibetană*, practica sufită, meditația budistă birmaneză, meditația taoistă și multe altele.

Tehnicile mult mai subtile, care subliniază necesitatea de a se acorda atenție specială conștientizării în legătură cu respirația, și nu schimbărilor de dinamică respiratorie, ocupă un loc important în budismul zen soto (*shikan taza*) și în anumite practici taoiste și creștine. Indirect, profunzimea și ritmul respirației sunt major influențate de performanțe artistice rituale, precum cântecul balinez al maimuței, sau ketjak, incantațiile guturale ale eschimoșilor inuiți, cântecele kirtanilor, bahanilor sau sufiților.

În știința materialistă, respirația și-a pierdut înțelesul sacru și a fost deposedată de conexiunea ei cu psihicul și spiritul. Medicina occidentală a redus-o doar la o importantă funcție fiziologică. Manifestările fizice și psihologice care însoțesc diferite manevre respiratorii au fost toate patologizate. Reacția psihosomatică la respirația accelerată, așa-numitul *sindrom de hiperventilație*, este considerat o stare patologică, și nu ceea ce este ea în realitate, adică un proces cu un enorm potențial de vindecare. Când hiperventilația se produce spontan, ea este suprimată, de obicei, prin administrarea de tranchilizante, injecții cu calciu și aplicarea unei pungi de hârtie pe față pentru a mări concentrația de dioxid de carbon și a combate alkaloza produsă de respirația accelerată.

În ultimele decenii, terapeuții occidentali au redescoperit potențialul de vindecare al respirației și au dezvoltat tehnici care îl utilizează. Și noi am experimentat, în seminariile noastre de o lună de la Institutul Esalen Big Sur, California, diferite abordări ce folosesc respirația. Printre ele se numărau exercițiile de respirație din vechile tradiții spirituale, sub îndrumarea unor profesori indieni și tibetani, și tehnicile dezvoltate de terapeuți occidentali. Fiecare dintre aceste abordări are un accent specific și folosește respirația într-o manieră diferită. În încercarea de a găsi o metodă care să utilizeze potențialul vindecător al respirației, am încercat să simplificăm procesul cât mai mult.

Am ajuns la concluzia că este suficient să respiri mai rapid și mai eficient decât de obicei, concentrându-te, în același timp, pe procesele interne. În loc să insistăm asupra folosirii unei tehnici specifice de respirație, urmăm, chiar și în această zonă, strategia generală a terapiei holotropice, de a avea încredere în înțelepciunea intrinsecă a corpului și de a urma indicațiile interne. În respirația holotropică, încurajăm persoanele să înceapă ședința cu o respirație mai rapidă și mai profundă, legând inspirația și expirația într-un ciclu continuu.

Odată intrat în acest proces, fiecare își găsește ritmul și modul propriu de respirație.

Am putut confirma în mod repetat observația lui Wilhelm Reich, conform căreia rezistențele psihologice și apărările sunt asociate cu limitarea respirației (Reich, 1961). Respirația este o funcție autonomă, dar poate fi influențată și de voință. Creșterea deliberată a ritmului respirației reduce intensitatea apărărilor psihologice și duce la eliberare și la ieșirea la suprafață a materialului inconștient (și supraconștient). Dacă o persoană nu a fost ea însăși martoră sau nu a trăit acest proces, este dificil să fie convinsă de puterea și eficacitatea acestei tehnici numai pe baza argumentelor teoretice.

Puterea vindecătoare a muzicii

În terapia holotropică, efectul de modificare a stării de conștiință prin respirație este combinat cu muzică evocatoare. Ca și respirația, muzica și alte forme ale tehnologiei sunetului au fost folosite de milenii ca instrumente puternice în practicile rituale și spirituale. Din timpuri imemoriale, cântatul, monotona batere a tobei și alte forme de producere a sunetelor au fost principalele instrumente ale șamanilor din nenumărate părți ale lumii. Multe culturi preindustriale au dezvoltat aproape independent ritmuri de tobe care au în experimentele de laborator un efect remarcabil asupra activității electrice a creierului (Jilek, 1974; Neher, 1961 și 1962). Arhivele de antropologie culturală conțin nenumărate exemple de metode puternice de inducere a transei care combină muzica instrumentală, incantațiile și dansul.

În multe culturi, tehnologia sunetului a fost folosită în special în scopuri de vindecare în contextul unor ceremonii complicate. Ritualurile de vindecare *navajo* conduse de cântăreți cu experiență au o uimitoare complexitate, comparabilă cu cea a manuscriselor operelor wagneriene. Dansul-transă al boșimanilor kung din deșertul african Kalahari are o putere de vindecare enormă, după cum arată multe documentare și cercetări antropologice (Lee și DeVore, 1976; Katz, 1976). Potențialul de vindecare al ritualurilor religioase sincretice din Caraibe și America de Sud, precum *santeria* cubaneză sau *umbanda* braziliană, este recunoscut de mulți profesioniști cu educație occidentală tradițională din aceste țări. Exemple remarcabile de vindecare emoțională și psiho – somatică au loc la întrunirile grupurilor creștine care folosesc muzica, dansul și cântecele, ca Snake Handlers (mînuitorii de șerpi) sau Holy Ghost People (grupul Sfântului Duh), și revivaliștii sau membrii bisericii penticostale.

Unele tradiții spirituale importante au dezvoltat tehnologii ale sunetului care nu induc numai o stare generală de transă, ci au și un efect specific asupra conștiinței. Aici intră toate incantațiile multivocale tibetane, incantațiile sacre ale diferitelor ordine sufite, *bhajane* și *kirtane* hinduse, și mai ales vechea artă *nada yoga* sau calea unirii prin sunet. Învățăturile indiene postulează o conexiune specifică între sunetele de anumite frecvențe și fiecare chakră. Prin folosirea sistematică a acestor cunoștințe, se poate influența starea conștiinței într-un mod previzibil și dezirabil. Acestea sunt doar câteva exemple ale folosirii extinse a muzicii în scopuri rituale, de vindecare și spirituale.

Noi am folosit sistematic muzica în programul de terapie psihedelică de la Centrul de Cercetări Psihiatrice Maryland din Baltimore și am aflat foarte multe despre potențialul ei extraordinar în psihoterapie. O muzică aleasă cu grijă pare deosebit de valoroasă în stările holotropice de conștiință, unde îndeplinește câteva funcții importante. Mobilizează emoțiile asociate cu amintirile reprimate, le aduce la suprafață și facilitează exprimarea lor. Ajută la deschiderea căii către inconștient, intensifică și aprofundează procesul terapeutic și oferă experienței un context semnificativ. Curgerea continuă a muzicii creează o undă purtătoare, care ajută subiectul să se miște printre experiențele și diferitele momente dificile, să depășească blocajele psihologice, să se abandoneze și să renunțe la control. În ședințele de respirație holotropică desfășurate de obicei în grup, muzica are o funcție adițională: maschează zgomotele făcute de participanți și le țese într-un gestalt estetic dinamic.

Pentru a folosi muzica pe post de catalizator al autoexplorării profunde și lucrului experiențial, este nevoie să se învețe un nou mod de ascultare și raportare la ea. Un mod străin culturii noastre.

În Occident, folosim frecvent muzica pe post de fond acustic cu relevanță emoțională redusă. Exemplele tipice ar fi folosirea melodiilor populare la petreceri sau a muzicii ambientale (muzak) din centrele comerciale și spațiile de lucru. O abordare caracteristică unui public mai sofisticat este ascultarea disciplinată și intelectualizată a muzicii în teatre și săli de concert. Modul dinamic și elementar de folosire a muzicii în concertele rock se apropie mai mult de modul în care este folosită muzica în terapia holotropică. Totuși, atenția participanților la asemenea evenimente este de obicei extrovertită, iar elementul esențial din terapia holotropică sau de autoexplorare – introspecția susținută și concentrată – lipsește.

În terapia holotropică este esențial să te abandonezi complet fluxului muzicii, să o lași să rezoneze în întregul corp și să reacționezi la ea spontan și direct. Aceasta include manifestări care ar fi de neconceput într-o sală de concert, unde până și lacrimile sau tusea ar putea fi o sursă de jenă. Subiectul trebuie să exprime complet ceea ce muzica dă la iveală, indiferent dacă este vorba de țipete puternice sau râsete, de gângurit, sunete ale animalelor, incantații șamanice sau vorbitul în limbi străine. Este, de asemenea important să nu controlăm niciun impuls fizic, precum grimasele bizare, mișcările senzuale ale pelvisului, tremurăturile violente sau contorsionările intense ale întregului corp. Bineînțeles, există excepții de la această regulă; comportamentul distructiv orientat către propria persoană, ceilalți sau mediul înconjurător nu este permis.

De asemenea, încurajăm participanții să suspende orice activitate intelectuală, cum ar fi încercarea de a ghici compozitorul sau cultura din care provine muzica. Alte moduri de a evita impactul emoțional al muzicii implică angajarea propriilor cunoștințe profesionale – evaluarea performanței orchestrei, ghicirea instrumentelor folosite și criticarea calității tehnice a echipamentului de redare din încăpere. Când se pot evita aceste capcane, muzica poate deveni un instrument foarte puternic de inducere și susținere a stărilor holotropice de conștiință. Pentru aceasta, ea trebuie să aibă o calitate tehnică superioară și un volum suficient pentru a dirija experiența. Combinația dintre muzică și respirația accelerată are o remarcabilă putere de schimbare a stării mintale.

În ce privește alegerea unor melodii specifice, voi enumera aici numai principiile generale și voi da câteva sugestii pe baza experienței noastre. După un anumit timp, fiecare terapeut sau echipă terapeutică își dezvoltă o listă de bucăți muzicale favorite pentru diferite etape ale ședințelor. Regula de bază este să reacționăm sensibil la faza, intensitatea și conținutul experienței participanților, în loc să încercăm să o programăm. Acest lucru este în acord cu filozofia generală a terapiei holotropice, mai ales cu respectul profund pentru înțelepciunea vindecătorului interior, pentru inconștientul colectiv, autonomia și spontaneitatea procesului de vindecare.

În general, este important să se folosească o muzică puternică, evocatoare, capabilă să conducă spre o experiență pozitivă. Încercăm să evităm melodiile discordante, disonante și capabile să provoace anxietate. E de preferat o muzică de o calitate artistică superioară, care să nu fie foarte cunoscută și să aibă un conținut concret redus. Trebuie să se evite melodiile în limbi cunoscute participanților, ce ar transmite prin conținutul lor verbal un mesaj sau ar sugera o anumită temă. Când se folosesc compoziții vocale, ele trebuie să fie în limbi străine, astfel încât vocea umană să fie percepută doar ca un alt instrument muzical. Din același motiv, este preferabil să se evite piesele care evocă anumite asociații intelectuale și tind să programeze conținutul ședinței, precum marșurile nupțiale scrise de Wagner sau Mendelssohn și uvertura la *Carmen* de Bizet.

Ședința începe de obicei cu o muzică activatoare dinamică, curgătoare, înălțătoare emoțional și liniștitoare. Pe măsură ce ședința continuă, intensitatea muzicii crește treptat și face trecerea către piese puternice, care induc transa, de preferat piese din tradițiile rituale și spirituale ale diferitelor culturi primitive. Deși multe dintre aceste interpretări pot fi estetic plăcute, scopul principal al grupurilor umane care le-au dezvoltat nu este distracția, ci inducerea experiențelor holotropice.

După aproximativ o oră și jumătate de la începerea ședinței de respirație holotropică, în momentul când experiența atinge de obicei apogeul, introducem ceea ce noi numim „muzica de eliberare". Selecțiunile folosite în acest moment merg de la muzica sacră – mese, oratorii, recviemuri și alte piese orchestrale puternice – la bucăți de muzică de film. În a doua jumătate a ședinței, intensitatea muzicii scade treptat și introducem piese emoționante, care trezesc sentimente de iubire („muzică pentru inimă"). În final, către încheierea ședinței, muzica are o calitate liniștitoare, atemporală și meditativă.

Majoritatea practicienilor respirației holotropice adună înregistrări muzicale și tind să-și creeze o succesiune favorită proprie pentru cele cinci faze consecutive ale ședinței: (1) muzică de deschidere, (2) muzică de inducere a transei, (3) muzică de depășire a blocajelor emoționale, (4) muzică pentru inimă și (5) muzică pentru meditație. Unii folosesc programe muzicale preînregistrate pentru toată ședința; acest lucru permite asistenților să fie mai disponibili pentru grup, dar face imposibilă adaptarea flexibilă a selecției muzicale la energia grupului. În tabelul 5.1 sunt enumerate piesele muzicale cel mai frecvent folosite în respirația holotropică și cele mai populare printre persoanele care lucrează cu respirația. Alegerea se bazează pe rezultatele unui sondaj făcut de psihologul Steven Dinan, terapeut atestat al respirației holotropice în comunitatea practicienilor.

Tabelul 5.1. Piese muzicale favorite pentru respirația holotropică (pe baza unui sondaj realizat de Steven Dinan printre asistenții RH)

Album:	Artist:
Nomad	Nomad
Dorje Ling	David Parsons
1492	Vangelis (coloana sonoră)
Globalarium	James Asher
Passion	Peter Gabriel
Dance the Devil Awai	Outback
Feet in the Soil	James Asher
Mission	Ennio Morricone (coloana sonoră)
Power of One	Hans Zimmer (coloana sonoră)
Last of the Mohicans	Trevor Jones (coloana sonoră)
Egypt	Mickey Hart
Passage in Time	Dead Can Dance

Antarctica	Vangelis (coloana sonoră)
Deep Forest	Deep Forest
Jiva Mukti	Nada Shakti & Bruce Becvar
Legends of the Fall	James Horner (coloana sonoră)
Mustt-Mustt	Nusrat Fateh Ali Khan
Planet Drum	Mickey Hart
Șaman's Breath	Professor Trance & the Energizers
Themes	Vangelis
Trancendance	Tulku
X	Klaus Schultze
All One Tribe	Scott Fitzgerald
Baraka	Michael Stearns (coloana sonoră)
Bones	Gabrielle Roth
Braveheart	James Horner (coloana sonoră)
Direct	Vangelis
Dynamic/Kundalini	Osho
Earth Tribe Rhythms	Brent Lewis
Music to Disappear In	Raphael
Schindler's List	John Williams (coloana sonoră)
Tana Mana	Ravi Shankar
Thunderdrums	Scott Fitzgerald
All Hearts Beating	Barbara Borden
Closer to Far Away	Douglas Spotted Eagle
Distant Drums Approach	Michael Uyttebroek
Drums of Passion	Babatunde Olatunji
Gula Gula	Mari Boine Persen
Heaven and Earth	Kitaro/coloana sonoră
Journey of the Drums	Prem Das, Muruga, & Shakti
Kali's Dream	Alex Jones
Lama's Chant	Lama Gyurme & Rykiel

Mishima	Philip Glass (coloana sonoră)
Powaqqatsi	Philip Glass (coloana sonoră)
Rendezvous	Jean-Michel Jarre
Skeleton Woman	Flesh & Bone
Songs of Sanctuary	Adiemus
Transfer Station Blue	Michael Shrieve
Voices	Vangelis
Waves	Gabrielle Roth
Anima	010
At the Edge	Mickey Hart
Divine Songs	Alice Coltrane
Drummers of Burundi	The Drummers of Burundi
Drums of Passion: The Beat	Babatunde Olatunji
Exotic Dance	Anugamo & Sabastian
Force Majeure	Tangerine Dream
From Spain to Spain	Vox
Gnawa Music of Marrakesh	Night Spirit Masters
House of India	d.j. Cheb I Sabbah
Little Buddha	Ryuichi Sakamoto (coloana sonoră)
Mask	Vangelis
Meeting Pool	Baka Beyond
Miracle Mile	Tangerine Dream
Out of Africa	Dan Wallin et al. (coloana sonoră)
Oxygene	Jean-Michel Jarre
Pangea	Dan Lacksman
Piano	Michael Nyman (coloana sonoră)
Planets	Gustav Holst
Private Music of...	Tangerine Dream
Rai Rebels	various
Rhythm Hunter	Brent Lewis

Sacred Site	Michael Stearns
Serpent's Egg	Dead Can Dance
Stellamara	Sonia Drakulich & Jeff Stott
Tibetan Tantric Choir	The Gyuto Monks
Tongues	Gabrielle Roth
Totem	Gabrielle Roth
Whirling	Omar Faruk Tekbilek
Winds of Warning	Adam Plack & Johnny White Ant

Lucrul corporal

Reacția fizică la respirația holotropică diferă considerabil de la o persoană la alta. În majoritatea cazurilor, respirația accelerată aduce, la început, manifestări psihosomatice mai mult sau mai puțin dramatice. Manualele de fiziologie a respirației numesc această reacție „sindromul de hiperventilație". Ele îl descriu ca pe un tipar stereotip de reacții fiziologice constituit mai ales din tensiuni la nivelul palmelor și tălpilor. Am condus ședințe de respirație cu peste treizeci de mii de persoane și am descoperit că înțelegerea tradițională a efectelor respirației accelerate este incorectă.

Există multe persoane la care respirația accelerată pe o perioadă de trei până la patru ore nu duce la sindromul clasic de hiperventilație, ci la o relaxare progresivă, trăiri sexuale intense sau chiar experiențe mistice. La alte persoane apar tensiuni în diferite părți ale corpului, dar nu se văd semne de spasm. Mai mult, la cei care dezvoltă tensiuni, continuarea respirației accelerate nu duce la creșterea progresivă a tensiunilor, ci tinde către autolimitare. De obicei, se ajunge la un moment de culminare dramatică, urmat de o relaxare profundă. Tiparul acestei succesiuni seamănă întrucâtva cu orgasmul sexual.

În ședințele holotropice repetate, procesul de intensificare a tensiunilor și rezolvare ulterioară tinde să se deplaseze dintr-o parte în alta a corpului, într-un mod care diferă de la o persoană la alta. Cantitatea generală de tensiuni musculare și emoții intense tinde să scadă cu numărul de ședințe. În acest proces, respirația accelerată pe o perioadă lungă de timp schimbă chimia organismului, astfel încât energiile fizice și emoționale blocate, asociate cu diferite amintiri traumatice, sunt eliberate și devin disponibile pentru descărcare și procesare periferică. Acest lucru face posibilă apariția în conștiință a conținutului anterior reprimat și integrarea lui. Are loc astfel un proces de vindecare ce trebuie încurajat și susținut, nu un proces patologic care trebuie suprimat, cum se întâmplă frecvent în medicina de orientare clasică.

Manifestările fizice care apar în timpul respirației în diferite zone ale corpului nu sunt simple reacții fiziologice la hiperventilație. Ele au o complexă structură psihosomatică cu sens psihologic specific pentru persoanele implicate. Uneori, reprezintă o versiune intensificată a tensiunilor și durerilor pe care subiectul le cunoaște din viața cotidiană, fie ca o problemă cronică, fie ca simptome care apar în momente de stres fizic sau emoțional, oboseală, lipsă de somn, slăbiciune în urma unei boli sau a folosirii alcoolului sau marijuanei. Alteori, ele pot fi recunoscute ca reactivări ale unor simptome vechi de care subiectul a suferit în pruncie, copilărie, pubertate ori într-un alt moment al vieții sale.

Tensiunile pe care le purtăm în corp pot fi eliberate în două moduri. Primul implică *catarsisul* și *abreacția* – descărcarea energiilor acumulate prin tremor, spasme, mișcări corporale dramatice, tuse, pierderea vocii și vomă. Atât catarsisul, cât și abreacția includ, în mod tipic, eliberarea energiilor emoționale blocate prin plâns, țipete sau alte expresii vocale. Acestea sunt mecanisme bine cunoscute în psihiatria tradițională încă de pe vremea când Sigmund Freud și Josef Breuer și-au publicat studiile asupra isteriei (Freud și Breuer, 1936). Diferite tehnici abreactive au fost folosite în psihiatria tradițională în tratamentul nevrozelor emoționale traumatice, iar abreacția reprezintă de asemenea o parte integrală a noilor psihoterapii experiențiale, precum terapia neo-reichiană, practicile gestalt și terapia *strigătului primal*.

Al doilea mecanism care poate media eliberarea tensiunilor fizice și emoționale joacă un rol important în respirația holotropică, *rebirth* și alte forme de terapie care folosesc tehnici respiratorii. El reprezintă o nouă dezvoltare în psihiatrie și psihoterapie, și pare să fie, din multe puncte de vedere, mai eficient și mai interesant. Aici, tensiunile profunde apar la suprafață sub forma unor *contracții musculare pasagere de durate diferite*. Susținând aceste tensiuni musculare pe perioade extinse de timp, organismul consumă enorme cantități de energie reprimată anterior și își simplifică funcționarea, eliberându-se de ele. Relaxarea profundă care apare de obicei după intensificarea temporară a vechilor tensiuni sau apariția unor tensiuni anterior latente este o dovadă a naturii tămăduitoare a acestui proces.

Cele două mecanisme își au paralele în fiziologia sportivă, unde este un fapt bine cunoscut că mușchii se pot lucra și antrena în două feluri, prin exerciții *izotonice* și *izometrice*. Așa cum sugerează și numele, în timpul exercițiilor izotonice, tensiunea mușchilor rămâne constantă, în timp ce durata lor variază. În exercițiile izometrice, tensiunea mușchilor se schimbă, dar durata lor rămâne aceeași tot timpul. Un bun exemplu de activitate izotonică este boxul, în timp ce ridicarea greutăților este distinct izometrică. Ambele mecanisme sunt foarte eficiente în descărcarea și soluționarea tensiunilor musculare. În ciuda diferențelor superficiale dintre ele, cele două forme au multe în comun, iar în respirația holotropică se completează benefic.

În multe cazuri, emoțiile dificile și manifestările fizice care apar din inconștient în timpul ședințelor holotropice sunt automat rezolvate, și subiectul care respiră ajunge, în final, într-o profundă stare de relaxare meditativă. În acest caz, nu este necesară nicio intervenție exterioară, iar subiectul rămâne în această stare până când revine la starea obișnuită de conștiință. După o conversație scurtă cu asistenții, trece în sala de artă pentru a desena o mandală.

Dacă respirația nu conduce singură la o finalizare bună și există tensiuni reziduale sau emoții nerezolvate, asistenții oferă participanților o anumită formă de lucru cu corpul care îi ajută să obțină o mai bună încheiere a ședinței. Strategia generală este solicitarea subiectului să-și concentreze atenția asupra zonei în care există o problemă și să facă tot ce este necesar pentru a intensifica senzațiile fizice existente. Atunci asistentul ajută la intensificarea sentimentelor printr-o intervenție exterioară adecvată.

În timp ce atenția subiectului este concentrată asupra zonei problemă încărcată energetic, este încurajat să găsească spontan un răspuns la această situație. Răspunsul nu trebuie să reflecte o alegere conștientă, el trebuie să fie complet determinat de procesele inconștiente. Deseori, ia o formă surprinzătoare și total neașteptată – vocea unui animal, vorbitul în limbi străine sau într-o limbă necunoscută, incantațiile șamanice dintr-o anumită cultură, gânguritul sau limbajul copilului mic. La fel de frecvente sunt și reacțiile fizice complet neașteptate, precum tremurăturile violente, convulsiile, tusea și voma, ca și mișcările tipice animalelor. Este esențial ca asistenții să susțină pur și simplu acest proces, în loc să aplice vreo tehnică oferită de o anumită școală de terapie. Acest proces continuă până când asistentul și subiectul cad de acord că ședința a ajuns la o încheiere adecvată.

Contactul fizic benefic

În respirația holotropică, folosim și o formă aparte de intervenție fizică, una care are rolul de a oferi sprijin la un nivel preverbal profund. Există două forme diferite de traume și acestea necesită abordări diametral opuse. Prima dintre ele poate fi numită *trauma prin acțiune*. Este rezultatul intruziunilor exterioare care au avut un impact dăunător asupra dezvoltării ulterioare a persoanei. E vorba de insulte, abuzuri fizice sau sexuale, situații înspăimântătoare, critici distructive sau ridiculizare. Aceste traume reprezintă elemente străine în inconștient, ce pot fi aduse în conștiință, descărcate energetic și rezolvate.

Deși distincția nu este recunoscută în psihoterapia convențională, a doua formă de traumă, *trauma prin omisiune*, este radical diferită. Ea implică mecanismul opus – lipsa experiențelor pozitive esențiale pentru o dezvoltare emoțională sănătoasă. Bebelușul, ca și copilul ceva mai mare, are puternice nevoi primitive de satisfacere instinctuală și siguranță pe care pediatrii și psihologii le numesc *anaclitice* (de la grecescul *anaklinein* care înseamnă „a se sprijini pe"). Ele implică nevoia de a fi ținut în brațe, mângâiat, liniștit, nevoia ca cineva să se joace cu el și să fie centrul atenției. Nesatisfacerea acestor nevoi are consecințe grave pentru viitorul individului.

Multe persoane au trecut prin privare emoțională, abandon, neglijare care au dus la frustrarea gravă a nevoilor anaclitice. Singurul mod de a vindeca acest tip de traumă este oferirea unei experiențe corectoare sub forma contactului fizic ajutător într-o stare holotropică de conștiință. Pentru ca abordarea să fie eficientă, subiectul trebuie să regreseze profund la un stadiu infantil de dezvoltare, pentru ca măsura corectivă să ajungă la nivelul la care s-a produs trauma. În funcție de circumstanțe și de înțelegerea anterioară, acest sprijin fizic poate merge de la o simplă ținere de mână sau atingere a frunții, până la contactul cu întregul corp.

Folosirea contactului fizic ajutător este un mod foarte eficient de vindecare a traumelor emoționale primitive. Totuși, este necesară respectarea unor reguli etice stricte. Înainte de ședință, trebuie să explicăm subiectului motivele folosirii acestei tehnici și să primim aprobarea sa. În niciun caz abordarea nu poate fi folosită fără acordul anterior al subiectului și nu pot fi făcute niciun fel de presiuni pentru a se obține permisiunea sa. Pentru multe persoane cu o istorie de abuz sexual, contactul fizic este o problemă foarte delicată și apăsătoare. Deseori, cei care au cea mai mare nevoie au și cea mai mare rezistență față de el. Uneori, poate fi necesar mult timp până când o persoană ajunge să aibă suficientă încredere față de asistenți și de grup pentru a accepta tehnica și a beneficia de ea.

Contactul fizic ajutător trebuie folosit pentru a satisface nevoile subiectului, și nu pe cele ale persoanelor care însoțesc sau facilitează. Nu mă refer doar la nevoi sexuale sau la nevoile de intimitate, care sunt cele mai evidente probleme. La fel de problematică poate fi o puternică nevoie de a fi iubit, apreciat sau util cuiva, nevoia maternă nesatisfăcută și alte forme mai puțin extreme de dorințe emoționale. Îmi amintesc un incident dintr-unul dintre atelierele noastre de la Institutul Esalen din Big Sur, California, care poate fi un bun exemplu.

La începutul seminarului nostru de cinci zile, unul dintre participanți, o femeie în postmenopauză, a povestit grupului cât de mult și-a dorit să aibă copii și cât de mult a suferit din pricină că acest lucru nu s-a întâmplat. În mijlocul ședinței holotropice în care trebuia să asiste un tânăr, ea l-a luat pe acesta în brațe și a început să-l legene și să-l liniștească. Momentul ales nu putea fi mai nepotrivit; după cum am aflat mai târziu, la împărtășirea experiențelor, tânărul se afla în mijlocul unei amintiri dintr-o viață anterioară în care era un puternic războinic viking într-o expediție militară.

De obicei, este destul de ușor de recunoscut când subiectul a regresat în pruncie. Într-o regresie profundă, toate ridurile de pe față dispar și subiectul începe să arate și să se comporte ca un prunc. Pot apărea diferite posturi și gesturi infantile, ca și hipersalivația și suptul. Alteori, reiese evident din context că ar fi benefic un contact fizic, de exemplu, atunci când persoana care respiră profund tocmai a încheiat retrăirea nașterii biologice și pare pierdută și singură. Nevoile materne ale femeii de la atelierul din Esalen erau atât de puternice, încât au pus stăpânire pe ea și nu a mai fost capabilă să evalueze obiectiv situația și să acționeze adecvat.

Înainte de a încheia secțiunea despre lucrul cu corpul, aș dori să răspund la o întrebare care apare deseori în timpul atelierelor sau al conferințelor holotropice despre lucrul experiențial: „Deoarece retrăirea amintirilor traumatice este, de obicei, foarte dureroasă, de ce acest proces ar fi terapeutic și nu ar reprezenta o retraumatizare?" Cred că cel mai bun răspuns poate fi găsit în articolul „Experiența netrăită", scris de psihiatrul irlandez Ivor Browne și echipa sa (McGee și al., 1984). Ei sugerează că aici nu avem de-a face cu o reluare sau o repetare exactă a situației traumatice originare, ci cu prima trăire completă a reacției fizice și emoționale corespunzătoare ei. Acest lucru înseamnă că, în momentul în care se întâmplă, evenimentele traumatice sunt înregistrate de organism, dar nu au fost complet trăite, procesate și integrate.

În plus, persoana confruntată cu amintirea traumatică anterior reprimată nu mai este un copil neajutorat și dependent, ca în situația inițială, ci un adult matur. Starea holotropică indusă în formele experiențiale puternice de psihoterapie permite individului să fie prezent și să acționeze simultan în două seturi diferite de coordonate spațio-temporale. Regresia completă face posibilă trăirea tuturor emoțiilor și senzațiilor fizice ale situației traumatice originare din perspectiva copilului, dar în același timp și analizarea și evaluarea amintirii în situația terapeutică din perspectiva adultului.

Desfășurarea unei ședințe holotropice

Natura și desfășurarea ședințelor holotropice diferă considerabil de la o persoană la alta și, la aceeași persoană, de la o ședință la alta. Unele persoane rămân complet tăcute și aproape nemișcate. Ele pot avea experiențe foarte profunde lăsând, în același timp, unui observator extern impresia că nimic nu se întâmplă sau că au adormit. Altele sunt agitate și prezintă o bogată activitate motorie. Au tremurături puternice și mișcări complexe de răsucire, se rostogolesc și își agită violent brațele, iau poziții fetale, se comportă ca niște bebeluși care se zbat în canalul nașterii sau arată și se comportă ca niște nou-născuți. De asemenea, târârea, înotul, mișcările de săpare sau cățărare sunt destul de frecvente.

Ocazional, mișcările și gesturile pot fi extrem de rafinate, complexe, foarte specifice și diferențiate. Ele pot reproduce ciudate mișcări de animale, cum ar fi șerpi, păsări sau feline, uneori asociate și cu sunete corespunzătoare. Alteori, persoana care respiră adoptă spontan diferite posturi și gesturi yoghine (*asane* și *mudre*) cu care nu este intelectual familiarizată. Ocazional, mișcările automate și/sau sunetele seamănă cu reprezentațiile rituale sau teatrale din diferite culturi – practicile șamanice, dansurile javaneze, cântecul maimuței balineze, kabuki-ul japonez sau vorbitul în limbi străine ca în cazul unor întruniri penticostale.

Spectrul emoțional evidențiat în ședințele holotropice este foarte larg. La un capăt se pot întâlni sentimente de extraordinară bunăstare, pace, liniște, serenitate, extaz profund, unitate cosmică sau încântare. La celălalt capăt se situează episoade de indescriptibilă teroare, culpabilitate intensă sau agresivitate criminală și sentimentul eternei damnări. Intensitatea acestor emoții extraordinare poate transcende orice poate fi trăit sau chiar imaginat în starea obișnuită de conștiință. Stările emoționale extreme sunt, de obicei, asociate cu experiențe de natură perinatală sau transpersonală.

În mijlocul acestui spectru experiențial evidențiat în ședințele de respirație holotropică se află situații emoționale mai puțin extreme, care sunt mai aproape de ceea ce știm din existența cotidiană – episoade de furie, anxietate, tristețe, deznădejde și sentimente de eșec, inferioritate, rușine, vinovăție sau dezgust. Ele sunt tipic legate de amintirile biografice; sursele lor sunt experiențele traumatice din pruncie și copilărie. Omoloagele lor pozitive sunt sentimentele de fericire, împlinire emoțională, bucurie, satisfacere sexuală și o intensificare a poftei de viață.

Așa cum am menționat mai devreme, în unele cazuri, respirația accelerată nu induce nicio tensiune fizică sau emoții neplăcute și duce la o relaxare tot mai profundă, un sentiment de expansiune și bunăstare și viziuni ale luminii. Persoana care respiră poate fi inundată de sentimente de iubire și de experiențe de conexiune mistică cu alții, natura, întregul Univers și Dumnezeu. Cel mai frecvent, stările emoționale pozitive apar la sfârșitul ședințelor holotropice, după ce părțile dificile și tulburătoare ale experienței au scăzut în intensitate.

Este surprinzător cât de multe persoane din cultura noastră, din pricina unei puternice etici protestante sau din alte motive, au mari dificultăți în a accepta experiențele extatice, dacă nu vin după mari suferințe și mult efort. Deseori, acestea reacționează la ele printr-un intens sentiment de vinovăție sau au sentimentul că nu le merită. Este, de asemenea, foarte frecvent ca persoanele care lucrează mai ales în domeniul sănătății mintale să reacționeze cu neîncredere și suspiciune la experiențele pozitive pentru că acestea ascund și maschează un material deosebit de dureros și de neplăcut. În aceste condiții, e foarte important să-i liniștim pe participanți, asigurându-i că experiențele pozitive sunt puternic tămăduitoare și să-i încurajăm să le accepte fără rezerve, ca pe un dar neașteptat.

Rezultatul tipic al unei ședințe de respirație holotropică este o profundă eliberare emoțională și relaxare fizică. După o ședință bine integrată, încheiată cu succes, multe persoane afirmă că se simt mai relaxate ca niciodată. Astfel, respirația accelerată continuă reprezintă o metodă extrem de puternică și de eficientă de reducere a stresului, vindecare emoțională și psihosomatică. Un alt rezultat frecvent al acestei abordări este conexiunea cu dimensiunea numinoasă a psihicului și a existenței, în general. Este și înțelesul pe care îl întâlnim în literatura spirituală a multor epoci și culturi.

Potențialul de vindecare al respirației este subliniat în yoga kundalini. Acolo, episoadele de respirație accelerată sunt folosite în cursul practicii meditative (*bastrika*) sau apar spontan ca parte a manifestărilor emoționale și fizice cunoscute sub numele de *kriyas*. Aceasta vine să confirme propria mea părere că episoade spontane similare care apar la pacienți psihiatrici, numite *sindrom de hiperventilație*, sunt, în realitate, încercări de autovindecare. Ele ar trebui încurajate, susținute, și nu suprimate prin proceduri de rutină, cum se obișnuiește în practica medicală.

Ședințele de respirație holotropică diferă ca durată de la o persoană la alta și, la aceeași persoană, de la o ședința la alta. Este esențial, pentru cea mai bună integrare a experienței, ca asistenții și însoțitorii să rămână cu subiectul atât timp cât el continuă să trăiască procesul și are experiențe neobișnuite. În stadiul final al ședinței, câteva exerciții corporale adecvate pot facilita semnificativ descărcarea emoțională și fizică. Contactul intim cu natura poate avea și el un efect foarte liniștitor, de cadrare, ajutând la integrarea ședinței. Din acest punct de vedere, foarte eficientă este expunerea la apă – de exemplu, o baie fierbinte sau înotul într-o piscină, lac sau ocean.

Desenarea mandalelor și împărtășirea experienței

Când ședința s-a încheiat și subiectul revine la starea obișnuită de conștiință, însoțitorul îl conduce în camera mandalelor. Camera este echipată cu diferite mijloace de expresie artistică – creioane colorate, carioci, acuarele și blocuri de desen. Pe foile de desen sunt trasate cu creionul cercuri de mărimea unei farfurii. Subiecții sunt rugați să ia loc, să mediteze la experiența lor și apoi să găsească o cale de a-și reda trăirile din timpul ședinței.

Nu există recomandări specifice pentru desenarea mandalelor. Unele persoane desenează pur și simplu combinații de culori, altele construiesc mandale geometrice, desene figurative sau picturi. Ultimele ar putea reprezenta o viziune apărută în timpul ședinței sau un jurnal de călătorie în imagini cu mai multe secvențe distincte. Uneori subiectul hotărăște să-și exprime trăirile dintr-o singură ședință prin mai multe mandale reprezentând diferite aspecte sau stadii ale ședinței. În cazuri rare, subiectul nu are idee ce va desena și o face automat.

Am văzut cazuri când mandala nu ilustra ședința abia încheiată, ci anticipa ședința care avea să urmeze. Acest lucru este în acord cu ideea lui C.G. Jung conform căreia produsele psihicului nu pot fi pe deplin explicate de evenimentele istorice precedente. În multe cazuri, ele nu au numai un aspect retrospectiv, ci și unul anticipativ. Astfel, unele mandale reflectă o mișcare din psihic pe care Jung a numit-o *proces de individuație* și scoate la iveală stadiul următor. O variantă posibilă la desenarea mandalelor este sculptura în lut. Am introdus metoda când am avut în grup participanți orbi, care nu puteau desena o mandală. A fost interesant de observat că unii dintre ceilalți participanți au preferat să folosească această metodă de expresie, sau au optat pentru o combinație mandală/figură tridimensională.

Mai târziu în aceeași zi, participanții își aduc mandalele la o ședință de împărtășire a experiențelor, în cursul căreia vorbesc despre ceea ce au trăit. Strategia terapeuților care conduc grupul este să încurajeze un maximum de deschidere și sinceritate în împărtășirea experiențelor. Disponibilitatea participanților de a dezvălui conținutul ședinței lor, inclusiv diferite detalii intime, duce la atașament și dezvoltarea încrederii în grup, lucru care aprofundează, intensifică și grăbește procesul terapeutic.

În contrast cu practica majorității școlilor de terapie, asistentul se abține să interpreteze experiențele participanților. Motivul este lipsa de consens între școlile existente în privința funcționării psihicului. Am spus mai devreme că, în aceste condiții, orice interpretare este arbitrară și îndoielnică. Mai există un motiv pentru evitarea interpretărilor: conținuturile psihologice sunt determinate și au legături importante cu mai multe niveluri ale psihicului. Furnizarea unei explicații sau interpretări așa-zis definitive comportă riscul de a îngheța procesul și de a bloca progresul terapeutic.

O variantă mai productivă este aceea de a pune întrebări care să conducă la obținerea de informații suplimentare din perspectiva subiectului, supremul expert în ceea ce îl privește. Când avem răbdare și rezistăm tentației de a ne împărtăși propriile impresii, deseori participanții găsesc singuri explicații care le reflectă cel mai bine experiențele. Uneori, poate fi benefic să ne împărtășim observațiile din trecut referitor la experiențe similare sau să scoatem în evidență legături cu experiențele altor membri ai grupului. Când trăirile conțin material arhetipal, metoda lui C.G. Jung, *amplificarea* (evidențierea paralelismelor dintre o anumită experiență și motive mitologice similare din diverse culturi), sau consultarea unui bun dicționar de simboluri pot fi foarte utile.

În zilele care urmează ședințelor intense în care a avut loc o experiență reușită sau o deschidere emoțională majoră, o varietate de abordări complementare poate facilita integrarea. Printre ele se numără discuțiile despre ședință cu un terapeut experimentat, relatarea în scris a conținutului experienței sau desenarea altor mandale. Lucrul corporal, care permite exprimarea emoțională – alergarea, înotul și alte forme de exercițiu fizic sau dans expresiv – poate fi și el foarte util, dacă experiența holotropică a eliberat excesul anterior de energie fizică reprimată. O ședință de terapie gestalt sau jocul jungian în nisip al Dorei Kalff pot fi de mare ajutor în rafinarea intuițiilor din timpul experienței holotropice și la înțelegerea conținuturilor lor.

Potențialul terapeutic al respirației holotropice

Am dezvoltat și practicat împreună cu soția mea, Christina, respirația holotropică în afara cadrului profesional – în timpul seminariilor noastre de o lună și în atelierele mai scurte de la Institutul Esalen, în diferite ateliere în care s-a lucrat cu respirația în multe alte părți ale lumii și în programul nostru de pregătire a asistenților. Nu am avut ocazia să testez eficacitatea terapeutică a acestei metode, așa cum am putut testa în trecut terapia psihedelică. Cercetările psihedelice făcute la Centrul de Cercetări Psihiatrice Maryland includeau analize clinice cu testare psihologică și o urmărire sistematică și profesionalist condusă.

Cu toate acestea, rezultatele terapeutice ale respirației holotropice au fost deseori atât de impresionante și au avut conexiuni atât de importante cu anumite experiențe specifice din ședințe, încât nu am nicio îndoială că respirația holotropică este o formă de terapie și autoexplorare viabilă. De-a lungul anilor, am văzut numeroase cazuri în care participanții la ateliere și formări au reușit să iasă dintr-o depresie care dura de ani de zile, să depășească diferite fobii, să se elibereze de temeri iraționale paralizante și să-și îmbunătățească radical încrederea în forțele proprii și stima de sine. De multe ori, am fost martori la dispariția unor dureri psihosomatice grave, inclusiv a migrenelor, și la ameliorarea radicală sau chiar la dispariția completă a astmului psihogen. Adesea, participanții la formări și ateliere au comparat favorabil progresul lor în mai multe ședințe holotropice cu ani de psihanaliză.

Când discutăm evaluarea eficacității formelor puternice de psihoterapie experiențială, de tipul terapiei psihedelice sau al respirației holotropice, este important să subliniem anumite diferențe fundamentale între aceste abordări și formele verbale de terapie. Psihoterapia verbală se întinde adesea pe o perioadă de mai mulți ani și realizările majore sunt excepții, și nu evenimente frecvente. Când apar modificări ale simptomelor, ele au loc într-un mare interval de timp și este greu de demonstrat conexiunea lor cauzală cu anumite evenimente din terapie sau din procesul terapeutic în general. Spre deosebire de terapia verbală, într-o ședință psihedelică sau holotropică, schimbările importante pot apărea în decursul câtorva ore și pot fi asociate cu o anumită experiență.

Schimbările observate în terapia holotropică nu se limitează la tulburările considerate tradițional de natură emoțională sau psihosomatică. În multe cazuri, ședințele de respirație holotropică duc la ameliorări importante ale problemelor de ordin fizic descrise în manualele medicale ca boli organice. Printre acestea se numără dispariția infecțiilor cronice (sinuzite, faringite, bronșite și cistite) după ce deblocarea bioenergetică a permis circulația sanguină normală în zonele corespondente. Rămâne până astăzi inexplicabil fenomenul de întărire a oaselor unei femei cu osteoporoză produs în timpul unei formări holotropice.

Am fost martori și la restabilirea totală a circulației periferice la mai multe persoane care sufereau de sindromul Raynaud, tulburare în care mâinile și picioarele se răcesc și apar modificări distrofice ale pielii. În mai multe împrejurări, respirația holotropică a dus la ameliorarea artritei. În toate aceste cazuri, factorul critic care a condus la vindecare pare să fi fost eliminarea unui blocaj bioenergetic din părțile afectate ale corpului, urmată de vasodilatare. Observația cea mai surprinzătoare din această categorie a fost remisia unor simptome avansate de arterită Takayasu, o boală cu etiologie necunoscută, caracterizată prin ocluzia progresivă a arterelor din partea superioară a corpului. Este o tulburare considerată de obicei progresivă, incurabilă și potențial letală.

În câteva cazuri, potențialul terapeutic al respirației holotropice a fost confirmat de cercetări clinice realizate de practicieni pregătiți de noi și care folosesc metoda independent, în munca lor. De multe ori, am fost contactați după mai mulți ani de persoane ale căror simptome emoționale, psihosomatice și fizice s-au ameliorat sau au dispărut în urma ședințelor noastre holotropice. Acest lucru ne-a demonstrat că ameliorările obținute sunt deseori de durată. Anticipăm că eficacitatea acestei metode interesante de autoexplorare și terapie va fi pe viitor confirmată de cercetări clinice bine documentate.

Mecanismele fiziologice implicate în respirația holotropică

Având în vedere puternicul efect pe care respirația holotropică îl are asupra conștiinței, este interesant să vorbim și despre mecanismele fiziologice și biochimice implicate. Multe persoane cred că atunci când respirăm mai rapid nu facem decât să furnizăm mai mult oxigen corpului și creierului. Situația este însă mult mai complicată. Este adevărat că respirația accelerată furnizează mai mult oxigen plămânilor, dar duce în același timp și la eliminarea de bioxid de carbon (CO_2), ceea ce determină vasoconstricția anumitor părți ale corpului.

Deoarece CO_2 este acid, reducerea cantității acestuia din sânge crește alcalinitatea (așa-numitul pH) și, într-un cadru alcalin, cantitatea de oxigen transferată în țesuturi este mai mică. Aceasta declanșează un mecanism homeostatic opus: rinichii excretă urină mai alcalină pentru a compensa schimbarea. Creierul este una dintre părțile corpului care tinde să reacționeze prin vasoconstricție la respirația accelerată. Deoarece nivelul schimbului de gaze nu depinde numai de frecvența respirației, ci și de profunzimea ei, situația este destul de complexă și e foarte greu de evaluat contextul general într-un caz individual fără examene de laborator specifice.

Totuși, dacă ținem cont de mecanismele fiziologice de mai sus, situația unei persoane în timpul respirației holotrope seamănă foarte mult cu cea din munții înalți, unde e mai puțin oxigen și nivelul de CO_2 este redus prin respirație compensatorie mai rapidă. Cortexul cerebral, fiind din punct de vedere evolutiv cea mai tânără parte a creierului, este, în general, mai sensibil la o varietate de influențe (precum alcoolul și anoxia) decât părțile mai vechi. Situația ar produce deci inhibarea funcțiilor corticale și intensificarea activității în părțile arhaice ale creierului, făcând procesele inconștiente mai accesibile.

Este interesant faptul că multe persoane, chiar culturi întregi care au trăit la altitudini extreme, au fost cunoscute pentru spiritualitatea lor avansată. Ne gândim în acest context la yoghinii din Munții Himalaya, la budiștii tibetani și la incașii peruani. Suntem tentați să atribuim acest lucru faptului că, într-o atmosferă cu un conținut mai redus de oxigen, au avut mai ușor acces la experiențele transpersonale. Totuși, o ședere îndelungată la mari altitudini duce la adaptarea fiziologică – de exemplu, la hiperproducția de eritrocite. De aceea, situația acută apărută în timpul respirației holotropice ar putea să nu fie similară cu o ședere îndelungată la mari altitudini.

În orice caz, de la descrierea modificărilor fiziologice ale creierului și până la gama extrem de bogată a fenomenelor induse de respirația holotropică, precum identificarea experiențială cu animalele, viziunile arhetipale sau amintirile din viețile anterioare, este un drum lung. Situația este similară cu cea a problemei efectelor psihologice ale LSD-ului. Faptul că ambele metode pot induce experiențe transpersonale, în care există acces la informații noi și exacte despre Univers, prin intermediul canalelor extrasenzoriale, arată că aceste conținuturi nu sunt stocate în creier.

După ce a experimentat stările psihedelice, Aldous Huxley a ajuns la concluzia că este imposibil ca sursa acestor experiențe să fie creierul nostru. El a sugerat că acesta funcționează mai degrabă ca o valvă reductoare ce ne protejează de conținuturi cosmice infinit mai vaste. Concepte ca „amintirile fără substrat material" (von Foerster, 1965), „câmpurile morfogenetice" ale lui Sheldrake (Sheldrake, 1981) și „câmpul psi" al lui Laszlo (Laszlo, 1993) reprezintă un important sprijin pentru ideea lui Huxley.

Terapia holotropică și alte modalități de tratament

După decenii de lucru cu stările holotropice, nu mai am nicio îndoială că noile informații despre natura conștiinței, dimensiunile psihicului uman și arhitectura tulburărilor emoționale și psihosomatice pe care le-am explorat în capitolele precedente au validitate generală și sunt de durată. După părerea mea, ele ar trebui încorporate în teoria psihiatrică și psihologică și să devină parte a cadrului conceptual al tuturor terapeuților, indiferent de nivelul sau tipul de terapie pe care o practică.

După cum arăta foarte elocvent Frances Vaughan în discuția despre psihoterapia transpersonală, conținutul și obiectivul efortului terapeutic este determinat de contribuția subiectului în ședință. Aportul specific al terapeutului este un cadru conceptual suficient de larg, încât să permită un context semnificativ pentru orice conținut apărut în proces. Un terapeut transpersonal poate astfel să-și urmeze subiectul în orice domeniu sau nivel al psihicului către care îl conduce procesul (Vaughan, 1979).

Dacă baza teoretică a terapeutului este limitată, el nu va fi capabil să înțeleagă fenomenele aflate în afara acesteia și va avea tendința de a le interpreta ca derivate ale elementelor ce compun modul lui îngust de a vedea lumea. Aceasta va duce la distorsiuni grave și va afecta serios atât calitatea, cât și eficacitatea procesului terapeutic, fie el experiențial, fie verbal. Și, dacă tot am menționat aceste două forme fundamentale de psihoterapie, ar fi util să le examinăm indicațiile, potențialul și limitele.

Anumite aspecte importante ale tulburărilor emoționale și psihosomatice, în special cele asociate cu blocajele energiilor fizice și emoționale, necesită abordări experiențiale, iar încercările de influențare prin terapii verbale reprezintă o pierdere de vreme. Este, de asemenea, imposibil să se ajungă la rădăcinile perinatale și transpersonale ale problemelor emoționale prin terapia limitată la mijloace verbale. Totuși, terapia verbală este un complement important pentru sesiunile experiențiale profunde. Ea ajută la integrarea în viața cotidiană a materialului apărut în stările holotropice, indiferent dacă este vorba de o traumă biografică, de o secvență perinatală sau de o experiență spirituală profundă. Același lucru este valabil și pentru experiențele care apar spontan în episoadele de criză spirituală.

Psihoterapia verbală poate fi extrem de importantă pentru clarificarea problemelor de comunicare și a dinamicii interpersonale dintr-un cuplu sau o familie. Ca terapie individuală, ea poate furniza o experiență de corectare și ajută la dezvoltarea încrederii în relațiile umane la persoanele care au avut experiențe de respingere sau abuz în copilărie. De asemenea, poate întrerupe și vindeca cercurile vicioase din interacțiunile interpersonale bazate pe generalizări, anticiparea dezamăgirilor și profeții autoîmplinite.

Lucrul sistematic cu stările holotropice este compatibil și poate fi combinat cu un larg spectru de terapii de descoperire, precum gestalt, diversele forme de lucru cu corpul, desenul și dansul expresiv, psihodrama lui Jacob Moreno, jocul în nisip al Dorei Kalff, desensibilizarea și reprocesarea prin mișcări oculare a Francinei Shapiro (EMDR), și multe altele. În combinație cu exerciții fizice, meditație simplă și meditație în mișcare – de exemplu, alergarea, înotul, hatha yoga, vipassana, tai-chi sau chi-kung – poate crea un pachet terapeutic foarte eficient care, în timp, poate duce nu numai la vindecarea emoțională și psihosomatică, ci și la schimbări pozitive permanente ale personalității.

6
Spiritualitate și religie

Domeniul în care cercetările stărilor holotropice au adus probabil cea mai radicală modificare de perspectivă este spiritualitatea și legătura ei cu religia. Înțelegerea naturii umane și a Cosmosului, dezvoltată de știința occidentală materialistă, este fundamental diferită de cea întâlnită în societățile antice și preindustriale. De-a lungul secolelor, oamenii de știință au explorat sistematic diferite aspecte ale lumii materiale și au acumulat o cantitate impresionantă de informații care nu erau disponibile în trecut. Ei au înlocuit, corectat și completat conceptele anterioare cu privire la natură și Univers.

Totuși, diferența cea mai izbitoare dintre cele două perspective nu ține de cantitatea și exactitatea datelor referitoare la realitatea materială; rezultat firesc și așteptat al progresului științific. Dezacordul cel mai pregnant este legat de problema existenței unei dimensiuni sacre sau spirituale a vieții. Este vorba, categoric, de o problemă foarte importantă, cu implicații vaste pentru existența umană. Felul în care răspundem la această întrebare ne va influența profund ierarhia de valori, strategia de viață și comportamentul zilnic față de oameni și față de natură. Iar răspunsurile date de aceste două grupuri umane sunt diametral opuse.

Toate grupurile umane din epoca preindustrială erau convinse de faptul că lumea materială, pe care o percepem și în care funcționăm zi de zi, nu este singura realitate. Perspectiva lor includea și existența unei dimensiuni ascunse a realității, locuită de diferite zeități, demoni, entități acorporale, spirite ancestrale și animale puternice. Culturile preindustriale aveau o viață rituală și spirituală bogată, care se construia în jurul posibilității de a intra în contact experiențial direct cu aceste domenii și ființe, în mod obișnuit ascunse, și de a primi de la ele informații importante sau ajutor. Se credea că este un mod important și util de a influența cursul evenimentelor materiale.

În aceste societăți, activitățile cotidiene nu se bazau numai pe informațiile primite prin intermediul simțurilor, ci și pe cele venite din dimensiunile invizibile. Antropologii care au studiat culturile primitive au fost încurcați de ceea ce au numit „logica dublă" a grupurilor umane. Aborigenii dovedeau aptitudini extraordinare și posedau instrumente ingenioase perfect adaptate pentru obținerea de mijloace de hrănire și supraviețuire. Însă ei combinau activitățile practice, ca vânătoarea, pescuitul și munca la câmp, cu ritualuri adresate diferitelor lumi și entități celeste, care pentru antropologi erau imaginare.

Pentru antropologii de orientare materialistă, nefamiliarizați cu stările holotropice de conștiință, un asemenea comportament era irațional și total de neînțeles. Spre deosebire de colegii lor conservatori, a căror metodologie era limitată la observarea exterioară a culturilor studiate, antropologii temerari și cu largă deschidere („antropologii vizionari") au realizat că, pentru a înțelege aceste culturi, era esențial să ia parte la ritualurile care implicau stări holotropice.

Cercetători precum Michael Harner, Richard Katz, Barbara Meierhoff sau Carlos Castaneda nu au avut probleme în înțelegerea logicii duble a băștinașilor. Experiența le-a arătat că producerea uneltelor și aptitudinile practice erau legate de realitatea materială pe care o percepem în starea obișnuită de conștiință. Activitatea rituală se adresa realității ascunse, a cărei existență era relevată în stările holotropice. Perspectiva antropologiei academice asupra lumii („abordarea etică") se limitează la observațiile externe asupra realității materiale; perspectiva băștinașilor („abordarea emică") include informații din experiența holotropică a realităților interioare. Cele două perspective nu se exclud reciproc, ci sunt complementare.

Descrierile dimensiunilor sacre ale realității și accentul pus pe viața spirituală intră în profund conflict cu sistemul de credințe dominant în lumea industrială. Conform principalului curent științifico-academic occidental, numai materia există cu adevărat. Istoria Universului este istoria dezvoltării materiei. Viața, conștiința și inteligența sunt mai mult sau mai puțin epifenomene accidentale și nesemnificative ale acestei dezvoltări. Ele au apărut pe scena vieții după miliarde de ani de evoluție a pasivei și inertei materii, într-o zonă extrem de mică din imensitatea Universului. Este evident că într-un univers de acest tip nu este loc pentru spiritualitate.

Conform neuroștiinței occidentale, conștiința e un produs al proceselor fiziologice din creier și este astfel total dependentă de corp. Foarte puțini oameni de știință realizează că nu au absolut nicio dovadă că fenomenul conștiinței ar fi un produs al creierului și că nu avem nici cea mai vagă idee despre cum ar fi posibil acest lucru. Totuși, ipoteza metafizică fundamentală rămâne unul dintre miturile de frunte ale științei occidentale materialiste și are o influență profundă asupra întregii noastre societăți.

În lumina observațiilor rezultate din studiul stărilor holotropice, actuala respingere disprețuitoare și patologizarea spiritualității, caracteristice materialismului monist, par de nesusținut. În stările holotropice, dimensiunile spirituale ale realității pot fi trăite direct, la fel de convingător ca și experiența cotidiană a lumii materiale. De asemenea, se pot descrie pas cu pas procedurile care facilitează accesul la aceste experiențe. Studiul atent al experiențelor transpersonale arată că ele sunt realități ontologice și că ne furnizează informații cu privire la aspecte importante și în mod obișnuit ascunse ale existenței.

În general, studiul stărilor holotropice confirmă intuiția lui C.G. Jung că experiențele care își au rădăcinile în nivelurile profunde ale psihicului (după terminologia mea, experiențe „perinatale" și „transpersonale") au o calitate pe care el a numit-o (după Rudolf Otto) *numinozitate*. Termenul *numinos* este relativ neutru și astfel preferabil altor termeni similari, ca religios, mistic, magic, sfânt sau sacru, care au fost deseori folosiți în contexte problematice și care sunt înșelători. Sentimentul numinozității se bazează pe înțelegerea directă a faptului că întâlnim un domeniu ce aparține unei ordini superioare a realității, una sacră și radical diferită de lumea materială.

Pentru a evita neînțelegerile și confuzia care au compromis în trecut multe discuții similare, este foarte important să facem o distincție clară între spiritualitate și religie. Spiritualitatea se bazează pe trăirile directe ale aspectelor și dimensiunilor neobișnuite ale realității. Ea nu necesită un loc special sau o persoană oficial desemnată care să medieze contactul cu divinul. Misticii nu au nevoie de biserici sau temple. Contextul în care trăiesc dimensiunea sacră a realității, inclusiv propria lor divinitate, e reprezentat de propriul corp și natură. Iar în locul preoților care oficiază, au nevoie de un grup susținător de persoane care sunt, ca și ei, în căutarea spiritualității sau de îndrumarea unui maestru mai avansat în călătoria interioară.

Desene ilustrând experiențele dintr-o ședință cu ciuperci psihedelice. Aceste experiențe expun și satirizează religiozitatea morbidă și naivă, falsa spiritualitate care nu tolerează alte credințe și e ostilă față de corpul uman și natură. Ele portretizează și celebrează spiritualitatea universală, atotcuprinzătoare, și orientată către natură. Puterea și vitalitatea acestei abordări a vieții este simbolizată de leul care iese dintr-un miel și de un dansator american nativ.

Experiențele spirituale directe se prezintă sub două forme diferite. Prima, experiența *divinului imanent*, implică percepția subtilă, dar profund transformată, a realității cotidiene. O persoană care are această experiență spirituală privește oamenii, animalele și obiectele neînsuflețite din mediul înconjurător ca strălucite manifestări ale câmpului unificat de energie cosmică creatoare și înțelege că granițele dintre ele sunt iluzorii și ireale. Este trăirea directă a naturii ca Dumnezeu, descrisă de Spinoza prin *deus sive natura*. Folosind analogia cu televiziunea, experiența ar putea fi comparată cu o situație în care o imagine alb-negru s-ar transforma, brusc, într-una în „culori vii". În ambele cazuri, o mare parte din vechea percepție asupra lumii continuă să existe, însă este radical redefinită de adăugarea unei noi dimensiuni.

A doua formă de experiență spirituală, cea a *divinului transcendent*, implică manifestarea ființelor și domeniilor arhetipale ale realității, de obicei supranaturale, inaccesibile percepției în starea obișnuită de conștiință. În acest tip de experiență spirituală, elemente cu totul noi par „să se desfășoare" sau „să se deslușească", pentru a împrumuta termenii lui David Bohm, dintr-un alt nivel al realității. Revenind la analogia cu televiziunea, ar fi ca și cum am descoperi că există și alte canale decât cel pe care l-am urmărit până atunci.

Pentru multe persoane, prima întâlnire cu dimensiunile sacre ale existenței are loc în contextul procesului de moarte-renaștere, când trăirile diferitelor stadii ale nașterii sunt însoțite de viziuni și scene din domeniul arhetipal al inconștientului colectiv. Însă legătura completă cu domeniul spiritual se stabilește când procesul se deplasează la nivelul transpersonal al psihicului. Atunci, diferitele experiențe spirituale apar în forma lor pură, independent de elementele fetale. În unele cazuri, procesul holotropic ocolește nivelurile biografic și perinatal și oferă acces direct la domeniul transpersonal.

Spiritualitatea implică un tip special de relație între individ și Cosmos, și este, în esență, o problemă personală. Comparativ, religia organizată este o activitate instituționalizată de grup, care se desfășoară într-un loc stabilit, un templu sau o biserică, și implică un sistem de autorități numite care ar putea sau nu, să fi avut personal experiența realităților spirituale. O dată ce o religie devine organizată, pierde, de cele mai multe ori, complet conexiunea cu sursa ei spirituală și devine o instituție seculară care exploatează nevoile spirituale ale omului fără a le satisface.

Religiile organizate tind să creeze sisteme ierarhice centrate pe obținerea puterii, controlului, politicii, banilor, posesiunilor, și pe alte preocupări seculare. În aceste condiții, ierarhia religioasă respinge și descurajează experiențele spirituale directe ale membrilor săi, deoarece ele încurajează independența și nu pot fi eficient controlate. Când se întâmplă așa, viața spirituală autentică continuă doar în ramurile mistice, ordinele monastice și în sectele extatice ale religiilor implicate.

Fratele David Steindl-Rast, călugăr benedictin și filozof creștin, folosește o superbă metaforă pentru a ilustra această situație. El compară experiența mistică originară cu magma strălucitoare, incitantă, dinamică și vie a unui vulcan în erupție. După experiență, simțim nevoia de a o așeza pe aceasta într-un cadru conceptual și de a formula o *doctrină*. Starea mistică reprezintă o amintire prețioasă și am putea crea un ritual care să ne amintească acest eveniment memorabil. Experiența ne conectează cu ordinea cosmică, ceea ce are un impact direct profund asupra *eticii* noastre – sistemul de valori, standardele morale și comportamentul.

Din diferite motive, pe parcursul existenței ei, religia organizată tinde să piardă legătura cu sursa spirituală originară. Când se deconectează de matricea experiențială, doctrinele degenerează în *dogme*, ritualurile în *ritualism* gol și eticile cosmice în *moralism*. În comparația Fratelui David, resturile a ceea ce a fost odată un sistem spiritual viu seamănă acum mai mult cu lava cristalizată decât cu magma electrizantă a experienței mistice care l-a creat.

Persoanele care au experiențe ale imanentului sau divinului transcendent se deschid spiritualității ce se găsește în ramurile mistice ale marilor religii ale lumii sau în ordinele lor monastice, și nu neapărat în organizațiile principale. Dacă experiențele iau o formă creștină, persoana se va simți în rezonanță cu Sf. Teresa de Avila, Sf. Ioan al Crucii, Meister Eckhart, sau Sf. Hildegarde de la Bingen. Asemenea experiențe nu vor duce la aprecierea ierarhiei Vaticanului și a edictelor papale, și nici nu vor transmite înțelegerea poziției Bisericii Catolice față de contracepție sau interdicția ca femeile să devină preoți.

O experiență spirituală de tip islamic va apropia persoana de învățăturile diferitelor ordine sufite și va trezi interes pentru practicarea lor. Ea nu va genera simpatie pentru politica motivată religios a unor grupări musulmane și pasiune pentru *jihad*, Războiul Sfânt împotriva necredincioșilor. Similar, o formă iudaică a acestei experiențe ar conecta persoana cu tradiția mistică iudaică, așa cum este ea exprimată în Cabala sau mișcarea hasidică, și nu în iudaismul sau sionismul fundamentalist. O experiență mistică profundă tinde să dizolve granițele dintre religii, în vreme ce dogmatismul religiilor organizate tinde să sublinieze diferențele și să dea naștere la antagonisme și ostilități.

Adevărata spiritualitate este universală și atotcuprinzătoare și se bazează mai mult pe experiența mistică personală, decât pe dogme sau scripturi religioase. Religiile din curentul dominant pot uni oamenii în jurul lor, dar tind să-i dezbine pe scară largă, deoarece montează grupul lor împotriva altor grupuri și încearcă fie să le convertească, fie să le distrugă. Epitetele „păgâni", „goimi" și „necredincioși" și conflictele dintre creștini, evrei, musulmani sau hinduși și șiiți sunt doar câteva exemple mai vizibile. În lumea de azi plină de tulburări, religiile în forma lor prezentă sunt mai degrabă o parte a problemei decât soluția. Ironia este că diferențele dintre facțiunile aceleiași religii pot deveni un motiv suficient pentru conflicte serioase și vărsare de sânge, după cum se poate deduce din istoria bisericii creștine și din violențele care continuă în Irlanda.

Nu încape îndoială că dogmele religiilor organizate sunt, în general, într-un conflict fundamental cu știința, indiferent dacă aceasta folosește modelul mecanicist-materialist sau este ancorată în paradigma emergentă. Dar situația este total diferită în privința misticismului autentic, bazat pe experiențe spirituale. Marile tradiții mistice au acumulat un volum mare de cunoștințe despre conștiința umană și domeniile spirituale, într-un mod similar cu cel folosit de oamenii de știință în dobândirea informațiilor noi despre lumea materială.

El implică metodologia de inducere a experiențelor transpersonale, adunarea sistematică a datelor și validarea intersubiectivă.

Experiențele spirituale, ca orice alt aspect al realității, pot fi supuse unei cercetări atente, lipsită de prejudecăți, și studiate științific. Nu este nimic neștiințific în studiul imparțial și riguros al fenomenelor transpersonale și al provocărilor pe care le prezintă ele pentru înțelegerea materialistă a lumii. Numai o abordare de acest fel poate răspunde la întrebarea critică privind statutul ontologic al experiențelor mistice: experiențele scot la iveală un adevăr profund despre unele aspecte ale existenței, după cum susține filozofia perenă, sau sunt produse ale superstiției, fanteziei sau bolii mintale, cum le consideră știința occidentală materialistă?

Principalul obstacol în studiul experiențelor spirituale este faptul că psihologia și psihiatria tradițională sunt dominate de filozofia materialistă și nu posedă o autentică înțelegere reală a religiei și spiritualității. Psihiatria occidentală nu face distincția între o experiență mistică și una psihotică, considerându-le pe amândouă manifestări ale unei boli mintale. În respingerea religiei, ea nu face deosebirea între credințele populare primitive sau interpretările fundamentaliste literale ale scrierilor religioase, și rafinatele tradiții mistice sau filozofii spirituale orientale, bazate pe secole de explorare introspectivă sistematică a psihicului.

Un exemplu extrem al acestei lipse de discriminare este respingerea de către știința occidentală a *tantrei*, sistem care oferă o înțelegere profundă a psihicului uman și o extraordinară viziune spirituală asupra existenței în contextul unei perspective științifice și complexe asupra lumii. Maeștrii tantrici au dezvoltat o înțelegere profundă a Universului, care a fost validată de știința modernă în multe privințe. Ea include modele complexe ale spațiului și timpului, conceptul de Big Bang și elemente ca sistemul heliocentric, atracția interplanetară, forma sferică a Pământului și planetelor și entropia. Aceste cunoștințe au precedat cu secole descoperirile corespunzătoare din Occident.

Alte realizări ale tantrei includ matematicile avansate și inventarea calculului zecimal cu zero. Tantra a avut și o teorie psihologică profundă și o metodă experiențială, bazată pe hărți ale corpului subtil sau energetic, cu centrii (*chakrele*) și canalele (*nadisurile*) psihice. A dezvoltat o artă spirituală figurativă și abstractă extrem de rafinată și un ritual complex (Mookerjee și Khanna, 1977).

Aparenta incompatibilitate dintre știință și spiritualitate este remarcabilă. De-a lungul istoriei, spiritualitatea și religia au jucat un rol vital și critic în viața omului, până când influența lor a fost subminată de revoluția științifică și industrială. Știința și religia reprezintă părți extrem de importante ale vieții omenești, fiecare în felul ei. Știința este cel mai puternic instrument de obținere a informațiilor despre lumea în care trăim, iar spiritualitatea este indispensabilă ca sursă a sensului vieții noastre. Impulsul religios a fost, cu siguranță, una dintre forțele cele mai importante care au stat la baza istoriei și culturii umane.

E greu de imaginat că această lume ar fi fost posibilă dacă viața rituală și spirituală s-ar fi bazat doar pe halucinații psihotice, iluzii, superstiții și fantezii în întregime nefondate. Pentru a exercita o influență atât de puternică asupra cursului activităților omenești, religia trebuie să reflecte categoric un aspect autentic și foarte profund al naturii umane, oricât de problematice și de distorsionate ar fi modurile de exprimare ale acestui nucleu autentic pe parcursul istoriei. Să analizăm însă din nou această dilemă, în lumina observațiilor furnizate de cercetările asupra conștiinței. Toate marile religii ale lumii s-au inspirat din puternice experiențe holotropice ale unor vizionari care au inițiat și susținut aceste credințe și din epifaniile divine ale profeților, misticilor și sfinților, experiențe care relevă existența dimensiunilor sacre ale realității și au fost o sursă vitală a tuturor mișcărilor religioase.

Gautama Buddha, meditând în Bodh Gaya sub copacul Bo, a avut o experiență vizionară dramatică în care i s-a arătat însuși Kama Mara, stăpânul lumii iluziilor; acesta încerca să-l distragă de la căutarea sa spirituală. Zeul și-a folosit întâi cele trei fiice seducătoare, într-un efort de a abate interesul lui Buddha de la spiritualitate către sex. Când încercarea a eșuat, și-a adus armata amenințătoare pentru a trezi în Buddha frica de moarte, a-l intimida și a-l împiedica să atingă iluminarea. Buddha a depășit cu succes obstacolele și a trăit iluminarea și trezirea spirituală. În alte împrejurări, Buddha a avut viziunea unui lung șir de încarnări anterioare și a trăit o profundă eliberare din legăturile karmice.

Textul islamic Miraj Nameh oferă o descriere a „călătoriei miraculoase a lui Mahomed", o puternică stare vizionară în care arhanghelul Gabriel l-a escortat pe Mahomed prin cele șapte raiuri islamice, Paradis și Iad (Gehenna). În timpul călătoriei sale vizionare, Mahomed a avut, în al șaptelea cer, un „dialog" cu Allah. Într-o stare descrisă ca „extaz vecin cu anihilarea", el a primit de la Allah o comunicare directă. Această experiență și stările mistice suplimentare pe care Mahomed le-a avut pe parcursul a 25 de ani au devenit baza suras-urilor din Coran și a credinței musulmane.

În tradiția iudeo-creștină, Vechiul Testament oferă o descriere plină de culoare a întâlnirii lui Moise cu Îngerul Domnului care ieșea dintr-un rug, a întâlnirii lui Avraam cu îngerul, și alte experiențe vizionare. Noul Testament descrie ispitirea lui Isus de către diavol, în timpul retragerii sale în deșert. Similar, viziunea orbitoare a lui Isus pe drumul spre Damasc avută de Saul, revelația apocaliptică a Sfântului Ioan în peștera sa pe Insula Patmos, observarea de către Iezechiel a carului în flăcări și multe alte episoade care sunt, în mod clar, experiențe transpersonale în stări holotropice de conștiință. Biblia ne oferă multe alte exemple de comunicare directă cu Dumnezeu și cu îngerii. În plus, tentațiile Sfântului Antonie și experiențele vizionare ale altor sfinți și părinți ai deșertului sunt părți bine documentate ale istoriei creștine.

Psihiatrii din curentul dominant modern interpretează experiențele vizionare ca manifestări ale unor boli mintale grave, deși le lipsește o explicație medicală adecvată și date de laborator care să susțină această poziție. Literatura psihiatrică conține numeroase articole și cărți care își pun problema celui mai potrivit diagnostic clinic pentru multe dintre marile figuri ale istoriei spirituale. Sfântul Ioan al Crucii a fost declarat „degenerat ereditar", Sf. Teresa de Avila renegată ca un grav caz de psihoză isterică, iar experiențele mistice ale lui Mahomed au fost atribuite epilepsiei.

Multe alte personaje religioase și spirituale, precum Buddha, Isus, Ramakrishna și Shri Ramana Maharshi au fost considerate psihotice din pricina experiențelor lor vizionare și a „iluziilor". Similar, unii antropologi de formare tradițională nu au reușit să cadă de acord dacă șamanii trebuie diagnosticați ca schizofrenici, psihotici ambulanți, epileptici sau isterici. Faimosul psihanalist Franz Alexander, unul dintre fondatorii medicinei psihosomatice, a scris un articol în care chiar și meditația budistă era descrisă în termeni psihopatologici și numită „catatonie artificială" (Alexander, 1931).

În civilizația industrială, persoanele care au experiențe directe ale realităților spirituale sunt considerate bolnave mintal. Psihiatrii din curentul dominant nu fac nicio distincție între experiențele mistice și experiențele psihotice, și consideră că ambele categorii sunt manifestări psihotice. Cea mai blândă judecată asupra misticismului din partea cercurilor academice oficiale a fost declarația Comitetului de Psihiatrie și Religie al Grupului pentru Dezvoltarea Psihiatriei, intitulată *Misticismul: căutare spirituală sau tulburare psihică?* Acest document publicat în 1976 recunoștea că misticismul ar putea fi totuși un fenomen care se situează undeva între normalitate și psihoză.

Religia și spiritualitatea au fost forțe extrem de importante în istoria omenirii și civilizației. Dacă experiențele vizionare ale fondatorilor religiilor nu ar fi fost decât simple produse ale patologiei creierului, ar fi dificil de explicat impactul profund pe care l-au avut asupra a milioane de oameni de-a lungul secolelor, magnifica arhitectură, picturile, sculpturile, muzica și literatura pe care le-au inspirat. Nu există nicio cultură antică sau preindustrială în care viața rituală și spirituală să nu joace un rol crucial. Modul corect de abordare al psihiatriei și psihologiei occidentale patologizează astfel nu numai viața spirituală, ci și viața culturală a grupurilor umane de-a lungul secolelor, cu excepția elitei educate a civilizației industriale occidentale, care împărtășește perspectiva materialistă și atee asupra lumii.

Poziția oficială a psihiatriei față de experiențele spirituale creează și o sciziune profundă în societatea noastră. În SUA, religia este oficial tolerată, legal protejată și chiar deschis promovată de unele cercuri. În fiecare cameră de motel există o Biblie, politicienii îl pomenesc de zor pe Dumnezeu în discursurile lor și rugăciunea colectivă este o parte standard a ceremoniei prezidențiale inaugurale. Totuși, în lumina științei materialiste, cei care iau în serios credințele spirituale de orice fel sunt niște needucați, victime ale unei iluzii colective sau imaturi emoțional.

Dacă o persoană din cultura noastră ar avea în timpul unei slujbe religioase o experiență spirituală de tipul celor care au inspirat fiecare mare religie a lumii, un preot obișnuit ar trimite-o, foarte probabil, la psihiatru. Mergem la biserică și ascultăm povestirile despre experiențele mistice ale unor oameni de acum două mii de ani. În același timp, experiențele similare avute de contemporanii noștri sunt considerate semne ale bolii mintale. S-a întâmplat de multe ori ca persoane aduse la centrele psihiatrice pentru că au avut intense experiențe spirituale să fie spitalizate, supuse unei medicații tranchilizante sau chiar șocurilor electrice și să capete etichete de diagnostic psihopatologic, ceea ce le-a stigmatizat pentru tot restul vieții.

În climatul actual, simpla sugestie că o experiență spirituală merită să fie cercetată sistematic și analizată foarte atent pare absurdă pentru oamenii de știință de pregătire convențională. Exprimarea interesului serios pentru acest domeniu poate fi considerată un semn de slăbiciune a minții și pătează reputația profesională a cercetătorului. În realitate, nu există nicio „dovadă" științifică capabilă să ateste că dimensiunea spirituală nu există. Respingerea existenței ei este, în esență, o ipoteză metafizică a științei occidentale, bazată pe o aplicare incorectă a unei paradigme învechite. De fapt, studiul stărilor holotropice, în general, și al experiențelor transpersonale, în particular, oferă date mai mult decât suficiente care sugerează că postularea existenței unei asemenea dimensiuni este de bun-simț (Grof, 1985, 1988).

Patologizând stările holotropice de conștiință, știința occidentală a patologizat întreaga istorie spirituală a omenirii. Ea a adoptat o atitudine arogantă și lipsită de respect față de viața spirituală, rituală și culturală a societăților preindustriale de-a lungul secolelor, ca și față de practica spirituală a oamenilor din societatea noastră. Din această perspectivă, dintre toate grupurile umane existente în istorie, doar elita intelectuală a civilizației occidentale, care subscrie la materialismul monist al științei occidentale, are o înțelegere corectă și demnă de încredere a existenței. Toți cei care nu împărtășesc această perspectivă sunt considerați primitivi, ignoranți sau induși în eroare.

Studiul sistematic al diferitelor forme de stări holotropice, realizat în ultimele câteva decenii de clinicieni care au folosit terapia psihedelică și puternice psihoterapii experiențiale, tanatologi, antropologi, analiști jungieni, cercetători ai meditației și biofeedback-ului, a arătat că psihologia și psihiatria occidentală au făcut o mare greșeală respingând experiențele mistice ca manifestări de etiologie necunoscută ale patologiei creierului. Noile descoperiri au inspirat dezvoltarea psihologiei transpersonale, o disciplină care a întreprins o cercetare științifică obiectivă asupra spiritualității în condiții proprii, în loc să o privească prin prisma paradigmei materialiste.

Psihologia transpersonală studiază serios și respectă întregul spectru al experienței umane, inclusiv stările holotropice și toate domeniile psihicului – biografic, perinatal și transpersonal. Ca urmare, ea este mai sensibilă cultural și oferă o cale de înțelegere a psihicului universală, aplicabilă oricărui grup uman și oricărei perioade istorice. De asemenea, ea onorează dimensiunile spirituale ale existenței și recunoaște profunda nevoie omenească de experiențe transcendentale. În acest context, căutarea spirituală apare ca o activitate inteligibilă și legitimă.

Diferența între înțelegerea Universului, naturii, ființelor umane și conștiinței dezvoltată de știința occidentală și cea a societăților vechi și preindustriale este, de obicei, explicată în termenii superiorității științei materialiste asupra superstiției și gândirii primitive magice a culturilor aborigene. În acest context, ateismul este privit ca o perspectivă complexă și iluminată asupra realității pe care culturile primitive urmează s-o atingă abia atunci când se vor bucura de beneficiile educației occidentale. Analiza atentă a acestei situații arată că motivul deosebirii nu este superioritatea științei occidentale, ci ignoranța și naivitatea societăților industriale în ceea ce privește stările holotropice de conștiință.

Toate culturile preindustriale au respectat aceste stări și au cheltuit mult timp și energie încercând să construiască moduri eficiente și sigure de inducere a lor. Ele posedau cunoștințe profunde despre aceste stări, le cultivau sistematic și le foloseau ca principal vehicul al vieții rituale și spirituale. Perspectivele pe care culturile respective le aveau asupra lumii reflectau nu numai experiențele și observațiile făcute în starea obișnuită de conștiință, ci și pe cele din stările vizionare profunde. Cercetarea modernă a conștiinței și psihologia transpersonală au arătat că multe dintre aceste experiențe sunt autentice descoperiri ale unor dimensiuni de obicei ascunse ale realității și nu pot fi respinse ca deformări patologice.

În stările vizionare, experiențele altor realități sau ale noilor perspective asupra realității noastre cotidiene sunt atât de convingătoare și de puternice, încât persoanele care le-au trăit nu au altă alegere decât să le încorporeze în perspectiva lor asupra lumii. Astfel, expunerea experiențială sistematică la stările holotropice de conștiință, pe de o parte, și absența acestei experiențe, pe de altă parte, situează culturile aborigene și societățile tehnologice atât de departe ideologic. Nu am întâlnit până acum nici un european, american sau membru al unei societăți tehnologizate care să fi avut o experiență profundă a domeniilor transcendentale și să continue totuși să subscrie la perspectiva științei occidentale materialiste asupra lumii. Această situație este independentă de nivelul de inteligență, de tipul și de gradul de educație sau atestatele profesionale ale persoanelor implicate.

7
Experiența morții și fenomenele conexe: perspective psihologice, filozofice și spirituale

Cercetarea stărilor holotropice a clarificat și un alt domeniu, în trecut renegat și supus dezacordurilor și confuziei – problema morții. Începuturile acestei controverse pot fi găsite încă în dezvoltarea conceptuală a lui Sigmund Freud. În scrierile sale de început, Freud considera problema morții irelevantă pentru psihologie. Motivul acestei atitudini era convingerea că sinele operează într-o lume situată în afara spațiului și timpului care, din acest motiv, nu cunoaște și nu recunoaște moartea. În acest context, problemele legate de moarte, precum teama de moarte, mascau de fapt alte probleme – dorința morții altei persoane, teama de castrare, preocupări legate de pierderea controlului sau teama de un orgasm sexual copleșitor (Fenichel, 1945).

În acești primi ani, Freud credea și că principala forță motivatoare a psihicului era ceea ce el numea „principiul plăcerii", o tendință de a evita disconfortul și de a căuta satisfacția. Ulterior, când a descoperit existența fenomenelor la care acest principiu nu se aplica, precum masochismul, automutilarea și nevoia de pedeapsă, această înțelegere a psihicului a devenit greu de susținut. Lupta cu provocările conceptuale l-a făcut să-și dea seama că fenomenele care nu se încadrează în principiul plăcerii nu pot fi înțelese fără abordarea problemei morții.

În cele din urmă, a formulat o psihologie complet nouă, în care psihicul nu mai era un câmp de luptă între forțele libidinale și instinctul de autoconservare, ci între libidou și „instinctul morții" (Libido și Destrudo sau Eros și Tanatos). Deși Freud însuși a considerat aceste două principii ca instincte biologice, ele au, de fapt, clare trăsături mitologice, nu fără asemănare cu arhetipurile jungiene (Freud, 1955 și 1964). Această revizuire, considerată de Freud formularea finală a ideilor sale, nu a trezit prea mult entuziasm printre adepții săi. O statistică realizată de Brun a arătat că 94% dintre adepții lui Freud respingeau teoria instinctului morții (Brun, 1953).

Lucrul cu stările holotropice a confirmat însă intuiția generală a lui Freud cu privire la importanța psihologică a morții, dar a și revizuit, modificat și extins substanțial vederile sale. Nu a confirmat însă existența unui instinct independent al morții, ci a arătat că evenimentele care amenință viața, precum rănile, operațiile, resuscitarea după înec sau crizele pre și perinatale, joacă un rol important în dezvoltarea personalității inclusiv ca surse de psihopatologie gravă. S-a mai evidențiat și că moartea are o reprezentare importantă la nivelul transpersonal al psihicului, sub forma amintirilor din viețile anterioare, a zeităților și domeniilor escatologice, și a complexelor motive arhetipale, precum cel al Apocalipsei sau al nordicului Ragnarok.

A devenit clar, de asemenea, că o confruntare experiențială cu moartea în cursul terapiei are un important potențial de vindecare, transformare și evoluție. Cercetarea a arătat și că atitudinea față de moarte și împăcarea cu ea are implicații importante asupra calității vieții, ierarhiei valorilor și strategiei de viață. Întâlnirea experiențială cu moartea, fie simbolică (în meditație, ședințe psihedelice, urgențe spirituale sau respirație holotropică) fie reală (într-un accident, război, lagăr de concentrare sau în timpul unui atac de cord) poate duce la o puternică deschidere spirituală.

Cercetările asupra stărilor holotropice au adus multe informații fascinante cu privire la diferite probleme legate de moarte, precum fenomenologia experiențelor de moarte clinică, frica de moarte și rolul ei în viața omului, supraviețuirea conștiinței după moarte și reîncarnare. Aceste informații sunt foarte importante, nu numai pentru unele discipline științifice precum psihiatria, psihologia, antropologia și tanatologia, ci, în general, pentru noi toți. Ar fi foarte dificil să găsim un subiect mai universal și cu o relevanță personală mai mare pentru fiecare decât moartea.

Pe parcursul vieții, toți pierdem cunoștințe, prieteni, rude și în final ne confruntăm cu propria moarte biologică. Având în vedere acest fapt, e uimitor că, până la sfârșitul anilor '60, civilizația industrială occidentală a manifestat o lipsă aproape totală de interes față de tema morții. Atitudinea era valabilă nu numai în ceea ce privește populația, în general, ci și în cazul oamenilor de știință și profesioniștilor implicați în discipline care ar fi trebuit să fie interesate de acest subiect, ca medicina, psihiatria, psihologia, antropologia, filozofia și teologia. Singura explicație plauzibilă a acestei situații este că, dintr-un anumit motiv, societățile tehnologice au dezvoltat o negare masivă a morții.

Dezinteresul este și mai izbitor când comparăm situația din societatea noastră cu cea din culturile vechi și preindustriale și realizăm că atitudinea acestora față de moarte era diametral opusă. Moartea juca un rol central și critic în cosmologiile, filozofiile, viața spirituală, rituală și mitologiile lor, ca și în viața cotidiană. Importanța practică a acestei deosebiri devine evidentă când comparăm situația unei persoane care se confruntă cu moartea în aceste două medii culturale și istorice.

O persoană crescută în societatea industrială occidentală are o perspectivă pragmatică și materialistă sau este profund influențată de expunerea la această perspectivă. Conform neuroștiinței occidentale, conștiința este un epifenomen al materiei, un produs al proceselor fiziologice din creier, fiind astfel critic dependentă de corp. Din această perspectivă, nu încape nicio îndoială că moartea trupului, mai cu seamă cea a creierului, reprezintă sfârșitul absolut al oricărei forme de activitate conștientă. Când acceptăm această premisă fundamentală despre primatul materiei, concluzia este logică, evidentă și neîndoielnică. Credința în orice formă de conștiință după moarte, călătoria postumă a sufletului sau reîncarnarea par naive și ridicole și sunt respinse ca produse ale dorințelor persoanelor incapabile să accepte evidentul imperativ biologic al morții.

Subminarea exercitată de știința materialistă nu este singurul factor care a redus influența religiei în cultura noastră. Cum am văzut mai devreme, religia occidentală a pierdut în mare parte componenta sa experiențială și, o dată cu ea, și legătura cu sursele spirituale profunde. Ca urmare, a devenit goală, lipsită de sens și din ce în ce mai irelevantă pentru viața noastră. În această formă, ea nu poate concura cu puterea de convingere a științei materialiste, susținută de triumfurile ei tehnologice. Religia încetează să mai fie o forță vitală pe parcursul vieții și în momentul morții. Referirile ei la viața de apoi și la lumea de dincolo au fost izolate la lumea basmelor și manualelor de psihiatrie.

Această atitudine a inhibat interesul științific pentru experiențele pacienților aflați în pragul morții sau pentru cele ale persoanelor aflate în moarte clinică, până în anii '70. Rarele relatări cu privire la acest subiect s-au bucurat de foarte puțină atenție, indiferent dacă au fost cărți pentru publicul larg, ca de exemplu *The Vestibule* (Jess E. Weisse, 1972) și *Glimpses of the Beyond* (Jean-Baptiste Delacour, 1974), sau cercetări științifice, ca studiul medicilor și asistenților medicali asupra pacienților aflați pe patul de moarte, realizat de Karlis Osis (Osis și al., 1961). De la publicarea best-seller-ului internațional scris de doctorul Raymond Moody, *Viața de dincolo de moarte*, în 1975, Ken Ring, Michael Sabom și alți pionieri ai tanatologiei au acumulat dovezi impresionante cu privire la caracteristicile uimitoare ale experiențelor de moarte clinică, de la percepția extrasenzorială corectă în timpul decorporalizării până la profundele modificări de personalitate care le-au urmat (Sabom, 1982; Greison și Flinn, 1984; Ring și Valarino, 1998).

Cercetările au fost mediatizate în numeroase talk show-uri televizate în care au apărut tanatologi și persoane revenite din moarte clinică, în best-seller-uri și chiar în multe filme hollywoodiene. Totuși, aceste observații remarcabile și potențial distrugătoare de paradigme, care ar fi putut revoluționa felul în care înțelegem natura conștiinței și legătura ei cu creierul, sunt încă respinse de majoritatea profesioniștilor ca fiind halucinații irelevante produse de crize biologice ale organismului.

E bine știut, de asemenea, că experiențele de moarte clinică au un impact profund asupra bunăstării fizice și psihologice a supraviețuitorilor, ca și asupra comportamentului și a felului lor de a vedea lumea. Și totuși, aceste evenimente nu sunt discutate, de obicei, cu pacienții, iar informațiile cu privire la ele nu sunt considerate importante pentru istoricul cazului și nu sunt trecute în fișele medicale. În majoritatea instituțiilor medicale nu se oferă niciun sprijin psihologic ce ar putea ajuta la integrarea trăirilor dificile.

Persoanele care trec prin experiența morții în societatea occidentală nu au, de multe ori, un sprijin uman eficient care le-ar facilita tranziția. Încercăm să ne protejăm de disconfortul emoțional pe care îl induce moartea. Lumea industrială tinde să înlăture persoanele bolnave și muribunde, plasându-le în spitale sau azile. Se pune accentul pe sistemele de susținere a vieții și pe prelungirea ei mecanică, de multe ori dincolo de orice limite rezonabile, și nu pe mediul uman și pe calitatea vieții în timpul rămas de trăit. Sistemul familial s-a dezintegrat, iar copiii trăiesc, deseori, la mari distanțe de părinți și bunici. În momentul crizei medicale, contactul este deseori formal și minim.

Cu puține excepții, profesioniștii din domeniul sănătății mintale care și-au construit forme specifice de suport psihologic și consiliere pentru o gamă largă de crize emoționale au acordat o atenție infimă muribunzilor. Persoanele care se confruntă cu cea mai profundă dintre crizele imaginabile, una care afectează simultan aspectele biologice, emoționale, interpersonale, sociale, filozofice și spirituale ale individului, sunt singurele pentru care nu e disponibil niciun ajutor semnificativ. O schimbare promițătoare în această privință este rețeaua tot mai vastă de ospicii, inspirată de munca de pionierat ale lui Cicely Saunders (Saunders, 1967), care oferă un mediu afectiv pentru cei pe patul de moarte.

Toate acestea se întâmplă în contextul mult mai larg al negării colective a efemerității și mortalității, caracteristic civilizației industriale occidentale. Mare parte a întâlnirii noastre cu moartea este asanată de echipe de profesioniști care îi reduc impactul imediat. În expresia lor extremă, acestea includ bărbieri și coafori, croitori, experți în machiaj și chirurgi esteticieni post-mortem, care practică o gamă largă de lucrări de cosmetizare asupra cadavrului înainte de a le fi arătat rudelor.

Presa contribuie la crearea unei și mai mari distanțări față de moarte, diluând-o în statistici goale, relatând în general și cu detașare despre miile de victime ale războaielor, revoluțiilor și catastrofelor naturale. Filmele și emisiunile TV trivializează și ele și mai mult moartea, folosind violența ca pe un capital. Ele anesteziază publicul modern față de relevanța emoțională a fenomenului, expunându-l la nenumărate scene de moarte și crimă în cadrul programelor de divertisment.

Condițiile de viață existente în țările tehnologice moderne nu oferă, în general, prea mult suport ideologic sau psihologic persoanelor care se confruntă cu moartea. Acest fapt contrastează puternic cu situația muribunzilor din societățile vechi și preindustriale. Cosmologiile, filozofiile, mitologiiile, ca și viața lor spirituală și rituală, conțin mesajul clar că moartea nu este sfârșitul absolut și irevocabil al tuturor lucrurilor. Ele oferă muribunzilor asigurarea că viața sau existența continuă sub o altă formă dincolo de moartea biologică.

Mitologiile escatologice susțin unanim că sufletul persoanei decedate trece printr-o serie complexă de aventuri în conștiință. Călătoria postumă a sufletului este uneori descrisă ca o drumeție prin peisaje superbe, care seamănă oarecum cu cele de pe Pământ, alteori ca o întâlnire cu diferite ființe arhetipale, sau ca o trecere printr-o succesiune de stări holotropice de conștiință. În unele culturi, sufletul ajunge într-un sălaș temporar din Lumea de Dincolo, ca Purgatoriul creștin sau *lokas*-ul budist tibetan, iar în altele într-un sălaș etern – Raiul, Iadul, Paradisul sau Tărâmul Soarelui. Multe culturi au construit independent unele de altele un sistem de credințe în metempsihoză sau reîncarnare, care include revenirea unității conștiinței la o altă viață fizică pe Pământ.

Societățile preindustriale par să fie toate de acord că moartea nu este înfrângerea finală și sfârșitul tuturor lucrurilor, ci doar o importantă tranziție. Experiențele asociate cu moartea au fost privite ca vizite în dimensiuni deosebite ale realității care merită a fi experimentate, studiate și înregistrate cu grijă. Muribunzii erau familiarizați cu cartografiile escatologice ale culturilor lor, indiferent dacă erau hărți șamanice, peisaje funerare sau descrieri sofisticate ale sistemelor spirituale orientale, similare cu cele descrise în *Cartea Tibetană a morților (Bardo Thödol)*.

Acest important text al budismului tibetan reprezintă un contrapunct interesant față de accentul exclusiv pragmatic pus pe viața productivă și negarea morții caracteristic civilizației occidentale. Momentul morții este descris ca o șansă unică de eliberare spirituală din ciclurile morții și renașterii sau, în cazul în care nu se atinge eliberarea, o perioadă care determină natura viitoarei încarnări. În acest context, putem considera stările intermediare dintre vieți (*bardos*) ca fiind mai importante decât existența fizică. Astfel, este esențial să ne pregătim pentru acest moment prin practică spirituală sistematică în timpul vieții.

Un alt aspect caracteristic culturilor vechi și preindustriale care colorează experiența morții este acceptarea ei ca parte integrantă a vieții. În decursul vieții, oamenii din aceste culturi petrec mult timp alături de muribunzi, manipulează cadavre, asistă la incinerări și trăiesc cu rămășițele morților. Pentru un occidental, o vizită într-un loc ca Benares, unde această atitudine este exprimată în forma sa extremă, poate fi extrem de tulburătoare.

Oamenii din culturile preindustriale mor în cadrul unei familii extinse, al clanului sau tribului. Astfel, ei primesc un sprijin emoțional semnificativ de la rudele apropiate și prieteni. De asemenea, este important să menționăm și ajutorul psiho-spiritual oferit de puternicele ritualuri realizate în momentul morții. Procedurile sunt menite să ajute persoanele aflate în fața ultimei tranziții sau chiar să ofere îndrumări specifice pentru călătoria post-mortem, cum e descris în *Bardo Thödol*.

Un factor extrem de important care a influențat atitudinea față de moarte și experiența morții în culturile preindustriale a fost existența diferitelor forme de pregătire experiențială pentru moarte cu ajutorul stărilor holotropice de conștiință. Acestea includ:

Metode șamanice
Rituri de trecere
Misterele morții și renașterii
Diferite practici spirituale
Cărți ale morților

În discuțiile anterioare despre șamanism, am văzut că șamanii novici fac primii pași pe teritoriile experiențiale ale lumii de dincolo în timpul crizelor inițiatice. Acestea apar spontan sau sunt induse prin diferite metode în timpul uceniciei alături de șamani mai în vârstă. După ce încheie inițierea și integrează cu succes transformarea psiho-spirituală, ei sunt capabili să intre singuri în stări holotropice, călăuzind alți membri ai tribului în călătoriile lor vizionare.

În literatura șamanică există un acord general asupra faptului că domeniul experiențial vizitat în timpul acestor călătorii interioare este identic cu teritoriul traversat în călătoria postumă a sufletului. Experiențele șamanilor și ale clienților lor pot fi astfel considerate o pregătire experiențială pentru moarte. Așa cum voi arăta mai târziu, am putut aduna dovezi în sprijinul acestei teze într-un proiect de dimensiuni mari despre terapia psihedelică cu pacienți bolnavi de cancer în fază terminală.

> Antropologii care fac cercetări de teren în culturile aborigene au descris în detaliu multe rituri de trecere, ceremonii puternice pe care aceste culturi le montează în mod repetat în momente de importantă tranziție din viață. Antropologul olandez Arnold van Gennep, care a inventat termenul de rit de trecere, a arătat că acesta este practic omniprezent la populațiile preindustriale (van Gennep, 1960). Simbolismul extern al riturilor de trecere se leagă de obicei de triada naștere-sex-moarte. Experiențele interioare ale inițiaților reprezintă diferite combinații de elemente perinatale și transpersonale, numitorul lor comun fiind o profundă confruntare cu moartea și transcendența ulterioară. Persoanele care trăiesc în culturi ce realizează rituri de trecere au astfel, în timpul vieții, numeroase experiențe de moarte și renaștere psiho-spirituală, înainte de a se confrunta efectiv cu moartea biologică.

Experiențele de moarte și renaștere psiho-spirituală, asemănătoare cu cele ale șamanilor și ale participanților la riturile de trecere, au jucat un rol-cheie și în *misterele antice ale morții și renașterii*. Cum am văzut mai devreme, ele au existat în multe părți ale lumii și se bazau pe povești mitologice despre zeități care simbolizează moartea și renașterea, ca Inanna și Tammuz, Isis și Osiris, Pluton și Persefona, Dionysos, Atis și Adonis, sau aztecul Quetzalcoatl și Gemenii Eroi Mayași. Aceste religii ale misterelor erau foarte răspândite și jucau un rol important în lumea antică.

Popularitatea religiilor misterelor reiese din faptul că numărul inițiaților care luau parte din cinci în cinci ani la misterele de la Eleusis a fost estimat la peste trei mii. Iată cum erau slăvite misterele în poemul epic cunoscut ca *Imnul Homeric către Demetra* scris în jurul secolului al VII-lea d.Cr. de un autor necunoscut: „Pământeanul care a văzut Misterele este binecuvântat, dar neinițiatul care nu și-a primit partea de ritual nu va avea aceeași soartă ca ceilalți după ce moare și ajunge în tărâmul unde apune soarele."

Poetul grec Pindar a scris despre inițierea de la Eleusis: „Binecuvântat este cel care, văzând aceste rituri, apucă pe calea subpământeană. El va cunoaște sfârșitul vieții, ca și începutul ei, prin grația divină." Similar, mărturia marelui poet tragic și dramaturg grec Sofocle confirmă impactul profund pe care experiența misterelor eleusine ce trezeau respect și teamă îl avea asupra inițiaților: „De trei ori fericiți sunt muritorii care, după ce au văzut acele rituri, pleacă spre Hades; pentru că numai ei vor avea o viață adevărată dincolo. Pentru ceilalți, tot ce se află acolo este diabolic." (Wasson, Hofmann și Ruck, 1978).

În vreme ce mitul homeric și afirmațiile lui Pindar și Sofocle menționează importanța misterelor pentru întâlnirea cu moartea, faimosul filozof, om de stat și avocat roman Marcus Tullius Cicero sublinia în *De Legibus* impactul acestei experiențe asupra vieții sale și a multor altora: „Nimic nu întrece aceste mistere. Ele ne-au îndulcit caracterul și obiceiurile; ne-au făcut să trecem de la condiția de sălbatici la omenia adevărată. Nu ne-au arătat numai modul de a trăi o viață plină de bucurie, ci ne-au învățat și să murim cu speranță." (Cicero, 1977)

O altă importantă religie antică a misterelor a fost cultul mitraic, religia soră a creștinismului și adversarul său pentru poziția de religie mondială. În vremea sa de maximă înflorire, în secolul al III-lea î.Cr., influența ei se extinde din bazinul Mediteranei până la Marea Baltică. Arheologii au descoperit și studiat peste două mii de *mitraea*, sanctuare subterane în care aveau loc ritualurile mitraice. Ele pot fi întâlnite de pe țărmurile Mării Negre până în Munții Scoției sau la granița cu deșertul Sahara (Ulansei, 1989).

De interes deosebit pentru cercetătorii de orientare transpersonală sunt *diferitele tradiții mistice și marile filozofii spirituale din Orient* – diferitele forme de yoga, budism, taoism, sufism, misticism creștin, cabala și multe altele. Aceste sisteme au dezvoltat forme eficiente de meditație, meditație în mișcare, rugăciuni, exerciții de respirație și alte tehnici de inducere a stărilor holotropice de conștiință cu profunde componente spirituale. Asemenea experiențelor șamanilor, ale inițiaților în riturile de trecere și neofiților în misterele antice, procedurile ofereau posibilitatea confruntării cu efemeritatea și mortalitatea, a depășirii fricii de moarte și a transformării radicale a vieții omului.

Descrierea resurselor disponibile muribunzilor în culturile preindustriale nu ar fi completă fără menționarea *cărților morților*, precum *Bardo Thödol* la tibetani, *Pert em hru* la egipteni, *Codex Borgia* la azteci sau *Ars moriendi* la europeni. Când vechile cărți ale morților au atras pentru prima dată atenția învățaților occidentali, au fost considerate descrieri fictive ale călătoriei postume a sufletului și produse ale dorinței oamenilor, incapabili să accepte realitatea dură a morții. Ele au fost puse în aceeași categorie cu basmele și creațiile imaginare ale fanteziei, care aveau o valoare artistică deosebită, dar nici o bază în realitatea cotidiană și nici o relevanță practică.

Studiul mai aprofundat al textelor a arătat că ele fuseseră folosite drept ghiduri în contextul misterelor sacre și al practicilor spirituale, și descriau, foarte probabil, experiențele inițiaților și practicanților. Din această nouă perspectivă, prezentarea cărților morților ca manuale pentru muribunzi era pur și simplu un camuflaj ingenios inventat de preoți pentru a ascunde de neinițiați funcția lor reală și a proteja sensul profund ezoteric și mesajul lor. Problema care rămânea era descoperirea naturii exacte a procedurilor folosite de vechile sisteme spirituale pentru a induce aceste stări.

Cercetarea modernă a stărilor holotropice a adus neașteptate informații noi cu privire la această problemă. Cercetarea sistematică a experiențelor din ședințele psihedelice și a crizelor psiho-spirituale spontane a arătat că în toate aceste situații putem întâlni un întreg spectru de experiențe neobișnuite, inclusiv secvențe de agonie și moarte, trecere prin iad, judecată divină, renaștere, intrarea în tărâmurile celeste și confruntarea cu amintiri din viețile anterioare. Aceste stări erau izbitor de asemănătoare cu cele descrise în textele escatologice ale culturilor antice și preindustriale.

Timothy Leary, Richard Alpert și Ralph Metzner au fost atât de impresionați de paralelele dintre experiențele cu LSD și stările descrise în *Bardo Thödol*, încât și-au intitulat prima carte pe această temă *Experiența psihedelică: un manual bazat pe Cartea Tibetană a Morților* și au folosit pasaje din ea pentru a-și îndruma subiecții în experimentele cu LSD (Leary, Alpert și Metzner, 1964). O altă piesă lipsă din acest puzzle a fost oferită de tanatologie, tânăra disciplină științifică ce studiază moartea și muribunzii. Cercetările tanatologice ale stărilor de moarte clinică au arătat că experiențele asociate cu situații care pun în pericol viața seamănă foarte mult cu descrierile din vechile cărți ale morților și cu cele relatate de subiecți după ședințele psihedelice și psihoterapia experiențială modernă. Cea mai importantă descoperire a fost observarea repetată a capacității conștiinței decorporalizate de a percepe mediul imediat și depărtat.

Observațiile au confirmat ceea ce susținea *Bardo Thödol* și păruse până atunci fantastic și absurd. Conform textului, când murim, părăsim granițele corpului fizic și locuim un *corp bardo*. În noua formă, putem călători neîmpiedicați în orice loc de pe pământ și, în același timp, ne păstrăm capacitatea de a percepe mediul. Cercetările moderne asupra conștiinței ne-au arătat astfel că vechile texte escatologice sunt în realitate hărți ale teritoriilor interioare ale psihicului întâlnite în stările holotropice profunde, inclusiv cele asociate cu moartea biologică.

Putem trăi o viață întreagă fără să experimentăm aceste teritorii sau chiar fără să fim conștienți de existența lor, până când suntem catapultați în ele în momentul morții biologice. Totuși, unele persoane le pot explora în timpul vieții. Printre instrumentele care fac acest lucru posibil se numără substanțele psihedelice, formele puternice de psihoterapie experiențială, practicile spirituale serioase și participarea la ritualurile șamanice. La mulți oameni, experiențele de acest gen se produc spontan, fără niciun stimul cunoscut, în timpul crizelor psiho-spirituale (urgențe spirituale).

Toate aceste situații oferă posibilitatea explorării experiențiale profunde a teritoriilor interioare ale psihicului în momente când suntem sănătoși și puternici, așa încât întâlnirea cu moartea să nu mai reprezinte o totală surpriză. Călugărul german augustinian din secolul al XVII-lea, Abraham a Sancta Clara, a descris succint importanța practicării experiențiale a morții: „Omul care moare înainte să moară nu moare când moare."

„Moartea înainte de moarte" are două consecințe importante: ne eliberează de teama de moarte și ne schimbă atitudinea față de ea, fapt ce ușurează considerabil părăsirea corpului în momentul morții biologice. Totodată, eliminarea fricii de moarte ne schimbă și felul de a trăi. Astfel, nu mai există o diferență fundamentală între pregătirea pentru moarte și practica morții, pe de o parte, și practica spirituală care duce la iluminare, pe de alta. Din acest motiv, vechile cărți ale morților puteau fi folosite în ambele împrejurări.

Ținând cont de toți factorii, multe aspecte ale vieții în culturile preindustriale au făcut moartea psihologic mai ușoară comparativ cu situația din civilizația tehnologică occidentală. Firesc, se pune imediat întrebarea dacă acest avantaj nu se datora lipsei de informații sigure despre natura realității și autoinducerii în eroare. În acest caz, mare parte a dificultăților noastre în a ne confrunta cu moartea n-ar fi decât prețul pe care îl plătim pentru a avea cunoștințe mai avansate cu privire la schema universală a lucrurilor. În acest caz am putea prefera să suportăm consecințele incomode ale cunoașterii adevărului. Numai că, o examinare mai atentă a dovezilor arată că lucrurile nu stau deloc așa.

Cum am arătat în capitolul precedent, cel mai important factor responsabil de diferențele izbitoare dintre perspectiva culturilor industriale occidentale și cea a tuturor celorlalte grupuri umane pe parcursul istoriei nu este superioritatea științei materialiste asupra superstițiilor primitive, ci ignoranța noastră profundă relativ la problema stărilor holotropice. Singurul mod în care perspectiva materialist-monistă a științei occidentale poate fi menținută este suprimarea sistematică sau interpretarea greșită a dovezilor generate de cercetarea asupra conștiinței, indiferent dacă sursa lor este istoria, antropologia, religiile comparate sau diferite domenii ale cercetării moderne, precum parapsihologia, tanatologia, terapia psihedelică, biofeedback-ul, privarea senzorială, psihoterapiile experiențiale sau lucrul cu persoane aflate în crize psiho-spirituale.

Folosirea sistematică a diferitelor forme de stări holotropice, caracteristică vieții rituale și spirituale a culturilor antice sau aborigene, deschide accesul experiențial către un spectru bogat de experiențe transpersonale. Aceasta conduce inevitabil la o nouă înțelegere a naturii realității și a relației dintre conștiință și materie, fundamental diferită de sistemul de credințe al societăților industriale.

Dezacordul cu privire la posibila existență a conștiinței după moarte se reflectă tocmai în diferențele de atitudine față de stările holotropice și nivelul experienței personale cu ele. Să revedem, de aceea, pe scurt, observațiile din diferite domenii de cercetare care contrazic presupunerea materialistă că moartea biologică reprezintă sfârșitul existenței și activității conștiente de orice fel. În orice explorare de acest tip, este important să renunțăm la prejudecăți și să ne concentrăm cât mai mult pe datele disponibile. Aderarea apriorică de nezdruncinat la paradigma existentă, care îi caracterizează pe oamenii de știință din curentul majoritar în acest domeniu, este o atitudine bine cunoscută din religiile fundamentaliste.

Spre deosebire de scientismul de acest tip, știința în adevăratul sens al cuvântului este deschisă investigării obiective a oricărui fenomen existent și a oricărui domeniu al realității ce se pretează unui astfel de demers. Fără să uităm acest lucru, putem împărți dovezile existente în două categorii: experiențe și observații care contrazic perspectiva tradițională asupra naturii conștiinței și a relației ei cu materia și experiențe și observații legate direct de supraviețuirea conștiinței după moarte.

Experiențe și observații care contrazic înțelegerea tradițională a naturii conștiinței și a legăturii ei cu materia

Lucrul cu stările holotropice de conștiință a dus la acumularea multor dovezi care pun sub semnul întrebării perspectiva materialist-monistă creată de știința occidentală, mai ales credința în primatul materiei asupra conștiinței. Majoritatea datelor au rezultat din studiul experiențelor transpersonale și din observațiile asociate. Materialul sugerează o nevoie urgentă de revizuire radicală a conceptelor noastre actuale despre natura conștiinței și relația ei cu materia și creierul. Deoarece paradigma materialistă a științei occidentale a fost obstacolul major în calea oricărei evaluări obiective a datelor despre moarte, studiul experiențelor transpersonale are o relevanță indirectă pentru tanatologie.

Cum am văzut, în timpul experiențelor transpersonale se pot transcende limitele uzuale ale eului corporal, spațiul tridimensional și timpul liniar. Dispariția granițelor spațiale poate duce la identificări convingătoare și autentice cu alți oameni, animale, viața vegetală și chiar materiale și procese anorganice. Se pot transcende chiar și granițele temporale, trăind episoade din viețile strămoșilor noștri, ale unor animale sau amintiri colective, rasiale și karmice. În plus, experiențele transpersonale ne pot transporta în domeniile arhetipale ale inconștientului colectiv și pot media întâlniri cu zeități extatice sau mânioase din diferite culturi, și vizite pe tărâmuri mitologice.

În toate aceste tipuri de experiențe, putem accesa informații complet noi, care depășesc cu mult tot ce am aflat în timpul vieții prin canalele convenționale. Cercetarea conștiinței, care se poate extinde în afara corpului, își menține capacitatea de a percepe mediul și a acumula experiențe – „conștiința theta" a lui William Roll sau „corpul lung" al indienilor irochezi – este extrem de importantă pentru supraviețuire, din moment ce această parte a personalității umane este cel mai probabil să supraviețuiască după moarte.

Potrivit științei materialiste, orice amintire necesită un substrat material, cum ar fi neuronii din creier sau moleculele ADN ale genelor. Este însă imposibil să ne imaginăm un mediu material pentru informațiile transmise în timpul diferitelor forme de experiențe transpersonale descrise mai sus. Este evident că informațiile nu au fost dobândite prin mijloace convenționale, adică prin intermediul organelor de simț, analiză și sinteză. Ele par să existe independent de materie, posibil în câmpul conștiinței sau într-un alt tip de câmp care nu poate fi detectat deocamdată de instrumentele noastre științifice.

Observațiile obținute din studiul experiențelor transpersonale sunt susținute de dovezi care provin din alte domenii de cercetare. Contrazicând ipotezele metafizice fundamentale ale gândirii newtoniano-carteziene, unii oameni de știință explorează serios posibilități ca „memoria fără substrat material" (von Foerster, 1965), „câmpurile morfogenetice", care nu pot fi detectate de niciunul dintre instrumentele de măsură disponibile științei moderne (Sheldrake, 1981) și „câmpul-psi" subcuantic ce conține o înregistrare holografică exhaustivă a tuturor evenimentelor care compun istoria Universului (Laszlo, 1993). Lucrarea lui Sheldrake, *Can Our Memories Survive the Death of Our Brains?*, care discută tocmai lipsa de dovezi că amintirile ar fi localizate în creier este de un deosebit interes (Sheldrake, 1990).

Știința academică tradițională descrie oamenii ca fiind animale superior dezvoltate și mașini biologice gânditoare. Dacă ținem cont doar de experiențele și observațiile din stările hilotropice de conștiință care ne domină viața cotidiană, părem a fi obiecte newtoniene făcute din atomi, molecule, celule, țesuturi și organe. Totuși, experiențele transpersonale din stările holotropice de conștiință arată clar că fiecare dintre noi poate manifesta și proprietățile unui câmp de conștiință care transcende spațiul, timpul și cauzalitatea liniară.

Această formulă complet nouă, ce amintește vag de paradoxul undă-corpuscul din fizica modernă, descrie oamenii ca ființe paradoxale care posedă două aspecte complementare. În funcție de circumstanțe, ei pot manifesta fie proprietăți ale obiectelor newtoniene („aspectul hilotropic"), fie proprietăți ale câmpurilor infinite de conștiință („aspectul holotropic"). Gradul de adecvare al fiecărei descrieri depinde de starea de conștiință în care sunt făcute observațiile. Moartea fizică pare să pună capăt funcționării hilotropice, în timp ce potențialul holotropic ajunge la deplina sa expresie.

Experiențe și observații legate de supraviețuirea conștiinței după moarte

Fenomene la granița cu moartea

Cercetătorii au raportat o varietate de fenomene interesante care se produc în momentul morții. Aici se înscriu, de exemplu, numeroasele relatări despre persoane care, la scurt timp după moarte, s-au arătat rudelor, prietenilor și cunoștințelor lor. Aceste apariții prezintă o acumulare semnificativă statistic pe parcursul a douăsprezece ore de la moartea persoanelor respective (Sidgwick, 1984). Există și multe relatări despre evenimente fizice inexplicabile, ce au avut loc în casa unei persoane ulterior decedate − ceasuri care s-au oprit și au pornit, clopote care au sunat sau tablouri și fotografii căzute de pe pereți − ce par să anunțe moartea (Bozzano, 1948).

O persoană aflată în pragul morții trăiește deseori o întâlnire cu rudele decedate, care par să-i ureze bun venit în lumea de dincolo. Aceste viziuni pe patul de moarte sunt foarte autentice și convingătoare. Ele sunt deseori urmate de o stare de euforie și par să faciliteze tranziția muribundului. Obiecția obișnuită este aceea că viziunile sunt reconstituiri ale imaginilor rudelor și prietenilor din amintiri și sunt produse ale imaginației. Din acest motiv, cercetătorii au acordat o atenție deosebită viziunilor în care din „comitetul de primire" făcea parte o persoană despre a cărei moarte subiectul nu avusese când să fie informat. În literatura parapsihologică, aceste observații au fost numite cazuri „vârf în Darien" (Cobbe, 1877).

De un interes deosebit s-au bucurat experiențele de moarte clinică ce apar la aproximativ o treime dintre persoanele care trăiesc situații în care le este amenințată viața, precum accidentele de mașină, înec, infarcte sau stopuri cardiace în timpul operațiilor. Raymond Moody, Kenneth Ring, Michael Sabom, Bruce Greyson și alții au făcut ample cercetări ale acestui fenomen și au descris un tipar experiențial caracteristic.

În general, experiența începe cu decorporalizare, diferite forme de reamintire a vieții și trecerea printr-un tunel întunecat. La nivel transpersonal, ea culminează cu întâlnirea cu o ființă divină strălucitoare, sentimentul de evaluare etică a vieții și vizitarea diferitelor lumi transcendente. În unele cazuri, componente ale schemei generale ar putea lipsi. Mai puțin frecvente sunt experiențele chinuitoare sau infernale și cele care provoacă anxietate (Grey, 1985; Bache, 1999). Christopher Bache a sugerat că acestea reprezintă un tip trunchiat și incomplet de moarte clinică, în care revizuirea regresivă a vieții nu depășește nivelul matricelor perinatale negative.

În programul nostru de terapie psihedelică cu pacienți bolnavi de cancer în fazele terminale, realizat la Centrul de Cercetări Psihiatrice Maryland din Baltimore, am obținut dovezi interesante privind similitudinea experiențelor de moarte clinică cu cele induse de substanțele psihedelice. Am urmărit mai mulți pacienți care au avut întâi experiențe psihedelice și abia apoi de moarte clinică, atunci când boala lor a progresat (de exemplu, stop cardiac în timpul unei operații în care se încerca îndepărtarea unei tumori metastazate ce comprima uretra). Aceștia au relatat că cele două situații erau foarte asemănătoare și au descris ședințele psihedelice ca valoroase experiențe de pregătire pentru moarte (Grof și Halifax, 1977).

Aspectul cel mai fascinant al morții clinice este apariția experiențelor de decorporalizare „veridice" (EDD-uri). Acest termen este folosit pentru experiențele în care conștiința se desprinde de corp și are o percepție extrasenzorială exactă a mediului. Cercetările tanatologice au confirmat în mod repetat că persoane inconștiente sau chiar moarte clinic pot avea EDD-uri în timpul cărora își observă corpul și procedurile de resuscitare exercitate asupra lui de undeva, de sus, sau chiar percep evenimente ce au loc în alte părți ale aceleiași clădiri și chiar în locuri îndepărtate.

Recent, cercetările realizate de Ken Ring au adăugat o dimensiune interesantă acestor observații. El a arătat că în timpul experiențelor de moarte clinică persoanele oarbe din naștere au avut viziuni a căror veridicitate poate fi confirmată prin validare consensuală (Ring și Valarino, 1998; Ring și Cooper, 1999). Cercetările tanatologice moderne au confirmat astfel descrierile clasice ale EDD-urilor ce pot fi întâlnite în literatura spirituală și textele filozofice din toate timpurile.

Apariția EDD-urilor veridice nu se limitează la situațiile de resuscitare, urgențe vitale și episoade de moarte clinică. Ele se pot produce și în ședințe de psihoterapie experiențială puternică (precum terapia strigătului primal, renaștere sau respirație holotropică), în cazul experiențelor induse de substanțele psihedelice (în special cu anestezicul disociativ ketamină), dar și spontan. Evenimentele de acest gen pot reprezenta episoade izolate în viața individului, sau pot apărea repetat, ca parte a unei crize de deschidere psihică sau a unui alt tip de urgență spirituală.

Cel mai cunoscut cercetător al EDD-urilor a fost Robert Monroe, care după mulți ani de trăiri spontane de decorporalizare a pus la punct tehnici electronice de laborator pentru inducerea lor și a înființat un institut special în Faber, Virginia, unde pot fi studiate sistematic. El și-a descris experiențele într-o serie de cărți (Monroe, 1971, 1985, 1994). Autenticitatea EDD-urilor a fost demonstrată în cercetări clinice controlate, ca experimentele bine cunoscutului psiholog și parapsiholog Charles Tart cu domnișoara Z., la Universitatea de Stat California din Davis (Tart, 1968) și testele realizate de Karlis Osis și D. McCormick cu Alex Tanous (Osis și McCormick, 1980).

EDD-urile cu percepție extrasenzorială confirmată a mediului sunt deosebit de importante pentru problema supraviețuirii conștiinței după moarte, deoarece demonstrează că, în realitate, conștiința poate opera independent de corp. Conform perspectivei materialiste occidentale, conștiința este un produs al proceselor neurofiziologice din creier și ar fi absurd să considerăm că se poate detașa de corp, poate deveni autonomă și capabilă de percepție extrasenzorială. Și totuși, chiar asta se și întâmplă în multe cazuri bine documentate de EDD. Neîndoielnic, persoanele care au avut EDD s-au aflat la un pas de moarte, dar nu au murit cu adevărat. Cu toate acestea, pare logic să presupunem că, deoarece conștiința poate funcționa independent de corp în timpul vieții, ea poate continua să existe și după moarte.

Experiențe din viețile anterioare

O categorie de experiențe transpersonale cu relevanță directă în problema supraviețuirii conștiinței după moarte este retrăirea vie a episoadelor din perioade istorice anterioare și din diferite părți ale lumii. Aceste experiențe au implicații importante pentru înțelegerea naturii conștiinței și pentru teoria și practica psihiatriei, psihologiei și psihoterapiei. Nu încape îndoială că secvențele experiențiale de acest tip constituie baza empirică pentru credința larg răspândită în reîncarnare. Universalitatea istorică și geografică a acestei credințe arată că e vorba de un fenomen cultural important.

Conceptele de karma și reîncarnare reprezintă piatra de hotar a hinduismului, budismului, jainismului, sikhismului, zoroastrismului, budismului tibetan Vajrayana, și taoismului. Idei similare pot fi întâlnite la grupuri geografic, istoric și cultural foarte diferite, precum triburile africane, indienii americani, culturile precolumbiene, kahunașii hawaieni, practicanții umbandei braziliene, galii și druizii. În Grecia antică, mai multe școli filozofice importante, printre care pitagoreicii, orficii și platonicienii, au subscris la această perspectivă. Doctrina a fost adoptată și de esenieni, farisei, karaiți și alte grupuri iudaice și semi-iudaice, și a format o importantă parte a teologiei cabaliste a evreimii medievale. Ea a fost susținută și de neoplatonicieni și gnostici.

Pentru hinduși și budiști, ca și pentru cercetătorii moderni bine informați și fără prejudecăți, reîncarnarea nu este o problemă de credință, ci una empirică, ce se bazează pe experiențe și observații specifice. Materialul a format subiectul a numeroase cărți și articole. După părerea lui Christopher Bache, în acest domeniu dovezile sunt atât de numeroase și de extraordinare, încât oamenii de știință care nu cred că problema reîncarnării merită să fie studiată serios sunt „fie neinformați, fie încăpățânați" (Bache, 1988). Ținând cont de importanța teoretică a subiectului și de natura lui extrem de controversată, este imperativ să se cerceteze cu atenție și critic dovezile existente, înainte de a formula orice concluzii și judecăți referitoare la karmă și reîncarnare.

Amintirile spontane din viețile trecute la copii. O importantă dovadă în sprijinul conceptului de reîncarnare vine din studiul numeroaselor cazuri de copii ce par să-și amintească și își descriu viața anterioară într-un alt corp, într-un alt loc, alături de alți oameni. Amintirile apar de obicei spontan, la scurt timp după ce copiii învață să vorbească. Deseori, acest fapt le creează probleme serioase în viață și poate fi asociat cu ceea ce poartă numele de „patologii reziduale", precum fobiile și simptomele psihosomatice specifice. În multe cazuri, relatările despre viețile anterioare ale acestor copii par să explice diferitele lor atracții și predilecții, altfel inexplicabile, ca și unele reacții ciudate față de anumite persoane și situații sau diferite idiosincrazii din viața lor actuală. Cazurile au fost studiate și descrise de psihiatri specializați în problematica infantilă. Accesul la aceste amintiri dispare, de obicei, între cinci și opt ani.

Ian Stevenson, profesor de psihologie la Universitatea de Stat din Charlottesville, Virginia, a analizat meticulos peste trei mii de astfel de cazuri și le-a prezentat în *Twenty Cases Suggestive of Reincarnation, Unlearned Languages* și *Children Who Remember Previous Lives* – Stevenson 1966, 1984 și 1987. Din acest bogat material, el a ales numai câteva sute de cazuri, deoarece multe altele nu întruniseră standardele înalte pe care și le asumase în cercetare autorul. Unele dintre cazuri au fost eliminate, deoarece familia obținuse beneficii financiare, prestigiu social sau atenție publică de pe urma lor, altele deoarece Stevenson a descoperit o persoană care ar fi putut să fi funcționat ca medium pentru copil. Alte motive de respingere au fost schimbarea relatărilor, amintirile false (*criptomnezia*), caracterul îndoielnic al martorilor sau indiciile de farsă. Numai cele mai convingătoare cazuri au fost incluse în relatările sale finale.

Descoperirile lui Stevenson erau remarcabile. El a putut confirma prin cercetări independente, deseori cu detalii incredibile, relatările copiilor despre viețile lor anterioare, deși eliminase în toate cazurile descrise posibilitatea ca ei să fi obținut informațiile prin canale convenționale. În unele cazuri, a dus copiii în satul sau orașul de care își aminteau. Deși nu fuseseră niciodată acolo în viața lor actuală, ei cunoșteau topografia locului, au găsit casa în care trăiseră, au recunoscut membrii „familiei" și sătenii și și-au amintit fostul nume.

După Stevenson, motivele pentru care copiii își aminteau viețile anterioare puteau fi circumstanțele dramatice în care muriseră, în special acele șocuri care „rezistă la amnezie". Faptul că cele mai vii amintiri implică, de obicei, tocmai evenimentele care au condus în mod direct la moarte pare să susțină această explicație. Christopher Bache ne-a oferit o analiză detaliată a materialului lui Stevenson în ultima sa carte, *Dark Night, Early Dawn: Steps to a Deep Ecology of Mind*. El a sugerat că procesul morții ar putea avea mai multe stadii și că în cazurile lui Stevenson acesta a rămas trunchiat și incomplet. Persoanele implicate nu au reușit să rupă toate legăturile cu planul lumesc și să treacă în alte dimensiuni ale realității. În toate cazurile, reîncarnarea s-a produs într-un interval relativ scurt de la moarte și în apropierea locului în care persoana trăise înainte (Bache, 1999).

În mod normal, copiii nu știu nimic despre evenimentele care au avut loc în viața personalității lor anterioare după moarte. În acest fel, se poate decide dacă ei reconstituie inconștient detaliile acelei vieți prin citirea telepatică a minții celor care l-au cunoscut pe decedat sau dacă dețin aceste detalii ca amintiri autentice. Poate că cea mai importantă dovadă în sprijinul ipotezei reîncarnării se află în ultima lucrare a lui Stevenson. Ea e centrată pe incidența ridicată a unor uimitoare semne din naștere, care reflectă existența unor răni sau a altor evenimente din viața amintită (Stevenson, 1997).

În evaluarea dovezilor este important de subliniat faptul că subiecții lui Stevenson nu proveneau doar din culturi „primitive" și „exotice", unde există oricum credința apriorică în reîncarnare, ci chiar și din țările occidentale, inclusiv Marea Britanie și Statele Unite. Cercetările sale au un standard de calitate foarte ridicat și s-au bucurat de o stimă considerabilă. În 1977, *Journal of Nervous and Mental Diseases* a dedicat aproape un număr întreg acestui subiect, iar cercetările au fost analizate apoi în *Journal of the American Medical Association*.

Amintiri spontane din viețile anterioare la adulți. Retrăirea spontană și vie a amintirilor din vieți anterioare apare, de cele mai multe ori, în episoadele de criză transpersonală (urgențe spirituale). Totuși, amintiri de diferite grade pot apărea și în stări mai mult sau mai puțin obișnuite de conștiință, în condițiile vieții cotidiene. Ele merg de la un neașteptat sentiment de familiaritate cu un loc pe care persoana nu l-a mai vizitat în această viață, până la revenirea unor amintiri complexe despre locuri și perioade necunoscute până atunci. Psihiatria academică și teoriile curente ale personalității se bazează pe ideea percepției unice directe („one-timer view"). Profesioniștii de formație tradițională știu de existența experiențelor din viețile anterioare, dar le consideră halucinații și iluzii, și astfel indicații ale unei grave psihopatologii.

Amintiri provocate din viețile anterioare la adulți. Experiențele din viețile anterioare pot fi stimulate printr-o varietate de tehnici care mediază accesul la niveluri profunde ale psihicului. Printre ele se numără meditația, hipnoza, substanțele psihedelice, izolarea senzorială, lucrul cu corpul și diferite psihoterapii experiențiale puternice, precum terapia strigătului primal, rebirth sau respirația holotropică. Experiențele de acest tip apar deseori nesolicitate în ședințe cu terapeuți care nici măcar nu lucrează cu amintirile din viețile anterioare, nici nu cred neapărat în ele. Ele pot apărea ca surprize șocante, luându-i prin surprindere pe terapeuți. Ieșirea la lumină a amintirilor din viețile anterioare este, de asemenea, complet independentă de sistemul filozofic și religios anterior al subiectului. În plus, fenomenele apar în același continuum cu amintirile din adolescență, copilărie, naștere și perioada prenatală, al căror conținut poate fi deseori verificat cu precizie. Ocazional, amintirile din viețile anterioare coexistă sau alternează cu fenomene perinatale (Grof, 1988, 1992).

Avem motive întemeiate să credem că experiențele din viețile anterioare sunt fenomene sui generis autentice, cu implicații importante pentru psihologie și psihoterapie datorită potențialului lor euristic și terapeutic. Ele ne pot da sentimentul că sunt extrem de reale și autentice și, de multe ori, mediază accesul la informații exacte despre diferite perioade istorice, culturi și chiar evenimente istorice concrete. Natura și calitatea acestor informații depășește deseori nivelul de educație al persoanelor implicate și include detalii care dovedesc clar că nu au fost obținute pe canale obișnuite. În unele cazuri, acuratețea amintirilor poate fi verificată obiectiv, cu detalii surprinzătoare.

Materialul karmic este deseori implicat în patogeneza diferitelor probleme emoționale, psihosomatice și interpersonale, după cum am văzut mai devreme în analiza de caz a lui Norbert. Analog, retrăirea experiențelor din viețile anterioare are un mare potențial terapeutic. În multe cazuri, poate rezolva simptome dificile ce nu pot fi influențate semnificativ de procesul terapeutic centrat pe rădăcinile lor biografice și perinatale. Un aspect al amintirilor din viețile anterioare este deosebit de surprinzător și ieșit din comun: ele sunt adesea asociate cu sincronicități semnificative, care implică diferite aspecte ale existenței de fiecare zi.

Criteriile de verificare a conținutului experiențelor din viețile anterioare sunt aceleași cu cele pentru determinarea evenimentelor de luna trecută sau de acum zece ani. Trebuie să recuperăm amintiri specifice, cu cât mai multe detalii, și dovezi independente, cel puțin pentru o parte din ele. Desigur, amintirile din viețile anterioare sunt mult mai greu de verificat decât cele din viața actuală. Ele nu conțin totdeauna informații verificabile concrete. Dovezile sunt mai greu de găsit, deoarece evenimentele pe care încercăm să le verificăm sunt mult mai vechi și deseori implică alte țări și culturi. Este important să conștientizăm că nici evenimentele din viața actuală nu pot fi totdeauna verificate. În plus, majoritatea amintirilor din viețile anterioare nu permit același grad de verificare ca cele spontane relatate de Stevenson, care sunt de obicei mai recente și mai bogate în detalii.

În cazuri rare, circumstanțele permit verificarea amintirilor din viețile anterioare cu detalii remarcabile. Am observat și publicat două cazuri în care cele mai neobișnuite aspecte ale acestor experiențe au putut fi verificate prin cercetare istorică. Primul subiect a fost o pacientă nevrotică, Renata, care în patru ședințe consecutive de LSD a trăit episoade din viața unui aristocrat ceh de la începutul secolului al XVII-lea. Împreună cu alți douăzeci și șase de nobili, bărbatul a fost executat public în vechea Piață din Praga, după ce habsburgii l-au învins pe regele ceh în bătălia de la Muntele Alb. Prin cercetări genealogice realizate independent și fără știrea Renatei, tatăl ei a putut trasa originile familiei până la unul dintre acești nefericiți nobili (Grof, 1975).

În al doilea caz, Karl, un participant la unul din atelierele noastre de o lună de la Institutul Esalen, a retrăit în mai multe ședințe consecutive de respirație holotropică amintiri de pe vremea lui Walter Raleigh, când Marea Britanie era în război cu Spania. În aceste experiențe, el era un preot care împreună cu aproape patru sute de soldați spanioli fusese asediat de armata britanică în fortăreața Dunanoir, de pe coasta de vest a Irlandei. După lungi negocieri, britanicii le-au promis că le dau drumul dacă se predau. Spaniolii au acceptat oferta și au deschis porțile. Britanicii nu și-au ținut însă cuvântul și i-au ucis cu brutalitate pe toți. Cadavrele au fost aruncate peste metereze pe plaja de dedesubt și li s-a refuzat înmormântarea (Grof, 1988).

Fiind un bun artist, Karl a descris cele mai importante experiențe ale autoexplorării sale într-o serie de imagini și desene spontane. Printre ele se număra și viziunea propriei mâini, cu un frumos inel cu sigiliu ce purta inițialele preotului. Printr-o meticuloasă muncă de cercetare, Karl a identificat locul și momentul bătăliei și a găsit descrieri detaliate ale acestui episod în arhivele istorice. Evenimentele reale s-au potrivit perfect cu experiențele sale. Un document detaliat conținea și numele preotului, iar Karl a văzut cu uimire că inițialele acestui bărbat erau cele din desenul pe care îl făcuse cu câteva săptămâni înainte.

Practici tibetane relevante în problema reîncarnării. Literatura spirituală tibetană conține povestiri interesante ce sugerează că marii maeștri spirituali pot obține informații legate de procesul reîncarnării și își pot dezvolta capacitatea de a-l controla într-o oarecare măsură. Aceasta include posibilitatea stabilirii momentului morții, prezicerea sau chiar alegerea momentului și locului viitoarei reîncarnări și păstrarea conștiinței în stările intermediare dintre moarte și următoarea reîncarnare (*bardos*).

La fel, călugării tibetani experimentați pot, prin diferite indicii primite în vise, meditație și alte canale, să localizeze și să identifice copilul care este reîncarnarea unui Dalai Lama sau *tulku*. Apoi, copilul este supus unui test în timpul căruia trebuie să identifice corect, din mai multe seturi de obiecte similare, pe cele care au aparținut decedatului. Unele aspecte ale acestei practici ar putea fi supuse, cel puțin teoretic, unei testări riguroase conform standardelor occidentale. Alte revendicări neobișnuite ale tradiției tibetane Vajrayana, cum ar fi existența exercițiilor ce pot ridica temperatura corpului cu mai multe grade (*tummo*), au fost deja confirmate de specialiștii occidentali (Benson și al., 1982). Cercetările au fost făcute cu consimțământul și sprijinul Sfinției Sale, Dalai Lama.

Extraordinarele caracteristici ale experiențelor din viețile anterioare au fost confirmate în mod repetat de observatori independenți. Totuși, toate aceste fapte impresionante nu constituie neapărat o dovadă de netăgăduit că supraviețuim morții și ne reîncarnăm ca aceeași unitate separată de conștiință sau același suflet individual. Această concluzie este numai una dintre interpretările posibile ale dovezilor existente. Este, în esență, aceeași situație pe care o întâlnim și în știință, unde avem anumite date și căutăm o teorie care să le explice și să le pună într-un cadru conceptual coerent.

Una dintre regulile fundamentale ale filozofiei moderne a științei este aceea că o teorie nu trebuie niciodată confundată cu realitatea pe care o descrie. Istoria științei arată clar că există întotdeauna mai multe moduri de interpretare a datelor disponibile. În cercetarea fenomenului vieților anterioare, ca în oricare alt domeniu al cercetării, trebuie să separăm datele de observație de teoriile care încearcă să le explice. De exemplu, căderea obiectelor este o observație, în vreme ce teoriile care încearcă să explice de ce se întâmplă așa s-au schimbat de mai multe ori în decursul istoriei și, fără îndoială, se vor schimba din nou.

Existența experiențelor din viețile anterioare, cu toate caracteristicile lor remarcabile, este un fapt neîndoielnic ce poate fi verificat de orice cercetător serios lipsit de prejudecăți și interesat să analizeze dovezile. Este la fel de clar că nu există nicio explicație plauzibilă pentru aceste fenomene în cadrul conceptual al psihiatriei și psihologiei clasice. Pe de altă parte, interpretarea datelor existente este o problemă mult mai complexă și mai dificilă. Înțelegerea populară asupra reîncarnării ca ciclu repetat de viață, moarte și renaștere a aceluiași individ este o concluzie rezonabilă ce decurge din dovezile disponibile. Este categoric cu mult superioară atitudinii pe care o adoptă majoritatea psihologilor și psihiatrilor de orientare tradițională. Aceștia fie nu cunosc, fie ignoră datele disponibile și aderă rigid la modurile de gândire înrădăcinate.

Deși observațiile care sugerează reîncarnarea sunt impresionante, nu este greu să ne imaginăm interpretări alternative ale lor. Niciuna nu este însă conformă cu paradigma materialist monistă a științei occidentale. Cel puțin două astfel de explicații alternative pot fi găsite în literatura spirituală. În tradiția hindusă, credința în reîncarnarea indivizilor separați este considerată o înțelegere populară și superficială a reîncarnării. În ultimă instanță, o singură ființă are o existență adevărată și aceasta este Brahman sau însuși Principiul creator.

Toți indivizii din toate dimensiunile existenței nu sunt decât produse ale metamorfozelor infinite ale acestei imense entități. Deoarece toate diviziunile și granițele Universului sunt iluzorii și arbitrare, doar Brahman se reîncarnează cu adevărat. Toți protagoniștii jocului divin al existenței sunt aspecte diferite ale Acestuia. Când atingem cunoașterea supremă, vedem că toate experiențele reîncarnărilor trecute sunt doar un alt nivel al iluziei sau *maya*. A vedea aceste vieți ca „vieți ale noastre" necesită perceperea jucătorilor karmici ca indivizi separați, ceea ce denotă ignorarea unității fundamentale a tot ce există.

Sri Ramana Maharshi a formulat relația paradoxală dintre principiul creator și elementele lumii materiale foarte succint:

> *Lumea este o iluzie*
> *Doar Brahman este real;*
> *Brahman este lumea*

În *Lifecycles: Reincarnation and the Web of Life* (1988), Christopher Bache discută un alt concept interesant al reîncarnării, întâlnit în cărțile lui Jane Roberts (1973) și în lucrările altor autori. Aici accentul nu este pus nici pe unitățile separate de conștiință, nici pe Dumnezeu, ci pe Suprasuflet, o entitate care se află undeva, între cele două. Dacă termenul *suflet* se referă la conștiința care strânge și integrează experiențele unei unice reîncarnări individuale,

Suprasufletul sau Sufletul este numele dat unei conștiințe mai vaste care adună și integrează experiențele unui mare număr de încarnări. Conform acestei perspective, Suprasufletul e cel care se reîncarnează, nu unitatea individuală de conștiință.

Bache arată că dacă suntem extensii ale vieților anterioare, evident nu suntem suma tuturor experiențelor din care acestea se compun. Supra-sufletul e cel ce se încarnează pentru a aduna experiențe concrete. O implicare totală într-o anumită viață implică ruperea legăturii cu Supra-sufletul și asumarea unei identități personale distincte. În momentul morții, individul separat se dizolvă însă în Suprasuflet, lăsând în urmă doar un mozaic de experiențe dificile neasimilate. Ele sunt atunci repartizate vieții altor ființe încarnate, într-un proces care poate fi comparat cu împărțirea cărților de joc la un tur de masă.

În acest model, nu există continuitate autentică între viețile persoanelor care se încarnează în diferite epoci. Trăind părți nedigerate ale vieților altora, nu ne trăim karma personală, ci curățăm câmpul Supra-sufletului. Imaginea pe care Bache o folosește pentru a ilustra relația dintre sufletul individual și Suprasuflet este carapacea unui nautilus. Aici fiecare cameră reprezintă o unitate separată și reflectă o anumită perioadă din viața moluștei, dar este, la rândul ei, integrată într-un întreg mai vast.

Până acum am discutat trei moduri diferite de interpretare a observațiilor legate de fenomenele vieților anterioare. Unitățile încarnate au fost descrise ca unitate individuală a conștiinței, Suprasufletului și Conștiinței Absolute. Însă nu am epuizat toate posibilitățile interpretărilor alternative care ar putea explica faptele observate. Din pricina naturii arbitrare a tuturor granițelor Universului, am putea la fel de ușor defini principiul încarnării ca o unitate mai vastă decât Suprasufletul, de exemplu, câmpul conștiinței întregii specii umane sau cel al tuturor formelor de viață.

Am putea împinge analiza mai departe, explorând factorii ce determină o anumită alegere a experiențelor karmice repartizate unității de conștiință încarnate. De exemplu, unii oameni cu care am lucrat au avut intuiții convingătoare că un factor important în procesul de selecție ar putea fi relația dintre tiparele karmice, locul și momentul unei anumite încarnări, cu corelatele ei astrologice specifice. Noțiunea este în concordanță cu observațiile din ședințele psihedelice, respirația holotropică și episoadele spontane de criză psiho-spirituală. Ele arată că în toate situațiile, conținutul și apariția stărilor holotropice sunt strâns legate de parcursurile planetare. O tratare detaliată a acestui subiect poate fi găsită în cercetarea meticulos documentată a lui Richard Tarnas, în curs de tipărire.

Apariții ale morților și comunicarea cu ei

Am discutat mai devreme experiențele de întâlnire și comunicare cu persoane decedate în două situații în care ele sunt mai frecvente. Prima, la câteva ore de la moartea persoanei, când e foarte obișnuit ca prieteni și rude să vadă apariții ale celui decedat. A doua, chiar în momentul morții individului sau în cazul experienței morții clinice cu viziuni ale „comitetului de primire". Dar aparițiile persoanelor decedate nu se limitează doar la aceste două situații. Ele se pot produce oricând, spontan sau în ședințe psihedelice, în timpul terapiei experiențiale, sau în timpul meditației. Desigur, datele trebuie evaluate critic, cu foarte multă grijă.

Simpla existență a unei experiențe de acest tip nu înseamnă prea mult și poate fi ușor respinsă ca fantezie indusă de dorințe sau ca halucinație. Factori suplimentari importanți trebuie să fie prezenți pentru ca experiențele să fie socotite material viabil de cercetare. Din fericire, unele apariții au caracteristici care le fac foarte interesante sau chiar provocatoare pentru cercetători. De exemplu, multe cazuri implică apariții ale unor persoane necunoscute subiectului, care au fost ulterior identificate cu ajutorul fotografiilor și descrierilor verbale. De asemenea, nu este neobișnuit ca aparițiile să fie văzute în colectiv, de un întreg grup de persoane sau succesiv, de multe persoane diferite pe perioade lungi de timp, cum se întâmplă în casele și castelele „bântuite".

În unele cazuri, aparițiile pot avea semne corporale distinctive apărute în momentul morții, necunoscute subiectului. Un interes particular au suscitat cazurile în care aparițiile decedatului au transmis informații noi, concrete și exacte, ce pot fi verificate, sau sunt legate de o extraordinară sincronicitate. Am întâlnit personal în terapia LSD și în respirația holotropică mai multe cazuri remarcabile de acest tip. Iată trei exemple ce ilustrează natura observațiilor de acest gen.

Primul dintre ele este un eveniment care a avut loc în timpul terapiei cu LSD asupra unui pacient tânăr și deprimat care încercase de mai multe ori să se sinucidă.

> Într-una dintre ședințele cu LSD, Richard a avut o experiență foarte neobișnuită, în care îi apărea un ținut astral foarte straniu și deosebit. Acest tărâm avea o luminiscență misterioasă și era plin de ființe acorporale, care încercau să comunice cu el într-un mod imperios și poruncitor. El nu le putea vedea sau auzi; le simțea însă prezența aproape tangibilă și primea mesaje telepatice de la ele. Am notat unul dintre mesaje, care era foarte concret și putea fi verificat ulterior.
>
> Era o rugăminte ca Richard să ia legătura cu un cuplu din orașul Kroměříž din Moravia și să le spună că fiul lor, Ladislav, se simțea bine și că era bine îngrijit. Mesajul includea numele și numărul de telefon al cuplului; toate datele ne erau necunoscute mie și pacientului. Experiența a fost surprinzătoare; părea o enclavă străină în experiența lui Richard, fără nicio legătură cu problemele lui și cu restul tratamentului.
>
> După ședință, am decis să telefonez, ceea ce categoric ar fi făcut din mine ținta glumelor colegilor, dacă aceștia ar fi aflat. M-am dus la telefon, am format numărul din Kroměříž și am cerut să vorbesc cu Ladislav. Spre uimirea mea, femeia de la celălalt capăt al firului a început să plângă. Când s-a calmat, mi-a spus cu voce stinsă: „Fiul nostru nu mai este printre noi; a murit; l-am pierdut acum trei săptămâni."

Al doilea exemplu implică un prieten apropiat și fost coleg, Walter N. Pahnke, care făcea parte din echipa noastră de cercetări psihedelice de la Centrul Maryland din Baltimore. Era foarte interesat de parapsihologie, în special de problema supraviețuirii conștiinței după moarte, și a lucrat cu multe mediumuri și clarvăzători faimoși, inclusiv cu prietena noastră comună, Eileen Garrett, președinta Asociației Americane de Parapsihologie. În plus, a fost și inițiatorul programului LSD pentru pacienții bolnavi de cancer în stadiu terminal, la Centrul de Cercetări Psihiatrice Maryland din Catonsville.

În vara anului 1971, Walter a plecat cu soția sa, Eva, și copiii în vacanță, la o cabană din Maine, situată chiar pe malul oceanului. Într-o zi, s-a dus singur la scufundări și nu s-a mai întors. O căutare amplă și bine organizată nu a reușit să găsească nici corpul, nici vreo piesă din echipamentul lui de scufundare. În aceste condiții, Evei i-a venit foarte greu să accepte și să-i integreze moartea. Ultima ei amintire era cu Walter ieșind din cabană, plin de energie și în perfectă stare de sănătate. Îi era deosebit de greu să creadă că acesta nu mai făcea parte din viața ei și că urma să înceapă un nou capitol al existenței fără a avea sentimentul încheierii celui anterior.

Fiind și ea psiholog, a fost admisă la o formare cu LSD pentru profesioniștii din domeniul sănătății mintale, oferită printr-un program special în institutul nostru. A decis să aibă o experiență psihedelică, în speranța că va primi mai multe informații, și m-a rugat pe mine să fiu însoțitorul ei. În a doua jumătate a ședinței, a avut o viziune foarte puternică a lui Walter și a purtat un dialog lung și semnificativ cu el. El i-a dat instrucțiuni foarte concrete pentru fiecare dintre copiii lor și a sfătuit-o să înceapă o viață nouă, neîmpovărată și nelimitată de vreun sentiment de datorie față de amintirea lui. A fost o experiență foarte profundă și eliberatoare.

Și tocmai când Eva se întreba dacă întregul episod nu fusese cumva doar o plăsmuire a minții ei, Walter i-a apărut încă o dată, pentru foarte scurt timp, și a rugat-o să înapoieze o carte pe care o împrumutase el de la un prieten. După care i-a dat numele prietenului, camera unde se afla cartea, titlul acesteia, raftul și i-a spus și a câta era pe raft. Urmând indicațiile, Eva a găsit și a returnat cartea, de existența căreia nu știuse nimic înainte.

Kurt, unul dintre psihologii care au participat la programul nostru de formare profesională de trei ani în psihologie transpersonală și respirație holotropică, a fost martor la o mare varietate de experiențe transpersonale ale colegilor săi, el însuși având câteva. Cu toate acestea, a continuat să fie sceptic în privința autenticității fenomenelor. Apoi, întruna dintre ședințele sale holotropice, a trăit următoarea sincronicitate neobișnuită, care l-a convins că fusese prea conservator în modul în care abordase conștiința umană.

Spre sfârșitul ședinței, Kurt a avut experiența vie a unei întâlniri cu bunica sa, moartă de mulți ani. Fusese foarte apropiat de ea în copilărie și fusese profund mișcat de posibilitatea de a putea comunica din nou cu ea. În ciuda profundei implicări emoționale în experiență, a continuat să păstreze totuși o atitudine de scepticism profesional față de întâlnire. Desigur, avusese multe legături cu bunica lui când mai era încă în viață și bănuia că mintea lui ar fi putut crea ușor o întâlnire imaginară pornind de la aceste vechi amintiri.

Însă întâlnirea cu bunica moartă a fost atât de convingătoare și de emoționantă, încât nu a putut-o respinge ca pe o fantezie indusă de dorințe. S-a hotărât să caute dovezi că experiența fusese reală, și nu doar un produs al imaginației. Și-a rugat atunci bunica să-i dea o dovadă că totul se întâmpla aievea și a primit următorul mesaj: „Du-te la mătușa Anna și caută trandafiri tăiați." Încă sceptic, a hotărât ca în weekend-ul următor să o viziteze pe mătușa Anna și să vadă ce se întâmplă.

Kurt a găsit-o pe aceasta în grădină, înconjurată de trandafiri tăiați. A fost uimit. Ziua vizitei lui era, din întâmplare, singura zi din an în care mătușa făcea o tăiere radicală a trandafirilor.

Ca și cele două exemple de mai sus, observațiile de acest tip nu reprezintă bineînțeles o dovadă de netăgăduit a existenței lumilor astrale și a ființelor acorporale. Totuși, uimitoarele sincronicități asociate uneori cu ele ne oferă o anumită înțelegere a felului în care credințele au apărut și a motivului pentru care sunt atât de puternice și de convingătoare. Respingerea acestor fenomene ca produse ale superstiției și închipuirii nu e potrivită, iar acest domeniu fascinant merită o atenție serioasă din partea cercetătorilor conștiinței.

Foarte interesantă este și dovada cvasi-experimentală care sugerează supraviețuirea conștiinței după moarte și provine din domeniul foarte controversat al spiritismului, telepatiei sau transei telepatice. Deși unele mediumuri, printre care se numără și faimoasa Eusapia Palladino, au fost prinse ocazional trișând, altele, ca dna Piper, dna Leonard și dna Verall, au trecut toate testele și au câștigat stima profundă a unor cercetători de renume foarte minuțioși (Grosso, 1994). Cele mai bune mediumuri au fost capabile să reproducă cu exactitate în ședințe vocea decedatului, tiparele lui de vorbire, gesturile, manierismele și alte trăsături caracteristice, chiar dacă mediumul nu îl cunoscuse pe acesta anterior.

Întâmplător, informațiile primite erau necunoscute persoanelor prezente sau chiar oricărei persoane în viață. Au existat și cazuri de intruziune bruscă a unor entități „vizitatoare", ale căror identități au fost ulterior confirmate. În alte cazuri, mesajele au fost primite în „ședințe cu terți", în care o persoană neinformată și străină căuta informații în locul unei rude apropiate sau prieten al decedatului. În cazuri de „corespondență încrucișată", părți dintr-un mesaj inteligibil au fost transmise prin intermediul mai multor clarvăzători.

O inovație interesantă în domeniu este procedura descrisă în cartea lui Raymond Moody, *Reunions: Visionary Encounters with Departed Loved Ones*. Inspirată de un complex subteran grecesc ce oferă posibilitatea de a revedea rudele și prietenii decedați într-un vas de cupru plin cu apă, Moody a condus o cercetare literară sistematică a fenomenelor de citire în cristal și a altor fenomene similare. Apoi a creat un mediu și o procedură specială care, în experiența lui, facilitează întâlnirile cu spirite ale unor persoane dragi decedate. Moody a descris cazuri în care aparițiile au ieșit din oglindă și s-au mișcat liber prin cameră, ca niște imagini tridimensionale holografice (Moody, 1993).

Unele dintre relatările spiritiste sunt considerate absurde de către occidentalii obișnuiți și cu atât mai mult de către oamenii de știință cu educație tradițională. De exemplu, forma extremă a fenomenelor spiritiste, „mediumitatea fizică", cea care include, printre altele, telekinezia și materializările. Aici intră, de exemplu, levitația persoanelor și a obiectelor, proiectarea obiectelor prin aer, manifestarea unor formațiuni ectoplasmice și apariția inexplicabilă a unor scrieri sau obiecte.

În mișcarea braziliană spiritistă, clarvăzătorii efectuează intervenții chirurgicale psihice folosindu-și mâinile sau cuțitele sub îndrumarea spiritelor persoanelor decedate. Operațiile nu necesită anestezie și rănile se închid fără suturi. Chirurgii clarvăzători filipinezi, și ei membri ai bisericii spiritiste, sunt cunoscuți pentru realizarea unor proceduri la fel de extraordinare. Evenimente de acest tip au fost studiate și filmate în mod repetat de cercetătorii occidentali, precum Walter Pahnke, Stanley Krippner și Andrija Puharich.

O alternativă enigmatică în eforturile de comunicare cu spiritele decedaților este abordarea numită *transcomunicare instrumentală* (TCI), care utilizează tehnologia electronică modernă. Abordarea a debutat în 1959, când regizorul canadian Friedrich Juergensen a înregistrat voci umane ale unor persoane decedate în timp ce înregistra într-o pădure ciripitul unor vrăbii. Inspirat de observația lui Juergensen, psihologul Konstantin Raudive a condus o cercetare sistematică a fenomenului și a înregistrat peste o sută de mii de voci paranormale multilingve care comunicau așa-zise mesaje din lumea de dincolo (Raudive, 1971).

Mai recent, o rețea de cercetători din toată lumea, printre care Ernest Senkowski, George Meek, Mark Macy, Scott Rogo, Raymond Bayless și alții, a participat la efortul de a stabili o comunicare interdimensională cu ajutorul tehnologiei moderne. Ei pretind că au primit multe mesaje paranormale și imagini de la diferite persoane decedate prin intermediul mijloacelor electronice de comunicare, inclusiv a casetofoanelor, telefoanelor, faxurilor, computerelor și ecranelor TV. Printre spiritele care comunicau din lumea de dincolo se numără și foști cercetători din domeniu, precum Juergensen și Raudive (Senkowski, 1994). O entitate acorporală, care își spune Tehnicianul, oferă așa-zise instrucțiuni tehnice concrete și sfaturi pentru construirea unor dispozitive electronice de receptare optimă a mesajelor din lumea de dincolo.

Oricât de fantastice și incredibile ar putea părea relatările despre comunicarea cu lumea spiritelor, este puțin probabil ca o mulțime de cercetători competenți și respectabili, printre care se numără și persoane cu acreditări științifice și premii, să fie atrase de un domeniu ce nu oferă niciun fenomen cu certitudine autentic de observat și studiat. Printre cei serios interesați și implicați în spiritism s-au numărat totuși și câștigători ai premiului Nobel. Categoric, nu există însă niciun alt domeniu în care pozițiile și opiniile unor oameni de știință eminenți să fie atât de ușor respinse și chiar ridiculizate.

Terapia psihedelică la pacienți în stadii terminale

În ultimele trei decenii, am fost martorii unei creșteri rapide a cunoștințelor despre moarte și muribunzi. Tanatologii au realizat cercetări sistematice ale experiențelor de moarte clinică și au pus la dispoziția cercurilor profesionale și a publicului larg informațiile obținute. Cercetătorii conștiinței și terapeuții de orientare experiențială au demonstrat că amintirile unor trăiri de pericol vital, în special ale traumei nașterii, joacă un rol crucial în psihogeneza tulburărilor emoționale și psihosomatice. Ei au înțeles și că o confruntare psihologică cu moartea într-un context terapeutic poate fi profund vindecătoare și transformatoare.

S-au schimbat multe și în modul de îngrijire a pacienților aflați în stadiul terminal. Lucrările de pionierat ale lui Elisabeth Kübler-Ross au adus în atenția medicilor nevoile emoționale ale pacienților din stadiile terminale și nevoia de a le oferi un suport adecvat (Kübler-Ross, 1969). Rețeaua din ce în ce mai extinsă a instituțiilor de îngrijire, rezultatul efortului de a umaniza îngrijirile acordate pacienților terminali, inițiat în 1967 de lucrările lui Cicely Saunders la Spitalul St. Christopher's din Londra (Saunders, 1967), au ameliorat starea multor pacienți grav bolnavi. De asemenea, au ajutat la crearea unei atmosfere mai relaxate și informale, punând accentul pe căldura umană, compasiune și sprijin emoțional.

La sfârșitul deceniului șase și începutul anilor '70, am avut privilegiul de a participa timp de câțiva ani la un program de cercetare asupra psihoterapiei psihedelice pentru pacienții cu cancer în fază terminală; a fost, fără îndoială, cea mai radicală și mai interesantă încercare de a reduce suferința pacienților cu boli incurabile și de a le transforma experiența morții. A fost una dintre cele mai emoționante experiențe din viața mea să văd cum atitudinea față de moarte se transformă la mulți pacienți bolnavi de cancer, în urma experiențelor mistice profunde din timpul ședințelor psihedelice.

Din nefericire, dificultățile politice și administrative generate de folosirea nesupravegheată a LSD-ului au făcut imposibil accesul pe scară largă la această procedură extraordinară pentru pacienții din spitale și instituții de îngrijire. Să sperăm că, la un moment dat, când isteria actuală față de substanțele psihedelice va scădea în intensitate și politicile administrative vor fi mai deschise, pacienții din toată lumea vor putea profita de descoperirile cercetărilor de la Maryland și înfrunta moartea cu mai puțină durere, mai multă demnitate, calm și serenitate.

Ideea că substanțele psihedelice pot fi folositoare în terapia persoanelor care mor de cancer a apărut independent în mintea mai multor cercetători. Prima sugestie că aceste substanțe ar putea fi utile a venit de la pediatrul ruso-american Valentina Pavlovna Wasson. După ani de intense cercetări etnomicologice împreună cu soțul ei, Gordon Wasson, a găsit rapoarte despre folosirea unor ciuperci psihedelice în culturile precolumbiene și a făcut mai multe drumuri în Mexic.

După câteva încercări, au reușit să localizeze o *curandera* mazatecă, Maria Sabina, care cunoștea secretul ciupercilor magice. În iunie 1955, soții Wasson au devenit primii occidentali primiți la o *velada*, un ritual sacru al ciupercilor. Într-un interviu acordat doi ani mai târziu, Valentina Pavlovna a descris puternica sa experiență și a sugerat că, pe măsură ce substanța va fi mai bine cunoscută, îi vor putea fi găsite utilizări în tratamentul bolilor mintale, alcoolismului, dependenței de narcotice și al bolilor terminale asociate cu durere intensă (Wasson, 1957).

A doua persoană care a sugerat că substanțele psihedelice pot fi utile persoanelor pe moarte nu a fost un medic, ci filozoful și scriitorul Aldous Huxley. El a fost profund interesat atât de experiențele mistice induse de substanțele psihedelice, cât și de problemele legate de moarte și muribunzi. În 1955, când prima lui soție, Maria, era pe moarte din cauza cancerului, el a folosit o tehnică hipnotică pentru a o aduce în contact cu amintirile mai multor experiențe extatice spontane pe care le avusese în decursul vieții. Scopul explicit al experimentului era să-i ușureze trecerea, prin inducerea unei stări mistice de conștiință. Experiența l-a inspirat pe Huxley să descrie o situație similară în romanul său *Insula*, unde medicamentul *moksha*, un preparat făcut din ciuperci psihedelice, este folosit pentru a o ajuta pe Lakshmi, unul dintre personajele principale, să înfrunte moartea (Huxley, 1963).

Într-o scrisoare către Humphrey Osmond, psihiatru și pionier al cercetărilor psihedelice care i-a prezentat LSD-ul și mescalina, Huxley scria: „Propria mea experiență cu Maria m-a convins că putem face multe pentru muribunzi, așa încât actul fiziologic cel mai pur din existența umană să fie ridicat la nivelul conștiinței și poate chiar al spiritualității." Într-o altă scrisoare către Humphrey Osmond, scrisă

În 1958, Huxley a sugerat un număr de utilizări pe care le prevedea pentru LSD, printre care „...un alt proiect – administrarea LSD-ului la cazurile de cancer în fază terminală, în speranța că va face moartea un proces mai spiritual, mai puțin limitat la fiziologie".

În 1963, când Huxley murea el însuși de cancer, a demonstrat seriozitatea propunerii sale. Cu câteva ore înaintea morții, a rugat-o pe a doua lui soție, Laura, să-i dea 100 de micrograme de LSD pentru a-i ușura moartea. Experiența emoționantă a fost descrisă ulterior în cartea Laurei Huxley, *This Timeless Moment* (Acest moment atemporal – Huxley, 1968). Sugestia lui Aldous Huxley, deși puternic ilustrată de exemplul personal, nu a avut câțiva ani nicio influență asupra cercetătorilor din domeniul medical. Următoarea contribuție în domeniu a venit de la o sursă neașteptată, fără nicio legătură cu scrierile și gândirea lui Huxley.

La începutul anilor '60, Eric Kast, de la Chicago Medical School, a studiat efectele diferitelor substanțe asupra durerii, în căutarea unui analgezic bun și sigur. În cursul acestui studiu, a început să se intereseze de LSD. Într-un articol publicat în 1963, Kast și Collins au descris rezultatele unei cercetări în care efectele LSD-ului erau comparate cu cele a două narcotice puternice cunoscute, Dilaudid și Demerol. Analiza statistică a rezultatelor a arătat că efectul analgezic al LSD-ului era superior ambelor opiacee (Kast, 1963; Kast și Collins, 1964).

Pe lângă reducerea durerii, Kast și Collins au observat că unii pacienți manifestau după o experiență cu LSD o uimitoare indiferență față de gravitatea situației lor. Vorbeau des despre moartea lor iminentă cu o atitudine emoțională ce putea fi considerată atipică în cultura noastră; totuși, era evident că această nouă perspectivă era benefică în situația în care se aflau pacienții. Într-o cercetare ulterioară, aceiași autori au confirmat descoperirile inițiale despre efectele analgezice ale LSD-ului. Reducerea durerii a durat în medie douăsprezece ore, dar la unii pacienți s-a întins pe o perioadă de câteva săptămâni. Mulți au manifestat și o schimbare a atitudinii filozofice și spirituale față de moarte, „o fericire oceanică" și un moral crescut (Kast și Collins, 1966).

În cercetările de mai sus, pacienții au primit LSD fără nicio informație prealabilă despre efectele sale și nu li s-a oferit niciun fel de sprijin psihologic în timpul ședințelor. Kast a interpretat schimbările de atitudine față de moarte în termeni psihanalitici, ca „regresie la stadiul de omnipotență infantilă" și „negare psihologică a gravității situației", și nu ca o schimbare autentică a perspectivei filozofice și spirituale. În ciuda a ceea ce ar putea fi considerate neajunsuri ale studiilor și interpretărilor lui Kast, valoarea istorică a efortului său de pionierat nu poate fi pusă la îndoială. El nu numai că a descoperit valoarea analgezică a LSD-ului, dar a și furnizat primele dovezi experimentale în sprijinul ideilor Valentinei Pavlovna și ale lui Aldous Huxley.

Rezultatele încurajatoare ale studiilor lui Kast și Collins l-au inspirat pe Sidney Cohen, psihiatru renumit din Los Angeles, prieten cu Aldous Huxley și unul dintre pionierii cercetării psihedelice, să înceapă un program de terapie psihedelică pentru pacienții cu cancer în faza terminală. Cohen a confirmat descoperirile lui Kast cu privire la efectul LSD-ului asupra durerii intense și a subliniat importanța dezvoltării unor tehnici care să transforme experiența morții (Cohen, 1965). Colaboratorul său, Gary Fisher, care a continuat cercetările, a subliniat rolul important pe care experiențele transcendentale îl joacă în tratamentul muribunzilor, indiferent dacă ele sunt spontane, rezultând din diferite practici spirituale, sau induse de substanțe psihedelice (Fisher, 1970).

O altă serie de observații care au fost ulterior integrate în teoria și practica terapiei psihedelice pentru muribunzi și-a avut originea la Institutul de Cercetări Psihiatrice din Praga, Cehoslovacia, unde am condus în anii '60 un proiect de cercetare ce studia potențialul terapeutic și euristic al LSD-ului și al altor substanțe psihedelice. În cursul cercetării, am observat în mod repetat că starea clinică a pacienților s-a ameliorat considerabil după ce au avut experiențe intense de moarte psiho-spirituală și renaștere.

În plus, pe lângă descrierea ameliorării diferitelor simptome emoționale și psihosomatice, pacienții au afirmat deseori că experiențele le-au schimbat profund imaginea despre moarte și atitudinea față de ea. Printre ei s-au aflat și doi pacienți care suferiseră de tanatofobie, frica patologică de moarte. Deoarece erau, în general, persoane tinere și sănătoase, am fost foarte curios să văd dacă aceleași schimbări se produc și la pacienți cu boli terminale, pentru care perspectiva morții se afla în viitorul imediat. Am realizat ședințe LSD cu mai mulți pacienți din această categorie și am fost foarte impresionat de rezultate. Mă pregăteam să încep un studiu special care să exploreze problema în detaliu, când am primit o bursă de cercetare de un an în Statele Unite.

A fost o mare surpriză pentru mine când, la prima întrunire a echipei de cercetare de la Spring Grove, după sosirea mea la Baltimore, s-a discutat despre terapia LSD la pacienții cu cancer. Ideea de a începe un program special de cercetare a fost inspirată de nenorocirea unei colege, Gloria, o femeie între două vârste care se bucura de multă popularitate printre colegi și care a fost diagnosticată cu un cancer la sân. Cancerul era în faza de metastază și prognoza era destul de sumbră. Ea devenise foarte deprimată și trăia o puternică teamă de moarte.

Echipa de la Spring Grove realiza un vast studiu cu alcoolici cronici, în care se făceau și ședințe de terapie cu LSD. Simptomele pacienților care au răspuns cel mai bine la terapia psihedelică, măsurate cu Minnesota Multifasic Personality Inventory (MMPI), erau depresia și anxietatea. Sidney Wolf, unul dintre terapeuții care lucrau cu LSD, a sugerat personalului că ar merita să se facă un experiment pentru a vedea dacă depresia și anxietatea colegei lor ar răspunde la terapia cu LSD, chiar dacă erau clar reacții apărute în urma unei situații disperate de viață. Rezultatul experimentului lui Sidney Wolf a fost atât de încurajator, încât echipa de cercetare se gândea acum serios să inițieze un program special de cercetare cu un grup de pacienți bolnavi de cancer.

Următorul pas important în această întreprindere a fost făcut la sfârșitul anului 1967, când Walter Pahnke s-a alăturat echipei de la Spring Grove. Walter a avut un rol decisiv în schimbarea interesului inițial al personalului într-o cercetare-pilot și, în final, într-un mare proiect de cercetare. Era doctor în medicină, absolvent al Școlii de Medicină de la Harvard, cu un doctorat în religie comparată și un masterat în problematica divinității. E greu de imaginat o pregătire mai bună pentru realizarea terapiei psihedelice la pacienți bolnavi de cancer, decât această combinație de medicină, psihologie și religie.

Cu energie, entuziasm și devotament neobișnuit, Walter a preluat rolul de șef de proiect, cercetând terapia LSD la pacienții bolnavi de cancer. El a reușit să obțină fonduri de la Fundația „Mary Reynold Babcock" (țigările Winston/Salem). Ulterior, a inițiat un proiect similar, în care o substanță psihedelică cu acțiune scurtă, dipropiltriptamina (DPT), a fost folosită în locul LSD-ului. Din nefericire, înainte de terminarea proiectului, Walter a dispărut, în timp ce făcea scufundări în Oceanul Atlantic lângă cabana sa din Maine. Cum am descris mai devreme în acest capitol, nici cadavrul și nici echipamentul său de scufundare nu au fost găsite vreodată, iar moartea sa a rămas un mister.

După moartea lui Walter, am preluat conducerea proiectului Spring Grove, cercetarea asupra subiecților bolnavi de cancer fiind principala mea responsabilitate. Proiectul a fost extins pentru a include o altă substanță psihedelică, metilen-dioxi-amfetamina (MDA). Am reușit să finalizăm cercetarea și am prezentat rezultatele la întrunirea Fundației de Tanatologie din New York City și, ulterior, într-o carte scrisă împreună cu Joan Halifax, intitulată *The Human Encounter with Death* (Grof și Halifax, 1977).

Cercetarea de la Spring Grove privind terapia psihedelică la pacienții bolnavi de cancer a fost un efort colectiv, la care a participat și Centrul de Cercetări Psihiatrice Maryland și Secția de Oncologie a Spitalului Sinai din Baltimore. Walter Pahnke și cu mine am petrecut câte o zi pe săptămână la Sinai, participând la conferințele personalului și la vizitarea bolnavilor. Oncologii de la Sinai au recomandat pentru programul nostru pacienți pentru care nu se mai putea face nimic din punct de vedere medical și care sufereau de dureri, depresie și teama de moarte. Împreună cu Walter, am stat de vorbă cu acești pacienți și le-am explicat programul. Dacă erau interesați, primeam de la ei consimțământul și îi acceptam în program.

Terapia psihedelică consta din trei faze. Prima era *perioada de pregătire*, care dura aproximativ douăsprezece ore. În aceste ședințe inițiale, analizam trecutul pacienților, situația prezentă și stabileam cu ei și cu familia o bună relație de lucru. Voiam să știm ce li se spusese despre boala lor, care le fusese reacția și ce impact avusese boala asupra vieților lor. O sarcină importantă în timpul pregătirii era evaluarea situației interpersonale din familia pacientului, natura și cantitatea de „treburi neterminate". Ultimele două ore ale perioadei de pregătire erau dedicate unei discuții despre ședința psihedelică – efectele substanțelor, situațiile care pot apărea, lucrul corporal necesar și modurile de comunicare a experienței.

A doua fază a tratamentului era *ședința psihedelică* propriu-zisă. De obicei, doza de LSD era între 300 și 500 micrograme, pentru dipropil-triptamină (DPT), o substanță cu o acțiune asemănătoare cu LSD-ul, dar cu o durată mai scurtă, între 90 și 150 miligrame, și pentru metilen-dioxi-amfetamină (MDA) între 100 și 150 miligrame. Ședințele LSD durau de obicei o zi întreagă, ședințele DPT și MDA depășeau o jumătate de zi. În tot acest timp, clientul era însoțit de un terapeut și un coterapeut, totdeauna o echipă bărbat-femeie. Poziția culcat, folosirea căștilor, a măștii pentru ochi și a muzicii care însoțea pacientul în cea mai mare parte a ședinței ajutau la interiorizarea procesului. Din experiența noastră, interiorizarea ședinței sporește beneficiile și scade riscurile de folosire a psihedelicelor.

Când efectul farmacologic al substanței psihedelice slăbea, pacientul era încurajat să deschidă ochii, să se ridice și să-și împărtășească pe scurt experiența. Era și momentul în care introduceam lucrul cu corpul pentru a rezolva problemele reziduale, dacă era cazul. Când experiența interioară vie pierdea din intensitate, invitam la ședință rude sau prieteni aleși de client. „Reuniunea familială", care dura până la sfârșitul ședinței, era o parte foarte importantă a procedurii. Faptul că pacienții erau încă într-o stare holotropică de conștiință permitea o comunicare mai deschisă și mai sinceră. Ceea ce făcea posibilă depășirea confuziei și a distorsiunilor care existau deseori în interacțiunile dintre pacientul care murea, familie și personalul medical.

Reuniunea oferea prilejul de a discuta, în multe cazuri pentru prima oară, sentimentele pacientului și ale familiei față de boală, de iminența morții și sentimentele lor reciproce. Urma apoi o cină comandată la un restaurant chinezesc din apropiere, unde aveau feluri de mâncare cu gusturi, culori și texturi interesante. Împreună cu mediul uman cald și muzica, mâncarea îi ajuta pe pacienți să conecteze sentimentele noi și pozitive la diferite aspecte ale vieții cotidiene. După cină, pacienții petreceau restul serii și nopții cu rudele sau prietenii aleși de ei. Apartamentele noastre de tratament erau unități independente, dotate cu băi și bucătării mici, oferind oaspeților tot ce aveau nevoie.

În ziua și săptămâna următoare, fixam *interviuri post-ședință*, pentru a ajuta pacienții să integreze experiențele și a aduce noi informații în viața lor de zi cu zi. Protocolul cercetării ne permitea să repetăm ședința, dacă părea necesar sau adecvat. Din cauza naturii tulburării fizice, cercetarea nu avea o durată fixă și, spre deosebire de celelalte proiecte ale noastre, nicio restricție externă legată de numărul de ședințe nu ne era impusă de protocolul de cercetare.

Rezultatele erau evaluate prin teste psihologice și un instrument special construit în acest scop de Walter Pahnke și Bill Richards, *scala de evaluare a stării emoționale* (ECRS). Această scală a făcut posibilă obținerea unor valori de la -6 la +6 pentru gradul de depresie al pacientului, izolare psihologică, anxietate, dificultate de a se descurca singur, teamă de moarte și preocupare față de moarte și suferință fizică. Evaluările se făceau cu o zi înainte și trei zile după ședința psihedelică de către medici curanți, asistente, membri ai familiei și terapeuți.

În cercetarea legată de efectele terapiei LSD, la aproximativ 30% din pacienți s-au observat ameliorări însemnate, la 40%, ameliorări moderate și restul de 30% au rămas, în linii mari, la fel. În cele câteva cazuri în care rezultatul post-ședință a fost mai prost decât cel dinaintea ședinței, diferența a fost minimă și statistic nesemnificativă (Kurland și al., 1968; Richards și al., 1972). În cercetarea DPT, s-au descoperit tendințe importante și rezultate semnificative la anumite scale individuale, dar, în general, cercetarea nu a adus dovezi că DPT-ul poate înlocui cu succes LSD-ul în terapia psihedelică a pacienților bolnavi de cancer (Richards, 1975). Acest lucru era în acord cu părerile și sentimentele terapeuților, care aproape unanim au preferat să lucreze cu LSD.

În diferite domenii au fost observate schimbări terapeutice importante. Cele mai puțin surprinzătoare au fost efectele pozitive ale terapiei psihedelice asupra simptomelor emoționale precum depresia, tendințele sinucigașe, tensiunea, anxietatea, insomnia și izolarea psihologică, deoarece erau bine cunoscute din alte cercetări. Cercetarea de la Spring Grove a confirmat și relatările anterioare formulate de Kast și Collins despre capacitatea LSD-ului de a reduce durerea fizică, chiar și în cazuri în care narcoticele fuseseră ineficiente. Efectul analgezic era adesea puternic și dura câteva săptămâni sau chiar luni. Totuși, nu era legat de doză și nici suficient de previzibil pentru a fi un simplu analgezic farmacologic.

Aceasta e o observație foarte ciudată care implică, în mod clar, un mecanism complicat și nu poate fi explicată numai prin efectul farmacologic al substanței. Noi am încercat să o explicăm prin „teoria porții" (gate-control theory) formulată de Ronald Melzack (Melzack, 1950; Melzack și Wall, 1965). Potrivit ei, durerea este un fenomen complex care include, în afara mesajului senzorial cu privire la leziunile tisulare și reacția motorie la leziuni, și istoricul durerii, evaluarea emoțională a senzațiilor, sensul suferinței și programarea culturală.

Acești factori sunt, desigur, semnificativ diferiți, în funcție de circumstanțe – dacă durerea este trăită în contextul unei boli progresive, al unei nașteri dificile, al torturii într-un lagăr de concentrare sau în timpul dansului Soarelui la indienii Lakota Sioux. Când este administrat LSD, efectul asupra durerii reflectă interacțiunea dintre efectul complex al substanței asupra proceselor neurofiziologice și psiho-spirituale din creier și efectul asupra mecanismelor durerii, de complexitate comparabilă. Rezultatul final implică multe niveluri și dimensiuni și, din acest motiv, nu este ușor previzibil.

Efectul cel mai important și mai vizibil al LSD-ului la pacienții cu cancer în stadiu terminal a fost o schimbare profundă a conceptului morții și o semnificativă reducere a fricii de moarte. Experiențele profunde de moarte și renaștere psiho-spirituală, de unitate cosmică, amintirile din viețile anterioare și alte forme de trăiri transpersonale par să facă moartea fizică mult mai puțin înspăimântătoare. Faptul că experiențele pot avea un efect atât de convingător asupra persoanelor care mai au doar câteva luni, săptămâni sau zile de trăit, merită o atenție considerabilă. Experiențele au loc într-un context complex – psiho-spiritual, mitologic și filozofic – și nu pot fi respinse ca iluzii momentane, determinate de funcționarea defectuoasă a creierului.

Experiențele psihedelice care ajung la nivelurile perinatal și transpersonal au, de obicei, un efect profund asupra ierarhiei de valori și strategiei de viață a pacienților. Acceptarea psihologică a efemerității și a morții duce la conștientizarea inutilității și absurdității ambițiilor grandioase și atașamentului față de bani, statut, celebritate și putere, ca și a urmăririi altor valori vremelnice. Aceasta ușurează confruntarea cu pierderea obiectivelor seculare și a tuturor bunurilor lumești. O altă schimbare importantă afectează orientarea în timp; trecutul și viitorul devin mult mai puțin importante decât momentul prezent și trăirea clipei.

Acest lucru este asociat cu un interes crescut pentru viață, cu tendința de a aprecia și savura fiecare moment al ei și de a aprecia lucrurile simple precum natura, hrana, muzica și compania oamenilor. Apare, de obicei, și o dezvoltare importantă a spiritualității, de natură mistică, universală și ecumenică, fără legătură cu vreo afiliere religioasă. Am întâlnit cazuri în care credințele religioase tradiționale ale unui muribund au fost iluminate de noi dimensiuni ale sensului.

Efectele pozitive ale terapiei psihedelice se extind dincolo de persoana care moare, asupra familiei și a prietenilor apropiați. Natura suferinței și a procesului de doliu este profund afectată de natura și gradul conflictelor din relațiile supraviețuitorilor cu persoana care moare. Adaptarea la moarte a unui membru al familiei poate fi mult mai dificilă dacă rudele au sentimente negative sau confuze privind comportamentul lor față de persoana care moare și față de modul în care a fost gestionată întreaga situație.

Absența prilejurilor de a exprima iubirea și compasiunea pentru cel care moare, de a arăta gratitudinea pentru trecut și de a găsi un mod de a-și lua adio lasă supraviețuitorilor un sentiment de nemulțumire și culpabilitate. Dacă terapeutul se poate integra în sistem ca un agent catalizator și poate ajuta la deschiderea canalelor de schimb emoțional și comunicare, moartea poate deveni un eveniment cu o profundă semnificație psiho-spirituală pentru toți cei implicați.

Voi exemplifica potențialul terapiei psihedelice pentru bolnavii de cancer printr-un studiu de caz – Joan, casnică, mamă a patru copii și fostă dansatoare, care în momentul tratamentului avea 40 de ani. Doi dintre copiii ei, o fiică de 17 ani și un fiu de 8 ani, erau din prima căsătorie. Joan avea în grijă și un băiețel adoptat de 9 ani și un alt fiu de 9 ani din prima căsătorie a soțului său. Cancerul ei, un carcinom malign invadant, a fost diagnosticat în august 1971, după o lungă perioadă de tulburări gastrointestinale vagi și tranzitorii.

Joan a decis că nu vrea să-și petreacă restul vieții în așteptarea morții. Voia să participe activ la procesul terapeutic, indiferent cât de mică era speranța demersului. După ce medicul i-a spus clar că nu se mai poate face nimic pentru ea din punct de vedere medical, Joan a început să caute vindecători spirituali și alte forme de tratament neconvențional. În același timp, a auzit despre programul de la Spring Grove pentru persoane bolnave de cancer și a fixat o întâlnire cu noi pentru a vedea locul, a se întâlni cu oamenii implicați în proiect și a primi informații concrete despre programul de tratament.

A venit la primul interviu împreună cu soțul ei, Dick. El era profesor, foarte puternic influențat de toată publicitatea negativă legată de LSD și îngrijorat de posibilele efecte adverse ale substanței. A trebuit să-i explicăm că în cazul folosirii corecte a LSD-ului raportul riscuri/beneficii este radical diferit de cel rezultat din folosirea nesupervizată a LSD-ului în cazul autoexperimentării. După ce am lămurit problema, atât Joan, cât și Dick au participat cu entuziasm la program.

Pregătirea pentru prima ședință cu LSD a lui Joan a constat din câteva interviuri fără LSD la care a venit numai ea, și unul la care a venit și soțul ei. Joan era profund deprimată și foarte agitată. Simțea o reducere drastică a poftei de viață și o lipsă de interes pentru subiecte și activități care înainte de boală îi aduceau mare bucurie. Pe parcursul bolii, devenise foarte încordată și iritabilă. În timpul discuțiilor preliminare, suferința ei fizică era încă tolerabilă. Simțea un disconfort gastrointestinal nediferențiat, dar durerea nu atinsese o intensitate care să-i facă viața insuportabilă.

Joan simțea că, în ansamblu, problema ei în acel moment era preocuparea anxioasă față de ceea ce îi va aduce viitorul, și nu suferința prezentă. Era perfect conștientă de situația cu care se confrunta – cunoștea diagnosticul și prognosticul – și putea să discute despre ea deschis. Principala ei preocupare era să ajungă la un final decent și cinstit al relației cu Dick și cu toți copiii. Joan dorea să-i lase împăcați și cu sentimente bune, fără vină, furie, amărăciune sau suferință patologică, într-o situație în care ar putea continua să trăiască fără să ducă povara psihologică a morții ei.

Prima ședință LSD

Am început ședința cu o teamă considerabilă și mi s-a părut foarte liniștitor să-i țin pe Stan și Jewell de mână. La aproximativ 20 de minute de la administrarea a 300 micrograme de LSD, am început să am senzația de plutire și vibrație. În timp ce ascultam concertul nr. 2 pentru pian de Brahms, am simțit că stau în picioare în holul gigantic al unui aeroport futurist, supersonic, așteptându-mi avionul. Holul era plin de pasageri îmbrăcați foarte modern; un sentiment ciudat de agitație și nerăbdare părea să străbată această mulțime neobișnuită.

Brusc am auzit o voce puternică prin sistemul de difuzoare al aeroportului: „Evenimentul pe care îl vei trăi ești Tu. La unii dintre voi, după cum observați poate, se întâmplă deja." Când m-am uitat în jur la tovarășii mei de călătorie, am văzut schimbări ciudate pe fețele lor; corpurile lor se contorsionau și luau posturi neobișnuite, în timp ce începeau călătoria în lumile lor interioare. În acel moment, mi-a atras atenția un bâzâit intens și liniștitor, ca un semnal radio, care mă conducea prin experiență și mă liniștea. Creierul meu părea că arde foarte încet, revelându-și conținutul într-un șir de imagini.

A apărut foarte clar imaginea tatălui meu și natura relației noastre a fost analizată și explorată cu precizia unei operații chirurgicale. Am perceput nevoia lui ca eu să fiu ceva sau cineva ce nu puteam fi. Am realizat că trebuie să fiu eu însămi, chiar dacă îl dezamăgesc. Am sesizat o întreagă rețea de nevoi ale altor persoane – ale soțului meu, ale copiilor, ale prietenilor. Am realizat că nevoile altor persoane făceau să-mi fie mai greu să accept realitatea morții mele iminente și să mă abandonez acestui proces.

Apoi, călătoria interioară a devenit mai profundă și am început să întâlnesc diferiți monștri înspăimântători, care păreau imagini din arta asiatică – demoni perfizi și creaturi scheletice, înfometate, suprarealiste, toate într-o culoare stranie, cu irizări verzi. Era ca și cum o întreagă panoplie de demoni din *Cartea tibetană a morților* fusese chemată și toți dansau sălbatic în capul meu. De câte ori mă apropiam și intram în ei, frica dispărea și imaginea se transforma în altceva, de obicei destul de neplăcut. La un moment dat, când priveam niște creaturi dezgustătoare, demonice, mi-am dat seama că erau produse ale minții mele și extensii ale mele. Am mormăit: „Hm, asta sunt eu."

Întâlnirea cu demonii a fost însoțită de o intensă zbatere pentru a respira și de sentimente de anxietate, dar a durat relativ puțin. Când s-a încheiat, am simțit cantități fantastice de energie curgându-mi prin corp. Era atât de multă energie, încât nicio persoană singură nu o putea stăpâni și gestiona eficient. Mi-am dat seama că aveam atât de multă energie, încât în viața mea de zi cu zi ajungeam s-o neg, s-o folosesc greșit și s-o proiectez asupra altor persoane. M-am revăzut fulgerător în diferite etape ale vieții, încercând diferite roluri – fiică, iubită, tânără soție, mamă, artistă – și mi-am dat seama că nu aveau cum funcționa, deoarece erau containere inadecvate pentru energia mea.

Cel mai important aspect al experiențelor a fost importanța lor pentru înțelegerea morții. Am văzut desfășurarea magnifică a planului cosmic în toate nuanțele și ramificațiile ei infinite. Fiecare individ reprezenta un fir din frumoasa țesătură a vieții și juca un anumit rol. Toate rolurile erau la fel de necesare nucleului central de energie al Universului; niciunul nu era mai important decât celelalte. Am văzut că, după moarte, energia vieții suferă o transformare și rolurile sunt remodelate. Mi-am văzut rolul în această viață, ca pacient bolnav de cancer, și am fost capabilă și deschisă să-l accept.

Am văzut și am înțeles intuitiv dinamica reîncarnării. Era reprezentată simbolic, ca o imagine a pământului cu multe căi ce duc în toate direcțiile; păreau niște tuneluri într-un gigantic mușuroi de furnici. Mi-a devenit clar că am mai trăit multe vieți înainte de aceasta și că vor urma multe altele. Scopul și sarcina erau explorarea și trăirea experiențelor care ne sunt destinate în scenariul cosmic. Moartea este doar un episod, o experiență tranzitorie în acest magnific spectacol peren.

Pe tot parcursul ședinței, am văzut picturi, sculpturi, artefacte și arhitectură din țări și culturi diferite – Egiptul antic, Grecia, Roma, Persia, ca și din America Centrală, de Nord, de Sud, precolumbiană. Erau însoțite de numeroase intuiții despre natura existenței umane. Prin bogăția experienței, am descoperit că dimensiunile ființei mele sunt mult mai vaste decât îmi imaginasem vreodată.

Indiferent ce percepeam că făcea lumea – inventarea de țări ostile, războaie distrugătoare, ură rasială și revolte, scheme politice corupte sau tehnologie poluantă – m-am văzut participând la ele și proiectând asupra altora lucrurile pe care le negam în mine. Am intrat în contact cu ceea ce simțeam că este „ființa pură" și mi-am dat seama că nu poate fi înțeleasă și nici nu are nevoie de nicio justificare. De aici am înțeles că singura mea sarcină era să fac energia să circule, și nu să o blochez, cum obișnuiam. Fluxul vieții era simbolizat de multe imagini frumoase, de apă în mișcare, pești, plante acvatice și scene de dans încântătoare, unele maiestuoase și eterice, altele concrete.

În urma tuturor experiențelor și intuițiilor, am dobândit o atitudine pozitivă față de totalitatea existenței și capacitatea de a accepta ce se întâmplă în viață ca fiind, în cele din urmă, bine. Am făcut multe comentarii entuziaste cu privire la umorul și ironia cosmică incredibile incluse în țesătura existenței. În timp ce permiteam energiei vieții să curgă prin mine și mă deschideam în fața ei, întregul meu corp vibra de emoție și încântare. După ce am savurat un timp acest nou mod de existență, m-am ghemuit confortabil în poziție fetală.

După aproximativ cinci ore de la începutul ședinței, am decis să-mi scot masca de pe ochi, să mă ridic și să intru în contact cu mediul înconjurător. M-am așezat pe canapea, plină de pace și relaxare profundă, ascultând o muzică de meditație zen și urmărind un mugur de trandafir într-un vas de cristal de pe o masă alăturată. Câteodată, închideam ochii și reveneam în lumea mea interioară. Așa cum am văzut mai târziu pe o casetă video filmată în timpul ședinței, fața mea era strălucitoare și avea expresia liniștii extatice din sculpturile budiste. O lungă perioadă de timp nu am simțit decât o strălucire frumoasă, caldă, hrănitoare și aurie, ca o ploaie transcendentală de aur lichid. La un moment dat, am observat un vas cu struguri în cameră și am decis să gust câțiva. Gustul lor era ca ambrozia, iar tulpina strugurelui părea atât de frumoasă, încât am vrut să iau câțiva acasă, ca amintire.

După-amiază târziu, Dick ni s-a alăturat în camera de ședință. Imediat după sosirea lui, am căzut unul în brațele celuilalt și am rămas strâns îmbrățișați mult timp. Dick mi-a spus că a simțit o cantitate enormă de energie radiind din mine. Un câmp aproape tangibil de energie îmi înconjura corpul. Apoi, ni s-au acordat două ore de intimitate absolută, de care ne-am bucurat enorm. Aceasta mi-a permis să-i împărtășesc lui Dick experiențele mele. Una dintre cele mai plăcute amintiri este dușul pe care l-am făcut împreună. Am simțit o armonie neobișnuită între trupurile noastre și am trăit un sentiment de senzualitate rafinată, diferit de tot ceea ce cunoscusem până atunci.

Mai târziu, am luat împreună o cină chinezească. Deși mâncarea era adusă de la un restaurant din apropiere și era probabil de calitate medie, mi s-a părut cea mai bună mâncare pe care o gustasem vreodată. Nu mi-am putut aminti să fi savurat vreodată ceva în felul acesta sau să mă fi simțit mai bine. Singurul factor care mi-a limitat oarecum plăcerea culinară a fost gândul că trebuie să mănânc ceva mai puțin din pricina gastrectomiei mele incomplete.

Dick și cu mine am petrecut tot restul serii în liniște, întinși pe canapea și ascultând muzică stereofonică. El a fost foarte impresionat de deschiderea mea și de toate intuițiile mele. Era convins că avusesem acces la o sursă de autentică înțelepciune cosmică, inaccesibilă lui. A admirat profunzimea relatării mele, încrederea și siguranța spontană cu care vorbeam.

Eram entuziasmată, într-o dispoziție radiantă și total eliberată de anxietate. Capacitatea mea de a mă bucura de muzică, culori, gusturi și duș a fost foarte mult amplificată. Pentru Dick era o plăcere să fie cu mine. A fost o experiență atât de contagioasă, încât și el a simțit și și-a exprimat dorința de a avea o ședință psihedelică. Se hotărâse să exploreze posibilitatea participării la programul LSD de formare pentru profesioniști, disponibil la Centrul de Cercetări Psihiatrice Maryland.

Am rămas trează multă vreme vorbind cu Dick și m-am trezit de mai multe ori în timpul nopții. Am avut un vis în care lucram într-o bibliotecă și îi auzeam pe ceilalți spunând: „Chestiile astea zen nu au niciun sens." Am zâmbit în sinea mea, știind că era mult prea simplu să se poată înțelege.

În dimineața de după ședință, m-am simțit înviorată, relaxată și în armonie cu lumea. Dick a pus concertul Brandenburgic al lui Bach la casetofon și mi s-a părut perfect. Lumea exterioară părea clară, liniștită și frumoasă. Am văzut lucruri pe care nu le mai văzusem niciodată în drum spre casă. Copacii, iarba, culorile, cerul – era o adevărată plăcere să le privești.

Timp de aproape două luni după prima ședință LSD, Joan s-a simțit relaxată, entuziastă și optimistă. Experiența psihedelică părea să fi deschis în ea noi lumi de trăiri mistice și cosmice. Elementele religioase pe care le trăise în ședință depășeau granițele înguste ale religiei catolice tradiționale în care fusese crescută. Acum, se precipita spre abordări mai universale întâlnite în hinduism și budism.

În săptămânile care au urmat ședinței, Joan a dat dovadă de o energie atât de debordantă, încât i-a uimit pe medicii care o tratau. Ei au socotit că resursele sale energetice erau inexplicabile pentru starea clinică în care se afla și și-au exprimat deschis surpriza că e capabilă să se deplaseze singură și să conducă mașina. Și-au manifestat și îndoiala că va putea petrece vacanța de vară care se apropia în California, cum plănuia familia. Joan însă se simțea foarte sigură și credea că acest lucru avea să fie posibil. Cursul ulterior al evenimentelor i-a justificat sentimentul, întrucât vacanța în California s-a dovedit o perioadă încărcată de înțelesuri și foarte plăcută pentru toată familia.

Schimbarea pozitivă a fost drastic întreruptă la mijlocul lunii ianuarie, când Joan s-a dus la medic din pricina vărsăturilor și a senzației continue de vomă. Acesta a descoperit o nouă excrescență în zona splinei, pe care a identificat-o ca fiind o metastază. Joan a fost foarte dezamăgită când, în ciuda descoperirii, nu i s-a sugerat nicio procedură medicală concretă. Și-a dat seama că medicii o considerau un caz fără speranță. Punct în care, atât Joan, cât și Dick au decis că Joan trebuie să urmeze o nouă ședință psihedelică, și noi am fost de acord. Joan era foarte optimistă, considerând că ședința îi va influența starea emoțională și îi va aprofunda intuițiile filozofice și spirituale. O încânta, de asemenea, ideea că va putea influența componenta psihosomatică pe care o bănuia în etiologia cancerului ei.

A doua ședință LSD a avut loc în februarie 1972. Deoarece doza de 300 micrograme avusese un efect atât de puternic prima dată, am hotărât să folosim aceeași cantitate. Urmează relatarea lui Joan despre experiență, care rezumă cele mai importante momente:

> A doua ședință LSD
>
> Ședința a fost dură pentru mine. A contrastat cu prima din aproape toate punctele de vedere: imagini alb-negru, nu colorate; personal, și nu cosmic, trist, și nu vesel. La început, pentru un scurt timp, m-am simțit într-un loc sau spațiu universal, unde îmi dădeam seama din nou că întregul Univers există în fiecare dintre noi și că viețile și morțile noastre au un sens. După aceea, experiența s-a îngustat și a devenit mult mai personală. Moartea a fost principala temă a ședinței.
>
> Am trăit mai multe scene funerare într-un mediu bisericesc tradițional, uneori la cimitir, alteori în interiorul unei biserici, cu un cor numeros. Am plâns des în cursul celor câteva ore. Am pus multe întrebări și mi s-a răspuns; conduceau însă

la probleme la care, în final, nu exista un răspuns și atunci totul devenea ciudat. La început, îmi amintesc că m-am gândit: *toată această urâțenie este, în realitate, frumusețe*. Pe parcursul zilei mi-au venit în minte și alte polarități – bine și rău, victorie și înfrângere, înțelepciune și ignoranță, viață și moarte.

Mi-am trăit copilăria, dar nu scene concrete, ci doar o tonalitate afectivă, însă una foarte tristă. În mare, totul era legat de sentimente foarte timpurii de frustrare și lipsă, foame și înfometare. Mi-a trecut prin minte, ca un flash, ideea unei posibile conexiuni între aceste experiențe și ulcerul meu peptic care se transformase în cancer. Îmi amintesc la un moment dat de senzația că mă aflam afară, în ploaie, pentru o lungă perioadă de timp. Eram cu frații mei și fuseserăm dați afară de la un spectacol de insul de la intrare. Eram foarte tristă în timp ce ne îndepărtam, neștiind prea bine încotro s-o luăm. Aluzia ascunsă la situația mea actuală era evidentă – mi se refuza implicarea în spectacolul vieții și mă confruntam cu certitudinea morții.

Pentru o perioadă care mi s-a părut foarte lungă mi-am văzut actuala familie, pe care o pregăteam pentru moartea mea. Era o scenă în care, după ce m-am pregătit un timp, în cele din urmă le-am spus. În scenele care au urmat, am reușit să-mi iau rămas-bun de la copiii mei, de la soț, de la tata și de la alte rude, ca și de la prieteni și cunoștințe. Am făcut-o într-un mod diferit cu fiecare, în funcție de personalitatea și sensibilitatea deosebită a fiecăruia.

Au urmat lacrimile, iar după un timp, a fost cald și bine. În final, toți s-au strâns în jurul meu pentru a avea grijă de mine. Îmi amintesc că au pregătit diferite lucruri dulci și calde de mâncare. Am petrecut mult timp luându-mi la revedere de la ei și de la soțul meu și mi-am dat seama că există oameni care îi iubesc și care vor avea grijă de ei. Mi-am luat la revedere și de la aceștia și am simțit că ceva din mine va dăinui mai departe în ei.

Spre sfârșitul ședinței, a urmat o scenă fericită pe care simțeam că o urmăresc fără să particip, dar m-am bucurat de ea. Adulți și copii se jucau afară în zăpadă. Undeva, foarte departe, în nord. Toți erau înfofoliți și le era cald, în ciuda frigului și zăpezii. Adulții erau bucuroși de copii, aveau grijă de ei și erau râsete, jocuri și un sentiment de veselie generală. Apoi, îmi amintesc că am văzut un șir lung de ghete și am știut că picioarele copiilor sunt în ele și le este cald.

În seara de după ședință m-am simțit bine din anumite puncte de vedere – deloc apatică, bucuroasă să-l văd pe Dick, dar am plâns cu intermitențe tot restul serii. Simțeam că încep să mă văd pe mine și situația mea în mod realist, că acum îi pot face față mai bine, dar eram încă foarte tristă.

Aș fi vrut ca experiența să mai continue câteva ore și să trec de la furie la bucurie.

A doua ședință s-a dovedit foarte benefică pentru Joan. S-a împăcat cu situația și a hotărât să-și petreacă zilele care i-au mai rămas concentrată pe căutare spirituală. După o vacanță cu familia pe Coasta de Vest, a decis să-și ia la revedere de la soțul și copiii ei. S-a gândit că îi va scăpa de procesul dureros de a-i urmări deteriorarea progresivă și vor putea să și-o amintească plină de energie și de viață. În California, Joan a rămas în strânsă legătură cu tatăl ei, care era interesat de căutarea ei spirituală, și i-a prezentat un grup Vedanta.

Spre sfârșitul verii, Joan a vrut să mai trăiască o experiență LSD. Ne-a scris o scrisoare, întrebându-ne dacă exista posibilitatea de a aranja o a treia ședință în California. I-am recomandat să ia legătura cu Sidney Cohen, un psihiatru din Los Angeles care avea o vastă experiență în terapia psihedelică a pacienților bolnavi de cancer și dreptul de a folosi LSD-ul. În continuare, urmează relatarea lui Joan despre a treia ședință LSD, pe care a avut-o la Sidney Cohen. De această dată, doza a fost ridicată la 400 de micrograme.

A treia ședință LSD

Prima mea senzație după ce medicamentul a început să-și facă efectul a fost o răcire progresivă. Mi se părea că, indiferent câte pături îmi vor pune, nu vor putea reduce frigul ascuțit și verde care îmi pătrunsese până în măduva oaselor. Ulterior, mi-a venit greu să cred că avusesem pe mine atât de multe pături călduroase, pentru că nimic nu părea să atenueze frigul. Am cerut un ceai fierbinte pe care l-am sorbit printr-un pai. În timp ce țineam în mână cana de ceai fierbinte, am avut o experiență foarte intensă.

Cana a devenit Universul și totul era extrem de clar și de real. Culoarea verde maronie a ceaiului s-a topit într-un vârtej. Niciun fel de întrebări; viață, moarte, sensuri – toate erau acolo. Fuseseră acolo dintotdeauna – toți eram acolo. Toți eram una. Frica nu exista; moartea, viața – toate erau unul și același lucru. Vârtejul circular a tot ce există, imensa dorință ca toată lumea să înțeleagă că Universul e în toate. Lacrima care-mi curgea pe obraz, ceașca, ceaiul – totul! Câtă armonie se afla în spatele acestui aparent haos!

Doream să nu se piardă din vedere acest lucru, doream ca toți să împărtășească această experiență. După care nu mai are cum să existe neînțelegere. Simțeam că doctorul Cohen știa și el. Apoi, a apărut tata și am încercat să-i împărtășesc cât puteam din experiența intensă de mai devreme, căutând să exprim inexprimabilul: că teama nu există, nici vorbă de teamă. Am fost dintotdeauna în locul spre care ne îndreptăm. E de ajuns să fii. N-are rost să te îngrijorezi, să te întrebi, să interoghezi, să te gândești. Trebuie doar să fii. I-am vorbit despre importanța noastră, a tuturor, pentru a menține lucrurile în mișcare în lumea de fiecare zi.

Mi-am băut ceaiul și supa fierbinte, tânjind după hrană și căldură. După o pauză, m-am întors la mine. Am trăit atunci scene dezolante și triste chiar de la începutul vieții mele, cu care mă familiarizasem deja în ședințele anterioare. Imaginile au luat forma unor mici creaturi scheletice plutind în neant, căutând hrana fără să o găsească. Deșertăciune, nu împlinire. Păsări uscățive, în căutare de hrană într-un cuib gol. Eu și frații mei, singuri, căutând, neavând unde să ne ducem.

La un moment dat, am intrat în tristețea mea. Tristețea ca o temă istovitoare ce acoperea totul, din fragedă copilărie, pe tot parcursul vieții. Mi-am conștientizat progresiva strădanie de a o deghiza – de a satisface ceea ce alții păreau să dorească în locul ei: „Zâmbește...pari vie...încetează să visezi cu ochii deschiși!" Mai târziu, am avut sentimentul că unii sunt aleși să simtă tristețea inerentă Universului. Dacă și eu sunt una dintre aceștia, perfect. M-am gândit la toți copiii care își caută mamele ce nu se află acolo. M-am gândit la Drumul Crucii și am simțit suferința lui Christos, tristețea pe care probabil a trăit-o. Mi-am dat seama de un lucru: karma unora este să simți bucurie, putere sau frumusețe. De ce să nu accepți bucuros tristețea?

Altă dată, stăteam pe multe perne, învelită cu multe pături, în siguranță, la căldură. Nu voiam să mă nasc om, poate curcubeu – portocaliu, roșu, galben, moale, frumos. La un moment dat, în timpul după-amiezii, am conștientizat centralitatea stomacului meu. Atâtea imagini de oameni liniștiți cu mâncare, dorința mea intensă de mai devreme de a bea un ceai fierbinte, o supă, de a avea mereu ceva în stomac. Am devenit conștientă că acum, în viața mea de zi cu zi, caut mereu sânul și îl înlocuiesc cu lingura, paiul, țigara. Niciodată destul!

M-am revăzut copil, dependentă, dar având acum o mamă care să aibă grijă de mine, care voia și se bucura să aibă grijă de mine. Am găsit satisfacție și plăcere primind ceea ce nu avusesem niciodată când eram copil. Erau momente în care mă bucuram de mirosul și textura fructelor – un mango frumos, o pară, o piersică, struguri. În timp ce le priveam, am văzut mișcările celulare. Mult mai târziu, m-am bucurat de bobocul de trandafir, catifelat, parfumat și drăguț.

Către sfârșitul zilei, am conștientizat brusc că descoperisem o cale de a-mi legitima tristețea de o viață: să devin bolnavă fără scăpare. Ironia este că atunci am găsit fericirea și am simțit eliberarea tocmai în această descoperire. Am vrut să am acces la sursa tristeții mele. Am văzut că, încă de foarte devreme, mama nu a avut prea multe să-mi dea, că, în realitate, aștepta ca eu să-i dau ei. Aveam într-adevăr mai multe să-i dau decât avea ea să-mi dea. Am trăit asta ca pe o grea povară.

Am discutat mult cu tata despre tristețe, ce e rău în ea și de ce e atât de respinsă de lume. I-am descris cât de multă energie cheltuisem prefăcându-mă că sunt bucuroasă, fericită sau zâmbind. Am vorbit despre frumusețea tristeții – dulceața tristă, tristețea dulce. Să ne permitem nouă și altora să fim triști când simțim asta. Tristețea nu e poate la modă așa cum sunt bucuria, spontaneitatea sau veselia. Cheltuisem multă energie prefăcându-mă. Acum doar sunt; nu una sau alta, doar sunt.

Uneori, e trist, deseori calm, uneori enervant, alteori foarte cald și fericit. Nu mai sunt tristă că voi muri. Am mult mai multe sentimente de iubire decât oricând. Toate presiunile de a fi „altceva" au încetat să mă apese. Mă simt eliberată de fals și prefăcătorie. Un sentiment înalt spiritual îmi traversează existența cotidiană.

Un membru al echipei noastre care a vizitat-o pe Joan în California cu puțin înainte de a muri, ne-a făcut o descriere emoționantă a vieții ei cotidiene în intervalul care îi mai rămăsese de trăit. Își păstrase interesul pentru căutarea spirituală și își petrecea mai multe ore pe zi meditând. În ciuda deteriorării fizice rapide, părea să fie echilibrată emoțional și cu moralul ridicat. Remarcabilă a fost hotărârea ei de a nu pierde niciun prilej de a trăi pe deplin atât cât mai putea.

A insistat să i se servească toate felurile de mâncare pe care le primeau și ceilalți, deși tranzitul intestinal îi era acum total blocat și nu putea înghiți nimic. Mesteca mâncarea încet, îi savura gustul, după care o scuipa într-o găleată. În ultima seară a fost total absorbită de apusul soarelui. „Ce apus de soare minunat", au fost ultimele ei cuvinte înainte de a se retrage în dormitor. În noaptea aceea, a murit liniștită, în somn.

După moartea lui Joan, rudele și prietenii de pe Coasa de Est au primit o invitație la o comemorare, invitație pe care le-o scrisese când se mai afla încă în viață. După ce au sosit toți la ora indicată, au fost surprinși să audă vocea lui Joan pe o casetă. Era un rămas-bun mai mult decât neobișnuit și emoționant. După spusele participanților, mesajul și tonul vocii ei au avut un puternic efect consolator asupra celor care veniseră la reuniune cu un sentiment al tragicului și o durere profundă. Joan a reușit însă să le transmită o parte din acel sentiment de pace interioară și de împăcare la care ajunsese în timpul ședințelor.

După cum am văzut, terapia psihedelică are un extraordinar potențial de ușurare a agoniei fizice și emoționale din timpul celei mai dureroase crize din viața omului atât la cei care mor, cât și la supraviețuitori. Obstacolele politice și administrative care împiedică sute de mii de pacienți în fază terminală să beneficieze de această remarcabilă procedură sunt inutile și nejustificate. Toate obiecțiile ce s-ar putea aduce folosirii substanțelor psihedelice în cazul altor persoane, precum pacienții cu tulburări emoționale și psihosomatice, profesioniști din domeniul sănătății mintale, artiști și preoți sunt absurde în cazul unei situații limitate în timp și în care problemele sunt atât de grave, încât interzicerea folosirii narcoticelor nu mai are niciun sens.

Implicații individuale și sociale ale cercetării morții și fenomenele conexe

Studierea aspectelor psihologice, filozofice și spirituale ale morții are considerabile implicații teoretice și practice. Experiențele și observațiile pe care le-am analizat nu constituie o „dovadă" fără echivoc a supraviețuirii conștiinței după moarte, a existenței lumilor astrale locuite de ființe acorporale sau a reîncarnării unității individuale de conștiință și a continuării existenței sale fizice într-o altă viață. Se pot imagina alte tipuri de interpretări ale acestor date, precum extraordinarele capacități paranormale ale conștiinței umane numite *superpsi* sau conceptul hindus al Universului – *lila*, jocul divin al conștiinței principiului cosmic creator.

Un lucru însă e limpede: niciuna dintre interpretările bazate pe analiza clară a acestor date nu este compatibilă cu perspectiva materialist-monistă a științei occidentale. Analiza sistematică și evaluarea cu adevărat obiectivă a acestui material ar putea duce la o înțelegere complet nouă a naturii conștiinței, a rolului ei în schema universală a lucrurilor și a relației ei cu materia și creierul. În afara relevanței lor teoretice, temele discutate în acest capitol au și o mare importanță practică.

Am discutat în capitolele anterioare importanța morții în cadrul psihiatriei, psihologiei și psihoterapiei. Așa cum am văzut, întâlnirile noastre anterioare cu moartea sub forma pericolelor care ne-au amenințat viața în timpul istoriei noastre postnatale, trauma nașterii și existența embrionară sunt profund imprimate în inconștient. În plus, tema morții joacă și ea un rol important în domeniul transpersonal al psihicului uman, împreună cu puternicul material arhetipal și karmic. În toate acestea, tema morții contribuie semnificativ la dezvoltarea tulburărilor emoționale și psihosomatice.

Și, reciproc, confruntarea cu acest material și dispariția fricii de moarte determină o transformare pozitivă, vindecătoare a personalității și o evoluție a conștiinței. Așa cum am discutat în legătură cu vechile mistere ale morții și renașterii, „moartea înainte de a muri" influențează profund calitatea vieții și strategia de bază a existenței. Ea reduce pulsiunile iraționale și mărește capacitatea de a trăi în prezent și de a savura lucrurile simple.

O altă importantă consecință a eliberării de frica morții este deschiderea radicală către spiritualitate, de o manieră universală și nonconfesională. Acest lucru tinde să se întâmple indiferent dacă întâlnirea cu moartea are loc în timpul unei experiențe reale de moarte clinică sau într-o manieră pur psihologică, ca în meditație, terapie experiențială sau criză psiho-spirituală spontană.

În concluzie, aș vrea să enumăr câteva din cele mai vaste aplicații posibile ale acestui material. Acceptarea sau respingerea ideilor precum supraviețuirea conștiinței după moarte, reîncarnarea și karma are un impact profund asupra comportamentului nostru. Ideea că credința în nemurire are profunde implicații morale poate fi întâlnită deja la Platon, care în *Legi* îl pune pe Socrate să spună că ignorarea consecințelor post-mortem ale faptelor unei persoane este „un avantaj pentru cei răi". Autori moderni, ca Alan Harrington (Harrington, 1969) și Ernest Becker (Becker, 1973), au subliniat faptul că negarea masivă a morții duce la patologii sociale cu consecințe periculoase pentru omenire. Cercetarea modernă a conștiinței susține acest punct de vedere (Grof, 1985).

Într-un moment în care lăcomia fără limite, agresiunea malignă și existența armelor de distrugere în masă amenință supraviețuirea omenirii, și poate chiar viața pe planetă, trebuie să analizăm serios orice cale care oferă o urmă de speranță. Deși nu este un motiv suficient pentru a îmbrățișa necritic materialul ce sugerează supraviețuirea conștiinței după moarte, ar trebui să fie totuși un stimulent adițional pentru examinarea datelor existente cu mintea deschisă și în spiritul adevăratei științe.

Același lucru este valabil și pentru puternicele tehnologii experiențiale disponibile, care fac posibilă confruntarea cu frica de moarte și pot facilita profunde schimbări pozitive ale personalității, și deschidere spirituală. O transformare interioară radicală și ridicarea la un nou nivel al conștiinței pot reprezenta unica speranță reală în criza globală actuală. Vom reveni la această problemă importantă într-un alt capitol.

8
Jocul cosmic: explorarea profunzimilor conștiinței umane

Capitolele anterioare s-au concentrat în primul rând asupra implicațiilor cercetării stărilor holotropice de conștiință în psihiatrie, psihologie și psihoterapie. Această activitate generează și multe intuiții filozofice, metafizice și spirituale interesante. Indiferent de motivația inițială a persoanei implicate și de mediul din care provine, autocunoașterea sistematică, disciplinată, folosind stările holotropice într-un cadru corespunzător, tinde să ia forma unei profunde căutări spirituale și filozofice. Am văzut de nenumărate ori cum persoane al căror principal interes în ședințele psihedelice sau în respirația holotropică era de natură terapeutică, profesională sau artistică, au început să pună brusc cele mai profunde întrebări despre existență în momentul în care procesul lor interior a ajuns la nivel transpersonal.

Cum a luat naștere Universul? Este lumea în care trăim un simplu produs al proceselor mecanice la care participă materia moartă, inertă și reactivă? Poate fi explicată realitatea materială numai în termenii componentelor ei de bază și ai legilor obiective care guvernează interacțiunea acestora? De unde provin ordinea, forma și sensul în

Univers? Este posibil ca nașterea unui univers ca al nostru și evoluția lui să fi avut loc fără participarea unei inteligențe cosmice superioare? Dacă există un principiu creator suprem, care e relația noastră cu el?

Cum putem să ne împăcăm cu dileme ca limitarea timpului și a spațiului față de eternitate și infinit? Care este relația dintre viață și materie, dar dintre conștiință și creier? Cum putem explica existența răului și prezența lui copleșitoare în schema universală a lucrurilor? Este existența noastră limitată la o singură viață, întinzându-se de la concepție la moarte, sau conștiința noastră supraviețuiește morții biologice și trăiește o lungă serie de reîncarnări succesive? Care sunt implicațiile practice ale răspunsurilor la întrebările de mai sus pentru viața noastră de zi cu zi?

La sfârșitul anilor '60, am hotărât să analizez înregistrările cercetărilor mele psihedelice, concentrându-mă în special asupra experiențelor metafizice și informațiilor obținute de la pacienții mei. Mi-am rezumat descoperirile într-un articol intitulat „LSD-ul și jocul cosmic: prezentare a ontologiei și cosmologiei psihedelice" (Grof, 1972). Spre surprinderea mea, am descoperit la subiecții mei un acord pe scară largă privind intuițiile lor în ceea ce privește problemele metafizice fundamentale. Viziunea realității care a rezultat din studiul stărilor holotropice descrie un Univers care nu este o super-mașină mecanicistă newtoniană, ci o infinit de complexă realitate virtuală, creată și pătrunsă de o inteligență cosmică superioară, Conștiința Absolută sau Mintea Universală.

Intuițiile metafizice rezultate din cercetările psihedelice și răspunsurile la fundamentalele întrebări ontologice și cosmologice oferite de ele se aflau în puternic conflict cu perspectiva și filozofia științei materialiste. În schimb însă, prezentau puternice paralelisme cu marile tradiții mistice ale lumii, pentru care Aldous Huxley a folosit termenul *filozofie perenă*. Ele erau, de asemenea, surprinzător de compatibile cu progresele revoluționare ale științei moderne numită, de obicei, *noua paradigmă*.

În anii care au urmat, pe măsură ce am dobândit experiență cu respirația holotropică și urgențele spirituale, am realizat că intuițiile metafizice descrise în lucrarea mea nu se limitau la stările psihedelice, ci caracterizau stările holotropice în general. În acest capitol, voi schița ideile de bază ale uimitoarei viziuni asupra realității ce se ivește spontan la persoanele care au lucrat sistematic cu stările holotropice de conștiință. O abordare mai vastă a acestui subiect poate fi găsită în cartea mea *Jocul cosmic: explorarea frontierelor conștiinței umane* (Grof, 1998).

Natura însuflețită și domeniul arhetipal

Așa cum am văzut mai devreme, în stările holotropice putem avea experiențe convingătoare de identificare cu animale, plante și chiar materii anorganice. În urma experiențelor, perspectiva noastră asupra lumii se extinde și începem să înțelegem credințele culturilor animiste, care consideră că întregul Univers are un suflet unic. Din perspectiva lor, nu numai animalele, ci și copacii, râurile, munții, soarele și stelele par ființe conștiente. Desigur, nu vom adera la perspectiva niciuneia dintre aceste culturi în toate aspectele ei și nu vom ignora complet descoperirile științei materialiste. Totuși, trebuie să adăugăm la perspectiva noastră asupra lumii un fapt empiric important: tot ce trăim în starea hilotropică ca obiect are în starea holotropică un corespondent experiențial subiectiv.

Stările holotropice de conștiință pot oferi și informații despre perspectiva culturilor care cred că în Cosmos sălășluiesc ființe mitologice și că acesta e guvernat de diferite zeități extatice și mânioase. În aceste stări, putem avea acces experiențial direct la lumea arhetipală a zeilor, demonilor, eroilor legendari, entităților supraomenești și călăuzelor spirituale. Putem vizita tărâmul realităților mitologice, al peisajelor fantastice și al sălașurilor din lumea de dincolo. Imageria unor astfel de experiențe poate fi extrasă din inconștientul colectiv și înfățișează figuri și teme mitologice din orice cultură din istoria omenirii.

Dacă ne simțim jenați de descoperirea noastră, putem prefera terminologia modernă: *numinos* în loc de sacru și *figuri arhetipale* în loc de *zeități și demoni*. Dar nu mai putem respinge aceste experiențe ca simple halucinații sau fantezii. Trăirile personale profunde ale acestei lumi ne ajută să ne dăm seama că perspectiva asupra Cosmosului pe care o aveau societățile preindustriale nu se baza pe superstiție, „gândire magică" primitivă sau viziuni psihotice, ci pe trăiri cu adevărat autentice ale unor realități alternative. Cercetarea stărilor holotropice a adus ample dovezi în sprijinul existenței dimensiunilor transfenomenale ale existenței, care sunt ontologic reale, și a arătat că ele pot deseori trece testul validării consensuale. Pentru a distinge astfel de fenomene de experiențele halucinatorii sau imaginare, care nu au nicio bază obiectivă, unii psihologi jungieni numesc aceste realități transfenomenale „imaginale".

În stările holotropice descoperim că psihicul nostru are acces la întregi panteoane de figuri mitologice și la domeniile lor de existență. O dovadă deosebit de convingătoare în ceea ce privește autenticitatea experiențelor este faptul că, întocmai altor fenomene transpersonale, ele ne aduc informații noi și exacte despre figurile și lumile implicate. Natura, scopul și calitatea informațiilor depășesc deseori cunoștințele noastre anterioare despre respectivele mitologii. Astfel de observații l-au condus pe C.G. Jung la ipoteza că, în afara inconștientului individual descris de Sigmund Freud, omul are și un inconștient colectiv, care ne conectează cu întreaga moștenire culturală a omenirii. După Jung, acestea sunt manifestări ale unor tipare universale primordiale, care reprezintă componentele intrinseci ale inconștientului colectiv (Jung, 1959).

Figurile arhetipale se împart în două categorii distincte. Prima include entitățile care întruchipează diferite roluri universale specifice și funcțiile lor. Cele mai cunoscute sunt Marea Zeiță Mamă, Cumplita Zeiță Mamă, Bătrânul Înțelept, Tinerețea Eternă (Puer Eternus și Puella Eterna), Iubiții, Secerătorul Nemilos și Scamatorul. Jung a descoperit și că bărbații păstrează în inconștientul lor o reprezentare generalizată a principiului feminin, pe care a numit-o *Anima*. Corespondentul ei, reprezentarea generalizată a principiului masculin din inconștientul femeilor, este *Animus*. Reprezentarea inconștientă a aspectului întunecat, distructiv, al personalității umane este numită în psihologia jungiană *umbră*.

Figurile arhetipale din a doua categorie reprezintă diverse zeități și demoni caracteristici anumitor culturi, arii geografice și perioade istorice. De exemplu, în locul unei imagini generalizate universale a Marii Zeițe Mamă, putem vedea una dintre formele mai concrete circumscrise cultural, ca Fecioara Maria, zeițele hinduse Lakshmi și Parvati, zeița egipteană Isis, zeița greacă Hera și multe altele. Similar, exemple concrete ale Cumplitei Zeițe Mamă ar fi zeița indiană Kali, zeița precolumbiană cu cap de șarpe, Coatlicue, sau zeul egiptean cu cap de leu, Sekhmet. Este important de subliniat că aceste imagini nu trebuie limitate la moștenirea noastră rasială și culturală. Ele pot proveni din mitologia oricărui grup uman, chiar și de la cele despre care nu am auzit vreodată.

Întâlnirile cu aceste figuri arhetipale sunt deosebit de impresionante și aduc deseori informații noi și detaliate, independent de mediul cultural, rasial și educațional al subiectului, și de cunoștințele intelectuale anterioare referitoare la respectivele mitologii. În funcție de natura zeităților implicate, experiențele sunt însoțite de emoții extrem de intense, care merg de la extaz la teama metafizică paralizantă. Persoanele care trăiesc astfel de întâlniri privesc de obicei figurile respective cu multă teamă și respect, ca fiind vorba de ființe ce aparțin unei ordini superioare, înzestrate cu energii și puteri extraordinare, dotate cu capacitatea de a modela evenimentele din lumea noastră materială. În acest fel, subiecții împărtășesc atitudinea multor culturi preindustriale care credeau în existența zeităților și demonilor.

Însă persoanele care au astfel de experiențe nu confundă figurile arhetipale cu principiul suprem al Universului, și nici nu pretind că au dobândit înțelegerea ultimă a existenței. De obicei, ele consideră zeitățile creații ale unei puteri superioare care îi depășește. Acest mod de a înțelege e în acord cu ideea lui Josef Campbell că zeitățile trebuie să fie „transparente la transcendent". Ele ar funcționa ca o punte către sursa divină, fără să se confunde cu ea. Când ne angajăm într-o autocunoaștere sistematică sau o practică spirituală, este important să evităm capcana opacizării unei anumite divinități și să nu o considerăm cumva forța cosmică supremă, ci doar o fereastră către Absolut.

Confundând o anumită imagine arhetipală cu sursa finală a creației sau cu unica ei reprezentare autentică ajungem la idolatrie, o eroare periculoasă, care duce la dezbinare și e larg răspândită în istoriile religiilor și culturilor. Ea ar putea uni, în general, persoanele care împărtășesc aceeași credință, însă instigă un grup împotriva altui grup, care a ales o reprezentare diferită a divinului. Primul grup ar putea încerca să convertească, să cucerească și să elimine altele. Dimpotrivă, religia autentică este universală, atotcuprinzătoare. Ea se cuvine să depășească granițele imaginilor arhetipale specifice unei singure culturi și să se concentreze, de fapt, asupra sursei supreme a tuturor formelor. Cea mai importantă problemă în lumea religiei este astfel natura principiului universal suprem.

Experiența principiului cosmic suprem

Persoanele implicate într-o autocunoaștere sistematică cu ajutorul stărilor holotropice descriu adesea acest proces ca pe o căutare filozofică și spirituală. Ceea ce m-a determinat să caut înregistrările din timpul ședințelor psihedelice și holotropice, ca și rapoartele persoanelor care au trăit o criză spirituală, experiențe care transmit sentimentul că această căutare și-a atins scopul, destinația finală. Am descoperit că persoanele care au o experiență a Absolutului ce le satisface pe deplin nevoia spirituală nu văd, de obicei, nicio imagine figurativă. Când simt că și-au atins obiectivul căutării mistice și filozofice, descrierile pe care le fac principiului suprem sunt extrem de abstracte și uimitor de asemănătoare.

Cei care au avut o revelație supremă de acest tip prezintă, de obicei, un acord remarcabil în descrierea acestei stări. Ei afirmă că experiența Supremului implică transcenderea tuturor limitărilor minții analitice, a tuturor categoriilor raționale și a constrângerilor logicii obișnuite. Experiența nu e legată de limitele obișnuite ale spațiului tridimensional și ale timpului liniar, așa cum le cunoaștem din viața de fiecare zi. Ea conține și toate polaritățile imaginabile într-un inseparabil amalgam, depășind astfel dualitățile de orice fel.

De nenumărate ori, oamenii au comparat Absolutul cu o sursă de lumină de o intensitate inimaginabilă, deși au subliniat că era semnificativ diferită de orice altă lumină cunoscută din lumea materială. A descrie Absolutul ca pe o lumină, oricât ar părea de potrivit într-un anumit sens, înseamnă a pierde complet din vedere unele dintre caracteristicile lui esențiale, în special faptul că este și un imens și impenetrabil câmp de conștiință, înzestrat cu infinită inteligență și putere creatoare. Un alt atribut menționat cu regularitate este un minunat simț al umorului („umorul cosmic").

Principiul cosmic suprem poate fi trăit în două moduri diferite. Uneori, toate granițele personale se topesc sau sunt drastic anulate și ne contopim complet cu sursa divină, devenind una cu ea și imposibil de diferențiat. Alteori, ne păstrăm sentimentul de identitate distinctă, preluând rolul unui martor extern la *misterium tremendum*-ul existenței. Sau, asemenea unora dintre mistici, putem simți extazul unui îndrăgostit care trăiește revederea cu iubita. Literatura spirituală din toate timpurile abundă în descrieri ale ambelor tipuri de trăiri ale divinului.

Întâlnirea cu Conștiința Absolută sau identificarea cu ea nu este singurul mod de a trăi principiul suprem al Cosmosului sau realitatea supremă. Un al doilea tip de experiență pare să-i satisfacă pe cei aflați în căutarea răspunsurilor supreme, chiar dacă e foarte surprinzător fiindcă nu are un conținut specific. Este identificarea cu Nimicul Cosmic și Neantul numit în literatura mistică Vid. E important de subliniat că nu orice experiență a golului din stările holotropice este Vidul. Oamenii folosesc deseori acest termen pentru a descrie o neplăcută senzație de absență a sentimentelor, a inițiativei sau a sensului. Pentru a merita numele de Vid, starea trebuie să îndeplinească criterii foarte specifice.

Când ne întâlnim cu Vidul, simțim că el e nimicul primordial, de proporții și relevanță cosmice. Devenim conștiința pură conștientă de acest neant; totuși, în același timp, avem și sentimentul ciudat și paradoxal al esențialei sale plenitudini. Vidul Cosmic este în același timp și un întreg, deoarece nimic nu pare să-i lipsească. Deși nu prezintă nimic într-o formă concretă, manifestă, pare să conțină tot ceea ce există în formă potențială. Vidul transcende obișnuitele categorii de timp și spațiu. Este neschimbător și se află dincolo de toate dihotomiile și polaritățile, precum lumina și întunericul, binele și răul, stabilitatea și mișcarea, microcosmosul și macrocosmosul, agonia și extazul, singularitatea și pluralitatea, forma și nimicul, chiar existența și nonexistența.

Unii îl numesc Vidul Supracosmic și Metacosmic, indicând astfel că acest nimic și neant primordial ar fi principiul care stă la baza lumii fenomenale așa cum o cunoaștem noi și că, în același timp, este și supraordonat ei. Vidul metafizic, care depășește în formă potențială tot ce există, pare să fie leagănul tuturor ființelor, sursa supremă a existenței. Crearea tuturor lumilor fenomenale este atunci conștientizarea și concretizarea potențialităților sale preexistente inerente. Este imposibil de exprimat în cuvinte cât de convingătoare și logice din punct de vedere experiențial sunt răspunsurile paradoxale la cele mai profunde și esențiale întrebări în legătură cu existența. Înțelegerea deplină a acestor stări extraordinare necesită însă neapărat experiența personală directă.

Dincolo de limitele interioare

În exercițiile spirituale sistematice care implică stările holotropice de conștiință, putem transcende repetat granițele obișnuite ale eului-corp. În acest proces, descoperim că orice granițe din universul material și din alte realități sunt, în ultimă instanță, arbitrare și negociabile. Scăpând de limitările minții raționale și de cămașa de forță a bunului-simț comun și al logicii de fiecare zi, putem depăși multe bariere, ne putem extinde conștiința la proporții inimaginabile și putem trăi, în final, uniunea și identificarea cu sursa transcendentală a tuturor ființelor, ce poartă în literatura spirituală mai multe denumiri.

Când ajungem la identificarea experiențială cu Absolutul, realizăm că propria noastră ființă este, în ultimă instanță, una cu întreaga rețea cosmică, cu toată existența. Recunoașterea naturii noastre divine, a identității cu sursa cosmică este cea mai importantă descoperire pe care o putem face în timpul procesului de autoexplorare. Iată esența faimoasei afirmații din vechile scrieri indiene, Upanishade: *Tat tvam asi*. Traducerea cuvânt cu cuvânt ar fi „Tu ești aceasta", însemnând „tu ești natura divină" sau „tu ești Divinitatea". Ea arată că identificarea noastră cotidiană cu „eul limitat de piele", conștiința individuală întrupată sau „nume și formă" (*namarupa*) este o iluzie și că adevărata noastră natură e, de fapt, energia cosmică creatoare (Atman-Brahman).

Revelația cu privire la identificarea individului cu divinul este secretul suprem și central al tuturor marilor tradiții spirituale, deși poate fi exprimat în feluri diferite. Am arătat deja că în religia hindusă Atman, conștiința individuală, și Brahman, conștiința universală, sunt una. Practicanții de siddha yoga aud formulat, în multe feluri diferite, principiul de bază a școlii lor: „Dumnezeu sălășluiește în tine, este tu." În scripturile budiste, putem citi: „Privește în tine, tu ești Buddha." În tradiția confucianistă, ni se spune că „cerul, pământul și omul sunt un singur trup".

Același mesaj poate fi găsit și în cuvintele lui Isus Christos: „Tată, Tu și Eu una suntem." Și Sf. Gregorie Palamas, unul dintre cei mai mari teologi ai bisericii creștin ortodoxe, spunea: „Cât despre Împărăția cerurilor, mai curând putem spune că Regele Cerurilor se află în noi." Similar, marele înțelept evreu, cabalistul Avraham ben Shemu'el Abulafia, susținea că „El și noi una suntem". După Mahomed, „cel care se cunoaște pe sine îl cunoaște pe Dumnezeu". Mansur al-Hallaj, înțeleptul sufit și poetul cunoscut drept „martirul iubirii mistice", spunea: „L-am văzut pe Dumnezeu cu ochiul inimii. L-am întrebat: *Cine ești tu?* El a răspuns: *Tu.*" Al-Hallaj a fost închis și condamnat la moarte pentru afirmația: „Ana'l Haqq – Eu sunt Dumnezeu, Adevărul Absolut, Realitatea Adevărată."

Cuvinte pentru inefabil

Principiul suprem poate fi trăit direct în stările holotropice de conștiință, dar scapă oricărei descrieri sau explicații. Limbajul pe care îl folosim pentru a comunica probleme din viața de zi cu zi pur și simplu nu este adecvat acestei situații. Persoanele care au avut această experiență par să fie de acord că e ceva inefabil. Cuvintele și structura limbajului nostru sunt instrumente dureros de nepotrivite pentru descrierea naturii și dimensiunilor lui, în special pentru cei care nu au avut experiența respectivă.

Orice încercare de descriere a experiențelor transcendentale trebuie să se bazeze pe cuvinte ale limbajului cotidian, care au fost construite însă pentru a numi obiecte și activități din lumea materială, așa cum sunt ele trăite în starea obișnuită de conștiință. De aceea, limbajul se dovedește inadecvat și nepotrivit când dorim să comunicăm trăiri și intuiții din stări holotropice de conștiință. Acest lucru e valabil mai ales atunci când experiențele se concentrează asupra problemelor supreme ale existenței, ca Vidul, Conștiința Absolută și Creația.

Cei familiarizați cu filozofiile spirituale orientale recurg deseori la cuvinte din diferite limbi asiatice când descriu experiențele și intuițiile spirituale. Ei folosesc termeni din sanscrită, tibetană, chineză sau japoneză. Aceste limbi au fost create de culturi cu înalt grad de complexitate în ceea ce privește stările holotropice și realitățile spirituale. Spre deosebire de limbile occidentale, limbile respective conțin mulți termeni tehnici care descriu concret nuanțe ale experiențelor mistice și ale temelor înrudite. Însă chiar și aceste cuvinte pot fi pe deplin înțelese doar de cei care au trăit respectivele experiențe.

Poezia, deși e încă un instrument destul de imperfect, pare un mijloc mai adecvat totuși pentru a exprima esența trăirilor spirituale și a face comunicări despre realitățile transcendentale. De aceea, mulți dintre marii vizionari și maeștri spirituali au recurs la poezie pentru împărtășirea intuițiilor lor metafizice. Iar mulți dintre cei care au trăit stări transcendentale își amintesc și citează pasaje din diferite poeme vizionare pentru a descrie aceste stări.

Procesul de creație

Cei care, în stările holotropice de conștiință, trăiesc principiul cosmic creator încearcă deseori să înțeleagă impulsul ce duce la crearea lumilor experiențiale. Intuițiile lor despre „motivația" Divinului pentru a crea realitățile fenomenale pe care le vedem conțin contradicții interesante. O importantă categorie a acestor intuiții subliniază fantastica bogăție interioară și potențialul creator inimaginabil al Conștiinței Absolute. Sursa cosmică e atât de abundentă și de saturată cu posibilități, încât pur și simplu trebuie să le exprime prin actul creației.

Alt grup de revelații sugerează că, în procesul creației, Conștiința Absolută caută și un lucru care îi lipsește în starea pură originară. Dintr-o perspectivă obișnuită, cele două categorii de intuiții par, desigur, să se contrazică. În stările holotropice, conflictul dispare însă, și cele două contrarii pot cu ușurință să coexiste și să se completeze.

Impulsul de a crea este deseori descris ca o forță elementară, care reflectă o inimaginabilă bogăție interioară și abundență a Divinului. Sursa cosmică creatoare este atât de vastă și de plină de posibilități, încât nu se poate conține pe sine și trebuie să-și exprime întregul potențial ascuns. Alte descrieri subliniază imensa dorință a Minții Universale de a se cunoaște, explora pe sine și de a-și trăi întregul potențial. Acest lucru nu se poate realiza decât prin exteriorizarea și manifestarea tuturor posibilităților latente sub forma unui act creator concret. Este necesară atunci polarizarea în subiect și obiect, în cel care simte și în cel care este simțit, în observator și observat. O idee similară poate fi întâlnită și în scripturile cabalei medievale, conform cărora motivul creației este acela că „Dumnezeu vrea să-l vadă pe Dumnezeu".

Alte dimensiuni importante ale procesului creator, deseori subliniate, sunt spiritul ludic, autodelectarea și umorul cosmic al Creatorului. Sunt elemente care au fost descrise cel mai bine de vechile texte hinduse, care numesc Universul și existența *lila*, sau Jocul Divin. Conform acestei perspective, creația este un joc cosmic de o infinită complexitate pe care Dumnezeu, Brahman, îl creează din sine și în sine.

Creația poate fi privită și ca un experiment colosal ce exprimă imensa curiozitate a Conștiinței Absolute, o pasiune analogă atitudinii unui om de știință care își dedică viața explorării și cercetării. Unii dintre cei care au trăit intuiții despre „motivele" creației subliniază și latura ei estetică. Astfel, Universul în care trăim și toate realitățile lui experiențiale din alte dimensiuni par opere de artă perfecte, iar impulsul de a le crea poate fi asemuit cu inspirația și pasiunea creatoare a artistului suprem.

Așa cum am spus mai devreme, uneori intuițiile privind forțele care stau la baza creației nu reflectă absoluta abundență, bogăție, auto t suficiența supremă și abilitatea principiului cosmic creator, ci un anumit sentiment de lipsă, nevoie sau dorință. De exemplu, se poate descoperi că în ciuda imensității și perfecțiunii stării în care se află, Conștiința Absolută realizează că este singură. Singurătatea își găsește expresia în profunda nevoie de companie, comunicare și împărtășire, un fel de Dor Divin. Cea mai puternică forță ce stă la baza creației este descrisă ca nevoia principiului creator de a da și de a primi Iubire.

O altă dimensiune hotărâtoare a procesului creator, ocazional descrisă în această categorie, pare să fie un fel de nevoie, tânjire primordială a sursei divine după experiențe ce caracterizează lumea materială. Astfel, Spiritul are o dorință profundă de a trăi ceea ce este opus și contrar naturii lui. Vrea să exploreze toate calitățile pe care în natura lui pură nu le are și să devină tot ceea ce nu este.

Fiind etern, infinit, nelimitat și eteric, tânjește astfel după efemer, limitare spațio-temporală, tangibil și corporal. Un alt „motiv" important al creației menționat ocazional este elementul monotoniei. Oricât de imensă și de glorioasă ar putea părea experiența divinului din perspectiva umană, pentru divinitate ea este mereu aceeași și, ca atare, monotonă. Creația poate fi privită atunci ca un efort titanic de a exprima o dorință transcendentală de schimbare, acțiune, mișcare și noutate.

Toți cei care au avut norocul de a trăi intuiții atât de profunde din laboratorul cosmic al creației par să fie de acord că indiferent ce s-ar putea spune despre acest nivel al realității, cuvintele nu pot reda adecvat ce au trăit. Impulsul de dimensiuni inimaginabile responsabil de crearea lumilor de fenomene pare să conțină la un loc toate elementele de mai sus, oricât de contradictorii și de paradoxale ar putea părea ele pentru rațiunea și logica noastră. Este limpede că, în ciuda tuturor eforturilor de a înțelege și de a descrie creația, natura principiului creator și a procesului creației rămâne ascunsă într-un mister impenetrabil.

În afara revelațiilor privind motivele creației („de ce"-ul creației), experiențele stărilor holotropice aduc deseori clarificări și înțelegeri ale dinamicilor și mecanismelor specifice procesului creator („cum"-ul creației). Ele sunt legate de „tehnologia conștiinței" care generează experiențe cu caracteristici senzoriale diferite, iar prin orchestrarea lor, într-un mod coerent și sistematic, creează realități virtuale. Deși descrierile acestor intuiții diferă din punctul de vedere al detaliilor, limbajului și metaforelor folosite, se disting însă de obicei două procese intercorelate și reciproc complementare implicate în crearea lumii fenomenale.

Mandală reflectând o experiență din cadrul unei ședințe de respirație holotropică, ce implica ieșirea din starea de încapsulare și izolare, transcenderea vălurilor care ne separă de natura divină, și conectarea cu Cosmosul.

Primul este activitatea care sparge unitatea inițială nediferențiată a Conștiinței Absolute într-un număr infinit de unități derivate ale conștiinței. Mintea Universală începe un joc creator care implică succesiuni complicate de diviziuni, fragmentări și diferențieri.

Aceasta duce, în final, la lumi experiențiale ce conțin nenumărate entități separate, înzestrate cu forme specifice de conștiință și autoconștientizare selectivă. Pare să existe un acord general că ele iau naștere prin divizări și subdivizări multiple ale câmpului de conștiință cosmică inițial nedivizat. Astfel, divinul nu creează ceva în afara de sine, ci prin transformări în câmpul propriei sale ființe.

Al doilea element important în procesul creației este o unică formă de divizare, disociere sau uitare, prin intermediul căreia entitățile filiale conștiente pierd progresiv, și din ce în ce mai mult, contactul cu sursa lor originară și conștiința naturii lor primare. Ele dezvoltă și un sentiment al identității individuale și al separării absolute de celelalte. În stadiile finale ale procesului, ecrane intangibile, dar și relativ impermeabile, despart unitățile izolate unele de altele și de câmpul inițial nediferențiat al Conștiinței Absolute.

Relația dintre Conștiința Absolută și părțile ei este unică, complexă și nu poate fi înțeleasă în termenii gândirii convenționale și ai logicii obișnuite. Logica ne spune că o parte nu poate fi simultan întregul și că întregul, fiind o reuniune a părților, trebuie să fie mai mare decât oricare dintre componentele lui. În țesătura universală, unitățile separate de conștiință, în ciuda individualității și diferențelor lor specifice, rămân, la un anumit nivel, în esență, identice cu sursa lor și cu fiecare dintre ele. Au o natură paradoxală, fiind și întregul și părțile în același timp. Invenția holografiei optice ne-a oferit un model util pentru o abordare științifică a acestor aspecte, altfel incomprehensibile ale creației.

Noile informații obținute din cercetarea stărilor holotropice de conștiință descriu existența unui uimitor joc al principiului cosmic creator care transcende timpul, spațiul, cauzalitatea liniară și polaritățile de orice tip. Astfel, lumile fenomenelor, inclusiv lumea materială, par „realități virtuale" generate de o tehnologie a conștiinței – de o orchestrare infinit de complexă a experiențelor. Ele există la multe niveluri ale realității, plecând de la Conștiința Absolută nediferențiată prin intermediul unor bogate panteoane de ființe arhetipale, până la nenumărate unități individuale care alcătuiesc lumea materială, toate avându-și aparent loc în Conștiința nediferențiată însăși.

Căi spre reunificare

Procesul diviziunilor succesive combinat cu crescânda separare și înstrăinare reprezintă numai o jumătate a ciclului cosmic. Intuițiile din stările holotropice relevă repetat o altă parte a procesului care constă în evenimente ale conștiinței ce reflectă o mișcare în direcție inversă, dinspre lumile pluralității și separării către o dizolvare treptată a granițelor și o contopire în unități tot mai mari.

Intuițiile sunt paralele descrierilor și discutării acestor două mișcări cosmice prezente în diferite sisteme spirituale și filozofice. De exemplu, Plotin, fondatorul neoplatonismului, le-a numit *eflux* și *reflux* (Plotin, 1991). În Orient, concepte similare și-au găsit expresia cea mai clară în scrierile misticului și filozofului indian Shri Aurobindo sub numele de *involuție* și *evoluție* a conștiinței (Aurobindo, 1965). Dezbaterea modernă pe tema dinamicii *coborârii* și *ascensiunii* în procesul cosmic poate fi regăsită în scrierile lui Ken Wilber (Wilber, 1980, 1995).

Conform informațiilor obținute în stările holotropice, procesul universal nu oferă doar un număr infinit de posibilități pentru a deveni un individ separat, ci și o gamă la fel de largă și de bogată de oportunități de dizolvare a granițelor și de fuziune care mediază întoarcerea experiențială la sursă. Experiențele unificării permit monadelor individuale de conștiință să-și depășească alienarea și să se elibereze de iluzia separării. Această transcendere a ceea ce părea mai devreme graniță absolută și fuziunea progresivă rezultantă creează unități experiențiale din ce în ce mai mari. În cele din urmă, procesul dizolvă toate granițele și produce o reunificare cu Conștiința Absolută. Succesiunile de fuziuni care se produc sub multe forme și la multe niveluri diferite completează schema ciclică generală a dansului cosmic.

Stimulul care declanșează cel mai des experiențele spontan unificatoare este expunerea la minunile naturii, precum Marele Canion, insulele tropicale sau apusul soarelui deasupra Oceanului Pacific. Creații artistice rafinate de o extraordinară frumusețe pot avea efect similar, indiferent dacă sunt capodopere muzicale, minunate picturi și sculpturi sau arhitectura monumentală. Surse suplimentare de experiențe unificatoare sunt activitatea sportivă, uniunea sexuală și, la femei, nașterea și alăptarea. Apariția lor poate fi facilitată de o varietate de antice „tehnologii ale sacrului", aborigene și moderne, care au fost discutate în capitolul introductiv al cărții.

Dacă experiențele unificatoare se produc cel mai probabil în situații cu încărcătură emoțională pozitivă, ele pot apărea însă și în condiții defavorabile, periculoase și critice pentru individ. În acest caz, conștiința eului este zdruncinată și copleșită, nu dizolvată și depășită; cum e cazul în momente de stres cronic sever sau acut, în momente de suferință emoțională și fizică intensă sau atunci când integritatea corporală sau supraviețuirea sunt serios amenințate. Mulți descoperă domeniile mistice în timpul experiențelor de moarte clinică în urma accidentelor, rănirilor, sau în timpul bolilor incurabile și operațiilor.

Psihiatrii tradiționaliști, care nu fac distincția între misticism și psihoză, consideră experiențele unificatoare manifestări ale bolii psihice. Meritul de a fi demonstrat că aceasta e o eroare gravă îi aparține lui Abraham Maslow, fondatorul psihologiei umaniste și transpersonale. El a arătat într-o cercetare realizată pe mai multe sute de persoane că „experiențele de vârf" sunt fenomene supranormale, mai degrabă decât anormale. În condiții favorabile, ele pot conduce la o mai bună sănătate emoțională și fizică, și chiar la ceea ce el a numit „autorealizare" sau „autoactualizare" (Maslow, 1964).

Tabuul de a ști cine ești cu adevărat

Dacă este adevărat că natura noastră profundă e divină și suntem una cu principiul creator al Universului, cum explicăm intensitatea convingerii că suntem corpuri fizice care trăiesc într-o lume materială? Care este natura acestei fundamentale ignorante privind adevărata noastră identitate, acest văl misterios al uitării pe care Alan Watts l-a numit „tabuul de a ști cine suntem cu adevărat"? Cum este posibil ca o entitate spirituală infinită și atemporală să creeze din sine și în sine un facsimil virtual al unei realități tangibile, populate de ființe sensibile ce se simt separate de sursa lor și una de alta? Cum pot actorii din drama lumii să fie păcăliți să creadă în existența obiectivă a realității lor iluzorii?

Cea mai bună explicație pe care am auzit-o de la oameni cu care am lucrat este că principiul cosmic creator cade în plasa propriei sale perfecțiuni. Intenția creatoare din spatele jocului divin este să aducă la viață realități experiențiale care să ofere cele mai bune oportunități de aventuri ale conștiinței, inclusiv iluzia lumii materiale. Pentru a realiza această cerință, respectivele realități trebuie să fie convingătoare și credibile în toate detaliile. Putem folosi ca exemplu opere de artă, precum piesele de teatru sau filmele. Ele pot fi jucate uneori atât de perfect, încât ne fac să uităm că evenimentele la care suntem martori sunt iluzorii și să reacționăm la ele ca și cum ar fi reale. De asemenea, un actor bun poate uneori să-și piardă adevărata identitate fuzionând temporar cu personajul pe care îl interpretează.

Lumea în care trăim are multe caracteristici ce lipsesc principiului suprem în forma sa pură, ca pluralitatea, polaritatea, densitatea și materialitatea, schimbarea și efemeritatea. Proiectul creării unui facsimil al realității materiale înzestrat cu aceste proprietăți este dus la îndeplinire cu atâta perfecțiune artistică și științifică, încât unitățile desprinse din Mintea Universală îl găsesc perfect convingător și îl confundă cu realitatea. În expresia extremă a artei sale, reprezentată de ateu, Divinul reușește într-adevăr să aducă argumente nu numai împotriva implicării sale în creație, ci și împotriva existenței sale însăși.

Una dintre întâmplările importante care ajută la crearea unei iluzii a realității materiale este existența banalului și urâtului. Dacă toți am fi ființe eterice radiante, trăgându-ne energia direct de la soare, și am trăi într-o lume în care toate peisajele ar arăta ca Munții Himalaya, Marele Canion și insulele virgine din Pacific, ne-ar fi evident că facem parte dintr-o realitate divină. Similar, dacă toate clădirile din lume ar arăta ca Alhambra, Taj Mahal, Xanadu sau Catedrala din Chartres și am fi înconjurați de sculpturile lui Michelangelo, am asculta muzica lui Beethoven sau a lui Bach, natura divină a lumii ar fi ușor de sesizat.

Faptul că avem corpuri fizice cu toate secrețiile, excrețiile, mirosurile, imperfecțiunile și patologiile lor și un sistem gastrointestinal cu conținuturi respingătoare ascunde și induce suficientă confuzie în problema divinității noastre. Diferitele funcții fiziologice, precum vomatul, râgâitul, eliminarea gazelor, defecarea și urinarea, împreună cu descompunerea finală a corpului omenesc complică și mai mult tabloul. Similar, existența imaginilor neplăcute, a gropilor de gunoi, a zonelor industriale poluate, a toaletelor neigienice cu graffiti obscene, a ghetourilor urbane și a milioanelor de case urâte face să ne fie foarte greu să realizăm că viața este totuși un joc divin. Existența răului și faptul că viața, prin însăși natura ei, este o luptă pentru supraviețuire fac sarcina aproape imposibilă pentru omul obișnuit. Iar pentru occidentalii educați, perspectiva lumească creată de știința materialistă este un puternic obstacol adițional.

Mai există însă încă un motiv important pentru care ne este atât de dificil să ne eliberăm de iluzia că suntem indivizi separați, care trăiesc într-o lume materială. Căile de reunire cu sursa divină sunt presărate cu dificultăți, riscuri și provocări. Jocul divin nu e un sistem complet închis. El oferă protagoniștilor posibilitatea de a descoperi natura reală a creației, inclusiv propriul lor sistem cosmic. Totuși, modalitățile care ne duc de la autoamăgire către iluminare și reunificare cu sursa prezintă probleme grave și majoritatea portițelor de scăpare din creație sunt acoperite cu grijă. Acest lucru este absolut necesar pentru menținerea stabilității și echilibrului în schema cosmică. Vicisitudinile și capcanele căii spirituale reprezintă o parte importantă a „tabuului de a ști cine suntem cu adevărat".

Toate situațiile care oferă ocazii de deschidere spirituală sunt tipic asociate cu o varietate de forțe puternice de sens opus. Unele dintre obstacolele extrem de dificile și periculoase care pavează drumul către eliberare și iluminare sunt de natură intrapsihică. Aici intră experiențele terifiante care îi pot intimida pe căutătorii mai puțin curajoși și mai nehotărâți, precum întâlnirile cu forțe arhetipale întunecate, frica de moarte și spectrul nebuniei. Și mai problematice sunt diferitele interferențe și intervenții care vin din lumea externă. În Evul Mediu, mulți dintre cei care aveau experiențe mistice spontane riscau tortura, judecata și execuția din partea sfintei Inchiziții. În vremea noastră, etichetele psihiatrice stigmatizante și drasticele măsuri terapeutice au luat locul acuzațiilor de vrăjitorie, torturilor și *autodafeurilor*. Scientismul materialist al secolului XX a ridiculizat și patologizat și el, o dată în plus, orice efort spiritual, oricât de bine fondat.

Autoritatea de care se bucură știința materialistă în societatea modernă face să fie greu de luat în serios misticismul și calea descoperirii spirituale. În plus, dogmele și activitățile religiilor majoritare tind să mascheze faptul că singurul loc unde poate fi găsită adevărata spiritualitate este psihicul fiecăruia dintre noi. În forma sa cea mai neplăcută, religia organizată poate funcționa ca un grav impediment în calea oricărei căutări spirituale serioase, și nu ca o instituție care să ne poată ajuta să ne conectăm cu Divinul. Denigrându-și membrii, face greu de crezut că Divinul s-ar afla în ei. Ea cultivă în adepți falsa credință că participarea regulată la slujbă, rugăciunea și contribuțiile financiare față de biserică sunt activități spirituale suficiente și adecvate.

Tehnologiile sacrului dezvoltate de diferite culturi aborigene au fost respinse în Occident ca produse ale gândirii magice și superstiții primitive ale sălbaticilor. Potențialul spiritual al sexualității, care își află expresia în Tantra, este cu mult depășit de capcanele sexului considerat doar puternic instinct animalic. Apariția substanțelor psihedelice care au capacitatea de a deschide larg porțile dimensiunii transcendente a fost urmată curând de folosirea seculară eronat iresponsabilă a acestor compuși și de amenințările nebuniei, deteriorării cromozomiale și a sancțiunilor legale.

Problema binelui și a răului

Una dintre sarcinile cele mai dificile ale călătoriei spirituale este împăcarea cu existența răului. Înțelegerea supremă și acceptarea filozofică a răului pare să implice întotdeauna recunoașterea că el are un rol important sau chiar necesar în procesul cosmic. De exemplu, intuițiile experiențiale profunde legate de realitatea supremă, care devin disponibile în stările holotropice, ar părea să arate că procesul creației cosmice trebuie să fie simetric, deoarece este *creatio ex nihilo*. Tot ceea ce intră în existență trebuie să fie contrabalansat de opusul său. Din această perspectivă, existența polarităților de toate felurile este o condiție absolută și indispensabilă pentru crearea lumilor fenomenale.

Am menționat mai devreme că unul dintre „motivele" creației pare să fie „nevoia" principiului creator de a se cunoaște pe sine, astfel încât „Dumnezeu să-L poată vedea pe Dumnezeu" sau „Chipul să poată privi Chipul". În măsura în care divinul creează pentru a-și explora propriul potențial interior, a nu-l exprima ar însemna o autocunoaștere incompletă. Și, dacă Conștiința Absolută este și Artistul, Experimentatorul și Exploratorul perfect, omiterea unor opțiuni semnificative ar compromite bogăția creației. Artiștii nu-și limitează subiectele la temele frumoase, etice și înălțătoare. Ei reprezintă orice aspecte ale vieții care pot reda imagini interesante sau promit povestiri pasionante.

Existența părții de umbră a creației amplifică aspectele ei luminoase, oferind un contrast, și dă o bogăție și o profunzime extraordinare dramei universale. Conflictul dintre bine și rău, în toate domeniile și la toate nivelurile existenței, este o sursă inepuizabilă de inspirație pentru povestiri fascinante. Un discipol l-a întrebat odată pe Shri Ramakrishna, marele vizionar, sfânt și maestru spiritual indian: „Swamiji, de ce există răul pe lume?" După o scurtă deliberare, Ramakrishna a răspuns succint: „Pentru a face acțiunea mai complexă." Acest răspuns ar părea cinic, dacă ne gândim la natura și la dimensiunile suferinței în lume, privită în forma sa concretă: milioane de copii care mor de foame sau de boli, nebunia războaielor de-a lungul istoriei, nenumăratele victime sacrificate și torturate și dezolarea dezastrelor naturale.

Cu toate acestea, dacă facem un experiment mintal în care eliminăm din schema universală tot ceea ce noi considerăm rău sau diabolic, precum bolile și violența, vom începe vă vedem lucrurile altfel. Vom realiza repede că un asemenea act de curățire etică va elimina din lume multe aspecte ale existenței pe care le apreciem și le prețuim enorm — istoria medicinei, toate persoanele care și-au dedicat viața alinării suferinței, eroismul luptătorilor pentru libertate și triumfurile asupra forțelor răului, ca și toate operele de artă inspirate de conflictele dintre bine și rău. O astfel de eliminare radicală a umbrei universale ar deposeda creația de profunzimea și bogăția ei imensă și ar duce la o lume neinteresantă și lipsită de culoare.

Acest mod de a privi problemele etice poate fi deosebit de tulburător, în ciuda faptului că se bazează pe experiențe personale foarte convingătoare în stările holotropice. Problemele devin evidente când ne gândim la consecințele practice ale unei asemenea perspective asupra vieții și comportamentului nostru de fiecare zi. La prima vedere, a considera lumea materială ca „realitate virtuală" și a compara existența cu un film pare să banalizeze viața și să trateze cu superficialitate profunzimea suferinței umane. O asemenea atitudine ar lăsa impresia că o astfel de perspectivă neagă gravitatea suferinței umane și încurajează o atitudine de indiferență cinică, pentru care nimic nu contează cu adevărat. Similar, acceptarea răului ca parte integrantă a creației și înțelegerea relativității sale poate fi ușor considerată o justificare pentru suspendarea oricăror constrângeri etice și pentru urmărirea neîngrădită a unor scopuri egoiste. Ar putea, de asemenea, lăsa impresia sabotării oricărui efort de a combate activ răul din lume.

Înainte de a estima pe deplin implicațiile etice ale intuițiilor transcendentale profunde asupra comportamentului nostru, trebuie să ținem seamă de câțiva factori suplimentari. Explorarea experiențială care pune la dispoziție o înțelegere atât de profundă indică de obicei importante surse biografice, perinatale și transpersonale ale violenței și lăcomiei din inconștientul nostru. Analiza psihologică a acestui material conduce la o reducere semnificativă a agresiunii și la o amplificare a toleranței. Se mai întâlnește, de asemenea, și un spectru larg de experiențe transpersonale în care ne identificăm cu diferite aspecte ale creației. Această împrejurare conduce la un respect profund pentru viață și la empatie față de toate ființele vii. Același proces prin care descoperim vidul formelor și relativismul valorilor morale reduce semnificativ înclinația noastră către comportamente imorale și antisociale și ne învață iubirea și compasiunea.

Ne construim astfel un nou sistem de valori care nu se mai bazează pe norme, precepte, imperative convenționale și frica de pedeapsă, ci pe cunoașterea și înțelegerea ordinii universale. Realizăm că suntem parte integrantă a creației și că făcând rău altora nouă ne facem rău. În plus, autoexplorarea profundă duce la descoperirea experiențială a reîncarnării și a legii karmei; ceea ce ne ajută să conștientizăm posibilitatea unor grave repercusiuni experiențiale ale comportamentelor vătămătoare, inclusiv ale celor care scapă blamării sociale.

Experiența practică ne arată, de asemenea, că vidul din spatele tuturor formelor nu este deloc incompatibil cu aprecierea autentică și cu iubirea pentru întreaga creație. Experiențele transcendentale care conduc la intuiții metafizice profunde despre natura realității dau naștere la respect față de toate ființele și la angajarea responsabilă în procesul vieții. Compasiunea nu are nevoie de obiecte cu substanță materială. Poate la fel de ușor să se adreseze ființelor sensibile care sunt unități ale conștiinței.

Jocul cosmic

În multe religii, rețeta depășirii dificultăților este minimalizarea importanței planului terestru și concentrarea pe lumile transcendentale. Sistemele religioase cu această orientare descriu lumea materială ca pe un domeniu inferior, imperfect, impur care aduce suferință și nefericire. Ele recomandă o deplasare a atenției de la lumea materială către alte realități. Din punctul lor de vedere, realitatea fizică pare să fie o vale a lacrimilor, iar existența în corp, un blestem sau o mlaștină a morții și renașterii.

Aceste credințe și reprezentanții lor oferă credincioșilor devotați promisiunea unui ținut mai plăcut sau a unei stări de conștiință mai depline în Lumea de Dincolo. În formele mai primitive ale credințelor populare, e vorba de locuri de odihnă ale celor binecuvântați, paradisuri sau raiuri. Ele devin disponibile după moarte pentru cei care îndeplinesc anumite cerințe definite de respectiva lor teologie. Pentru sistemele mai complexe și mai rafinate, raiurile și paradisurile sunt doar etape în călătoria spirituală, iar destinația finală este dizolvarea granițelor personale și unificarea cu Divinul, atingerea stării de monadă pură, necontaminată de biologic, sau stingerea focului vieții și dispariția în neant.

Alte orientări spirituale însă îmbrățișează natura și lumea materială ca fiind întruchipări sau conținătoare ale Divinului. Să analizăm dilema folosind informațiile din stările holotropice. Ce putem câștiga prin evitarea vieții și fuga din planul material în realitățile transcendentale? Și reciproc, care este valoarea îmbrățișării fără rețineri a realității cotidiene? Multe sisteme spirituale definesc obiectivul călătoriei spirituale ca dizolvarea granițelor personale și reunificarea cu Divinul. Persoanele care au trăit în explorările lor interioare identificarea cu Conștiința Absolută realizează că definirea obiectivului final al călătoriei spirituale ca experiența unificării cu principiul suprem al existenței implică o problemă serioasă.

Ei realizează că Vidul/Conștiința Absolută nu reprezintă doar sfârșitul călătoriei spirituale, ci și sursa și începutul creației. Divinul este principiul care asigură unificarea părților separate, dar totodată și agentul responsabil pentru divizarea și separarea unității inițiale. Dacă principiul ar fi complet și suficient sieși în forma sa pură, nu ar mai avea motive să creeze, iar celelalte lumi experiențiale nu ar mai exista. Deoarece există, tendința Conștiinței Absolute de a crea exprimă clar o „nevoie" fundamentală. Lumile pluralității reprezintă astfel un complement important pentru starea nediferențiată a Divinului. În terminologia cabalei, „oamenii au nevoie de Dumnezeu și Dumnezeu are nevoie de oameni".

Schema generală a piesei cosmice implică un joc dinamic între două forțe fundamentale, una dintre ele fiind centrifugă (*hilotropică*, sau orientată spre materie) și cealaltă centripetă (*holotropică*, sau în căutarea unității) față de principiul creator. Conștiința cosmică nediferențiată manifestă o tendință primară de a crea lumi ale pluralității, care conțin nenumărate ființe separate. Am discutat mai devreme motivele posibile pentru tendința de a genera realități virtuale. Și reciproc, unitățile individuale de conștiință își trăiesc separarea și alienarea ca dureroasă, și manifestă o puternică nevoie de a se reîntoarce la sursă și a se reuni cu ea. Identificarea cu eul întrupat este plină de probleme precum suferința emoțională și fizică, limitările spațiale și temporale, impermanența și moartea.

Dacă este adevărat că psihicul este guvernat de cele două puternice forțe cosmice, hilotropică și holotropică, aflate în conflict fundamental una cu alta, există vreo abordare a existenței care să poate face față eficient acestei situații? Deoarece nici existența separată, nici unitatea nediferențiată nu sunt pe deplin satisfăcătoare în sine, care este alternativa? Categoric, soluția nu este respingerea existenței corporale ca inferioară și lipsită de valoare și încercarea de a scăpa de ea. Am văzut că lumile experiențiale, inclusiv lumea materiei, reprezintă nu numai un complement important și valoros, dar și absolut necesar, pentru starea nediferențiată a principiului creator. În același timp, eforturile noastre de a atinge împlinirea și liniștea sufletească vor fi sortite eșecului și poate chiar se vor întoarce împotriva noastră, dacă implică numai obiecte și obiective din lumea materială. Orice soluție satisfăcătoare va trebui astfel să îmbrățișeze atât dimensiunile pământești, cât și pe cele transcendentale, atât lumea formelor, cât și pe cea fără formă.

Universul material, așa cum îl cunoaștem noi, oferă nenumărate posibilități pentru extraordinare aventuri ale conștiinței. Ca ființe corporale, putem fi martori la spectacolul cerurilor cu miliardele sale de galaxii și minunile naturale ale Pământului. Numai în forma fizică și în planul material ne putem îndrăgosti, savura extazul sexului, avea copii, asculta muzica lui Beethoven sau admira picturile lui Rembrandt. Ocaziile de explorare a micro și macrouniversului sunt practic nelimitate. Pe lângă experiențele prezentului, mai există și aventura sondării trecutului misterios, de la civilizațiile antice și lumea antediluviană, până la evenimentele din primele microsecunde ale Big Bang-ului.

Pentru a participa la lumea fenomenală și a putea trăi acest spectru bogat de aventuri este nevoie de un anumit grad de identificare cu eul corporal și acceptare a lumii materiale. Totuși, când identificarea noastră cu eul-corp este absolută și când credința în lumea materială ca realitate unică este de nezdruncinat, e imposibil să savurăm complet participarea la creație. Spectrul insignifianței, efemerității și morții personale poate întuneca complet latura pozitivă a vieții, golind-o de farmecul ei. Trebuie să adăugăm la ea și frustrarea asociată cu încercările repetate inutile de a ne realiza întregul nostru potențial divin în cadrul constrângerilor impuse de limitările corpurilor noastre și ale lumii materiale.

Ca să găsim soluția la dilemă, trebuie să ne întoarcem în noi, pentru o căutare interioară sistematică. Pe măsură ce continuăm să descoperim și să explorăm diferitele dimensiuni ascunse – ale noastre și ale realității – identificarea cu eul-corp devine progresiv tot mai slabă și mai puțin atrăgătoare. Continuăm să ne identificăm cu „eul limitat de piele" din motive pragmatice, dar această orientare devine tot mai întâmplătoare și mai șovăitoare. Dacă avem suficiente cunoștințe experiențiale despre dimensiunile transpersonale ale existenței, inclusiv propria noastră identitate adevărată și statutul cosmic, viața devine mult mai ușoară și mai plină de satisfacții.

Pe măsură ce căutarea interioară continuă, descoperim, mai devreme ori mai târziu, vidul din spatele tuturor formelor. Așa cum sugerează învățăturile budiste, cunoașterea naturii virtuale a lumii fenomenale și a vidului ei ne poate ajuta să ne eliberăm de suferință. Acest lucru include recunoașterea faptului că a crede în orice eu separat din viața noastră, inclusiv în eul propriu, este, în ultimă instanță, o iluzie. În textele budiste, conștiința esențialei deșertăciuni a tuturor formelor și, drept urmare, realizarea faptului că nu există euri separate este numită *anatta (anatman)* – literal, „non-eul".

Conștiința naturii noastre divine și a esențialei deșertăciuni a tuturor lucrurilor pe care le descoperim în experiențele noastre transpersonale formează bazele unei meta-rețele ce ne poate ajuta mult să facem față complexității vieții cotidiene. Putem accepta fără rezerve experiența lumii materiale, savurând tot ceea ce are ea de oferit: frumusețea naturii, a relațiilor umane, a actului de iubire, familiei, lucrărilor de artă, sporturilor, deliciilor culinare...Numai că, orice am face, viața ne va aduce, în cele din urmă, obstacole, provocări, experiențe dureroase și pierderi. Dar când lucrurile devin prea dificile și chiar devastatoare, putem recurge la perspectiva cosmică mai largă pe care am descoperit-o în căutarea noastră interioară.

Legătura cu realitățile superioare, cunoașterea eliberatoare a *anattei* și vidul din spatele tuturor formelor ne ajută să tolerăm ceea ce altfel ar putea fi insuportabil. Cu ajutorul acestei cunoașteri am putea trăi complet întregul spectru al vieții sau „întreaga catastrofă", cum o numea Zorba grecul. Capacitatea aceasta de a reconcilia și integra cu succes aspectele materiale și spirituale ale existenței, ori dimensiunile hilotropice și holotropice ale vieții, face parte dintre cele mai înalte aspirații ale tradițiilor mistice.

O persoană a cărei existență este limitată doar la nivelul prozaic al conștiinței cotidiene și care nu a avut acces experiențial la dimensiunile transcendente și numinoase ale realității va avea mari dificultăți în depășirea fricii profunde de moarte și pentru descoperirea unui sens al vieții. În aceste condiții, o mare parte a comportamentului nostru cotidian este motivată de nevoile falsului eu, iar aspectele semnificative ale vieții sunt, prin comparație, doar reactive și inautentice. Din această pricină, este mai mult decât esențial să ne completăm activitățile cotidiene cu o formă de practică spirituală sistematică, în stare să ne ofere acces experiențial la lumile transcendente. În societățile preindustriale, această necesitate lua forma ritualurilor șamanice, a riturilor de trecere, ceremoniilor de vindecare, misterelor antice, școlilor mistice și practicilor de meditație ale marilor religii ale lumii.

În deceniile din urmă, lumea occidentală a cunoscut o revenire semnificativă a practicilor spirituale antice și a „tehnologiilor aborigene ale sacrului". În plus, psihologia abisală modernă și psihoterapia experiențială au dezvoltat eficiente abordări noi ce pot facilita deschiderea spirituală. Aceste instrumente se află la îndemâna tuturor celor interesați de transformarea psiho-spirituală și evoluția conștiinței. C.G. Jung, precursorul psihologiei transpersonale, a descris în lucrările sale o strategie de viață care se adresează atât dimensiunilor seculare, cât și dimensiunilor cosmice ale persoanei și existenței. El a sugerat ca, indiferent ce facem în viața de zi cu zi, să o completăm cu o autoexplorare sistematică, o căutare interioară împinsă până în extremele cele mai ascunse ale psihicului. În acest fel e posibilă conectarea la un aspect superior – pe care Jung l-a numit *sine* – și primirea îndrumărilor lui pe drumul către „individuație".

Dacă urmăm sfatul lui Jung, deciziile importante din viața noastră se vor baza pe o sinteză creatoare care integrează cunoștințele pragmatice despre lumea materială cu înțelepciunea extrasă din inconștientul colectiv. Ideea marelui psihiatru elvețian e în acord cu informațiile și observațiile din stările holotropice relatate de persoane cu care am avut privilegiul să lucrez în ultimele patru decenii.

Este convingerea mea personală că această strategie de viață nu numai că va îmbunătăți calitatea vieții individului, ci și că, practicată la scară suficient de mare, poate ameliora semnificativ și șansele de a se depăși criza globală care amenință însăși supraviețuirea vieții pe planeta noastră. Aceasta e o problemă atât de importantă, încât o vom cerceta pe larg în capitolul următor al acestei cărți.

9
Evoluția conștiinței și supraviețuirea speciei umane: perspectiva transpersonală asupra crizei globale

Cercetarea stărilor holotropice de conștiință are implicații importante nu numai pentru fiecare om în parte, ci și pentru viitorul omenirii și continuitatea vieții pe Pământ. În acest capitol voi discuta felul în care experiențele și observațiile din cercetările conștiinței ne pot ajuta să înțelegem natura și rădăcinile crizei globale cu care ne confruntăm. Voi discuta și noile strategii pentru a face față acestei situații critice, rezultate din această activitate. Voi acorda o atenție deosebită rădăcinilor psiho-spirituale a două forțe primare care conduc istoria umană din timpuri imemoriale, înclinația spre violență și lăcomia insațiabilă. De asemenea, voi analiza rolul jucat de perspectiva materialist-monistă a științei occidentale în progresul tehnologic și în pierderea valorilor spirituale.

Violența și lăcomia în istoria omenirii

Numărul și amploarea atrocităților comise de-a lungul timpului în diferite țări ale lumii, multe dintre ele în numele Domnului, sunt cu adevărat inimaginabile și indescriptibile. Milioane de soldați și civili au fost omorâți în războaie și revoluții de-a lungul timpului, sau în alte împrejurări asemănătoare. În Roma antică, nenumărați creștini au fost sacrificați în arene pentru a oferi maselor un spectacol foarte căutat. Sute de mii de victime inocente au fost torturate, omorâte sau arse de vii în autodafeuri de către Inchiziția medievală.

În America Centrală, luptătorii triburilor învinse de azteci, și care nu apucaseră să moară în bătălii, erau măcelăriți pe altare de sacrificiu. Cruzimea aztecă și-a găsit perechea în sângeroasele acțiuni ale conchistadorilor spanioli. Hoardele mongole ale lui Gingis-Han au măturat Asia omorând, prădând și arzând orașe și sate. În timpul mărețelor sale campanii militare, Alexandru cel Mare a cucerit, în același mod, toate țările dintre Macedonia și India. Ambiții seculare și religioase, începând cu expansiunea Imperiului Roman până la răspândirea Islamului și a cruciadelor creștine, și-au găsit modul de expresie în folosirea focului și a sabiei. Colonialismul Marii Britanii și al altor țări europene și războaiele napoleoniene sunt exemple suplimentare de violență și lăcomie nemiloasă.

Această tendință a continuat nestânjenită în secolul XX. Pierderea de vieți omenești în primul război mondial a fost estimată la zece milioane de soldați și douăzeci de milioane de civili. Alte milioane au murit din pricina epidemiilor provocate de război și de foame. În al doilea război mondial s-au pierdut aproximativ de două ori mai multe vieți. Acest secol a văzut expansionismul Germaniei naziste și ororile holocaustului, dominația stalinistă asupra Europei de Est, gulagul și teroarea civilă din zona comunistă. Putem adăuga aici victimele dictaturilor din America de Sud, atrocitățile și genocidurile comise de chinezi în Tibet și cruzimile apartheidului din Africa de Sud. Războaiele din Coreea și Vietnam, din Orientul Mijlociu și măcelurile din Iugoslavia și Rwanda sunt alte câteva exemple de inutile vărsări de sânge la care am fost martori în ultima sută de ani.

Lăcomia umană și-a găsit și forme noi, mai puțin violente, de exprimare în filozofia și strategia economiei capitaliste, care pun accentul pe creșterea produsului intern brut, „creștere nelimitată", exploatarea nechibzuită a resurselor naturale epuizabile, consumul ostentativ și „îmbătrânirea planificată". Mai mult, o mare parte a acestei politici economice a irosirii, care are consecințe ecologice dezastruoase, a fost orientată către producția de arme cu o putere distructivă din ce în ce mai mare.

Scenarii prevestitoare ale sfârșitului lumii ce amenință viața pe planetă

În trecut, violența și lăcomia au avut consecințe tragice pentru cei implicați în conflicte nimicitoare și pentru familiile lor. Totuși, ele nu au amenințat însăși evoluția întregii specii umane și nu au reprezentat un pericol pentru ecosistem și biosfera planetei. Chiar și după cele mai violente războaie, natura a fost capabilă să „recicleze" toate consecințele acestora și să-și revină complet în câteva decenii. Situația s-a schimbat însă radical în secolul XX. Progresele tehnologice rapide, creșterea exponențială a producției industriale, explozia demografică și mai ales descoperirea energiei atomice au schimbat pentru totdeauna datele ecuației.

În decursul acestui secol, am fost martori într-un deceniu, sau chiar într-un singur an, la mai multe descoperiri tehnologice și științifice majore decât cei din perioadele istorice anterioare într-un secol întreg. Însă, aceste uimitoare succese intelectuale au adus omenirea modernă în pragul catastrofei globale, deoarece nu au fost însoțite de o dezvoltare emoțională și o maturizare morală comparabile. Avem îndoielnicul privilegiu de a fi prima specie din istoria naturală care a dobândit capacitatea de a se eradica pe sine și de a distruge și viața de pe planetă în același timp.

Istoria intelectuală a omenirii este una de incredibile triumfuri. Am reușit să descoperim secretele energiei nucleare, să trimitem nave spațiale spre Lună și spre toate planetele din Sistemul Solar, să transmitem imagini color și sunete pe tot globul și prin spațiul cosmic, să descifrăm codul ADN, să experimentăm clonarea și ingineria genetică. În același timp însă, tehnologiile de vârf sunt puse în slujba unor emoții primitive și a unor impulsuri instinctuale, nu foarte diferite de cele ce caracterizau comportamentul oamenilor din Epoca de Piatră.

Sume inimaginabile de bani au fost irosite în nebunia cursei înarmării, și folosirea chiar și numai a unei fracțiuni minuscule a arsenalului de arme atomice existent ar distruge toată viața de pe Pământ. Zeci de milioane de oameni au fost uciși în cele două războaie mondiale și în nenumăratele confruntări violente produse din motive ideologice, rasiale, religioase sau economice. Sute de mii de oameni au fost torturați cu bestialitate de poliția secretă a diferitelor sisteme totalitare. Lăcomia insațiabilă împinge oamenii la urmărirea înfrigurată a profitului și la achiziția de proprietăți personale, dincolo de orice limite rezonabile. Sa ajuns la o situație în care, în afara spectrului unui război nuclear, omenirea este amenințată de mai multe alte scenarii apocaliptice mai puțin spectaculoase poate, dar mai insidioase și mai vizibile.

Printre ele se numără poluarea industrială, amenințarea acumulărilor de deșeuri și accidentele nucleare, distrugerea stratului de ozon, efectul de seră, posibila pierdere a oxigenului planetar prin despăduriri nechibzuite și otrăvirea planctonului oceanic, precum și pericolul aditivilor toxici din hrană și băuturi. Putem adăuga la acestea un număr de evenimente de natură mai puțin apocaliptică, dar la fel de tulburătoare, precum eradicarea speciilor într-un ritm astronomic, vagabondajul și înfometarea unui procent semnificativ din populația lumii, deteriorarea familiei și criza parentală, dispariția valorilor spirituale, absența speranței și a perspectivei pozitive, pierderea conexiunilor semnificative cu natura și alienarea generală. Ca urmare a tuturor celor de mai sus, omenirea trăiește acum într-o teamă cronică pe marginea catastrofei nucleare și ecologice, deși, pe de altă parte, se află în posesia unor tehnologii fabuloase, aproape științifico-fantastice.

Știința modernă a descoperit mijloace eficiente care ar putea rezolva majoritatea problemelor urgente ale lumii de azi – combaterea majorității bolilor, eliminarea foametei și a sărăciei, reducerea cantității de deșeuri industriale și înlocuirea combustibililor fosili epuizabili cu surse regenerabile de energie curată. Problemele care stau în calea acestor schimbări nu sunt de natură economică sau tehnologică; cauzele lor profunde se află în personalitatea umană. Din pricina lor, inimaginabile resurse au fost irosite în absurditatea cursei înarmărilor, a luptei pentru putere și a urmăririi „creșterii nelimitate". Ele împiedică, în plus, și o distribuire mai adecvată a bogăției între oameni și națiuni, și o reorientare de la preocupările pur economice și politice la priorităților ecologice, care au ajuns de importanță critică pentru supraviețuire.

Rădăcinile psiho-spirituale ale crizei globale

Negocierile diplomatice, măsurile administrative și legale, sancțiunile economice și sociale, intervențiile militare și alte eforturi similare au avut foarte puțin succes; de fapt, au produs mai multe probleme decât au rezolvat. Devine din ce în ce mai clar de ce nu aveau cum să nu eșueze. Strategiile folosite pentru a ușura criza își au rădăcinile în aceeași ideologie care a creat-o. În ultimă instanță, criza globală actuală este o criză psiho-spirituală; ea reflectă însuși nivelul conștiinței speciei umane. Este deci greu de imaginat că ar putea fi rezolvată fără o radicală transformare interioară a omenirii la scară mare, și ridicarea acesteia la un nivel superior de maturitate emoțională și conștiință spirituală.

Sarcina de a imprima omenirii un set complet diferit de valori și obiective ar putea părea nerealistă și utopică pentru a fi o speranță reală. Ținând cont de rolul extrem de important al violenței și lăcomiei în istorie, posibilitatea transformării omenirii moderne într-o specie de indivizi capabili să coexiste în mod pașnic, indiferent de rasă, culoare și convingeri religioase sau politice, fără să mai vorbim despre celelalte specii, nu pare foarte plauzibilă. Ne confruntăm cu necesitatea de a promova valori etice profunde, sensibilitate față de nevoile altora, acceptarea voluntară a simplității și a conștiinței acute a imperativelor ecologice. La prima vedere, o asemenea sarcină pare prea mult chiar și pentru un film SF.

Oricât de gravă și de critică ar fi, situația nu poate fi atât de disperată pe cât pare. După mai bine de patruzeci de ani de studiu intens al stărilor holotropice de conștiință am ajuns la concluzia că abordările practice și conceptele teoretice dezvoltate de psihologia transpersonală, o disciplină care încearcă să integreze spiritualitatea în noua paradigmă a științei occidentale, poate ajuta la reducerea crizei globale. Aceste observații sugerează că o transformare psiho-spirituală radicală nu este numai posibilă, ci și pe cale să se producă. Întrebarea este dacă se va produce suficient de repede și la o scară suficient de mare pentru a inversa tendința autodistructivă actuală.

Cele trei otrăvuri ale budismului tibetan

Să analizăm informațiile teoretice furnizate de cercetarea stărilor holotropice și implicațiile lor practice pentru viața noastră. Pot fi folosite noile cunoștințe într-un mod care să ne facă viața mai plăcută și mai împlinită? Cum poate autoexplorarea sistematică cu ajutorul stărilor holotropice să ne amelioreze calitatea vieții emoționale și fizice și să producă o transformare pozitivă a personalității și schimbări benefice ale perspectivei asupra lumii și a sistemului de valori? Și, mai concret, cum poate contribui această strategie la reducerea crizei globale și la supraviețuirea vieții pe planetă?

Maeștrii spirituali din toate timpurile par a fi de acord că numai urmărirea obiectivelor materiale nu poate să aducă împlinire, fericire și pace interioară. Criza globală care se amplifică rapid, deteriorarea morală și nemulțumirea crescândă care însoțesc creșterea bogăției materiale în societățile industriale sunt martori ai acestui vechi adevăr. În literatura mistică pare să existe un acord general că remediul pentru răul existențial de care suferă omenirea este întoarcerea către interior, căutarea răspunsurilor în propriul nostru psihic și parcurgerea unei profunde transformări psiho-spirituale.

Nu este greu de înțeles că inteligența este o cerință importantă a unei vieți de succes – capacitatea de a învăța și a-ți aminti, de a gândi și construi raționamente și a reacționa adecvat la mediul material. Cercetări mai recente au evidențiat importanța inteligenței emoționale, capacitatea de a reacționa adecvat la mediul uman și de a gestiona cu abilitate relațiile interpersonale (Goleman, 1996). Observațiile rezultate din studiul stărilor holotropice confirmă principiul de bază al filozofiei perene, conform căruia calitatea vieții depinde, în ultimă instanță, de ceea ce poate fi numit „inteligență spirituală".

Inteligența spirituală este capacitatea de a conduce viața astfel încât aceasta să reflecte o înțelegere filozofică și metafizică profundă a noastră și a realității. Se pun desigur întrebări legate de natura transformării psiho-spirituale necesare pentru a ajunge la această formă de inteligență, de schimbările prin care trebuie să trecem și mijloacele care pot facilita o asemenea dezvoltare. Un răspuns foarte clar și concret poate fi găsit în diferitele școli de budism mahayana.

Putem folosi ca punct de plecare pentru discuția noastră o celebră pictură murală tibetană (*thangka*) care arată cercul vieții, moartea și reîncarnarea. Se vede Roata Vieții prinsă în strânsoarea cumplitului Zeu al Morții. Roata e împărțită în șase segmente reprezentând diferitele *lokas* sau lumi în care ne putem naște din nou. Lumea celestă a zeilor (*devas*) este atacată dinspre segmentul alăturat de zeități războinice geloase sau *asuras*. Regiunea fantomelor înfometate este locuită de *pretas*, creaturi demne de milă reprezentând lăcomia insațiabilă. Ele au burți gigantice, apetituri enorme și guri de mărimea unei urechi de ac. Celelalte sectoare ale roții descriu lumea ființelor umane, iadul și lumea animalelor sălbatice. În interiorul roții se află două cercuri concentrice. Cel extern arată două drumuri, unul ascendent și unul descendent, de-a lungul cărora călătoresc sufletele. Cercul interior conține trei animale – un porc, un șarpe și un cocoș.

Animalele din centrul roții reprezintă „trei otrăvuri" sau forțe care, conform învățăturilor budiste, perpetuează ciclul nașterii și morții și sunt responsabile de toată suferința noastră. Porcul simbolizează *ignorarea* naturii realității și a propriei naturi, șarpele reprezintă *furia* și *agresivitatea*, iar cocoșul, *dorința* și *pofta* care duc la dependență de lucruri. Calitatea vieții și capacitatea de a face față provocărilor ei depind în mod primejdios de măsura în care suntem capabili să eliminăm sau să transformăm forțele care conduc lumea ființelor vii. Să examinăm din această perspectivă tot procesul autoexplorării sistematice prin intermediul stărilor holotropice de conștiință.

Cunoștințe practice și înțelepciune transcendentală

Cel mai evident beneficiu pe care îl putem obține din lucrul experiențial profund este accesul la informații extraordinare despre noi înșine, alte persoane, natură și Cosmos. În stările holotropice, putem ajunge la o înțelegere profundă a dinamicii inconștiente a psihicului nostru. Putem descoperi cum ne este influențată percepția despre noi și despre lume de către amintirile reprimate din copilărie, de la naștere și din viața prenatală. În plus, în experiențele transpersonale ne putem identifica cu alte persoane, cu diferite animale, plante și elemente ale lumii anorganice. Astfel de experiențe reprezintă o sursă extrem de bogată de intuiții unice despre lumea în care trăim și ne pot transforma radical perspectiva asupra ei.

În ultimii ani, mulți autori au arătat că un factor semnificativ în evoluția crizei globale a fost paradigma newtoniano-carteziană și materialismul monist care au dominat știința occidentală în ultimele trei secole. Aceste moduri de a gând implică o dihotomie acută între minte și natură și prezintă Universul ca pe o gigantică supermașină, perfect deterministă, guvernată de legi mecaniciste. Imaginea Cosmosului ca sistem mecanic a dus la credința eronată că el poate fi înțeles adecvat prin secționare și studiere separată a fiecăreia dintre părțile lui. Această idee a fost un obstacol serios în abordarea problemelor din punctul de vedere al complexelor interacțiuni existente, de fapt, în Univers, și al unei perspective holiste.

În plus, ridicând materia la rangul de principiu suprem al Cosmosului, știința occidentală consideră viața, conștiința și inteligența produse secundare accidentale. În acest context, oamenii par a nu fi altceva decât niște animale foarte evoluate. Ceea ce duce la acceptarea antagonismelor, a competiției și a ideii darwiniste de „supraviețuire a celui mai adaptat" ca principii de conducere a societății umane. În plus, descrierea naturii ca inconștientă a oferit o justificare pentru exploatarea ei de către om, conform programului foarte elocvent formulat de Francis Bacon (Bacon, 1870).

Psihanaliza a descris un tablou pesimist al omului ca ființă ale cărei principale motivații sunt instinctele animalice. În opinia lui Freud, dacă nu ne-am teme de repercusiunile sociale și nu am fi controlați de supraeu (interdicțiile și injoncțiunile[1] parentale interiorizate), am omorî și fura fără rețineri, am comite incesturi și am trăi într-o promiscuitate sexuală fără limite (Freud, 1961). Această imagine a naturii umane împinge concepte de tipul complementarității, sinergiei, respectului mutual și cooperării pașnice în domeniul strategiilor temporare oportuniste sau al fanteziilor utopice naive. Nu este greu de înțeles cum au contribuit aceste concepte și sistemul de valori asociat lor la crearea crizei cu care ne confruntăm.

Intuițiile din stările holotropice oferă un suport convingător pentru o înțelegere radical diferită a Cosmosului, naturii și ființelor umane. Ele au adus confirmarea experiențială a conceptelor formulate de pionierii teoriei informației și sistemelor, care au arătat că planeta noastră și întregul Cosmos reprezintă o rețea unificată și interconectată în care fiecare dintre noi este parte integrantă (Bateson, 1979; Capra, 1996). În stările holotropice, putem obține o cantitate considerabilă de informații ce pot fi folositoare în viața de fiecare zi. Cu toate acestea, ignoranța simbolizată de porc în thangkaurile tibetane nu este absența sau lipsa de cunoștințe în sens obișnuit. Nu înseamnă pur și simplu informații inadecvate despre diferite aspecte ale lumii materiale, ci ignoranță la un nivel mai profund.

Forma de ignoranță descrisă aici (*avidya*) este o fundamentală neînțelegere și confuzie legată de natura realității și de propria noastră natură. Singurul remediu pentru acest tip de ignoranță este înțelepciunea transcendentală (*prajña paramita*). Din acest punct de vedere, este esențial ca lucrul interior cu stările holotropice să ofere mai mult decât o creștere, aprofundare și corectare a informațiilor pe care le deținem despre universul material. Ea e și un mod unic de a dobândi informații și o înțelegere intuitivă a problemelor de importanță transcendentală, așa cum am văzut de-a lungul acestei cărți.

În lumina acestor dovezi, conștiința nu este un produs al proceselor fiziologice din creier, ci un atribut primar al existenței. Natura profundă a omenirii nu este animalică, ci divină. Universul este

---

[1] Injoncțiune – imperativ care exprimă o regulă de viață. (n.t.)

saturat de inteligență creatoare și conștiința este inextricabil inclusă în această țesătură. Identificarea noastră cu eul-corp separat este o iluzie iar adevărata noastră identitate este totalitatea existenței. O astfel de înțelegere oferă o bază naturală respectului pentru viață, cooperare și sinergie, preocupărilor pentru soarta omenirii și planetei ca întreg și o profundă conștiință ecologică.

Anatomia distructivității umane

Să examinăm acum, din aceeași perspectivă, a doua „otravă", înclinația omului spre agresivitate. Cercetările moderne asupra comportamentului agresiv au început cu descoperirile epocale ale lui Charles Darwin, de la mijlocul secolului al XIX-lea, referitoare la evoluție (Darwin, 1952). Încercările de a explica agresivitatea umană plecând de la originea noastră animală au generat concepte teoretice, precum cele prezentate de Desmond Morris în imaginea „maimuței goale" (Morris, 1967), ideea lui Robert Ardrey despre „imperativele teritoriale" (Ardrey, 1961), „creierul tripartit" al lui Paul MacLean (MacLean, 1973) și explicațiile socio-biologice ale lui Richard Dawkins care interpreta agresivitatea în termenii strategiilor „genelor egoiste" (Dawkins, 1976). Modele mai complexe de comportament dezvoltate de pionierii etologiei – Konrad Lorenz, Nikolaas Tinbergen și alții – au completat accentul mecanic pus pe instincte prin studiul elementelor rituale și motivaționale (Lorenz, 1963; Tinbergen, 1965).

Orice teorie ce sugerează că înclinația umană către violență reflectă pur și simplu originea noastră animală este inadecvată și neconvingătoare. Cu rare excepții, precum raidurile ocazionale de violență în grup ale cimpanzeilor împotriva propriei specii (Wrangham și Peterson, 1996), animalele devin agresive doar când le este foame, își apără teritoriul sau se luptă pentru femele. Natura și sfera violenței umane – „agresivitatea malignă", cum o numea Erich Fromm – nu are paralelă în regnul animal (Fromm, 1973). Înțelegerea faptului că agresivitatea nu poate fi adecvat explicată ca rezultat al evoluției filogenetice a dus la formularea teoriilor psihodinamice și psihosociale care consideră că o parte semnificativă a agresivității umane o reprezintă fenomenele învățate. Tendința a debutat la sfârșitul anilor '30 și a fost inițiată de lucrările lui Dollard și Miller (Dollard și al., 1939).

Surse biografice ale agresivității

Teoriile psihodinamice încearcă să explice agresivitatea specific umană ca reacție la frustrarea, abuzul și lipsa de iubire în copilărie. Totuși, explicațiile de acest gen eșuează lamentabil în cazul formelor extreme de violență individuală, precum crimele în serie ale strangulatorului din Boston și ale lui Geoffrey Dahmer sau crimele arbitrare de tipul „amocului". Teoriile psihodinamice și psihosociale actuale sunt chiar mai puțin convingătoare când vine vorba despre acte de violență extremă comise de grupuri întregi de oameni, precum uciderea lui Sharon Tate, sau atrocități care au loc în timpul revoltelor din închisori. Ele eșuează complet când e vorba despre fenomene sociale de masă precum nazismul, comunismul, războaiele sângeroase, revoluțiile, genocidul și lagărele de concentrare.

În ultimele decenii, cercetările psihedelice și psihoterapiile experiențiale profunde au reușit să arunce mai multă lumină asupra problemei agresivității umane. Aceste lucrări au arătat că rădăcinile acestui aspect problematic și periculos sunt mult mai adânci și mai înspăimântătoare decât și-ar fi imaginat vreodată psihologia tradițională. Totuși, cercetările au dus și la descoperirea unor abordări extrem de eficiente, care au potențialul de a neutraliza și transforma elementele violente din personalitatea umană. În plus, aceste observații indică faptul că agresivitatea malignă nu reflectă adevărata natură umană. Ea e legată de un domeniu al dinamicii inconștiente care ne separă de identitatea noastră profundă. Când cercetăm lumile transpersonale din spatele acestui ecran, ne dăm seama că adevărata noastră natură este divină, și nu animalică.

Rădăcinile perinatale ale violenței

Nu există nicio îndoială că „agresivitatea malignă" este conectată cu traume și frustrări din copilărie și pruncie. Totuși, cercetarea modernă a conștiinței a scos la lumină și rădăcini suplimentare importante ale violenței din străfundurile psihicului, care se află dincolo de sfera biografiei postnatale și sunt legate de trauma nașterii biologice. Pericolul vital, durerea și sufocarea trăite mai multe ore în timpul nașterii biologice generează cantități enorme de anxietate și agresivitate criminală care rămân stocate în organism. Așa cum am văzut mai devreme, retrăirea nașterii în diferite forme de psihoterapie experiențială implică nu numai reluarea concretă a emoțiilor și senzațiilor inițiale, ci este de obicei asociată cu o varietate de experiențe din inconștientul colectiv care descriu scene de violență inimaginabilă. Printre acestea se numără adesea secvențe care descriu războaie, revoluții, conflicte rasiale, lagăre de concentrare, totalitarism și genocid.

Apariția spontană a acestei imagerii în timpul retrăirii nașterii este deseori asociată cu intuiții convingătoare referitoare la originile perinatale ale unor asemenea forme extreme de violență. Desigur, războaiele și revoluțiile sunt fenomene extrem de complexe, care au dimensiuni istorice, economice, politice, religioase etc. Intenția noastră nu este de a oferi o explicație reducționistă care să le înlocuiască pe toate celelalte, ci una care să adauge noi informații despre dimensiunile psihologice și spirituale ale acestor forme de psihopatologie socială neglijate sau tratate superficial de către teoriile mai vechi.

Imaginile evenimentelor sociopolitice violente care însoțesc retrăirea nașterii biologice tind să apară în strânsă legătură cu stadiile succesive ale nașterii și dinamica matricelor perinatale fundamentale (MPF). În timpul retrăirii episoadelor existenței intrauterine neperturbate (MPF 1), întâlnim de obicei imagini ale unor societăți umane cu o structură socială ideală, ale unor culturi care trăiesc în completă armonie cu natura sau ale unor societăți utopice în care toate conflictele importante au fost rezolvate. Amintirile intrauterine chinuitoare – de exemplu, sarcina toxică, pericolul de avort sau tentativa de avort – sunt însoțite de imagini ale unor grupuri umane care trăiesc în zone industriale unde natura e poluată și murdărită sau ale unor societăți cu o ordine socială deficitară și o paranoia generalizată.

Experiențele regresive legate de primul stadiu clinic al nașterii (MPF II), în timpul căruia uterul se contractă periodic, dar cervixul nu este încă deschis, prezintă un tablou diametral diferit. Ele descriu societăți totalitare opresive și abuzive, cu granițe închise, care își victimizează populațiile și „sufocă" libertatea personală, precum Rusia țaristă sau comunistă, Al Treilea Reich hitlerist, dictaturile sud-americane și apartheidul african, ori aduc imagini concrete ale prizonierilor din lagărele de concentrare naziste și gulagul stalinist. În timp ce trăim aceste scene de iad, ne identificăm exclusiv cu victimele și simțim o compasiune profundă pentru cei călcați în picioare și oprimați.

Experiențele care însoțesc retrăirea celei de-a doua etape clinice a nașterii (MPF III), când cervixul este dilatat și contracțiile continue înping fătul prin deschiderea îngustă a canalului nașterii, prezintă o panoplie bogată de scene violente – războaie și revoluții sângeroase, măceluri umane sau animale, mutilări, abuzuri sexuale și crime. Scenele conțin deseori elemente demonice și motive scatologice respingătoare. Printre elementele suplimentare care însoțesc frecvent MPF III se numără și viziunile unor orașe în flăcări, lansări de rachete și explozii ale bombelor nucleare. Aici nu mai suntem limitați la rolul de victimă, ci putem avea toate cele trei roluri – victimă, agresor și observator implicat emoțional.

Evenimentele ce caracterizează al treilea stadiu al nașterii (MPF IV), momentul venirii pe lume și al separării de mamă, sunt tipic asociate cu imagini ale victoriei în războaie și revoluții, eliberări de prizonieri și succese ale eforturilor colective, precum mișcările patriotice sau naționaliste. În acest punct, putem trăi și viziuni ale sărbătoririlor triumfale sau parade ale reconstrucției entuziaste de după războaie.

În 1975, am descris aceste observații legând revoltele sociopolitice de stadii biologice ale nașterii, în *Realms of the Human Unconscious* (Grof, 1975). La scurt timp de la publicare, am primit o scrisoare de la Lloyd de Mause, un psihanalist și jurnalist newyorkez. De Mause este unul dintre fondatorii psihoistoriei, o disciplină care aplică descoperirile psihologiei abisale la istorie și știința politică. Psihoistoricii studiază probleme precum relația dintre copilăria liderilor politici și sistemul lor de valori și procesul de decizie sau influența practicilor de creștere a copiilor asupra naturii revoluțiilor din perioada istorică respectivă. Lloyd de Mause era foarte interesat de descoperirile mele cu privire la trauma nașterii și posibilele ei implicații sociopolitice, deoarece ele reprezentau un suport independent pentru propriile lui cercetări.

De o vreme, de Mause studia aspectele psihologice ale perioadelor care precedau războaiele și revoluțiile. Era interesat de modul cum liderii militari reușeau să mobilizeze masele de civili pașnici și să le transforme practic peste noapte, în mașini de ucis. Abordarea sa era foarte originală și creatoare. Pe lângă analiza surselor istorice tradiționale, el a extras date de mare importanță psihologică din caricaturi, bancuri, vise și imageria personală, erori verbale accidentale, comentarii ale vorbitorilor și chiar desene și mâzgălituri pe marginea schițelor de documente politice. În momentul în care m-a contactat, analizase deja în acest fel 17 situații care au precedat izbucnirea unor războaie și răscoale, pe parcursul mai multor secole, din antichitate până în epoca modernă (de Mause, 1975).

El a fost uimit de extraordinara abundență a figurilor de stil, metaforelor și imaginilor legate de nașterea biologică pe care le găsise în acest material. Liderii militari și politicienii din toate timpurile care descriau o situație critică sau declarau război foloseau de obicei termeni care exprimau și suferința perinatală. Ei acuzau dușmanul de „sufocarea" sau „strangularea" poporului lor, de „stoarcerea ultimei suflări" sau „constrângere", nelăsând suficient spațiu pentru a trăi („Lebensraum – spațiul vital" la Hitler).

La fel de frecvente erau aluziile la peșteri întunecate, tuneluri și labirinturi încâlcite, abisuri periculoase și amenințarea înghițirii de nisipurile mișcătoare înșelătoare sau de un vârtej amenințător. Similar, oferta de rezolvare a crizei apare tot sub forma imaginilor perinatale. Liderul promite să își salveze națiunea „dintr-un labirint periculos", să o conducă către „lumina de la celălalt capăt al tunelului" și să creeze o situație în care agresorul periculos, opresorul, să fie învins și toată lumea să poată „respira din nou liberă".

Exemplele istorice ale lui Lloyd de Mause includeau atunci personaje celebre, ca Alexandru cel Mare, Napoleon, Samuel Adams, Împăratul Wilhelm al II-lea, Hitler, Hrusciov și Kennedy. Vorbind despre Revoluția Americană, Samuel Adams s-a referit la „copilul independenței care luptă să se nască". În 1914, Împăratul Wilhelm a afirmat că „monarhia a fost strânsă de gât și forțată să aleagă între a se lăsa strangulată și a săpa un ultim tranșeu de apărare".

În timpul crizei cubaneze, Hrusciov i-a scris lui Kennedy, stăruind ca cele două națiuni să nu „ajungă să se confrunte, asemenea unor cârtițe oarbe care se luptă pe viață și pe moarte într-un tunel". Și mai explicit a fost mesajul codificat folosit de ambasadorul japonez Kurusu când a sunat la Tokio pentru a anunța că negocierile cu Roosevelt eșuaseră și că se putea începe bombardarea la Pearl Harbor. El a anunțat că „nașterea copilului era iminentă" și a întrebat care era situația în Japonia: „Copilul dă semne că se va naște?" Răspunsul a fost: „Da, nașterea copilului pare iminentă." Interesant este că sistemul de spionaj american care intercepta convorbirile a recunoscut codul: „naștere" înseamnă „război".

Deosebit de înspăimântătoare a fost folosirea limbajului perinatal în legătură cu explozia bombei atomice de la Hiroshima. Avionul a primit numele mamei pilotului, Enola Gay, bomba atomică transportată de avion avea scrisă pe ea porecla „Băiețelul" și mesajul care urma să fie trimis de la Washington pentru a semnala detonarea cu succes era „Copilul sa născut". Nu ar fi exagerat să vedem tot imaginea unui copil și în spatele poreclei bombei de la Nagasaki, „Grăsanul". După corespondența dintre noi, Lloyd de Mause a adunat multe alte exemple istorice și și-a perfecționat teza conform căreia amintirea traumei nașterii joacă un rol important ca sursă motivațională pentru o activitate socială violentă.

Problemele legate de războiul nuclear au o importanță atât de mare, încât aș dori să vorbesc mai mult despre ele folosind material dintr-o lucrare fascinantă scrisă de Carol Cohn, *Sex and Death in the Rational World of the Defense Intellectuals* (Cohn, 1987). Intelectualii de la Apărare, despre care e vorba în titlul lucrării, sunt civili care intră și ies din guvern, lucrează uneori ca oficialități administrative ori simpli consultanți, iar alteori fac parte din staff-ul unor universități, centre de învățământ sau de cercetare. Ei sunt cei care creează teoria ce informează și legitimizează practica nucleară strategică americană – cum să se abordeze cursa înarmărilor, cum să se întârzie folosirea armelor nucleare, cum să se ducă la nevoie un război nuclear și cum să se explice de ce nu suntem în siguranță fără arme nucleare.

Carol Cohn a participat la un seminar de vară de două săptămâni despre armele nucleare, doctrina nucleară strategică și controlul armat. A fost atât de fascinată de informațiile pe care le-a aflat acolo, încât a petrecut anul următor cufundată în lumea masculină a „intelectualilor de la Apărare" (cu excepția secretarelor). A adunat atunci fapte extrem de interesante care confirmau dimensiunea perinatală a războiului nuclear. Conform terminologiei ei, materialul confirmă importanța motivului „nașterii masculine" și a „creației masculine" ca forțe psihologice de seamă ce stau la baza războiului nuclear. Ea folosește următoarele exemple istorice pentru a-și ilustra punctul de vedere:

În 1942, Ernest Lawrence a trimis o telegramă la Chicago unui grup de fizicieni care creau bomba nucleară: „Felicitări proaspeților părinți. Abia așteptăm să-l vedem pe nou-născut." La Los Alamos, bomba atomică a fost numită „bebelușul lui Oppenheimer". Richard Feynman scria în articolul său „Los Alamos from Below" că, în timp ce se afla într-o permisie după moartea soției sale, a primit o telegramă care spunea: „Copilul este așteptat în ziua de... "

La laboratoarele Lawrence Livermore, bomba cu hidrogen era numită „bebelușul lui Teller", deși cei care au vrut să denigreze contribuția lui Edward Teller au pretins că el nu era tatăl bombei, ci mama. Ei au pretins că Stanislav Ulam era adevăratul tată, avusese toate ideile importante și o „concepuse"; Teller doar o „ajutase să se dezvolte". Termenii legați de maternitate, precum „îngrijire" și alții, au fost folosiți și pentru întreținerea rachetelor.

Generalul Grove a trimis o telegramă codificată triumfătoare secretarului de război Henry Stimson la conferința de la Potsdam, declarând succesul primului test atomic: „Doctorul a revenit foarte entuziast și încrezător că băiețelul este la fel de zdravăn ca și fratele său mai mare. Lumina din ochii lui se poate vedea de aici până la Highhold și țipetele lui s-ar fi putut auzi până la ferma mea." Stimson, la rândul lui, l-a informat pe Churchill scriindu-i o notă care spunea: „Bebelușul a văzut lumina zilei într-o stare satisfăcătoare."

William L. Laurence a fost martorul testării primei bombe atomice și a scris: „Sunetul exploziei a venit cam la 100 de secunde de la apariția luminii orbitoare – primul țipăt al unei lumi noi." Telegrama trimisă de Edward Teller la Los Alamos, care anunța testarea cu succes a bombei cu hidrogen „Mike" în atolul Eniwetok din Insulele Marshall suna astfel: „E băiat." Enola Gay, „Băiețelul" și „Bebelușul nou-născut", simboluri ale bombei de la Hiroshima, și „Grăsanul", simbolizând bomba de la Nagasaki, au fost deja menționate. După Carol Cohn, „cercetătorii de sex masculin au dat naștere unei progenituri cu putere supremă de dominare asupra naturii feminine".

Carol Cohn menționează în lucrarea ei și abundența simbolismului sexual fățiș în limbajul intelectualilor de la Apărare. Natura acestui material, care asociază sexualitatea cu agresivitatea, dominația și scatologia arată o asemănare profundă cu imageria care apare în timpul experienței nașterii (MPF III). Cohn a folosit următoarele exemple: dependența americană de arme nucleare a fost explicată ca irezistibilă, deoarece „arde mai tare la aceiași bani". Explicația unui profesor pentru ținerea rachetelor MX în silozurile cele mai noi: „Doar n-o să luați cea mai frumoasă rachetă pe care o aveți și o s-o băgați într-o gaură băloasă". La un moment dat, a apărut o preocupare serioasă: „Trebuie să ne întărim rachetele, pentru că rușii sunt puțin mai tari ca noi." Un consultant militar al consiliului național de securitate s-a referit la „slobozirea" a 70-80% din megatonaj într-o singură scuipătură orgasmică".

Prelegerile erau pline de termeni ca „lansatoare cu erecție verticală", „raportul frecare/greutate", „punere la orizontală", „penetrare profundă" și avantajele comparative ale „atacurilor prelungite" față de „atacurile spasmodice". Un alt exemplu era obiceiul popular și foarte răspândit de a mângâia rachetele, practicat de vizitatorii submarinelor nucleare, în care Carol Cohn a văzut expresia supremației falice și tendințe homo-erotice. Din această perspectivă, criticii feminiști ai politicilor nucleare sunt îndreptățiți să vorbească despre „invidierea rachetei" și „adorația falică".

Dovezi suplimentare privind rolul central al domeniului perinatal al inconștientului în psihologia războiului pot fi găsite în excelenta carte a lui Sam Keen, *The Faces of the Enemy* (Keen, 1988). Keen a reunit o colecție considerabilă de afișe părtinitoare și denaturate despre război, desene propagandistice și caricaturi din multe țări și perioade istorice. El a demonstrat că felul în care este descris și reprezentat inamicul în timpul unui război sau al unei revoluții este un stereotip, că prezintă numai diferențe minime și că are foarte puține în comun cu caracteristicile reale ale țării și culturii respective.

A împărțit aceste imagini în mai multe categorii arhetipale, în funcție de caracteristicile dominante (Străinul, Agresorul, Adversarul capabil, Dușmanul fără chip, Dușmanul lui Dumnezeu, Barbarul, Lacomul, Criminalul, Torționarul, Violatorul, Moartea). După Keen, imaginile așa-zisului dușman sunt, în esență, proiecții ale aspectelor umbrei reprimate și nerecunoscute din propriul inconștient. Deși găsim în istoria omenirii și cazuri de războaie juste, cei care inițiază activități de război înlocuiesc, de obicei, ținte externe cu elemente din psihicul propriu care ar trebui confruntate corespunzător prin autoexplorare personală.

Cadrul teoretic al lui Sam Keen nu menționează direct domeniul perinatal al inconștientului. Totuși, analiza materialului său imagistic scoate la lumină preponderența imaginilor simbolice caracteristice MPF II și MPF III. Inamicul este de obicei descris ca o caracatiță periculoasă, un dragon diabolic, o hidră cu mai multe capete, un păianjen veninos gigantic sau un leviatan hrăpăreț. Alte simboluri frecvent folosite includ feline sau păsări de pradă feroce, rechini monstruoși și șerpi amenințători, vipere și boa constrictori. Scene care descriu strangularea sau zdrobirea, vârtejurile amenințătoare și nisipuri mișcătoare înșelătoare abundă și ele în timpul războaielor, revoluțiilor și crizelor politice. Juxtapunerea imaginilor din stările holotropice ale conștiinței care descriu experiențe perinatale cu documentația ilustrată strânsă de Lloyd de Mause și Sam Keen reprezintă o dovadă certă a rădăcinilor perinatale ale violenței umane.

Conform noilor informații oferite de cercetarea conștiinței și descoperirile psihoistoriei, purtăm în inconștientul nostru energii și emoții profunde asociate cu trauma nașterii pe care nu le-am stăpânit și nu le-am asimilat încă adecvat. Pentru unii dintre noi, acest aspect al psihicului poate fi complet inconștient, până când ne vom îmbarca într-o autoexplorare profundă folosind psihedelicele sau alte tehnici experiențiale de psihoterapie, precum respirația holotropică sau rebirth. Alții pot avea diferite grade de cunoaștere a emoțiilor și senzațiilor fizice stocate la nivelul perinatal al inconștientului.

Așa cum am văzut într-un capitol anterior, activarea materialului poate duce la apariția unei psihopatologii individuale grave, inclusiv a violenței nemotivate. Se pare că, din motive necunoscute, sesizarea elementelor perinatale se poate intensifica simultan la un număr mare de persoane. Aceasta creează o atmosferă de tensiune generală, anxietate și anticipare. Liderul este o persoană aflată sub o influență mai puternică a energiilor perinatale decât un om obișnuit. El are și capacitatea de a-și repudia propriile sentimente inacceptabile (umbra, în terminologia lui Jung) și de a le proiecta într-o situație externă. Disconfortul colectiv devine astfel vina dușmanului, iar soluția oferită este o intervenție militară.

Războiul oferă o ocazie de a depăși proiecțiile psihologice care țin de obicei sub control tendințele perinatale. Supraeul lui Freud, forță psihologică ce impune un comportament reținut și civilizat, este înlocuit de „supraeul războinic". Primim laude și medalii pentru crime, distrugeri și jafuri fără discriminare, comportamente care, în timp de pace, ar fi inacceptabile și ne-ar duce la închisoare. Similar, violența sexuală a fost o practică frecventă în timpul războaielor și a fost în general tolerată. De fapt, conducătorii militari au promis adesea soldaților acces nelimitat la femeile din teritoriile cucerite pentru a-i motiva să lupte.

După ce izbucnește războiul, impulsurile perinatale distructive și autodistructive sunt transpuse în fapt fără constrângeri. Temele pe care le întâlnim în mod normal într-o anumită etapă a procesului explorării și transformării interioare (MPF II și III) devin acum părți din însăși viața noastră de fiecare zi, fie direct, fie sub forma știrilor televizate. Diferite situații fără ieșire, orgii sado-masochiste, violențe sexuale, comportamente bestiale și demonice, care dezlănțuie enorme energii explozive și scatologice ce țin de imageria perinatală standard, sunt transpuse în fapt în războaie și revoluții cu o putere și o claritate extraordinare.

Simplul fapt de a fi martori la scene de distrugere și aplicare a unor impulsuri violente inconștiente, indiferent dacă se produce la scară individuală sau colectivă, nu conduce la vindecare și transformare cum s-ar întâmpla în cazul unei confruntări interioare cu aceste elemente într-un context terapeutic. Experiența nu este generată de inconștientul nostru, e lipsită de elementul introspecției profunde și nu duce la înțelegeri intuitive. Situația este total exteriorizată și conexiunea cu dinamicile profunde ale psihicului lipsește. Și, firesc, nu există nici vreo intenție terapeutică de schimbare și transformare. Astfel, obiectivul aflat la baza fanteziei nașterii, care reprezintă forța profund motivatoare a unor evenimente atât de violente nu este atins, chiar dacă războiul sau revoluția s-a încheiat cu succes. Victoria externă cea mai triumfătoare nu aduce ceea ce s-a așteptat și sperat – un sentiment interior de eliberare emoțională și renaștere psiho-spirituală.

După sentimentele inițiale îmbătătoare de triumf urmează, mai întâi, o trezire la realitate și ulterior o dezamăgire profundă. De obicei, nu durează mult și începe să apară o copie a fostului sistem represiv pe ruinele vechiului vis, deoarece aceleași forțe inconștiente continuă să opereze în inconștientul profund al tuturor persoanelor implicate. Aceasta pare să se repete la infinit în istoria omenirii, indiferent dacă evenimentul este revoluția franceză, revoluția bolșevică din Rusia, revoluția comunistă din China sau orice altă revoluție violentă asociată cu mari speranțe și așteptări.

Întrucât am făcut atâția ani terapie experiențială în Praga, pe vremea când Cehoslovacia avea un regim marxist, am reușit să adun un material fascinant despre dinamicile psihologice ale comunismului. Problemele legate de ideologia comunistă apăreau, de obicei, în tratamentul pacienților mei în momentul în care se luptau cu energii și emoții perinatale. Curând, a devenit evident că ura pe care revoluționarii au simțit-o față de opresori și regim este întărită de revolta împotriva închisorii interioare a amintirilor perinatale. Și, reciproc, nevoia de a forța și domina pe alții este o deplasare în exterior a nevoii de a depăși teama de a fi copleșit de inconștientul propriu. Implicarea criminală a agresorului și revoluționarului e astfel o replică exteriorizată a situației trăite în canalul nașterii.

Viziunea comunistă conține un element de adevăr psihologic care o face atrăgătoare pentru mase mari de oameni. Ideea fundamentală că o experiență violentă de natură revoluționară este necesară pentru a pune capăt suferinței și opresiunii și pentru a institui o stare de armonie e corectă atunci când e înțeleasă doar ca un proces de transformare interioară. Totuși, este periculos de falsă când e proiectată asupra lumii exterioare, ca ideologie politică a revoluțiilor violente. Eroarea rezidă în faptul că ceea ce la un nivel mai profund este un desen arhetipal al morții spirituale și al renașterii ia acum forma unui program ateist și antispiritual.

Revoluțiile comuniste au avut un succes imens în faza lor distructivă, dar, în locul armoniei și fraternității promise, au dus la regimuri în care oprimarea, cruzimea și nedreptatea aveau supremația. Astăzi, când Uniunea Sovietică ruinată economic și coruptă politic s-a prăbușit, iar lumea comunistă s-a destrămat, este evident pentru toți cei cu o judecată sănătoasă că giganticul experiment istoric realizat cu prețul a milioane de vieți și inimaginabile suferințe a fost un colosal eșec. Dacă observațiile de mai sus sunt corecte, nicio intervenție externă nu are vreo șansă de a crea o lume mai bună, decât dacă este asociată cu o profundă transformare a conștiinței umane.

Observațiile din cercetarea modernă a conștiinței fac lumină în psihologia lagărelor de concentrare. De mai mulți ani, profesorul Bastians din Leiden, Olanda, face terapie LSD cu persoanele care suferă de „sindromul lagărului de concentrare", o tulburare ce se dezvoltă la foștii prizonieri ai lagărelor după mulți ani de la încarcerare. Bastians a lucrat și cu foști directori de lagăre în problema culpabilității lor profunde. O descriere artistică a acestor eforturi poate fi găsită în cartea *Shivitti* scrisă de un fost prizonier, Ka-Tzetnik 135633, care a făcut o serie de ședințe terapeutice cu Bastians (Ka-Tzetnik 135633, 1989).

Bastians a scris și el o lucrare în care își descrie practica, *Man in the Concentration Camp and Concentration Camp in Man*. Aici subliniază, fără să intre în detalii, că lagărele de concentrare sunt o proiecție a unui anumit domeniu din inconștientul omenesc: „Înainte să fi fost un om într-un lagăr de concentrare, a fost un lagăr de concentrare în om" (Bastians, 1955). Cercetarea stărilor holotropice de conștiință face posibilă identificarea acelui domeniu al psihicului despre care vorbea Bastians. Analiza atentă a condițiilor generale și specifice din lagărele de concentrare naziste arată că acestea sunt de fapt transpuneri diabolice și realiste ale atmosferei de coșmar caracteristică retrăirii nașterii biologice.

Barierele cu sârmă ghimpată, gardurile cu înaltă tensiune, turnurile de gardă cu mitraliere, câmpurile minate și haitele de câini dresați au creat categoric o imagine diabolică și aproape arhetipală a completei lipse de speranță și a opresivei situații fără de ieșire atât de caracteristică primului stadiu al nașterii (MPF II). În același timp, elementele de violență, bestialitate, scatologie și abuz sexual față de femei și bărbați, inclusiv violurile și practicile sadice, toate aparțin fenomenologiei celui de-al doilea stadiu al nașterii (MPF III), familiare persoanelor care și-au retrăit nașterea.

În lagărele de concentrare, abuzul sexual a existat la un nivel aleatoriu individual, ca și în contextul „caselor de păpuși", instituții ce ofereau „distracții" pentru ofițeri. Singura scăpare din acest iad era moartea – de glonț, foame, boli sau prin sufocare, în camerele de gazare. Cărțile scrise de Ka-Tzetnik 135633, *House of Dolls* și *Sunrise Over Hell* (Ka-Tzetnik, 1955 și 1977), oferă o zguduitoare descriere a vieții în lagărele de concentrare.

Bestialitatea SS-ului părea să se concentreze mai ales asupra femeilor însărcinate și copiilor, ceea ce reprezintă o dovadă în plus în favoarea ipotezei perinatale. Cel mai intens pasaj din cartea lui Terence des Près, *The Survivor*, este, fără îndoială, o scenă în care femeile însărcinate sunt bătute cu bâte și bice, sfâșiate de câini, trase de păr, lovite în stomac și apoi aruncate de vii în crematorii (des Près, 1976).

Natura perinatală a impulsurilor iraționale care s-au manifestat în lagăre este evidentă și în comportamentul scatologic al conducătorilor de lagăr. Aruncarea castroanelor pentru mâncare în latrine și forțarea deținuților să le recupereze sau să urineze unul în gura altuia erau practici care, în afara bestialității lor, aduceau și pericolul epidemiilor. Dacă lagărele de concentrare ar fi fost pur și simplu instituții ce ofereau izolarea dușmanilor politici și o forță de muncă ieftină, menținerea regulilor de igienă ar fi fost o preocupare principală pentru organizatori, cum se întâmplă în orice instituție care găzduiește mase mari de oameni. Numai la Buchenwald însă, în urma acestor practici perverse, douăzeci și șapte de deținuți s-au înecat în latrine într-o singură lună.

Intensitatea, profunzimea și natura convingătoare a tuturor experiențelor de violență colectivă asociate cu procesul perinatal sugerează că ele nu sunt construcții individuale din surse precum cărțile de aventuri, filme și emisiuni TV, ci își au originea în inconștientul colectiv. Când autoexplorarea experiențială ajunge la amintirea traumei nașterii, ne conectăm cu o uriașă masă de amintiri dureroase ale speciei umane și dobândim acces la experiențele altora care s-au aflat cândva într-o situație similară. Nu e greu de imaginat că nivelul perinatal al inconștientului, care „cunoaște" atât de intim istoria violenței umane este, în realitate, parțial responsabil de războaie, revoluții și atrocități similare.

Intensitatea și cantitatea experiențelor perinatale care descriu diferite brutalități din istorie este într-adevăr uimitoare. După ce a analizat cu grijă diferite aspecte ale acestui fenomen, Christopher Bache a ajuns la o concluzie interesantă. El a sugerat că amintirile violențelor din istoria omenirii au contaminat inconștientul colectiv în același fel în care traumele din copilărie au poluat inconștientul individual. După Bache, este posibil ca atunci când începem să trăim amintirile colective, procesul nostru interior să depășească granițele terapiei personale și să participăm la vindecarea câmpului conștiinței speciei (Bache, 1999).

Rolul traumei nașterii ca sursă de violență și tendințe autodistructive a fost confirmat de cercetările clinice. De exemplu, pare să existe o importantă corelație între nașterea dificilă și criminalitate. În mod similar, agresivitatea îndreptată spre interior, mai ales sinuciderea, pare să fie legată psihogenetic de o naștere dificilă. Conform unui articol publicat în ziarul britanic *Lancet*, resuscitarea la naștere duce la un risc mai mare de sinucidere după pubertate. Cercetătorul scandinav Bertil Jacobson a descoperit o strânsă corelație între această formă de comportament autodistructiv și natura nașterii. Sinuciderea prin asfixiere era asociată cu sufocarea la naștere, sinuciderile violente, cu trauma mecanică la naștere, și dependența de droguri ce duce la sinucidere, cu anestezierea din timpul travaliului (Jacobsen și al., 1987).

Circumstanțele nașteri joacă un rol important în crearea unei predispoziții spre violență și tendințe autodistructive ori, dimpotrivă, la un comportament iubitor și relații interpersonale sănătoase. Obstetricianul francez Michel Odent a arătat cum hormonii implicați în procesul nașterii și alăptării și comportamentul matern participă la imprimarea acestei tendințe. Catecolaminele (adrenalina și noradrenalina) au jucat un important rol în evoluție ca mediatori ai instinctului agresiv/protector al mamei pe vremea când nașterea se producea în medii naturale neprotejate. Ocitocina, prolactina și endorfinele sunt cunoscute pentru inducerea instinctului matern la animale și susținerea dependenței și atașamentului. Mediul agitat, zgomotos și haotic din multe spitale induce anxietate, angajarea inutilă a sistemului adrenergic și imprimă în memorie imaginea unei lumi potențial periculoase care necesită reacții agresive. Aceasta interferează cu hormonii ce mediază amprentarea interpersonală pozitivă. De aceea, este esențial să oferim pentru naștere un mediu liniștit, intim și sigur (Odent, 1995).

Originile transpersonale ale violenței

Cele de mai sus arată că un cadru conceptual limitat la biografia postnatală și inconștient nu are cum explica adecvat formele extreme de agresivitate umană la nivel individual sau la scară colectivă, întrucât se pare că rădăcinile violenței se găsesc mult mai adânc decât nivelul perinatal. Cercetarea conștiinței a indicat importante surse suplimentare ale agresivității din domeniul transpersonal, precum figurile arhetipale de demoni și zeități înfiorătoare, complexe teme mitologice distructive și amintiri din viețile anterioare despre abuzuri fizice și emoționale.

C.G. Jung credea că arhetipurile inconștientului colectiv au o puternică influență nu numai asupra comportamentului individului, ci și asupra evenimentelor din istoria umană. Din acest punct de vedere, întregi națiuni și grupuri culturale pot transpune în act, prin comportamentul lor, importante teme mitologice. În deceniul care a precedat izbucnirii celui de-al doilea război mondial, Jung a descoperit în visele pacienților săi germani multe elemente din mitul nordic al lui Ragnarok sau amurgul zeilor. Pe baza acestor observații, el a tras concluzia că arhetipul apărea în psihicul colectiv al națiunii germane și că avea să ducă la o catastrofă majoră, care s-a dovedit în ultimă instanță autodistructivă.

În multe cazuri, liderii unor națiuni folosesc în mod expres nu numai imagini perinatale, ci și imagini arhetipale și simbolism spiritual pentru a-și atinge scopurile politice. Cruciaților medievali li se cerea să-și sacrifice viața pentru Isus într-un război ce avea să recupereze pământul sfânt de la mahomedani. Adolf Hitler a exploatat motive mitologice ale supremației rasei nordice și ale imperiului ei milenar, ca și vechile simboluri vedice – svastica și vulturul solar. Aiatolahul Khomeini și Saddam Hussein au ațâțat imaginația adepților lor musulmani făcând referire la *jihad*, războiul sfânt împotriva necredincioșilor.

Carol Cohn a discutat în articolul ei nu numai simbolismul perinatal, ci și simbolismul spiritual asociat cu limbajul armelor și doctrinei nucleare. Autorii doctrinei strategice se referă la membrii comunității lor ca la o „preoțime nucleară". Primul test atomic a fost numit Treimea – unitatea Tatălui, Fiului și Sfântului Duh, forțele masculine ale creației. Din perspectiva ei feminină, Cohn a considerat acest lucru ca fiind un efort al cercetătorilor de sex masculin de a-și apropria și revendica cea mai importantă putere creatoare (Cohn, 1987). Oamenii de știință care au lucrat la bomba atomică și au fost martorii testului l-au descris astfel: „Era ca și cum am fi fost prezenți în prima zi a creației." Iar Robert Oppenheimer și-a amintit cuvintele adresate de Krishna lui Arjuna în *Bhagavad Gita*: „Eu sunt și devin Moartea, Distrugătorul Lumilor."

Determinanții biografici ai lăcomiei insațiabile

Ajungem astfel la cea de-a treia otravă din budismul tibetan, o puternică forță psiho-spirituală care combină pofta, dorința și lăcomia insațiabilă. Împreună cu „agresivitatea malignă", aceste vicii sunt categoric responsabile de unele dintre cele mai întunecate capitole din istoria omenirii. Psihologii occidentali leagă diferite aspecte ale acestei forțe de pulsiunile libidinale descrise de Sigmund Freud. Interpretarea psihanalitică a nevoii insațiabile a ființei omenești de a realiza, poseda și deveni mai mult decât ceea ce este atribuie această forță psihologică sublimării instinctelor inferioare.

După Freud, „ceea ce pare...un impuls neobosit către o viitoare perfecțiune poate fi ușor înțeles ca rezultat al reprimării instinctuale pe care se bazează tot ce este mai prețios în civilizația umană. Instinctul reprimat nu încetează să se zbată pentru completa sa satisfacere, care ar consta în repetarea experienței primare a satisfacerii. Nici o formațiune substitutivă sau reacțională și nici o sublimare nu va fi de ajuns pentru a reduce persistenta tensiune a instinctului reprimat" (Freud, 1955).

Mai concret, Freud a văzut lăcomia ca pe un fenomen legat de probleme din perioada de alăptare. După părerea lui, frustrarea ori prelungirea excesivă a fazei orale a dezvoltării libidinale poate întări nevoia primitivă infantilă de a încorpora obiecte într-o asemenea măsură, încât la maturitate ea e transferată într-o formă sublimată unei varietăți de alte obiecte și situații. Când pulsiunea de achiziție se concentrează pe bani, psihanaliștii o atribuie fixării pe stadiul anal al dezvoltării libidinale. Apetitul sexual insațiabil este atunci considerat a fi rezultatul fixației falice. Multe alte căutări omenești perpetue sunt interpretate în termenii sublimării unor asemenea pulsiuni falice instinctuale. Cercetarea modernă a conștiinței a găsit că aceste interpretări sunt superficiale și inadecvate. Ea a descoperit semnificative surse suplimentare pentru lăcomie și achiziție la nivelurile perinatal și transpersonal ale inconștientului.

Surse perinatale ale lăcomiei insațiabile

În cursul psihoterapiei de orientare biografică, mulți descoperă că viața lor a fost inautentică în anumite domenii ale relațiilor interpersonale. De exemplu, problemele cu autoritatea parentală pot determina tipare specifice de dificultăți cu reprezentanții autorității, tipare disfuncționale repetate în relațiile sexuale pot fi legate de părinți ca modele de comportament sexual, problemele cu frații pot colora și distorsiona viitoarele relații cu colegii ș.a.m.d.

Când procesul autoexplorării experiențiale ajunge la nivelul perinatal, descoperim de obicei că viața noastră până în acel moment a fost în mare măsură inautentică în totalitatea ei, nu numai pe segmente parțiale. Descoperim spre surprinderea și uimirea noastră că întreaga strategie de viață a fost orientată într-o direcție greșită și deci a fost incapabilă să ne ofere o satisfacție autentică. Motivul este faptul că aceasta a fost în primul rând motivată de frica de moarte și de forțele inconștiente asociate cu nașterea biologică, ce nu au fost adecvat procesate și integrate. Cu alte cuvinte, în timpul nașterii biologice, am încheiat procesul anatomic, dar nu și pe cel emoțional.

Când câmpul nostru de conștiință este puternic influențat de amintirea luptei din canalul nașterii, se ajunge la un sentiment de disconfort și nemulțumire față de prezent. Nemulțumirea se poate concentra asupra unui spectru larg de probleme – aspect fizic nesatisfăcător, resurse și posesiuni materiale inadecvate, poziție și influență socială reduse, putere și faimă insuficiente și multe altele. Asemenea copilului blocat în canalul nașterii, simțim o puternică nevoie de a ajunge la o situație mai bună cândva, în viitor.

Oricare ar fi realitatea prezentă, nu o găsim satisfăcătoare. Fantezia continuă să creeze imagini despre situații viitoare care par mai mulțumitoare decât cea prezentă. Se pare că, până când ajungem la momentul dorit, viața nu este decât o continuă pregătire pentru un viitor mai bun, nu e încă viață „autentică". Aceasta duce la un tipar de viață care a fost descris ca existență de tip „covor rulant" sau „competiție". Existențialiștii vorbesc despre „autoproiectare" în viitor. Strategia este o eroare fundamentală a vieții omenești. Este, în esență, o strategie sortită eșecului, deoarece nu aduce satisfacția așteptată. Din această perspectivă, este irelevant dacă are sau nu rezultate în plan material.

Când obiectivul nu este atins, nemulțumirea continuă este atribuită faptului că nu am reușit să realizăm măsurile corective corespunzătoare. Iar când reușim să atingem obiectivul aspirațiilor noastre, aceasta nu mai are, de obicei, o influență prea mare asupra sentimentelor noastre fundamentale. Neplăcerea continuă este atunci atribuită fie alegerii incorecte a obiectivului, fie importanței lui reduse. Rezultatul este fie înlocuirea vechiului obiectiv cu altul, fie amplificarea aceluiași tip de ambiții.

În orice caz, eșecul nu este corect diagnosticat drept un inevitabil rezultat al strategiei fundamental greșite, care e, în principiu, incapabilă să ne ofere satisfacție. Acest tipar eronat aplicat la scară largă este responsabil de neîncetata urmărire irațională a diferitelor obiective grandioase ce duc la multă suferință și nenumărate probleme în lume. El poate fi aplicat la orice nivel de importanță și bogăție, deoarece nu aduce niciodată o satisfacție reală. Singura strategie care poate reduce semnificativ pulsiunea irațională este retrăirea deplin conștientă și integrarea traumei nașterii printr-o sistematică autoexplorare interioară.

Cauze transpersonale ale lăcomiei insațiabile

Cercetarea modernă a conștiinței și psihoterapia experiențială au descoperit că sursa cea mai profundă a insatisfacției noastre și a efortului de a atinge perfecțiunea se află chiar în afara domeniului perinatal. Dorința insațiabilă ce conduce viața umană este, în ultimă instanță, de natură transpersonală. În cuvintele lui Dante Alighieri, „Dorința de perfecțiune este dorința care face mereu fiecare plăcere să pară incompletă, deoarece nu există bucurie sau plăcere suficient de mare în această viață, încât să stingă setea din sufletul nostru".

În sens general, cele mai profunde rădăcini transpersonale ale lăcomiei insațiabile pot fi cel mai bine înțelese în termenii conceptului

lui Ken Wilber – Proiectul Atman (Wilber, 1980). Adevărata noastră natură este divină – Dumnezeu, Cristosul Cosmic, Allah, Buddha, Brahma, Tao – și deși procesul creației ne separă și ne îndepărtează din ce în ce mai mult de sursa noastră, conștiința acestui fapt nu este niciodată complet pierdută. Cea mai profundă forță motivatoare din psihicul nostru la toate nivelurile de evoluție a conștiinței este întoarcerea la experiența divinității din noi. Totuși, condițiile constrângătoare ale stadiilor consecutive ale dezvoltării împiedică trăirea totală a libertății depline în și ca Dumnezeu.

Transcendența reală necesită moartea eului izolat, moartea subiectului exclusiv. Din cauza fricii de anihilare și a agățării de eu, persoana trebuie să se mulțumească cu substitute sau surogate ale lui Atman, care sunt specifice fiecărui stadiu particular. Pentru fetus și nou-născut, aceasta înseamnă satisfacția trăită în „uterul bun" sau la „sânul bun". Pentru un prunc, satisfacerea nevoilor fiziologice ale vârstei. Pentru adult, gama de proiecte Atman posibile este largă; ea include, în afara hranei și sexului, banii, faima, puterea, aspectul fizic, cunoștințele ș.a.m.d.

Din cauza sentimentului profund că adevărata noastră identitate este totalitatea creației cosmice și principiul creator însuși, substitutele de orice grad și fel – proiectele Atman – vor rămâne totdeauna nesatisfăcătoare. Numai experiența divinității adevărate într-o stare holotropică de conștiință ne poate împlini nevoile cele mai profunde. Astfel, soluția supremă pentru lăcomia insațiabilă se află în lumea interioară, nu în preocupările seculare de orice fel. Poetul și misticul persan Rumi a afirmat-o foarte clar:

> Toate speranțele, dorințele, iubirile și emoțiile pe care oamenii le au pentru diferite lucruri – tați, mame, prieteni, raiuri, pământ, palate, științe, lucrări, hrană, băutură – sfântul știe că sunt, de fapt, nevoia de Dumnezeu și că toate aceste lucruri sunt văluri. Când oamenii vor părăsi această lume și îl vor vedea pe Rege fără aceste văluri, atunci vor afla că totul era văl și mască și că obiectul dorinței lor era, în realitate, acel Unu (Hines, 1996).

Tehnologii ale sacrului și supraviețuirea omului

Descoperirea faptului că rădăcinile umane ale violenței și ale lăcomiei insațiabile ajung mult mai departe decât a bănuit vreodată psihiatria academică și că resursele lor din psihic sunt într-adevăr enorme poate fi foarte descurajantă. Totuși ea este echilibrată de incitanta descoperire a noi mecanisme terapeutice și potențial transformative care devin disponibile în stările holotropice la nivelurile perinatal și transpersonal.

Am văzut de-a lungul anilor vindecări emoționale și psihosomatice profunde și transformări radicale de personalitate la multe persoane care erau implicate într-o căutare interioară serioasă și sistematică. Unele meditau și aveau o practică spirituală regulată, altele supervizaseră ședințe psihedelice sau participaseră la diferite forme de psihoterapie experiențială și autoexplorare. Am fost martor și la schimbări pozitive profunde la multe persoane care au primit un ajutor adecvat în episoade spontane de criză psiho-spirituală.

Pe măsură ce conținutul nivelului perinatal apărea în conștiință, și era integrat, oamenii sufereau schimbări radicale de personalitate. Nivelul de agresivitate se reducea de obicei considerabil și oamenii deveneau mai pașnici, se simțeau mai bine cu ei și erau mai toleranți cu alții. Experiența morții și renașterii psiho-spirituale și conexiunea conștientă cu amintirile pozitive post sau prenatale reduceau pulsiunile și ambițiile iraționale. Asistam la o mutare a centrului de interes de la trecut și viitor la clipa prezentă și la mărirea capacității de a te bucura de împlinirile simple ale vieții, precum activitățile zilnice, hrana, actul de iubire, natura și muzica. Un alt important rezultat al procesului era ieșirea la suprafață a spiritualității de natură universală și mistică extrem de autentică și convingătoare, deoarece se baza pe o experiență personală profundă.

Procesul deschiderii și transformării spirituale devenea, de obicei, mai profund ca urmare a experiențelor transpersonale, precum identificarea cu alte persoane, întregi grupuri de oameni, animale, plante și chiar materii anorganice și procese din natură. Alte experiențe au oferit acces conștient la evenimente ce se petrecuseră în alte țări, culturi și perioade istorice și chiar la lumile ființelor mitologice și arhetipale din inconștientul colectiv. Experiențe ale unității cosmice și ale propriei divinității au dus la o identificare tot mai mare cu întreaga creație și au generat un sentiment de mirare, iubire, compasiune și pace interioară.

Ceea ce a început ca sondare psihologică a psihicului inconștient a devenit automat o căutare filozofică a sensului vieții și o călătorie de descoperire spirituală. Persoanele care s-au conectat cu domeniul transpersonal al psihicului lor tind să dezvolte o nouă apreciere a existenței și respect pentru întreaga viață. Una dintre cele mai izbitoare consecințe ale diferitelor forme de experiențe transpersonale a fost apariția spontană și dezvoltarea unor preocupări umanitare și ecologice profunde și nevoia de a servi un scop comun. Toate acestea bazându-se pe o conștiință aproape celulară a faptului că granițele Universului sunt arbitrare și că fiecare din noi este identic cu întreaga țesătură a existenței.

A devenit brusc evident că nu-i putem face nimic naturii fără să ne facem implicit și nouă același lucru. Deosebirile dintre oameni se dovedeau interesante și capabile să îmbogățească, nu amenințătoare, indiferent dacă erau legate de sex, rasă, culoare, limbă, convingeri politice sau credințe religioase. Este evident că o transformare de acest fel ne-ar mări șansele de supraviețuire dacă s-ar putea produce la o scară suficient de mare.

Lecții din stările holotropice pentru psihologia supraviețuirii

Unele din intuițiile persoanelor care trec prin stări holotropice de conștiință sunt direct legate de criza globală actuală și de relația ei cu evoluția conștiinței. Ele arată că am exteriorizat în lumea modernă multe dintre temele esențiale ale procesului perinatal cu care se confruntă și se împacă apoi un om implicat într-o transformare profundă personală. Aceleași elemente pe care le-am putea întâlni în procesul morții și renașterii psihologice în trăirile noastre vizionare le întâlnim și în viața de zi cu zi. Este valabil mai ales în privința fenomenelor ce caracterizează MPF III.

Vedem cu siguranță enorma dezlănțuire de impulsuri agresive în numeroasele războaie și revoluții din lume, în criminalitatea crescândă, în terorism și luptele rasiale. La fel de dramatică și de izbitoare este urmarea ridicării interdicției asupra manifestării sexualității și eliberarea impulsurilor acesteia în împrejurări atât sănătoase, cât și problematice. Experiențele și comportamentele de acest fel iau forme nemaiîntâlnite, precum modul de manifestare sexuală a tinerilor, mișcarea de eliberare a homosexualilor, promiscuitatea generală, căsătoriile libere, rata ridicată a divorțurilor, cărți, filme și piese cu conținut erotic, experiența sado-masochistă și multe altele.

Elementul demonic se întâlnește și el tot mai des în lumea modernă. Renașterea culturilor satanice și a vrăjitoriei, popularitatea cărților și a filmelor de groază cu teme oculte și crimele cu motivație satanică o atestă. Dimensiunea scatologică este evidentă în poluarea industrială progresivă, în acumularea deșeurilor la scară globală și deteriorarea rapidă a igienei din orașele mari. O formă mai abstractă a aceleiași tendințe este corupția și degradarea tot mai mare din cercurile politice și economice.

Mulți dintre cei cu care am lucrat au socotit că omenirea se află la o răscruce critică – confruntându-se fie cu anihilarea colectivă, fie cu un salt evolutiv al conștiinței de proporții nemaiîntâlnite. Terence McKenna a spus-o foarte succint: „Istoria maimuței prostuțe e încheiată, într-un fel sau altul" (McKenna, 1992). Se pare că suntem colectiv implicați într-un proces identic cu moartea psihologică și renașterea pe care atâtea persoane le-au trăit individual în stările holotropice de conștiință. Dacă vom continua să transpunem în practică tendințele problematice distructive și autodistructive care-și au originea în abisurile inconștientului, ne vom distruge, fără îndoială, și pe noi, și viața de pe planetă. Dar dacă reușim să interiorizăm procesul la o scară suficient de mare, am putea ajunge la un progres evolutiv care să ne poarte tot atât de departe de prezent, pe cât suntem noi acum față de primate. Oricât de utopică ar părea posibilitatea unei asemenea dezvoltări, ea poate fi, totuși, singura noastră șansă.

Să privim în viitor și să vedem cum ar putea fi transpuse în realitate conceptele rezultate din cercetarea conștiinței, din domeniul transpersonal și din noua paradigmă. Deși realizările trecute sunt impresionante, noile idei mai formează încă un mozaic nearticulat, și nu o perspectivă completă și inteligibilă despre lume. Încă mai trebuie făcute mari eforturi de acumulare a unor date noi, de formulare a noi teorii și de realizare a unei sinteze creatoare. În plus, informațiile existente trebuie să ajungă la un public mult mai larg înainte de a ne putea aștepta la un impact semnificativ asupra situației globale.

Însă chiar și o transformare intelectuală radicală, în vederea adoptării noii paradigme pe scară largă, nu ar fi suficientă pentru a ușura criza globală și a inversa drumul distructiv pe care ne aflăm. Pentru aceasta e nevoie de o profundă transformare emoțională și spirituală a omenirii. Folosind dovezile existente, putem sugera anumite strategii care ar facilita și susține un astfel de proces. Eforturile de a schimba omenirea ar trebui să înceapă cu profilaxia psihologică de la o vârstă foarte fragedă. Datele din psihologia pre și perinatală arată că se pot realiza multe prin schimbarea condițiilor din timpul sarcinii, nașterii și îngrijirii postnatale. Aceasta ar include îmbunătățirea pregătirii emoționale a mamei în timpul sarcinii, practicarea nașterii naturale, crearea unui mediu informat psiho-spiritual pentru naștere și cultivarea unui contact emoțional intim între mamă și copil în perioada post-partum.

S-a scris foarte mult despre importanța creșterii copilului, ca și despre consecințele emoționale dezastruoase ale condițiilor traumatice din copilărie. Categoric acesta e un domeniu în care este nevoie de educație și îndrumare continuă. Dar pentru a aplica principiile teoretice cunoscute, părinții trebuie să ajungă ei înșiși la stabilitate emoțională și suficientă maturitate. Se știe că tulburările emoționale sunt transmise ca un blestem de la o generație la alta. Ne confruntăm cu problema foarte complexă a oului și găinii.

Psihologia umanistă și cea transpersonală au dezvoltat metode experiențiale eficiente de autoexplorare, vindecare și transformare a personalității. Unele provin din tradiții terapeutice, altele reprezintă adaptări moderne ale vechilor practici spirituale. Există abordări bazate pe legătura dintre profesionist și subiect și abordări care pot fi practicate în contextul grupurilor de sprijin. Lucrul sistematic poate duce la o deschidere spirituală, mișcare de care avem foarte multă nevoie la scară colectivă pentru supraviețuirea speciei. Este esențial ca aceste posibilități să fie bine cunoscute și suficienți oameni să fie personal interesați de practicarea lor.

Se pare că suntem implicați într-o dramatică cursă contra cronometru fără precedent în istoria omenirii. În joc este însuși viitorul acestei planete. Dacă vom continua cu vechile strategii autodistructive, e puțin probabil ca specia umană să supraviețuiască. Dar dacă un număr suficient de oameni trec printr-un proces de profundă transformare interioară, am putea atinge un nivel de evoluție a conștiinței în care să merităm mândrul nume pe care l-am dat speciei noastre: *homo sapiens*.

10
Psihic și Cosmos: stările holotropice de conștiință, psihologia arhetipală și tranzitele astrologice

Substanțele psihedelice, în general, și LSD-ul, în particular, pot influența profund funcționarea psihicului uman. În funcție de personalitatea celui căruia îi sunt administrate, de cadru și mediu ambiant, efectul lor poate fi profund benefic sau nociv. Din acest motiv, încă de la primele experimente psihedelice, cercetătorii au încercat să găsească moduri de a prevedea impactul substanțelor asupra persoanei căreia îi sunt administrate.

Descoperirea unei metode de prognozare a reacției la substanțele psihedelice și a rezultatului terapeutic a fost unul dintre obiectivele unei ample cercetări clinice realizate de echipa noastră la Centrul de Cercetări Psihiatrice Maryland din Baltimore. Am folosit o serie de teste psihologice standardizate, precum Inventarul Multidimensional de Personalitate Minnesota (MMPI), Inventarul de Orientare Personală Shostrom (POI), Testul Rorschach al petei de cerneală, chestionarul nostru pentru experiențe psihedelice (PEQ) și altele. Această cercetare a confirmat descoperirile mele inițiale de la Centrul de Cercetări

Psihiatrice din Praga, Cehoslovacia, și concluzia trasă din cercetarea literaturii de specialitate: rezultatele testelor dezvoltate și folosite curent în psihologia occidentală erau, în esență, inutile în acest caz.

Este ironic că, după ani de eforturi și eșecuri, când am găsit în cele din urmă un instrument care să facă posibile prognozările de acest gen, el era chiar mai controversat decât substanțele psihedelice. E vorba de astrologie, disciplină pe care, chiar și după ani de cercetare a fenomenelor transpersonale, până și eu eram înclinat să o resping ca fiind o pseudoștiință ridicolă. Mi-am dat seama însă ulterior că astrologia putea fi un instrument de neprețuit în lucrul cu alte forme ale stărilor holotropice de conștiință, precum cele induse de puternicele tehnici experiențiale ale psihoterapiei (terapia strigătului primal, rebirth și respirația holotropică) sau cele care apar spontan, în timpul crizelor psiho-spirituale.

Schimbarea radicală în atitudinea mea față de astrologie a fost rezultatul cooperării cu psihologul și filozoful Richard Tarnas, prietenul și colegul meu apropiat. Cea mai importantă carte a lui Rick despre istoria perspectivei occidentale despre lume, *The Passion of the Western Mind*, e folosită ca manual în multe universități din SUA și din întreaga lume. Rick este și un strălucit cercetător al astrologiei, care combină în munca sa o pregătire riguroasă și o cunoaștere aprofundată a stărilor holotropice de conștiință, subiectul tezei sale de doctorat. El aduce în lucrările sale și o extraordinar de vastă cunoaștere a istoriei și culturii omenești.

Timp de mulți ani, am explorat împreună corelatele astrologice ale experiențelor mistice, crizelor psiho-spirituale, episoadelor psihotice, stărilor psihedelice și ședințelor de respirație holotropică. Cercetările au arătat că astrologia, mai ales studiul tranzitelor planetare, poate prezice atât conținutul arhetipal, cât și apariția stărilor holotropice de conștiință. Cercetarea sistematică a corelațiilor dintre natură, conținutul stărilor holotropice și tranzitele planetare m-au convins că o combinație între terapia experiențială profundă, psihologia arhetipală și astrologie este cea mai promițătoare strategie pentru psihiatria viitorului.

Sunt conștient că este o afirmație care mă angajează foarte mult, mai ales dacă ținem cont de faptul că mulți oameni de știință din curentul majoritar consideră, așa cum am făcut și eu, că astrologia este în principiu incompatibilă cu perspectiva științifică. Pentru a susține bine ipoteza folosirii astrologiei dintr-o perspectivă filozofică și științifică aș avea nevoie de un spațiu mult mai mare decât dimensiunile acestei lucrări. Voi trimite cititorii interesați la lucrările lui Richard Tarnas, care este mult mai bine pregătit pentru această sarcină decât mine (Tarnas, 1991, 1995). Ca urmare, voi prezenta numai o scurtă expunere a schimbărilor suferite de statutul astrologiei de-a lungul istoriei și voi analiza dovezile ce vin în sprijinul acestei vechi discipline rezultate din cercetarea modernă a conștiinței.

Astrologia este o artă și o știință antică, care a apărut probabil în mileniul 3 î.Cr. în Mesopotamia și de acolo s-a răspândit în India și Grecia. Ea se baza pe doctrina compasiunii universale. Principiul de bază, exprimat prin cuvintele „precum sus așa și jos", este presupunerea că microcosmosul psihicului uman reflectă macrocosmosul, și că evenimentele terestre le reflectă pe cele celeste. În Grecia, în perioada elenistă, astrologii au perfecționat calculele astronomice și au atribuit o anumită zeitate mistică fiecărei planete, reflectând asociațiile mistice deja stabilite de babilonieni. Ei au folosit apoi acest sistem pentru prezicerea evenimentelor colective, ca și pentru prezicerea celor din viața persoanelor individuale.

Înțelegerea planetelor, a pozițiilor și aspectelor lor geometrice și a influențelor lor specifice asupra vieții omului au fost pentru prima dată reunite în astrologia lui Ptolemeu, care a fost și cel mai mare sistematizator al astronomiei antice. În secolele care au urmat, generațiile de astrologi au extins, revizuit și perfecționat sistemul lui. În forma ei greacă complet dezvoltată, astrologia a influențat timp de aproape 2 000 de ani religia, filozofia, știința păgână, și ulterior Europa creștină. Astrologii moderni, folosind progresele astronomice făcute posibile de inventarea telescopului, au adăugat apoi la sistemul antic cele trei planete externe, Uranus, Neptun și Pluto, necunoscute în antichitate, le-au studiat și descris sensul arhetipal.

Ca multe alte sisteme ezoterice, astrologia s-a numărat printre victimele revoluției științifice raționaliste și materialiste. Ea a fost respinsă nu pe baza dovezilor științifice cum că premisele ei ar fi false, ci din pricina incompatibilității cu ipotezele metafizice fundamentale ale științei occidentale, dominate de materialismul monist. Mai concret, se socotește că există mai multe motive importante pentru respingerea astrologiei de către savanții materialiști.

Știința occidentală reprezintă, de pildă, Universul ca un sistem mecanic impersonal și în mare parte neviu, o supermașină care s-a creat singură și e guvernată de legi mecanice naturale. În acest context, viața, conștiința și inteligența sunt privite ca produse mai mult sau mai puțin accidentale ale materiei. Prin contrast, ipoteza fundamentală a astrologiei consideră că Universul este creația unei inteligențe superioare, se bazează pe o ordine inimaginabil de complexă și de profundă, și reflectă un scop superior.

Perspectiva astrologică reflectă îndeaproape sensul inițial al cuvântului grecesc „kosmos", care descria lumea ca fiind un sistem inteligibil, ordonat, modelat și coerent interconectat, având omenirea ca parte integrantă. Din această perspectivă, viața omenească nu mai este rezultatul unor forțe întâmplătoare conduse de capricioasa șansă, ci urmează o traiectorie inteligibilă, în armonie cu mișcările corpurilor cerești și poate fi astfel, cel puțin parțial, intuită.

Gândirea astrologică presupune existența *arhetipurilor*, principii primordiale atemporale care susțin, informează și formează țesătura lumii materiale. Tendința de a interpreta lumea în termenii principiilor arhetipale a apărut prima oară în Grecia antică și a fost una dintre caracteristicile cele mai importante ale filozofiei și culturii grecești. Arhetipurile pot fi văzute din mai multe perspective. În operele epice homerice ele au luat forma figurilor mitologice personificate ca zei, precum Zeus, Poseidon, Hera, Afrodita sau Ares. În filozofia lui Platon, ele au fost descrise ca principii metafizice pure, Ideile sau Formele transcendente. Ele aveau o existență independentă într-o lume inaccesibilă simțurilor omenești obișnuite. În epoca modernă, C.G. Jung a adus conceptul de arhetipuri în psihologia modernă, descriindu-le în primul rând ca principii psihologice (Jung, 1959).

Existența dimensiunilor invizibile ale realității este o idee străină științei materialiste, întrucât numai cele de natură materială pot fi accesibile cu ajutorul aparatelor ce extind posibilitățile simțurilor noastre, ca microscoapele, telescoapele ori senzorii ce detectează diferite benzi de radiație electromagnetică. În plus, cum am discutat mai devreme, psihiatria academică și clinică folosește un cadru conceptual foarte îngust, limitat la biografia postnatală și la inconștientul individual freudian. Conform acestora, experiența ființelor și lumilor arhetipale este produsul patologic al creierului care necesită tratament prin medicație tranchilizantă.

Un alt obstacol major care împiedică luarea în considerare a astrologiei este gândirea deterministă a științei occidentale. Universul este văzut ca un lanț de cauze și efecte, iar principiul cauzalității este considerat obligatoriu pentru toate procesele din Univers. O excepție majoră neliniștitoare de la această regulă, originea Universului și problema „cauzei tuturor cauzelor", este rareori menționată în discuțiile științifice. Cauzalitatea este astfel singurul tip de influență pe care criticii astrologiei o pot de obicei imagina și lua în considerare. Iar ideea unui efect material direct al planetelor asupra psihicului și lumii este, firește, implauzibilă și absurdă.

În final, accentul pus de astrologie pe momentul nașterii nu are niciun sens pentru psihologia și psihiatria academică, deoarece acestea nu consideră nașterea biologică un eveniment cu relevanță psihologică și nu recunosc nivelul perinatal al inconștientului. Aceasta se bazează pe ipoteza total discutabilă potrivit căreia creierul nou-născutului nu poate înregistra impactul traumatic al nașterii, deoarece procesul mielinizării (formarea plăcilor grase de mielină care acoperă neuronii) în creierul bebelușului nu este complet încheiat în momentul nașterii.

Mai multe decenii de cercetări sistematice ale stărilor holotropice au generat cantități mari de date ce subminează aceste ipoteze fundamentale ale științei materialiste și aduc dovezi în sprijinul astrologiei. Aceste observații dovedesc:

1. existența experiențelor transpersonale ce demonstrează existența unui Cosmos însuflețit, pătruns de conștiința și inteligența cosmică creatoare;

2. posibilitatea trăirii directe a realităților spirituale, inclusiv a figurilor, motivelor și lumilor arhetipale, și validarea empirică a autenticității acestor experiențe;

3. existența sincronicităților care reprezintă o importantă și viabilă alternativă la principiul cauzalității;

4. importanța psihodinamică crucială a experienței nașterii pentru dezvoltarea psihologică și viața individului;

5. extraordinarul potențial predictiv al tranzitelor astrologice pentru natura, organizarea temporală și conținutul stărilor holotropice de conștiință.

1. *Dovezi în sprijinul unui Cosmos însuflețit.* Cercetarea stărilor holotropice de conștiință a adus importante dovezi că experiențele transpersonale nu pot fi respinse drept produse psihotice irelevante. Faptul că ele oferă acces la informații noi și exacte despre diferitele aspecte ale existenței nu lasă nicio îndoială asupra faptului că sunt fenomene *sui generis* ce contrazic cele mai importante ipoteze ale științei materialiste. Ele arată că Universul este o țesătură unificată de evenimente de conștiință străbătute de o inteligență superioară și reflectând o ordine superioară.

În plus, aceste experiențe aduc dovezi empirice că psihicul uman individual nu are limite și este una cu întreaga existență. Ele confirmă astfel principiul de bază al multor sisteme ezoterice, inclusiv al astrologiei, că microcosmosul reflectă macrocosmosul. Noțiunea ce părea complet absurdă din perspectiva științei mecaniciste și a logicii aristotelice s-a bucurat în ultimii ani de un sprijin neașteptat dintr-un alt domeniu. Dezvoltarea laserului și holografia optică au scos la iveală posibilități total noi referitoare la relația dintre parte și întreg (Talbot, 1991).

2. *Dovezi empirice ale existenței arhetipurilor.* Stările holotropice oferă acces experiențial direct la dimensiunile spirituale (numinoase) ale existenței, inclusiv la arhetipuri. Este important, deoarece conceptul de arhetipuri este esențial pentru astrologie. În secolul XX, C.G. Jung a reînviat foarte vechea idee a arhetipurilor și le-a introdus în

psihologia abisală modernă sub forma principiilor psihologice, scheme primordiale care organizează psihicul (Jung, 1959).

El și continuatorii săi au cercetat și descris detaliat rolul important jucat de arhetipuri în viața oamenilor, națiunilor și naturii. Multe articole și cărți de specialitate, ca și literatura de popularizare scrisă de autori de orientare jungiană, sugerează că propriul nostru comportament și caracteristicile personale reflectă dinamica unor puternice principii arhetipale (Shinoda Bolen, 1984, 1989) și că transpunem în viața de fiecare zi teme arhetipale (Campbell, 1972).

O caracteristică importantă a arhetipurilor este aceea că nu se limitează la creierul uman, ci operează din domenii transcendentale și exercită o influență sincronă atât asupra psihicului individual, cât și asupra evenimentelor din lumea fizică. Mariajul dintre astrologia științifică și psihologia arhetipală bazat pe lucrările lui C.G. Jung reprezintă un progres extraordinar în ambele domenii. El aduce precizia matematică a astronomiei în lumea creatoare și imaginativă a psihologiei abisale, îmbogățind enorm posibilitățile speculațiilor teoretice, ca și predicțiile clinice.

Psihologia și psihiatria academică au considerat până acum ideea lui Jung despre arhetipuri nefondată și speculativă și au refuzat să o ia în serios. Însă cercetarea modernă asupra conștiinței a confirmat existența arhetipurilor dincolo de orice îndoială rațională, arătând că în stările holotropice de conștiință ele pot fi trăite direct. Am publicat în alte contexte analize de caz arătând cum experiențele transpersonale în care apar arhetipuri pot oferi informații noi despre realitățile mitologice ale unor culturi necunoscute participanților la experiment și să deschidă noi posibilități terapeutice (Grof, 1985, 1988, 1992).

3. *Descoperirea sincronicității.* Tendința de a gândi în termeni cauzali este unul dintre motivele majore pentru care astrologia a fost respinsă atât de violent. Îmi amintesc o discuție avută cu Carl Sagan despre psihologia transpersonală, în care mi-a spus cu convingere: „Astrologia e o prostie; stând aici, am o influență mai mare asupra ta decât Pluto." Se gândea la acest subiect în termeni de mase, distanțe și forțe gravitaționale și alți termeni fizici. Este o abordare ce nu are

nicio legătură cu problema. Criticii astrologiei, precum Carl Sagan, nu înțeleg că astrologii folosesc un model complex ce presupune o relație sincronistică între planete, psihicul uman și evenimentele externe. Pentru a înțelege astrologia, trebuie să gândim în termenii sincronicității.

Am prezentat împreună cu Richard Tarnas descoperirile noastre despre relația dintre psihic și Cosmos la numeroase cursuri postuniversitare de la California Institute of Integral Studies – CIIS, ca și în atelierele noastre de formare transpersonală și la conferințele publice. Primul lucru pe care am încercat totdeauna să-l lămurim înainte de orice este că, vorbind despre corelațiile experiențelor și evenimentelor cu mișcările și aspectele planetare, nu facem aluzie la niciun fel de influențe cauzale ale corpurilor cerești asupra psihicului uman sau a evenimentelor din lumea materială.

Felul în care trebuie privite lucrurile când e vorba de astrologie poate fi ilustrat de un exemplu simplu. Când mă uit la ceasul meu de mână care arată ora corect și văd că este ora șapte, pot deduce că toate ceasurile din același fus orar care arată corect ora vor indica același lucru. Pot presupune mai departe cu o siguranță rezonabilă că, dacă deschid televizorul, voi putea vedea știrile de la ora șapte sau că sosirea mea este așteptată la restaurantul unde am făcut o rezervare pentru ora șapte.

Natural, acest lucru nu înseamnă că ceasul meu are o influență directă asupra altor ceasuri din mediul înconjurător, că provoacă apariția știrilor la televizor sau interacționează cu personalul de la restaurant. Toate aceste evenimente sunt pur și simplu sincronizate în relație cu timpul astronomic, o dimensiune ascunsă ce operează „în spatele scenei" și nu poate fi percepută direct.

În același mod, gândirea ce stă la baza astrologiei sugerează că, în schema universală a lucrurilor, mișcările planetelor și aspectele geometrice pe care le creează sunt corelate cu dinamica arhetipală ascunsă ce creează evenimentele din lumea fenomenală. Deoarece planetele sunt vizibile, ele pot fi folosite pentru a deduce ce se întâmplă în lumea arhetipurilor, sau folosind exemplul de mai sus, ce „oră" este în lumea arhetipală. Relația lor unghiulară cu pozițiile planetelor din harta noastră natală (*tranzite*) indică felul în care situația se poate manifesta în viața noastră personală.

Principiul sincronicității ca alternativă importantă la cauzalitatea liniară a fost descris prima dată pe larg de Carl Gustav Jung. După părerea lui, sincronicitatea e un principiu acauzal de conectare ce se referă la coincidențe semnificative sau evenimente separate în timp și/sau spațiu (Jung, 1960). Deși Jung avea un interes general pentru coincidențele ciudate din viață, el era interesat însă mai ales de cele în care diferite evenimente exterioare erau conectate semnificativ cu experiențe interioare, de exemplu, vise, fantezii și viziuni.

Jung a numit acest tip de coincidențe neobișnuite *sincronicitate*. El a definit sincronicitatea ca „apariția simultană a unei stări psihice împreună cu unul sau mai multe evenimente externe ce par a fi paralele ca sens ale stării subiective momentane" (Jung, 1960). Sincronicitatea poate lua multe forme diferite; unele dintre ele conectează persoane și evenimente cu locații spațiale diferite, iar altele peste timp.

Din pricina profund înrădăcinatei credințe moderne în cauzalitate ca lege centrală a naturii, Jung a ezitat mulți ani să-și publice observațiile asupra unor evenimente ce refuzau să se înscrie în tiparul cauzal. A amânat publicarea lucrărilor sale despre acest subiect, până când el și alții au adunat sute de exemple convingătoare de sincronicitate, făcându-l să fie absolut sigur că are ceva valabil de raportat. A fost, de asemenea, extrem de important pentru el să primească susținere pentru conceptul său de sincronicitate de la doi pionieri ai fizicii moderne, Albert Einstein și Wolfgang Pauli. Este interesant că Jung, în cel mai important eseu inovator al său, *Sincronicitatea: un principiu de conexiune acauzală* (Jung, 1960), discută tocmai despre astrologie.

În lucrul cu stările holotropice, apariția unor sincronicități uimitoare este atât de frecventă, încât nu lasă nicio îndoială în privința faptului că reprezintă o alternativă importantă la cauzalitate ca principiu conector. În practica meditativă, terapia psihedelică, respirația holotropică și crizele psiho-spirituale spontane, conținuturile ce se ivesc din inconștient se angajează adesea într-un creativ joc complex cu diferite aspecte ale realității consensuale. Aceasta pune la îndoială ipotezele noastre fundamentale despre realitate și dizolvă complet precisa distincție pe care o facem adesea între lumea interioară și cea exterioară.

Un exemplu tipic este incidența sincronicităților extraordinare din viețile oamenilor implicați în retrăirea și integrarea conștientă a amintirii nașterii biologice. Când procesul explorării interioare îi apropie de experiența morții eului, dar nu ajunge la finalizare, ei au de-a face adesea în viața cotidiană cu o acumulare izbitoare de situații periculoase, răniri și accidente. E important de subliniat că mă refer aici la evenimente produse de alte persoane sau împrejurări externe, și nu sunt rezultatele tendințelor autodistructive ale subiecților înșiși.

Când aceste persoane trăiesc în procesele lor interne moartea eului și renașterea psiho-spirituală, situațiile de acest fel tind să dispară ca prin minune, așa cum au apărut. Se pare că în acest stadiu de transformare personală, omul trebuie să rezolve tema distrugerii și pierderii, dar are opțiunea de a o trăi ca proces interior ori ca eveniment de viață. Este exact ceea ce observă astrologii legat de efectul tranzitelor planetare dificile.

Sincronicități tot atât de remarcabile sunt asociate și cu diferite forme de experiențe transpersonale. Evenimentele sincrone însoțesc deseori retrăirea evenimentelor din viețile anterioare și sunt foarte frecvente în momentul confruntării cu figurile și motivele arhetipale. De pildă, când persoane implicate în intense procese interioare au de-a face cu teme ca Animusul, Anima, Bătrânul Înțelept și Marea ori Devoratoarea Mamă, reprezentanții umani adecvați ai acestor figuri se manifestă deseori în viața lor cotidiană.

Similar, când o persoană are o experiență șamanică intensă ce implică un spirit mentor animal, acest animal poate apărea brusc, în diferite moduri, în viața persoanei cu o frecvență ce depășește orice probabilitate rațională. Mulți au simțit, de asemenea, că, atunci când se implică total altruist într-un proiect ce a fost inspirat de domeniul transpersonal al psihicului, sincronicități extraordinare tind să apară și să le facă munca surprinzător de ușoară.

4. *Semnificația psihologică a nașterii.* Lucrul cu stările holotropice a corectat uimitoarea concepție greșită a psihiatriei academice conform căreia singurul mod în care nașterea biologică poate avea vreo consecință asupra stării mintale a individului, a vieții emoționale și comportamentului este producerea unei leziuni ireversibile celulelor cerebrale. Am observat de nenumărate ori că această dificilă experiență lasă o amprentă puternică asupra emoțiilor și senzațiilor fizice care, în interacțiune cu evenimentele postnatale, au un rol decisiv în dezvoltarea diferitelor tulburări emoționale și psihosomatice. În plus, tiparul general al nașterii noastre tinde să se și reflecte în felul în care reacționăm la vicisitudinile vieții și răspundem la sarcinile și proiectele solicitante. Există și dovezi impresionante că matricele perinatale din psihicul individual pot juca un rol important în angajarea acestor indivizi în evenimente sociopolitice colective și în mișcări culturale (de Mause, 1982; Grof, 1998).

Aceste observații sunt un important sprijin pentru astrologie, care a atribuit de mult o semnificație majoră momentului nașterii ca precursor simbolic al schemei generale a vieții. Ele sunt, de asemenea, legate și cu un alt principiu fundamental al astrologiei ce definește precis relația dintre evenimentele la scară largă și întâmplările din viețile individuale. Acesta sugerează că schimbările și evenimentele majore din istoria umană sunt corelate cu pozițiile planetare și interrelațiile lor reciproce. Gradul și natura participării indivizilor la evenimentele colective și incidentele specifice din viețile lor reflectă tranzitele planetare personale. Acestea, la rândul lor, reprezintă relația dintre tranzitele globale și hărțile natale personale. Vom reveni la acest subiect mai târziu, la discutarea principiilor fundamentale ale astrologiei.

5. *Corelații între stările holotropice și tranzitele planetare.* În vreme ce toate observațiile de mai sus vorbesc despre un mod de a vedea lumea și o teorie a personalității în consonanță cu astrologia, cercetările stărilor holotropice au acumulat și ele dovezi extraordinare care susțin foarte clar ipotezele fundamentale ale astrologiei. S-a arătat că există corelații sistematice între natura și conținutul stărilor holotropice de conștiință și tranzitele planetare ale persoanelor implicate.

Prima indicație că ar putea exista o conexiune extraordinară între astrologie și cercetările mele asupra stărilor holotropice a fost observația lui Richard Tarnas că descrierea pe care o făcusem eu fenomenologiei celor patru matrice perinatale fundamentale, tiparele experiențiale asociate cu stadiile nașterii biologice, era surprinzător de asemănătoare cu cele patru arhetipuri pe care astrologii le-au corelat empiric cu cele patru planete din afara sistemului solar. Descrierea pe care o făcusem eu matricelor perinatale se baza pe observații clinice independente, făcute cu mulți ani înainte de a se fi știut ceva despre astrologie.

Aspectul pozitiv al primei matrice perinatale – retrăirea episoadelor de existență intrauterină neperturbată, ca și a experiențelor care însoțeau dizolvarea granițelor, extazul oceanic, sentimentele de unitate cosmică, transcendența timpului și spațiului și conștientizarea dimensiunilor mistice ale realității – reflectă neîndoielnic arhetipul pe care astrologii îl asociază cu Neptun. Același lucru este valabil și pentru aspectul negativ al MPF I, asociat cu experiențele regresive ale perturbărilor prenatale. Aici dizolvarea granițelor nu este de natură mistică, ci psihotică; ea duce la confuzie, iluzii, sentimentul otrăvirii chimice și la percepții paranoide ale realității. Această matrice are și ea o conexiune psihodinamică cu alcoolismul și cu dependența de droguri. Toate acestea sunt calități pe care astrologii le descriu ca partea întunecată a arhetipului lui Neptun.

Trăsăturile principale ale MPF II – legate de stadiul aparent fără ieșire din timpul nașterii, în timpul căruia uterul se contractă și cervixul este încă închis – sunt preocuparea față de bătrânețe și moarte, corvezi și muncă grea, depresie, gâtuire și înfometare. Această matrice aduce, de asemenea, și sentimente de inadecvare, inferioritate și culpabilitate. Este asociată cu scepticismul și cu o perspectivă profund pesimistă asupra existenței, o zguduitoare lipsă a sensului, incapacitatea de a se bucura de orice și pierderea oricărei legături cu dimensiunea divină a realității. În astrologie, toate acestea sunt atribute ale părții negative a arhetipului lui Saturn.

Corespondența astrologică precisă cu aspectele experiențiale ale MPF III este extraordinară și surprinzătoare, deoarece matricea reprezintă o combinație neobișnuită de elemente caracteristice stadiului final al nașterii biologice. Aici intră necontenita împingere a unei forțe elementare, coliziunea unor energii titanice, extazul dionisiac, nașterea, sexul, moartea, renașterea, eliminarea și scatologia. Mai putem adăuga experiențele de importanță majoră pentru viață și moarte și motivele erupțiilor vulcanice, focului purificator și ale lumii subterane – urbane, criminale, psihologice, sexuale și mitologice. Din punct de vedere astrologic, toate acestea sunt atribute ale arhetipului lui Pluto.

Și în final, fenomenologia MPF IV – experiența ieșirii din canalul nașterii – este strâns legată de arhetipul lui Uranus. După cum vom vedea mai târziu, este singura planetă al cărei sens arhetipal deviază considerabil de la natura și sensul mitologic al numelui. Arhetipul asociat cu Uranus reflectă exact caracteristicile de bază ale eroului mitologic grec Prometeu (Tarnas, 1995). El e caracterizat de trăsături precum rezolvarea neașteptată a unei situații dificile, ruperea și depășirea limitelor, strălucite intuiții, epifania prometeică, ridicarea bruscă la un nou nivel de percepție și conștiință, libertatea, și eliberarea de constrângerile anterioare.

Și mai uimitoare decât aceste paralele fascinante între fenomenologia matricelor perinatale și arhetipurile planetare a fost descoperirea lui Tarnas că în stările holotropice confruntarea experiențială cu matricele are loc cu regularitate în momentele în care persoanele se confruntă cu tranzite importante ale planetelor corespunzătoare. De-a lungul anilor, am putut confirma faptul prin mii de observații specifice. Aceste corelații extraordinare vor fi explorate ulterior și ilustrate prin studii de caz.

Astrologia natală și a tranzitelor a oferit și o mai profundă înțelegere a unui concept important apărut din cercetările mele psihedelice. Am observat foarte devreme în lucrul cu stările holotropice că amintirile emoționale importante ale pacienților mei nu erau stocate în inconștient ca un mozaic de engrame izolate, ci sub forma unor constelații dinamice complexe. Am inventat pentru aceste conglomerate de amintiri numele de *sisteme* COEX, care este un acronim pentru „sisteme de experiență condensată". Așa cum am arătat anterior, un sistem COEX constă din amintiri cu încărcătură emoțională din diferite perioade ale vieții noastre ce se aseamănă unele cu altele prin calitatea emoției sau senzației fizice comune.

Fiecare COEX are o temă fundamentală ce îi străbate toate straturile și reprezintă numitorul lor comun. Straturile individuale conțin astfel variațiuni ale acestei teme fundamentale apărute în diferite perioade din viața persoanei. Toate constelațiile COEX par să fie suprapuse și ancorate în trauma nașterii și sunt legate dinamic cu una dintre matricele perinatale sau unul dintre aspectele ei. Totuși, un sistem COEX ajunge mai departe și rădăcinile lui cele mai adânci sunt formate din diferite forme de fenomene transpersonale, precum experiențe din viețile anterioare, arhetipuri jungiene, identificare conștientă cu diferite animale și altele.

Cea mai recentă rafinare a felului în care înțelegeam dinamica sistemelor COEX a fost descoperirea surprinzătoare că natura și conținutul sistemelor COEX importante din psihicul unui individ tind să prezinte uimitoare corelații cu aspectele planetare majore din harta lui astrologică natală. În plus, momentele formării straturilor biografice ale sistemelor COEX par să coincidă cu perioadele când aceste aspecte natale au fost activate de importante tranzite planetare. Descoperirile aruncă o lumină nouă asupra legăturilor dinamice dintre componentele biografice, perinatale și transpersonale ale sistemelor COEX pe care le-am remarcat în repetate rânduri în practica mea în clinică.

Din pricina acestor surprinzător de precise corelații, astrologia, în special astrologia tranzitelor, s-a dovedit a fi îndelung căutata piatră de la Rosetta pentru cercetarea conștiinței, oferind o cheie pentru înțelegerea naturii și conținutului stărilor holotropice prezente, trecute și viitoare, atât spontane, cât și induse. În vreme ce corelațiile referitoare la experiențele trecute prezintă mai ales un interes teoretic, examinarea tranzitelor curente poate fi extrem de utilă pentru lucrul cu persoane care trec prin „urgențe spirituale", iar posibilitatea de a face predicții remarcabil de precise pe baza viitoarelor tranzite este un instrument de neprețuit în planificarea ședințelor psihedelice și holotropice.

După această introducere generală, voi explora mai concret astrologia ca sistem de referință în lucrul cu stările holotropice.

O discuție completă și cuprinzătoare a importanței astrologiei pentru cercetarea conștiinței, pentru psihiatrie și psihologie depășește scopul acestui capitol. Însă subiectul e de o importanță atât de mare pentru lucrul cu stările holotropice, încât voi face măcar o scurtă descriere a principiilor de bază ale astrologiei și ale aplicațiilor ei în domeniu. Aceasta va trezi, sper, interesul cititorilor nefamiliarizați încă cu disciplina pentru a căuta mai multe informații în bogata literatură astrologică. O validare convingătoare a acestui extraordinar instrument necesită o „expunere" personală la astrologie, fie în postura de client al unui astrolog experimentat sau, și mai bine, învățând destul despre astrologie pentru a putea face observații cu caracter personal.

În scurta descriere a conceptelor astrologice care urmează, voi urma îndeaproape un articol nepublicat al lui Richard Tarnas pe care el îl dă clienților în scopul de a-i pregăti pentru lecturi astrologice. Persoanele interesate să afle mai multe despre subiect vor găsi informații detaliate în cărțile scrise de experți în domeniu, în special de Robert Hand și Richard Tarnas. Robert Hand a scris un manual folosit pe scară largă pentru înțelegerea tranzitelor planetare (Hand, 1976). Capodopera lui Richard Tarnas, *The Passion of the Western Mind* (Tarnas, 1991), despre dezvoltarea gândirii europene de la filozofii presocratici până în timpurile postmoderne are o continuare extrem de riguros documentată, intitulată *Cosmos & Psyche: Intimations of a New World View*, care oferă corelatele astrologice ale primei lucrări (Tarnas, în curs de tipărire). Cartea introductivă a lui Tarnas, *Prometheus the Awakener* (Tarnas, 1995), care explorează sensul arhetipal al planetei Uranus, este un foarte bun exemplu al modului său de abordare a psihologiei și astrologiei arhetipale.

Sistemul fundamental de referință folosit în activitatea astrologică implică relații reciproce unghiulare (*aspecte*) între Soare, Lună și opt planete din horoscopul natal. Astrologia tranzitelor studiază relațiile unghiulare dintre pozițiile natale ale acelorași zece corpuri și pozițiile lor într-un anumit moment (*tranzite*). În plus, legăturile planetelor cu un sistem de coordonate care cuprinde axele ascendentă/descendentă și axa zenit/nadir joacă un rol important în astrologie.

Vorbim astfel despre un cadru conceptual și un sistem de referință de o complexitate considerabilă. Această temă fascinantă nu poate fi prezentată adecvat și descrisă exhaustiv în cadrul unui scurt capitol. În plus, presupun că mulți cititori au numai cunoștințe accidentale despre astrologie, iar alții nu știu mai nimic. Această sarcină va trebui deci rezervată unei lucrări ulterioare dedicate special subiectului, pe care sper să o scriu în viitor împreună cu Richard Tarnas.

Harta natală, sau *horoscopul*, este o imagine bidimensională a situației cerului în momentul în care se naște o persoană. Este un cerc împărțit de o axă orizontală și una verticală în patru cadrane. Circumferința cercului este subîmpărțită în 12 segmente a câte 30 de grade, fiecare dintre ele având repartizat unul dintre cele 12 semne zodiacale. Este cadrul general pe care horoscopul arată pozițiile planetelor la naștere și relațiile unghiulare dintre ele.

Planetele reprezintă principiile arhetipale de bază sau forțele, iar relațiile lor unghiulare, sau *aspecte*, reflectă interacțiunea dintre arhetipuri. În astrologie există zece „*planete*", deoarece termenul este folosit și pentru Soare și Lună. Acest lucru e conform cu sensul inițial al cuvântului grecesc planetes, care înseamnă „rătăcitor": un corp ceresc care are o traiectorie autonomă și nu urmează mișcarea generală a cerurilor. Ca și planetele, semnele astrologice sunt conectate cu o energie arhetipală specifică.

Cele patru puncte unde coordonatele se leagă cu circumferința cercului au o semnificație specială. Ele se numesc *ascendent, descendent, mijlocul cerului* sau *zenit* și *nadir*. Planeta ce se ridică deasupra orizontului în momentul nașterii va apărea pe hartă lângă ascendent, cea care se află chiar deasupra capului e poziționată la mijlocul cerului, iar cea care apune va fi marcată pe descendent. Planeta plasată în partea de jos a hărții se va găsi sub nivelul piciorului, în partea invizibilă a cerului. Dacă la naștere o planetă se află pe o foarte mică sferă față de aceste patru locuri, arhetipul corespondent tinde să aibă o deosebit de puternică influență în viața persoanei.

Voi trece scurt în revistă calitățile arhetipurilor asociate fiecărei planete și ale energiilor lor specifice, începând cu cele două astre strălucitoare, Soarele și Luna. **Soarele** reprezintă principiul central al energiei vitale și al identității personale, nucleul personalității, sau eul conștient. El stăpânește și voința persoanei și tendința de a se exprima ca individ independent. Energia arhetipală a Soarelui este masculină sau yang, în natură, și Soarele tinde să reflecte importante figuri de sex masculin din propria viață. Arhetipurile oricăror planete care formează aspecte semnificative cu Soarele vor avea o influență deosebit de puternică asupra vieții și caracterului persoanei.

Prin contrast, **Luna** reflectă acele părți ale firii noastre ascunse eului conștient și psihosomatic. Ea este strâns legată de aspectele emoționale și instinctiv reactive ale personalității și de acele aspecte ale psihicului de care nu suntem conștienți. Acest arhetip indică asocierea cu principiul feminin sau yin, cu relația timpurie mamă-copil și copilărie, cu importante figuri feminine în viață, cu propria casă și cu moștenirea ancestrală. Arhetipurile planetelor care formează aspecte importante cu Luna tind să fie deosebit de importante în viața individului; ele se vor manifesta în părți ale vieții guvernate de Lună.

Arhetipul lui **Mercur** reprezintă intelectul, rațiunea sau Logosul. El guvernează activitățile mintale, capacitatea de a percepe și învăța, de a conceptualiza, de a articula idei, de a folosi cuvintele și limbajul. El e asociat și cu capacitatea de deplasare, transport, stabilire de contacte cu alte persoane, conectarea cu ei și comunicarea ideilor. Aspectele majore dintre Mercur și alte planete reflectă felul în care o persoană primește și transmite informațiile, natura funcționării sale intelectuale și obiectivul său major în educație. Expresia mitologică a arhetipului este zeul grec Hermes (zeul roman Mercur), mesagerul zeilor.

Arhetipul lui **Venus** este în primul rând asociat cu principiul iubirii sau Eros. Își găsește expresia în senzualitate și sexualitate, în dorința de iubire, parteneriat și relații sociale și în procesul atragerii altor persoane sau al atracției către ele. Venus guvernează sensibilitatea estetică și expresia ei în activitățile artistice, ca și căutarea armoniei. Aspectele majore care conectează planeta Venus cu alte planete indică semnificative corelații cu capacitatea de a da și primi afecțiune și iubire, cu natura interacțiunilor noastre sociale și în special cu relațiile romantice și cu interesele, talentele, impulsurile artistice și aptitudinile de expresie. Arhetipul își găsește expresia mitologică în figura zeiței grecești Afrodita (la romani, Venus), zeița iubirii și frumuseții.

Arhetipul planetei Marte reprezintă principiul energiei dinamice, al impulsului sau pulsiunii. În domeniul material, el este asociat cu forțele naturii și tehnologia, războaiele și alte evenimente puternice și violente, cu vitalitatea și performanțele sportive, ca și cu aspectul yang al sexualității. În psihic, el guvernează ambiția, asertivitatea, competitivitatea, curajul, furia și violența. Aspecte sau tranzite importante în care este implicată planeta Marte tind să coincidă cu comportamentul asertiv și agresiv, conflicte și confruntări, ca și cu predispoziția la impulsivitate și rănire. În mitologie, Marte (la romani, Ares) este zeul războiului.

Jupiter este arhetipul asociat cu creșterea, expansiunea, succesul, fericirea și norocul. El guvernează tendința către optimism, experiența abundenței, urmărirea a ceea ce e mai bine sau mai înalt, generozitatea și mărinimia. În plus, este conectat cu deschiderea mintală, perspectivele vaste, înaltele standarde morale și idealurile filozofice, bogăția intelectuală și culturală. Datorită acestor caracteristici, Jupiter este numit adesea Marele Binefăcător. Partea sa de umbră este o insuficientă capacitate de înfrânare a impulsurilor, mândrie exagerată, excentricitate, extravaganță și excese de orice tip. Jupiter (Zeus, la greci) este cea mai înaltă zeitate din panteonul roman și regele zeilor olimpieni.

Arhetipul planetar al lui Saturn este în multe sensuri opusul polar al lui Jupiter. Deseori numit Marele Malefic, Saturn, în aspectul său negativ, reprezintă restricțiile, limitarea, insuficiența, lipsurile, înfometarea, oprimarea, reprimarea, inferioritatea, vinovăția și depresia. Mitologic, Saturn este un zeu roman adesea identificat cu zeul grec Kronos; el e astfel asociat cu efemeritatea, îmbătrânirea, moartea, sfârșitul lucrurilor, Tatăl Timpului și Secerătorul Nemilos.

Cu toate acestea, arhetipul lui Saturn are și o importantă funcție pozitivă ca principiu esențial pentru stabilizarea existenței noastre de fiecare zi, deoarece guvernează structura, realitatea materială a lucrurilor, ordinea și succesiunea liniară a evenimentelor. În relație cu nașterea biologică (și procesul morții și renașterii psiho-spirituale), reprezintă stadiul în care contracțiile intrauterine comprimă periodic bebelușul, dar cervixul este încă închis și nu pare să existe vreo ieșire.

În viața personală, Saturn definește siguranța, maturitatea, responsabilitatea și fidelitatea. El e și principiul care ne confruntă cu consecințele acțiunilor noastre în această viață, ca și în încarnările anterioare și reprezintă elementul supraeului, legii morale, conștiinței și judecății. Aspectele majore ale lui Saturn sugerează împrejurări critice pe care le vom întâlni în viață, dar definește și ceea ce avem de făcut în lume și oferă importante prilejuri de creștere. Tranzitele care îl implică pe Saturn marchează tipic perioadele critice de dezvoltare în viață și momentele de „muncă grea". Ele aduc dificile încercări și necazuri personale dificile, dar creează și structurile de rezistență, și conduc spre importante realizări.

Comparat cu alte planete de la Marte până la Saturn, arhetipul asociat cu planeta Uranus nu indică o corespondență puternică cu zeul grec Uranus (Cerul), care își ura copiii și a fost, la cererea Gheei, castrat de Cronos. După cum a arătat convingător Richard Tarnas (1995), proprietățile arhetipului planetei Uranus pot fi cel mai bine înțelese în termenii miticei figuri a lui Prometeu, titanul care a furat focul din ceruri pentru a da omenirii o mai mare libertate.

Uranus reprezintă principiul surprizei, al revoltei împotriva status quo-ului, al activității revoluționare, eliberării, trezirii spirituale și al soluțiilor emoționale și realizărilor intelectuale. În plus, el guvernează colapsul brusc al structurilor stabile, individualismul și originalitatea, intuițiile revoluționare, geniul creator, invenția și tehnologia. În legătură cu procesul nașterii biologice, Uranus este cel mai strâns legat de stadiul final al nașterii, în care disconfortul și presiunile culminează și se soluționează cu o eliberare explozivă.

Partea de umbră a arhetipului lui Uranus (Prometeu) își găsește expresia în anarhie, excentricitatea sterilă și acțiunea nediscriminată împotriva limitelor și legilor de orice tip. La persoanele lipsite de intuiție psihologică și spirituală care încearcă să reziste impactului său arhetipal, poate fi asociat și cu schimbări fulminante în viață, în care persoana este o victimă pasivă și neajutorată mai degrabă decât un agent entuziast al schimbării. Când Uranus se află într-un aspect major cu altă planetă, tinde să-și elibereze arhetipul planetar într-o expresie cât mai deplină, deseori în moduri bruște, neașteptate, neobișnuite, surprinzătoare și interesante.

Arhetipul lui Neptun este legat de disoluția granițelor – între sine și alții, eu și natură, eu și Univers, lumea materială și celelalte realități, eu și Dumnezeu. El e arhetipul uniunii mistice, al conștiinței cosmice, al domeniilor imaginar și spiritual. Totuși, dizolvarea granițelor nu înseamnă neapărat transcendență. Partea de umbră a lui Neptun îl asociază și cu pierderea stabilității, refugierea din realitatea cotidiană în fantezie, autoamăgire, iluzie, halucinații, distorsionare psihotică a realității, confuzia alcoolicului și a dependentului de droguri.

Neptun își găsește expresia în extazul transcendental al misticului, dar și în jocul divin al *maya* care ne ține prinși în capcana lumii samsarice[1]. El se poate manifesta în suprema claritate a experienței mistice, dar și prin confuzia psihoticului. Stă la baza altruismului sfântului și yoghinului, dar poate duce și la pierderea individualității având ca rezultat dezorientarea și neajutorarea.

Neptun e arhetipul viselor și aspirațiilor idealiste, al vindecării fizice și psihologice, al căutării spirituale, al intuiției superioare, percepției extrasenzoriale și imaginației creative. Când o planetă este în aspect major cu Neptun, arhetipul ei tinde să fie slăbit, idealizat sau spiritualizat. După cum sugerează natura mitologică a zeului roman al oceanului, Neptun (grecul Poseidon), acest arhetip e strâns legat de apă, indiferent dacă este vorba despre mediul amniotic al uterului, fluidele corporale sau râurile, lacurile și oceanele.

Pluto este arhetipul energiei primordiale – principiul dinamic din spatele creației cosmice, forța vieții universale care constituie motorul evoluției în natură și societatea umană (kundalini shakti), ca și energia distrugerii (Devoratoarea Zeiță Mamă Kali). El reglementează procesele biologice fundamentale – nașterea, sexul și moartea, procesul transformator al morții și renașterii psiho-spirituale și

---

[1] Samsaric – termen hindus care se referă la ciclul continuu în care același suflet se naște în mod repetat. (n.t.)

forțele instinctuale din corp și psihic (sinele freudian). Pluto reflectă elementele pământene, lumea subpământeană, fie în sensul său literal (lumea subterană, infrastructura metropolei), fie în sens metaforic (cartierele cu lumină roșie, crima organizată), fie în sens psihologic (inconștientul), sau în sens arhetipal/mitologic.

În legătură cu procesul nașterii biologice și omologul său psiho-spiritual, procesul de moarte-renaștere, Pluto corespunde stadiului în care copilul este expulzat cu putere din corpul mamei și duce o luptă pe viață și pe moarte în canalul nașterii. În acest moment sunt eliberate puternice energii fizice și intense energii instinctuale (libidinale și agresive). Mitologic, Pluto (Hades, la greci) este zeul lumii subpământene. Când Pluto se află în aspectele unei alte planete, tinde să intensifice și să dea putere arhetipului planetei, devenind o influență importantă sau chiar o forță constrângătoare în viața persoanei. Aceasta poate duce la diferite bătălii și conflicte pentru putere, dar și la o profundă transformare.

Pe lângă caracteristicile individuale specifice ale arhetipurilor asociate cu cele zece planete, astrologii sunt interesați și de *aspecte*, relațiile angulare cu planetele din harta natală, și *tranzite*, relațiile angulare ce se formează în timpul vieții unei persoane între pozițiile continue ale planetelor și pozițiile lor la naștere. În funcție de natura relațiilor angulare ale planetelor implicate, aspectele și tranzitele reflectă interacțiuni fie armonioase, fie dificile între arhetipurile corespunzătoare.

Harta natală prezintă configurația arhetipală generală care ne guvernează personalitatea și viața ca întreg. Ea indică unde ne-am putea aștepta la tensiuni și fricțiuni între principiile arhetipale implicate sau, dimpotrivă, la o cooperare armonioasă între ele. Totuși, horoscopul natal rămâne același pe parcursul întregii vieți și nu ne dă singur nicio informație despre schimbările prin care trecem în diferite stadii și perioade din viață. După cum știm, există diferențe importante în calitatea experiențelor noastre de la an la an, lună la lună sau chiar de la zi la zi. Astrologia sugerează că schimbările în câmpurile arhetipale ce ne guvernează viața de-a lungul timpului sunt corelate cu mișcările planetelor și pot fi astfel prezise. Corelațiile fac obiectul unei ramuri a astrologiei numită astrologie a tranzitelor.

Astrologia tranzitelor susține că desfășurarea concretă a potențialelor incluse în harta natală este guvernată de *tranzite planetare*, adică de relația dintre pozițiile planetelor la un moment dat și pozițiile lor în horoscopul natal. Complexitatea și natura dinamică a relațiilor care rezultă e cu totul deosebită și poate fi folosită ca un sistem de referință clar definit. Spre deosebire de abordările convenționale – cum ar fi testele psihologice tradiționale – astrologia tranzitelor se potrivește cu natura schimbătoare a experienței noastre cotidiene, ca și cu bogăția și variabilitatea conținutului stărilor holotropice de conștiință.

Durata tranzitelor depinde de orbite și de viteza planetelor implicate. Predicțiile influențelor arhetipale în evenimentele lumești pe baza tranzitelor pot fi astfel făcute pe perioade care merg de la câteva ore (Luna) și zile (Soare, Mercur, Venus, Marte) la mai multe luni sau chiar ani (planetele externe). Tranzitele planetelor externe – Saturn, Uranus, Neptun și Pluto – sunt cele care au cea mai mare semnificație și influență asupra vieții noastre și mai ales asupra dinamicii dezvoltării psiho-spirituale și a evoluției conștiinței.

Calitatea interacțiunilor dintre două sau mai multe arhetipuri planetare este descrisă de relațiile lor angulare (măsurate în grade de longitudine cerească de-a lungul elipticii). În general, cu cât această relație este mai exactă, cu atât mai pronunțată va fi interacțiunea arhetipală. Caracterul relațiilor se bazează pe principiile formulate de Pitagora în teoria sa despre numere și muzică. Cele mai importante aspecte sunt obținute prin împărțirea cercului de 360° prin numere întregi: 1, 2, 3, 4 și respectiv 6. Calitatea aspectelor este apoi definită în termenii înțelesului pitagoreic al numerelor corespunzătoare.

Conjuncția (aproximativ 0°) este caracterizată de o puternică fuziune a celor două arhetipuri planetare implicate, incluzând potențialele lor pozitive și negative. *Opoziția* și *cuadratura* (180° și 90°) reprezintă o interacțiune dificilă și deseori conflictuală („grea"), în timp ce *triada* și *sextilul* duc la o interacțiune armonioasă și cursivă

(„blândă"). Altă situație importantă care reunește influențele arhetipale este *mijlocul cerului*; acesta este un termen folosit când o planetă este poziționată exact la jumătatea distanței dintre alte două.

Există multe alte variabile folosite în practica astrologiei, precum poziționarea planetelor în semnele zodiacului și „casele", care împart harta în 12 segmente de 30 de grade, cu anumite sensuri. Se pot folosi și diferite tehnici predictive – progresii, studiul arcelor solare, revenirile Soarelui și Lunii, armonicele, astrocartografia și altele. Totuși, sistemul pe care l-am descris pe scurt mai sus poate oferi singur predicții extraordinar de precise și de concrete despre multe aspecte diferite ale existenței. Ca și arhetipurile jungiene, el poate fi folosit pentru o înțelegere mai profundă a indivizilor – personalitățile lor, tiparele de comportament și desfășurarea vieților lor – ca și mișcările culturale și dezvoltările istorice care implică mase mari de oameni.

Este important de înțeles că astrologia poate fi folosită doar pentru a face predicții arhetipale, nu predicții ale unor anumite situații concrete. Ea poate descrie ce calități arhetipale sau principii universale vor funcționa la un moment dat, indicând natura interacțiunii lor și specificând relația lor cu harta natală a persoanei. Oricât de remarcabile pot fi predicțiile, câmpul lor general va lăsa suficient spațiu creativității cosmice să exprime potențialul arhetipal sub forma evenimentelor și comportamentelor specifice concrete. Nici cel mai bun astrolog nu va fi capabil să citească din hartă cu certitudine că într-o anumită zi vom fi angajați pentru o anumită sarcină, vom pierde bani la bursă, ne vom întâlni sufletul-pereche, vom câștiga la o loterie sau vom fi arestați.

Când folosim astrologia în lucrul cu stările holotropice, complexitatea interpretărilor crește cu numărul tranzitelor planetare ce au loc în acel moment și cu numărul de planete implicate în ele. În multe cazuri, două sau mai multe tranzite importante pot opera simultan și energiile lor pot fi în conflict una cu alta. O interpretare cuprinzătoare necesită un astrolog experimentat, care să evalueze o anumită situație și să analizeze harta natală și tranzitele ca pe un câmp unificat și un gestalt integral.

După această introducere generală, aș vrea să ilustrez remarcabilele corelații dintre natura și conținutul stărilor holotropice și tranzitele planetare prin două analize de caz condensate. Primul exemplu este un episod neobișnuit de puternic dintr-o ședință cu doză mare de LSD, al doilea – o criză psiho-spirituală spontană.

FLORA

Când lucram la Centrul de Cercetări Psihiatrice Maryland din Baltimore, am fost invitat la o întrunire a personalului de la Spitalul de Stat Spring Grove. Unul dintre psihiatri prezenta cazul Flora, o pacientă de 28 de ani, necăsătorită, care era spitalizată în acel moment de peste opt luni într-o celulă încuiată. Toate terapiile disponibile, inclusiv tranchilizantele, antidepresivele, psihoterapia și terapia ocupațională, fuseseră încercate, dar fără rezultat, și ea avea dinainte transferul într-o secție de bolnavi cronici.

Flora avea una dintre cele mai complicate și mai dificile combinații de simptome și probleme pe care le-am întâlnit în întreaga mea practică psihiatrică. La 16 ani, făcuse parte dintr-o bandă care întreprinsese un jaf armat și omorâse un paznic. Fiind șoferul mașinii cu care agresorii urmau să fugă, Flora petrecuse patru ani în închisoare și fusese eliberată condiționat. În anii dificili care urmaseră, ea devenise dependentă de mai multe substanțe. Era alcoolică și dependentă de heroină și folosea deseori doze mari de psihostimulante și barbiturice. Depresiile ei grave erau asociate cu violente tendințe sinucigașe; avea frecvent impulsul de a se arunca cu mașina de pe o stâncă sau de a se ciocni cu un alt vehicul.

Suferea și de vomă isterică ce apărea ușor în situații în care trăia o emoție mai intensă. Cel mai chinuitor dintre simptomele ei era o puternică crampă facială dureroasă pentru care un neurochirurg de la Johns Hopkins sugerase o operație pe creier, ce consta în secționarea nervilor implicați. Flora era lesbiană, avea conflicte grave și simțea multă culpabilitate în legătură cu aceasta; nu avusese niciodată un act heterosexual. Pentru a complica și mai mult situația, era condamnată de tribunal pentru că își rănise grav prietena și colega de cameră, în timp ce încerca să curețe un pistol aflându-se sub influența heroinei.

La sfârșitul conferinței de la Spring Grove, psihiatrul care se ocupa de ea ne-a întrebat pe dr. Charles Savage și pe mine dacă am vrea să preluăm cazul Florei pentru o viitoare terapie cu LSD. Am considerat că este o decizie extrem de dificilă, mai ales pentru că tocmai atunci se declanșase o isterie națională față de LSD. Flora avea deja cazier, avusese acces la arme și avea tendințe sinucigașe. Eram perfect conștienți că atmosfera era de așa natură, încât dacă i-am fi acordat o ședință cu LSD, orice s-ar fi întâmplat după aceea ar fi fost automat considerat influența substanței și a tratamentului nostru, fără a se ține seamă de istoria cazului. Pe de altă parte, toate celelalte tratamente eșuaseră și pe Flora o aștepta o viață de spitalizare. După o oarecare deliberare, am hotărât să riscăm și să o acceptăm în programul LSD, simțind că situația ei disperată justifica riscul.

Primele două ședințe cu doze mari de LSD au fost la Flora destul de asemănătoare cu multe altele realizate de mine în trecut. Trebuise să se confrunte cu un număr de situații din copilăria ei tumultuoasă și trăise repetate secvențe ale bătăliei din canalul nașterii. A fost capabilă să-și conecteze violentele tendințe suicidare și dureroasele crampe faciale cu anumite aspecte ale traumei nașterii și să-și elibereze mari cantități de tensiune fizică și emoțională. În ciuda acestui lucru, câștigurile terapeutice păreau minime. În a treia ședință LSD, nu s-a întâmplat nimic extraordinar în primele două ore; trăirile ei erau asemănătoare cu cele din primele două ședințe. Brusc, a început să se plângă că durerile produse de crampele din mușchii faciali deveniseră insuportabile. Sub ochii noștri spasmele ei faciale s-au accentuat grotesc și chipul ei a înghețat în ceea ce ar fi cel mai bine descris ca o mască a răului.

A început să vorbească cu o voce adâncă, masculină, și totul la ea era atât de diferit acum, încât nu am putut vedea nicio legătură între aspectul prezent și fostul său eu. Ochii aveau o expresie de o indescriptibilă răutate, mâinile erau spastice și păreau niște gheare. Energia care pusese stăpânire pe corpul și pe vocea ei a luat o formă personificată și s-a prezentat ca fiind diavolul. „El" s-a întors direct către mine, poruncindu-mi să nu mă mai apropii de Flora și să renunț la orice încercare de-a o ajuta. Ea îi aparținea și avea să pedepsească pe oricine îndrăznea să-i invadeze teritoriul. A urmat un șantaj explicit, o serie de descrieri sinistre ale lucrurilor care ni s-ar fi întâmplat mie, colegilor mei și programului dacă nu mă voi supune. E greu de descris atmosfera ciudată evocată de scenă; se simțea prezența aproape tangibilă a unui străin în cameră. Puterea șantajului a fost amplificată și de faptul că implica informații concrete la care pacienta nu ar fi avut acces în viața cotidiană.

Deși mai văzusem manifestări similare la unele ședințe LSD, ele nu au fost niciodată atât de realiste sau de convingătoare. Mă aflam sub un stres emoțional considerabil cu dimensiuni metafizice. Era dificil să-mi controlez frica și tendința de-a intra în ceea ce am simțit că ar fi fost o luptă activă cu Prezența. M-am surprins gândind cu repeziciune, încercând să aleg cea mai bună strategie. La un moment dat, m-am gândit serios că ar trebui să avem și un crucifix în panoplia noastră terapeutică. Motivul acestei idei a fost că era desigur vorba de manifestarea unui arhetip jungian și că o cruce ar fi putut, în aceste condiții, să funcționeze ca un remediu arhetipal concret.

Curând mi-a devenit clar că emoțiile mele, frică sau agresivitate, făceau entitatea mai reală. Nu puteam să nu mă gândesc la scene din Star Trek, un serial SF american, în care apărea o entitate care se hrănea cu emoții. În final, am realizat că era esențial să rămân calm și atent. Am hotărât să intru într-o stare meditativă, în timp ce țineam mâna crispată a Florei, și să încerc să relaționez cu ea în forma în care o cunoscusem înainte. În același timp, am încercat să vizualizez o capsulă de lumină care ne învăluia pe amândoi și care intuitiv mi s-a părut cea mai bună abordare. Situația a durat cronologic mai mult de două ore; în termenii timpului subiectiv au fost cele mai lungi două ore pe care le-am trăit vreodată.

După aceasta, mâinile Florei s-au relaxat și fața i-a revenit la normal; schimbările au fost la fel de bruște ca și începutul stării ciudate. Curând am descoperit că nu-și amintea nimic din cele două ore precedente. Mai târziu, în relatarea scrisă, ea a descris primele ore ale ședinței și a continuat cu perioada post-"posedare". M-am întrebat serios dacă este bine sau nu să discut perioada acoperită de amnezia ei și am decis să nu o fac. Nu părea să existe niciun motiv care să inducă o temă atât de macabră în mintea ei conștientă.

Spre surprinderea mea, ședința a dus la o uimitoare realizare terapeutică. Flora a renunțat la tendințele sinucigașe și a ajuns să aprecieze altfel viața. A renunțat la alcool, heroină, barbiturice și a început să participe cu entuziasm la întrunirile unui mic grup religios din Catonsville. Rar a mai avut crampe faciale; energia care stătea în spatele lor părea să se fi epuizat în „masca răului" pe care o menținuse timp de două ore. Recurența ocazională a durerii era neglijabilă ca intensitate și nu necesita medicație.

Flora a început și să încerce relații heterosexuale și, în final, s-a căsătorit. Totuși, acomodarea ei sexuală nu a fost reușită; era capabilă de actul sexual, dar acesta era dureros și nu foarte plăcut. Căsătoria s-a încheiat peste trei luni și Flora a revenit la relațiile ei lesbiene, de această dată însă cu mult mai puțină vinovăție. Starea i s-a ameliorat atât de mult, încât a fost acceptată ca șofer de taxi. Deși în anii următori a avut momente și bune și rele, nu a trebuit să se întoarcă la spitalul psihiatric care i-ar fi putut deveni domiciliu permanent.

Chiar și la o analiză superficială, harta natală a Florei și tranzitele ei în momentul ședinței, fără ora exactă a nașterii, arătau o corespondență remarcabilă cu natura și conținutul episodului. Cea mai vizibilă parte a hărții ei natale este stellium, implicând patru planete pe o rază de 11 grade (Neptun, Mercur, Soarele și Marte), cu Neptun la șase grade și jumătate de Soare.

Dacă arhetipul Soarelui reprezintă un principiu de identitate și individualitate personală, Neptun tinde să slăbească funcțiile eului și să dizolve granițele psihologice; le face permeabile la influxul de elemente din domeniile transpersonale și inconștientul colectiv. Neptun în tranzit la exact un sextil de poziția sa pe harta natală a Florei intensifică și mai mult această slăbire a granițelor. Aspectele Soare/Neptun sunt caracteristice misticilor și mentorilor spirituali (Meher Baba sau C.G. Jung), dar în cazuri mai problematice ele pot fi întâlnite și la oameni cu o structură a eului slabă și o potențială vulnerabilitate psihologică la invazia altor prezențe sau identități. Participarea lui Marte în stelliumul natal al Florei dă conexiunii o calitate distinct agresivă, în timp ce Mercur aduce elementul minții și comunicării.

Ședința Florei a avut loc la sfârșitul anilor '60, în coincidență cu tripla conjuncție Pluto, Uranus și Jupiter ce s-a manifestat în această perioadă pe cer pentru întreaga lume (singurul moment în care s-a întâmplat în acest secol). Conjuncția tranzita stelliumul natal descris mai sus, cu Pluto în mai strânsă conjuncție cu Neptun și Mercur și cu Jupiter în conjuncție exactă cu Soarele ei. Combinația Jupiter, Uranus și Pluto este una dintre cele mai puternic expansive, transformatoare și potențial eliberatoare configurații. Avându-le pe toate în conjuncție cu Soarele din stelliumul natal, cea mai importantă parte a hărții ei era un tranzit unic în viață, cu un potențial imens de schimbare psihologică și eliberare.

Flora trăia astfel ca un tranzit personal puternic conjuncția lui Pluto cu Uranus care, ca tranzit colectiv, era corelat cu atmosfera generală de eliberare culturală, socială, sexuală și spirituală din anii '60 și cu Zeitgeist-ul dionisian al perioadei. Conjuncția lui Jupiter cu Uranus și Pluto în 1968 și 1969 a coincis cu eliberarea cu succes, la scară largă, a energiilor primitive emancipatorii. Jupiter în tranzit și conjuncție cu Soarele tinde să aducă un eveniment sau o experiență care implică norocul și dezvoltarea.

Neptun opus lui Uranus este configurația care coincide cu o revelație spirituală neașteptată. Acesta era tranzitul colectiv în momentul nașterii lui Isus și la începuturile creștinismului; este foarte interesant, pentru că experiența Florei a dus la o convertire religioasă, ea implicându-se în comunitatea creștină din Catonsville.

Conjuncția lui Pluto în tranzit cu Neptunul natal al Florei este o combinație foarte puternică în sine. Ea coincide regulat cu profunde schimbări de conștiință, influx de material inconștient, semnificative experiențe mistice și urgențe spirituale care duc la profunde transformări psiho-spirituale. Pluto întărește efectele oricărui arhetip planetar cu care formează o relație angulară semnificativă cu o forță potențial distructivă și, în cele din urmă, transformatoare. În cazul Florei, înseamnă amplificarea impactului eliberator al lui Uranus, ca și intensificarea influxului energiilor transpersonale în conștiință și permeabilizarea granițelor personalității asociată cu Neptun.

Eliberarea demonicului și prin demonic, ca și eliberarea entuziastă a eului pot fi atribuite influenței arhetipului lui Uranus în combinație cu Jupiter. Interesul față de activitățile satanice aparținea aspectelor de umbră ale anilor '60, după cum se vede și din crimele comise de Charles Manson. Deplina manifestare a aspectului demonic al arhetipului lui Pluto (strâns legat de MPF III) putea, în cazul Florei, să fie explicată prin slăbirea foarte intensă a eului individual, combinată cu caracterul traumatic al biografiei ei.

În legătură cu capacitatea demonicei entități de a folosi pentru șantaj informații pe care nici Flora nu le poseda, este interesant de menționat că acea conjuncție Neptun/Mercur este deseori întâlnită la indivizi cu dotări psihice neobișnuite și capacitate de a accesa și canaliza informații telepatice, precum Rudolf Steiner sau mediumul american Anne Armstrong. Pare de asemenea relevant că tranzitul lui Pluto prin conjuncția natală Mercur/Neptun este adesea asociat cu intensificarea performanțelor oratorice, agresiunea verbală, folosirea limbajului obscen, confruntarea cu informații secrete și tentative de șantaj.

În momentul în care a avut loc ședința, Flora avea 28 de ani și era la începutul întoarcerii lui Saturn, care are loc între 28 și 30 de ani la toate persoanele. Întoarcerea lui Saturn marchează sfârșitul unui întreg ciclu de viață, caracterizat printr-un sentiment de contractare și gravitate, evenimente și experiențe de mare importanță pentru maturizare și uneori întâlnirea cu moartea. Acesta este urmat de o completare, eliberare și tranziție către un nou ciclu de viață. În combinație cu puternicul tranzit descris mai sus, întoarcerea lui Saturn va da schimbărilor apărute o mult mai mare profunzime structurală și un caracter mai durabil.

Există și unele aspecte suplimentare ale hărții Florei și ale tranzitelor ei în momentul ședinței, semnificativ legate de istoria ei de viață, în general, și de conținutul ședinței ei, în particular. Conjuncția Pluto/Venus este tipic asociată cu sexualitatea interzisă și cu rușinea asociată ei. Este și arhetipul atracției față de întuneric, de iubitul subpământean și, în cazuri extreme, de iubitul demonic. În mitologie, acest motiv își găsește expresia în răpirea Persefonei în lumea subpământeană de către Hades („ea îmi aparține"). Flora prezintă o conjuncție natală Soare/Pluto care explică, printre altele, atracția ei față de lumea criminală subpământeană.

Flora mai are un alt stellium în harta natală, o triplă conjuncție – Uranus, Jupiter și Saturn. Uranus în conjuncție cu Jupiter este arhetipul rebelului cultural. Conjuncția Uranus/Saturn duce la depresie agitată, impulsuri violente ce pot provoca leziuni structurale (tendința de a produce o coliziune frontală sau de a se arunca cu mașina de pe o stâncă) și înclinația către accidente (împușcarea prietenei). Conjuncția ei natală Marte/Neptun este caracteristică pentru dependența invazivă față de droguri și susceptibilitate față de intruziuni agresive din partea inconștientului său. Mai există și alte aspecte natale și tranzite relevante în cazul Florei, dar această scurtă relatare a celor mai semnificative ne poate da o bună idee despre corelațiile majore.

Analiza istoriei următorului caz și a corelatelor astrologice ne permite să vedem similaritățile și diferențele dintre cele două cazuri. Ea ne arată, de asemenea, că manifestările specifice ale acelorași arhetipuri și combinațiile lor nu sunt rigid determinate. Arhetipurile astrologice își pot găsi diferite expresii, în timp ce rămân fidele naturii lor. Dacă suntem deschiși la ideea exprimată de termenul indian *lila* că Universul este un joc al Minții Universale, multivalența arhetipurilor lasă loc unui grad considerabil de variație creatoare în cadrul gamei de câmpuri arhetipale.

KAREN

Karen era o tânără drăguță care avea aproape 30 de ani; blondă și zveltă, emana o frumusețe delicată, de vis. Din afară părea timidă și tăcută, dar era foarte inteligentă și activă fizic. Avusese o copilărie dificilă; mama ei se sinucisese când Karen avea 3 ani și ea crescuse cu un tată alcoolic și a doua lui soție. Plecând de acasă înainte de a împlini 20 de ani, trăise perioade de depresie și se lupta periodic cu o nestăpânită poftă de mâncare.

Călătorise, studiase și se îndrăgostise de jazz, devenind o dansatoare foarte bună și uneori profesoară de dans. Îi plăcea să cânte și căpătase competență profesională ca maseză. Karen se stabilise la țară, unde îl cunoscuse și începuse să trăiască împreună cu Peter, un bărbat blând și afectuos; deși nu erau căsătoriți, aveau o fetiță, Erin, de care erau amândoi foarte atașați.

Povestea lui Karen reprezintă cel mai dramatic final al asocierii între o emergență treptată, blândă, și o criză spirituală extremă. Chiar și așa, multe dintre problemele legate de experiența ei sunt valabile pentru orice persoană care trece printr-un proces de transformare. O mare parte din ceea ce vom descrie a putut fi observat direct.

Criza lui Karen a conținut toate elementele unei adevărate urgențe spirituale. A durat trei săptămâni și jumătate și i-a schimbat complet modul obișnuit de a fi, necesitând o atenție permanentă. După ce intrase de câteva zile în criza spirituală, unii dintre prietenii ei, care cunoșteau interesul nostru pentru acest domeniu, ne-au rugat să ne implicăm în îngrijirea ei. Am văzut-o aproape zilnic în ultimele două săptămâni și jumătate ale episodului său.

Așa cum se întâmplă cu multe urgențe spirituale, începutul crizei lui Karen a fost rapid și neașteptat, iar ea a fost atât de absorbită și de copleșită de experiențe, încât nu a mai putut avea grijă de ea sau de fiica ei de trei ani, care a rămas cu tatăl. Prietenii din comunitatea în care trăia au hotărât ca, în loc să o spitalizeze, să o îngrijească ei pe rând 24 de ore pe zi.

Karen a fost mutată într-o cameră din casa în care locuiau câțiva dintre prietenii ei. Aceștia au organizat apoi un „serviciu de supraveghere": câte doi, în ture de două-trei ore, pe parcursul celor 24 de ore. Chiar lângă ușă, era un caiet unde persoanele care o îngrijeau semnau și își notau impresiile cu privire la starea lui Karen, ce spusese sau făcuse, ce lichide sau hrană solidă consumase și la ce fel de comportamente se putea aștepta următorul cuplu.

În prima zi a episodului ei, Karen a observat că începe brusc să vadă mai clar, nu mai vedea „șters și vag" ca de obicei. Auzea voci de femei care îi spuneau că intra într-o experiență benignă și importantă. Timp de multe zile o cantitate uriașă de căldură a radiat din corpul lui Karen și ea a avut viziuni ale focului și ale unor câmpuri roșii, simțindu-se din când în când chiar consumată de flăcări. Pentru a-și reduce setea extraordinară pe care o resimțea ca fiind produsă de senzațiile de ardere, a băut mari cantități de apă.

Părea dusă de-a lungul acestui episod de o enormă energie ce se scurgea prin ea, purtând-o prin diferite niveluri ale inconștientului și ale amintirilor, emoțiilor și ale altor sentimente și senzații blocate acolo. Redevenind copil, a retrăit sinuciderea mamei sale și abuzurile fizice din partea mamei vitrege. La un moment dat, o amintire din copilărie, când era bătută cu o curea, s-a transformat brusc și a simțit că este un african negru care suferea biciuirea pe o corabie plină de sclavi.

S-a luptat să traverseze durerea fizică și emoțională a propriei nașteri biologice și a retrăit repetat nașterea fiicei sale. A trăit moartea de multe ori și în multe forme, și preocuparea ei față de moarte i-a îngrijorat pe cei care o ajutau, făcându-i să se teamă de posibilitatea unei încercări de sinucidere. O asemenea întâmplare era imposibilă din pricina siguranței mediului și a atenției celor care o însoțeau. Toți cei care luau parte o supravegheau atent, stând mereu lângă ea și încurajând-o să țină experiențele interiorizate, în loc să le transpună în practică.

Periodic, Karen se simțea în legătură cu mama ei moartă și cu o prietenă care murise într-un accident cu un an înainte. Spunea că îi lipsesc și că abia așteaptă să li se alăture. Alteori, simțea că vede alte persoane murind sau că ea însăși murea.

Spunându-i că poate trăi moartea simbolic, fără să moară cu adevărat, fizic, cei care o însoțeau au rugat-o să țină ochii închiși și au încurajat-o să trăiască pe deplin aceste succesiuni ale morții interioare și să descrie emoțiile dificile implicate. Ea a fost de acord și în scurt timp a depășit intensa confruntare cu moartea trecând la alte experiențe.

Timp de câteva zile, Karen a fost purtată prin succesiuni de elemente ale răului. Uneori simțea că e o vrăjitoare din vechime care participă la ritualuri magice de sacrificiu, alteori simțea că un monstru teribil se află în interiorul ei. Când bestia diabolică își dezlănțuia energiile demonice, ea umplea camera cu strigăte furioase și se rostogolea pe podea, schimonosindu-și fața. Cei care o însoțeau au realizat că discursul nu era îndreptat către ei, au protejat-o să nu se rănească și au încurajat exprimarea deplină a acestor impulsuri în condiții de siguranță.

Uneori, experiența ei se centra pe sexualitate. A retrăit unele amintiri traumatice din propria-i istorie sexuală, și a simțit o puternică energie în pelvis. După ce a ajuns să privească sexualitatea ca pe un impuls instinctual inferior, a avut o profundă experiență spirituală în timpul căreia a început să aibă același mod de a vedea lucrurile ca și unele tradiții ezoterice, în special tantra: impulsul sexual nu este doar un simplu instinct biologic, ci și o forță spirituală, divină. A simțit că este prima femeie căreia i s-a încredințat o astfel de înțelegere și și-a exprimat respectul pentru rolul ei mistic de mamă dătătoare de viață.

La un moment dat, Karen s-a simțit una cu pământul și cu popoarele lui și s-a temut ca ambele să nu fie distruse. A văzut că planeta și populația ei se îndreaptă spre anihilare, și a exprimat informații clare și complexe despre situația lumii. A văzut imagini ale conducătorilor sovietici și americani cu degetele pe „buton" și a oferit comentarii exacte și uneori umoristice despre politica internațională.

Timp de câteva zile, Karen a intrat în contact direct cu un puternic șuvoi de creativitate, exprimându-și multe dintre experiențe sub forma unor cântece. Era uimitor: după ce o temă interioară apărea în conștiință, fie crea un cântec despre ea, fie își amintea unul, cântând cu plăcere în toate etapele procesului.

Karen era extrem de dotată psihic, deosebit de sensibilă și foarte „acordată" la lumea din jur. Era capabilă să „citească" orice persoană din jur, deseori anticipându-i comentariile și acțiunile. Una dintre persoanele care urmau să stea cu ea vorbise despre Karen înainte de a intra în cameră. Intrând, aceasta a fost uimită de exactitatea cu care Karen i-a relatat ceea ce discutase. Spre neplăcerea celor implicați, ea comenta foarte deschis despre teatrul care se juca în jurul ei și taxa imediat pe cine era prea rigid sau prea dominant.

După aproximativ două săptămâni, unele stări dificile, dureroase au început să piardă din intensitate și Karen a avut parte de experiențe tot mai plăcute, pline de lumină, și s-a simțit tot mai legată de o sursă divină. A văzut în sine o bijuterie sacră, o perlă strălucitoare despre care simțea că simbolizează adevăratul său centru și a petrecut o mulțime de timp vorbindu-i afectuos și îngrijind-o. A primit instrucțiuni de la o sursă interioară despre modul în care să se iubească și să se îngrijească de ea însăși și a simțit că rănile emoționale pe care le purtase în suflet și în corp se vindecau. Spunea că se simțea specială, „nou-născută", ca și cum ar fi trăit o „a doua naștere", observând: „Mă deschid către viață, iubire, lumină și sine."

Pe măsură ce Karen a început să se apropie de sfârșitul experienței sale, a devenit din ce în ce mai puțin absorbită de lumea ei interioară și tot mai interesată de fiica ei și de alte persoane din jur. A început să mănânce și să doarmă cu regularitate și a devenit tot mai capabilă să se ocupe de o parte din nevoile sale zilnice. Voia să-și încheie experiența și să se întoarcă acasă și i-a devenit clar că și cei din jur erau pregătiți ca episodul să se încheie. S-a ajuns la o înțelegere între Karen și ajutoarele sale ca ea să încerce să-și reia responsabilitățile zilnice față de ea și fetița ei.

Am avut prilejul să vorbim cu Karen în câteva ocazii după episod și am fost foarte bucuroși să vedem că schimbările pozitive se dovedeau a fi de durată. Dispoziția ei sufletească se ameliorase și continua să fie tot mai sigură pe sine și mai deschisă. Încrederea tot mai crescută în forțele proprii i-a îngăduit mai apoi să ia parte în calitate de cântăreț profesionist la diferite evenimente publice.

Ca și în cazul Florei, harta lui Karen este dominată de un puternic stellium, implicând patru planete (Venus, Pluto, Mercur și Marte), toate reunite pe o arie restrânsă de 8 grade, cu Soarele și Uranus de asemenea în conjuncție strânsă cu toate aceste șase planete în Leu. Surprinzător, enorma energie inerentă acestei hărți nu era foarte vizibilă și abia în momentul în care harta ei nu a fost activată de tranzite importante ale planetelor externe i-a fost eliberat extraordinarul potențial. Caracterul dramatic și neașteptat al acestei eliberări s-a datorat unui tranzit major al lui Pluto care, o dată în viață, echilibra tocmai atunci natala sa conjuncție Uranus/Saturn.

Susceptibilitatea lui Karen la influxul masiv de profund material inconștient ce caracterizează episodul ei de criză spirituală a fost parțial legat de cvadratura dintre Neptun și Soare pe harta ei natală. Similar cu conjuncția Soare/Neptun a Florei, cvadratura lui Karen s-a reflectat într-un eu foarte „poros", vulnerabil la invazia materialului din domeniile transpersonale. Din nou, ca și în cazul Florei, tranzitantul Pluto, în cvadratură cu conjuncția Uranus/Soare, a activat această configurație natală. Și, simultan, tranzitul lui Uranus a eliberat combinatele energii arhetipale ale conjuncției cvadruple din stellium.

În octombrie și noiembrie 1986, tranzitul lui Pluto prin Uranus/Soare a coincis cu o descătușare de creativitate spectaculoasă. Acest lucru sa manifestat sub forma unei necontenite dezlănțuiri de energie manifestată printr-o năvală de idei și logoree la Karen, prin crearea de neologisme, jocuri de cuvinte și cântece complet noi. Deseori își însoțea cântecele și monoloagele de gesturi, grimase și mișcări de dans foarte originale.

Încărcătura extraordinar de agresivă Pluto/Marte și-a găsit expresia în experiențele ce descriau diferite scene de abuzuri din copilăria lui Karen și din viețile trecute, ca și în insultele verbale adresate diferitelor persoane din preajma sa. Umorul ei sarcastic era incisiv, atacând fără milă slăbiciunile și defectele pe care unii încercau să le ascundă, ori nici măcar nu erau conștiente. Comunicarea ei abunda în cuvinte obscene. Toate aceste manifestări sunt caracteristice combinației Pluto/Marte/Mercur. Arhetipul lui Venus și-a găsit expresia în cântecele, dansul și impulsurile erotice ale lui Karen.

Arhetipul lui Pluto aduce elemente din MPF III și explică asemenea manifestări precum erupția unor puternice energii vulcanice, valuri de căldură, identificare experiențială cu un animal sălbatic, secvențe demonice și impulsuri sexuale ce acoperă de la gesturi obscene, până la trezirea energiei Kundalini și experiențe tantrice. Combinația Pluto/Venus/Marte este constelația arhetipală caracteristică agresiunii sexuale manifestate de Karen în mai multe ocazii.

Un alt important factor astrologic din situația lui Karen este că, având 29 de ani, era la vremea episodului său în mijlocul întoarcerii lui Saturn (Saturn în tranzit se afla la un singur grad de poziția lui Saturn pe harta ei natală). Ca și în cazul Florei, aceasta indică sfârșitul unui întreg ciclu de viață și începutul unuia nou. Implică adesea o evaluare a trecutului și confruntarea cu material experiențial din trecut. Tranzitul conduce și la schimbări de durată datorate transformării psihologice.

Sunt doar două exemple de remarcabile corelații între experiențele holotropice și tranzitele planetare pe care le-am întâlnit la sute de persoane care au trăit diferite forme de stări holotropice de conștiință. Nu-mi fac iluzii că aceste exemple, scoase din contextul hărților astrologice complexe și detașate de experiențele holotropice directe, vor convinge cititorii nefamiliarizați cu astrologia. Civilizația americano-europeană modernă se află sub o influență atât de puternică a științei materialiste, încât de obicei e nevoie de ani de cercetări ale stărilor holotropice și de o îndelungată expunere personală la aceste fenomene pentru a putea rupe vraja credințelor înrădăcinate și a accepta revizuirile radicale pe care trebuie să le sufere perspectiva noastră asupra psihicului uman și a naturii realității pentru a încorpora noile date.

Nu este de mirare că procesul e atât de dificil și că se lovește de o rezistență atât de puternică. Vastul șir de provocatoare observații rezultate din stările holotropice și astrologie nu poate fi gestionat printr-o mică „reparație" conceptuală și ajustare cosmetică ocazională folosind ipoteze minore *ad-hoc*. Ar fi nevoie de o drastică revizuire care să zguduie și să înlocuiască ipotezele metafizice fundamentale și credințele științei materialiste. Implicațiile specifice pentru psihologie și psihiatrie depășesc cu mult lucrurile pe care le-am discutat deja mai înainte – vastul model extins al psihicului, mult mai complexa structură multi-nivel a tulburărilor emoționale și psihosomatice, conceptul radarului interior, existența și folosirea terapeutică a inteligenței vindecării interioare și alte câteva.

Deoarece experiențele în stările obișnuite, ca și în stările holotropice de conștiință, arată profunde corelații cu energiile arhetipale ale planetelor ce tranzitează harta astrală în orice moment, ele sunt supuse unor schimbări continue. Am menționat mai devreme frustrarea teoreticienilor care încearcă să stabilească un sistem fix de clasificare a diagnosticelor psihiatrice. Ne aflăm acum la a patra revizie a Manualului Diagnostic și Statistic American (DSM-IV) și clinicienii continuă să-și exprime frustrarea față de lipsa de corespondență dintre descrierea categoriilor de diagnostice și tablourile clinice pe care le întâlnesc la pacienții lor. Din punct de vedere astrologic, versatilitatea tabloului clinic reflectă relațiile unghiulare în continuă schimbare dintre planete.

În diferite perioade istorice, două sau mai multe planete formează aspecte deosebite pe cer; acest lucru este foarte important și de lungă durată dacă implică planetele externe de la Jupiter la Pluto. Câmpul arhetipal combinat asociat cu aceste planete va da respectivei perioade un anumit parfum experiențial, îi va stabili zeitgeist-ul. De pildă, așa cum am menționat deja, întreaga perioadă 1960-1972 a coincis cu o conjuncție Pluto/Uranus, singura conjuncție de acest fel din secolul XX. A fost categoric o combinație arhetipală foarte adecvată pentru o perioadă de susținută revoluție psiho-spirituală majoră de tip dionisiac, caracterizată de răsturnări sociale, mișcarea drepturilor civile, triumful tehnologic, inovațiile radicale din muzică și arte, revoluția sexuală, mișcarea feministă, protestele studențești și creativitatea.

Prin contrast, influența arhetipală majoră de-a lungul deceniului 9 a fost o conjuncție Neptun/Uranus. A fost o perioadă de schimbări sociale și spirituale în general non-violente, „revoluții de catifea", ca unificarea Germaniei, eliberarea țărilor din Europa de Est și pașnica destrămare a Uniunii Sovietice, o periculoasă superputere. În acest moment, psihologia jungiană a câștigat o crescândă acceptare și o multitudine de cărți de orientare spirituală au ajuns pe listele de best-seller-uri. Temele transpersonale și-au făcut loc în filme. Mitologia, experiențele de moarte clinică, răpirile de către extratereștri, transcomunicarea instrumentală (TCI) și realitatea virtuală au atras mult atenția profesioniștilor, ca și a publicului în general.

În momentul aspectelor planetare majore la nivelul lumii întregi, aceste combinații planetare devin personalizate pentru indivizi, pe măsură ce ele formează tranzite majore cu anumite planete pe hărțile lor natale. Aliniamentele se vor reflecta atunci în tendințele către anumite tulburări emoționale și psihosomatice concrete. Ca urmare, psihiatrii din diferite perioade istorice nu văd același fenomen ca și colegii lor din epoci mai vechi sau mai noi. Aceasta sugerează o posibilă explicație a motivului pentru care crearea unui DSM-IV fix, universal valid, pare a fi intrinsec problematică.

Dar asta nu e tot. În cadrul cursurilor anuale pe care le țin împreună cu Richard Tarnas la California Institute of Integral Studies (CIIS) din San Francisco, discutăm principalele școli de psihologie abisală și analizăm hărțile astrologice ale fondatorilor lor. Devine imediat evident că acești pionieri nu au fost capabili să studieze obiectiv psihicul subiecților și să tragă concluzii generale care să rămână indefinit valide. Ei au văzut problemele clienților lor prin intermediul instrumentelor perceptuale subiective sau prin lentile distorsionante, evidente în aspectele propriilor lor hărți natale și ale propriilor lor tranzite în momentul observațiilor.

Cu excepția tulburărilor cu etiologie organică, psihiatria nu are astfel un set fix de fenomene pe care le studiază. Rezultatul oricărei cercetări a tulburărilor emoționale și psihosomatice fără cauză organică e astfel determinat de complexa interacțiune a unui număr de factori: harta astrologică a cercetătorului și tranzitele ei în momentul observației; aspectele planetare pentru lumea întreagă ce definesc zeitgeist-ul unei anumite perioade; tranzitele care colorează experiențele clienților.

Imaginea psihiatriei ca disciplină ce posedă descrieri concise ale unor stări patologice fixe și transtemporale și un instrumentar de remedii și intervenții specifice este o iluzie. Singura abordare viabilă în aceste circumstanțe e descrierea tulburărilor psihiatrice în termenii relațiilor și instrumentelor ce pot fi folosite pentru a analiza situația la un anumit moment și a o caracteriza în termenii fenomenologiei experiențelor subiectului și a relației sale cu tranzitele planetare. Ca măsură corectivă, este nevoie să se țină cont și de aspectele planetare globale și de harta și tranzitele cercetătorului.

Conexiunile revelate de astrologie sunt atât de complexe, complicate, creatoare și puternic imaginative, încât nu lasă nicio urmă de îndoială privind originea lor divină. Ele oferă dovezi convingătoare pentru existența unei ordini profunde ce stă la baza creației și a unei inteligențe cosmice superioare care a creat-o. Aceasta ridică întrebări foarte interesante: există o suficient de completă imagine a lumii care să poată include astrologia și să asimileze descoperirile ei? De-a lungul anilor, și nu fără eforturi și momente dificile, am ajuns la concluzia că există o perspectivă ce poate absorbi și explica experiențele și observațiile mele din cercetările conștiinței ca și astrologia. Însă aceasta diferă dramatic de sistemul de credințe care domină civilizația occidentală modernă.

Am descris această perspectivă în cartea mea *Jocul cosmic: explorări la frontierele conștiinței umane* (Grof, 1998) și am prezentat-o și într-o formă condensată într-un capitol anterior al lucrării de față. Viziunea realității se bazează pe experiențele și intuițiile din stările holotropice și descrie Universul nu ca pe un sistem material, ci ca pe un joc infinit mai complex al Conștiinței Absolute. Vechile scripturi hinduse descriu o perspectivă similară a Cosmosului, numind evenimentele din lumile fenomenale *lila*, jocul divin. Am încercat să arăt în publicațiile mele anterioare că acest mod de a vedea Universul e din ce în ce mai compatibil cu diferite progrese revoluționare din noua paradigmă a științei (Grof, 1985, 1998).

Dacă Cosmosul este creația unei inteligențe superioare și nu o supermașină care s-a creat pe sine, atunci devine mult mai plauzibil ca astrologia să poată fi una din numeroasele ordini diferite incluse în țesătura universală. Ea putea fi privită ca un complement util al câmpului științei, și nu ca o rivală ireconciliabilă a perspectivei științifice asupra lumii. Deschiderea conceptuală față de această posibilitate ar face posibilă utilizarea potențialului uriaș al astrologiei ca instrument clinic și de cercetare în psihiatrie, psihologie și psihoterapie, ca și pentru multe alte discipline.

BIBLIOGRAFIE

Bolen, J.S. 1984. *Goddesses in Everywoman. A New Psychology of Women.* San Francisco: Harper and Row.

Bolen, J.S. 1989. *Gods in Everyman: A New Psychology of Men's Lives and Loves.* San Francisco: Harper and Row.

Campbell, J. 1972. *Myths to Live By.* New York: Bantam.

Grof, S. 1975; 1976. *Realms of the Human Unconscious: Observations from LSD Research.* New York: Viking Press; New York: Paperback: E.P. Dutton.

Grof, S. 1977. *The Human Encounter with Death.* New York: E.P. Dutton (with Joan Halifax).

Grof, S. 1980. *LSD Psychotherapy.* Pomona: Hunter House.

Grof, S. 1980. *Beyond Death: Gates of Consciousness.* London: Thames and Hudson (with Christina Grof).

Grof, S. 1984. *Ancient Wisdom and Modern Science.* Albany: State University of New York Press (ed.).

Grof, S. 1985. *Beyond the Brain:* Birth, Death, and Transcendence in Psychotherapy. Albany: State University of New York Press.

Grof, S. 1987. *The Adventure of Self-Discovery.* Albany: State University of New York Press.

Grof, S. 1988. *Human Survival and Consciousness Evolution.* Albany: State University of New York Press (ed.).

Grof, S. 1989. *Spiritual Emergency: When Personal Transformation Becomes a Crisis.* Los Angeles: J.P. Tarcher (ed. with Christina Grof).

Grof, S. 1991. *The Stormy Search for the Self: A Guide to Personal Growth Through Transformational Crises.* Los Angeles: J.P. Tarcher (with Christina Grof).

Grof, S. 1992. *The Holotropic Mind*. San Francisco: Harper Publications (with Bennett, H.Z.).

Grof, S. 1994. *Books of the Dead: Manuals for Living and Dying*. London: Thames and Hudson.

Grof, S. 1998. *The Cosmic Game: Explorations of the Frontiers of Human Consciousness*. Albany: State University of New York Press.

Grof, S. 1998. *The Transpersonal Vision: The Healing Potential of Non-Ordinary States of Consciousness*. Boulder: Sounds True.

Grof, S. 1999. *The Consciousness Revolution: A Transatlantic Dialogue*. Rockport: Element Books (with Laszlo, E. și Russell, P.).

Grof, S. 2000. *Psychology of the Future: Lessons from Modern Consciousness Research*. Albany: State University of New York Press.

Hand, R. 1976. *Planets in Transit: Life Cycles for Living*. Gloucester, MA: Para Research.

Jung, C.G. 1959. *The Archetypes and the Collective Unconscious*. Collected Works, vol. 9,1. Bollingen Series XX, Princeton: Princeton University Press.

Jung, C.G. 1960. *Synchronicity: An Acausal Connecting Principle*. Collected Works, vol. 8, Bollingen Series XX. Princeton: Princeton University Press.

Mause, L. de. 1982. *Foundations of Psychohistory*. New York: Creative Roots, Inc.

Talbot, M. 1991. *The Holographic Universe*. New York: Harper Collins Publishers.

Tarnas, R. 1993. *The Passion of the Western Mind*. New York: Harmony Books (Ballantine).

Tarnas, R. 1995. *Prometheus the Awakener: An Essay on the Archetypal Meaning of the Planet Uranus*. Woodstock, Conn.: Spring Publications.

Tarnas, R. in press. *Psyche and Cosmos: Intimations of a New World View*. New York: Random House.

DESPRE AUTOR

Stanislav Grof este un psihiatru cu o experiență de peste patruzeci de ani în cercetarea stărilor modificate de conștiință. S-a născut la Praga, Cehoslovacia, unde și-a făcut și studiile universitare – obținând titlul de medic la Charles University School of Medicine și de doctor în medicină la Academia de Științe Cehoslovacă. Primele sale cercetări desfășurate la Institutul de Cercetare Psihiatrică din Praga au avut ca obiect folosirea clinică a drogurilor psihoactive. La acest institut, a deținut funcția de cercetător principal în cadrul unui program de explorare sistematică a potențialului euristic și terapeutic al LSD-ului și al altor substanțe psihedelice.

În 1967, a fost invitat ca cercetător asociat la Universitatea John Hopkins din Baltimore. La sfârșitul perioadei de doi ani prevăzute în contract, a rămas în Statele Unite și și-a continuat cercetarea ca șef al Cercetării Psihiatrice la Centrul de Cercetare Psihiatrică din Maryland și ca asistent universitar la Catedra de Psihiatrie de la Clinica Henry Phipps a Universității John Hopkins. În 1973, a devenit bursier rezident la Institutul Esalen din Big Sur, California, unde a locuit până în anul 1987. Și-a petrecut acest timp scriind cărți și articole, ținând seminarii și conferințe, și dezvoltând, împreună cu soția sa, Christina, respirația holotropică, o formă inovatoare de psihoterapie experiențială. A făcut parte, de asemenea, din Comitetul Tutorial al institutului.

Stanislav Grof e unul dintre întemeietorii și principalii teoreticieni ai psihologiei transpersonale și președintele fondator al Asociației Transpersonale Internaționale (ITA). În această calitate, a organizat importante conferințe internaționale în Statele Unite, India, Australia, Cehoslovacia și Brazilia. În prezent, este profesor de psihologie la California Institute of Integral Studies (CIIS), unde predă la Departamentul de Filozofie, Cosmologie și Conștiință. Locuiește în Mill Valley, California, scrie cărți, conduce seminarii de pregătire pentru profesioniști în domeniile respirației holotropice și psihologiei transpersonale (Grof Transpersonal Training), și ține conferințe și seminarii în toată lumea.

Printre lucrările lui se numără peste o sută de articole publicate în reviste de specialitate și cărți.

Oferta de carte
Cărțile Maestrului Interior – Elena Francisc

MONIQUE GRANDE
FEMINITUDINE. O scufundare in misterul adanc al Fiintei tale
O carte-instrument, destinată plonjării în adâncurile Ființei feminine, în profunzimea din care se naște realitatea. O carte practică și jucăușă, o carte de divinație și explorare, o carte de dezvăluire și cunoaștere, o carte de experiență personală și metafizică. Este o carte care îți poate schimba viața, schimbându-ți perspectiva despre tine însăți.
Date tehnice și de apariție: 244 pagini; format: 130x200; ISBN 978-973-1812-50-2; decembrie 2013

STEPHEN MITCHELL
EVANGHELIA DUPĂ ISUS CRISTOS. Un Ghid al Învățăturilor Sale Esențiale pentru Credincioși și Sceptici
„Ca toți Marii Maeștrii ai Umanității, Isus ne-a învățat despre un singur lucru: Prezența. Realitatea ultimă, luminoasa și plina de compasiune și inteligență a universului nu este în altă parte, în vreun paradis îndepărtat. Este întotdeauna aici și acum. Aceasta este ceea ce Biblia vrea să spună prin faptul că numele Domnului este Eu Sunt." (Stephen Mitchell)
Date tehnice și de apariție: 360 pagini; format: 130x200; ISBN 978-973-1812-64-9; decembrie 2013

STANISLAV GROF și CHRISTINA GROF
RESPIRAȚIA HOLOTROPICĂ. Terapie și explorare interioară.
Această carte se constituie într-un omagiu adus lui Stanislav Grof și Christinei Grof și lucrului lor de peste 40 de ani pe tărâmurile explorării Conștiinței. Respirația Holotropică a contribuit în mod decisiv la transformarea de Conștiință a umanității așa cum o trăim astăzi și este o piatră de boltă pentru oricine lucrează cu stările de expansiune a conștiinței. De asemeni, constituie un reper important printre abordările Școlii Maestrului Interior și a parcursului Călătoriei Inimii.
Date tehnice și de apariție: 370 pagini; format: 130x200; ISBN 978-973-1812-53-3; mai 2013

RUBY GIBSON
TRUPUL MEU. PĂMÂNTUL MEU. Practica vindecătoare a Arheologiei Somatice
Mii de ani de spiritualitate descarnată, de căutare a Spiritului în afara Corpului au făcut umanitatea să ignore complet uriașul potențial terapeutic și ontologic al corporalității. Ca și cum Corpul nu ar fi făcut parte din Creație. Ruby Gibson restaurează cunoașterea ancestrală și o toarnă într-o formă în care să poată fi folosită în mod direct pentru vindecare.
Date tehnice și de apariție: 360 pagini; format: 13 X 20; ISBN 978-973-1812-55-7, septembrie 2012

JEAN YVES LELOUP
AȘEAZĂ-TE ȘI MERGI. Elogiul călătoriei interioare
A rămâne centrat pe de-o parte, focalizat în interior, mereu în conexiune cu sine, transparent la influețele formei, este echivalent cu "șederea". A te mișca, a merge, a explora pentru a nu rămâne niciodată prizonierul obișnuințelor, al mecanismelor de gândire, a rupe mereu legăturile rigide pe care mentalul tinde să le sudeze, și în același timp a rămâne mereu conectat cu marele flux al vieții, acesta este "mersul". Două atitudini complementare în fața vieții, care se îmbină paradoxal pentru cei aflați în explorarea de sine
Date tehnice și de apariție: 224 pagini; format: 13 X 20; ISBN 978-973-1812-52-6, iunie 2012

KRISHNA DAS
CÂNTARILE VIEȚII. In căutarea aurului inimii
Cântările Vieții este o splendidă privire din interior a acelei generații care a schimbat, cu adevărat, lumea, și fără de care marea transformare de conștiință de astăzi nu ar fi fost posibilă. Puștiul de atunci, aflat în căutarea iubirii spirituale și a propriului său suflet, străbate America și lumea întreagă, într-o aventură a cărei

experiență avea să-l transforme complet. În India îl întâlnește pe maestrul iluminat al inimii sale, Maharaj-Ji, care îi deschide porțile spiritului. Krishna Das se născuse a doua oară.

CD original inclus
Date tehnice și de apariție: 322 pagini; 153 x 228 mm; ISBN 978-973-1812-44-1, septembrie 2011

BROTHER DAVID STEINDL-RAST
ADÂNCIMILE CUVÂNTULUI. Înțelesul ascuns al Crezului

In ultimii cincizeci de ani, sute de mii de oameni au fost atinși de mesajul său care transcende orice sistem de credințe pentru a coborâ adânc, până la izvorul sacru al Ființei, inima, acolo unde noi suntem cu adevărat creatorii, conștienți sau nu, ai realității pe care o trăim. David Steindl-Rast este ceea ce în lumea modernă s-ar numi un iluminat, iar marele său har este acela de a transmite direct, de la inimă la inimă, vibrația subtilă a iubirii, a curajului, a încrederii și a bucuriei acestei experiențe extraordinare care se numește Umanitate.

Date tehnice și de apariție: 130x200mm, ISBN 978-973-1812-45-8, septembrie 2011

RICHARD MOSS
VINDECAREA ÎNCEPE IN INTERIOR. Transformă-ți viața prin puterea prezenței

Nu există decât un singur fel de vindecare: aceea care vine din interior și care presupune o transformare a conștienței. Un alt cuvânt pentru „vindecare" ar putea fi „întregire". Presupune a deveni conștienți de integralitatea Ființei noastre. De aceea cheile adevăratei vindecări sunt întotdeauna la noi înșine. Orice fel de altă vindecare este doar o îmbunătățire temporară a sănătății, fizice, energetice, emoționale sau psihice, căci rădăcinile oricărei alterări a acesteia se află în modul în care ne raportăm la tot ce există.

Date tehnice și de apariție: 322 pagini, 153x228mm, ISBN 978-973-1812-43-4, iunie 2011

STANISLAV GROF, ERVIN LASZLO și PETER RUSSELL
REVOLUȚIA CONȘTIINȚEI. Noua spiritualitate și transformarea planetară

Suntem martorii unor timpuri istorice. Planeta trece prin schimbări fundamentale, noi toți simțim puternic aceste transformări dar orice schimbare, și cu atât mai mult una de conștiință, presupune traversarea unei crize majore. Revoluția conștiinței este transcrierea unei captivante discuții despre provocările vremurilor pe care le trăim, între trei dintre cele mai frumoase și profunde minți ale secolului XX: *Stanislav Grof, Erwin Laszlo și Peter Russell.*

Date tehnice și de apariție: 216 pagini, 130x200mm, ISBN 978-973-1812-29-8, iunie 2009

RICHARD MOSS
MANDALA FIINȚEI. Drumul către percepția conștientă

Călătoria pe care ne-o propune Richard Moss este o călătorie spre libertatea a propriei noastre Ființe. Este o călătorie care presupune descătușarea Ființei din lanțurile propriilor temeri, ale sentimentelor auto-limitatoare, o călătorie în cursul căreia intervin înțelegeri profunde, vindecări spontane și creativitatea debordantă ce însoțește întotdeauna expansiunea conștiinței.

Date tehnice și de apariție: 375 pagini, 153x228mm, ISBN 978-973-1812-23-6, mai 2009

CHRISTOPHER M. BACHE
SPIRALA VIEȚII. Reîncarnarea și rețeaua existenței

Spirala vieții a lui Christopher Bache este o mină de aur cu informații pe tema reîncarnării și karmei și o sinteză deosebit de creativă a conceptelor tradiționale și a observațiilor din cercetările asupra conștienței.O lucrare de referință pentru toți aceia care simt că adevărul despre Ființă nu poate încăpea în concepția mecanicistă asupra universului.

Date tehnice și de apariție: 304 pagini, 153x228mm, ISBN 978-973-1812-18-2, martie 2009

LLAN COMBS – MARK HOLLANG
SINCRONICITATE. În spatele evenimentelor se află țesătura subtilă a destinului

Împreună cu marele fizician cuantic Wolfgang Pauli, Jung a căutat să prezinte coincidențele ca pe niște fenomene care implică psihicul și materia, știința și spiritul, furnizând astfel explicații raționale pentru evenimentele parapsihologice cum ar fi telepatia, precogniția și intuiția. Cartea de față este o incursiune

tulburătoare și uneori șocantă în adâncurile misterioase ale întâmplării, o investigație a însăși țesăturii destinului. Este o încercare de a descifra felul în care ne este alcătuită viața.
Date tehnice și de apariție: 232 pagini, 153x228mm, ISBN 978-973-1812-12-0, octombrie 2008

STANISLAV GROF
CÂND IMPOSIBILUL DEVINE POSIBIL. Aventuri în realități neobișnuite
În această carte remarcabilă, Stanislav Grof reflectează pe marginea unei jumătăți de secol de studiu și experimentare în domeniul realităților neobișnuite. Calitatea și numărul acestor întâmplări plasează mingea în terenul științei și psihoterapiei convenționale, punând sub semnul întrebării perspectivele lor asupra identității personale, psihozei și însăși naturii realității.
Date tehnice și de apariție: 424 pagini, 153x228mm, ISBN 978-973-1812-14-4, octombrie 2008

STANISLAV GROF
PSIHOLOGIA VIITORULUI. Lecții din cercetarea modernă asupra conștiinței
Psihologia viitorului prezintă uriașa contribuție a autorului în psihiatrie și psihologie, punând un accent deosebit asupra experienței holotropice. O carte care sparge barierele și spulberă viziunea mecanicistă asupra psihicului și asupra felului în care înțelegem Conștiința.
Date tehnice și de apariție: 382 pagini; format: 15,5 * 24; ISBN 973-1812-06-9; ediția a II-a, noiembrie 2007

STANISLAV GROF
CĂLĂTORIA ULTIMĂ. Dincolo de frontierele morții
Această carte este una fundamentală pentru aceia care sunt conștienți de transformările de Conștiință prin care trece Umanitatea în aceste timpuri. Peste 40 de ani de studiu experimental cu stările de conștiință extinsă, lucrul cu substanțele și plantele psihedelice și cu bolnavii în fază terminală l-au condus pe doctorul Stanislav Grof la o perspectivă clară asupra misterelor ultime ale existenței omenești. Unul dintre meritele sale uriașe este acela de a fi introdus dimensiunea spirituală în psihologia modernă și de a fi recunoscut natura spirituală a Conștiinței și a întregului Univers cuprins în ea.
Date tehnice și de apariție: 522 pagini; format: 15.5*22; ISBN 978-973-88171-5-9- mai 2007

RICHARD MOSS
FLUTURELE NEGRU. Iubirea unei ființe umane pentru alta: iată încercarea ultimă
Această carte este povestea extraordinară a unei treziri spirituale, o cronică a procesului de transcendere la o nouă stare de conștiință, pas cu pas, făcută cu metoda omului de știință. Este un instrument inestimabil pentru aceia care se afla, în mod conștient, pe calea Transformării de sine, un fel de hartă a trăirilor diferitelor niveluri ale Sinelui.
Date tehnice și de apariție: 312 pagini; format: 15.5*24; ISBN 973-88171-3-7- aprilie 2007

CHRISTINA GROF
SETEA DE ÎNTREGIRE. Vindecarea spirituală a dependențelor
Setea de întregire este, de fapt, căutarea lui Dumnezeu. Este sentimentul inexprimabil că aparținem altui loc, altui spațiu, altei lumi. Că, așa cum ne percepem pe noi înșine în acest moment, ne lipsește ceva fundamental. Acest sentiment ne urmărește pe parcursul întregii vieți, de la naștere până la moarte.
Date tehnice și de apariție: 263 pagini; format: 15.5*24; ISBN 973-88171-2-9- aprilie 2007

JOHN WELWOOD
PSIHOLOGIA TREZIRII. Budismul, psihoterapia și calea transformării personale și spirituale
Psihologia trezirii unifică trei dimensiuni majore ale existenței umane – personalul, interpersonalul și suprapersonalul pe care nici o tradiție orientală sau occidentală nu le-a integrat într-un cadru unic de înțelegere și practică. Novici, teologi și psihoterapeuți deopotrivă vor găsi această carte educativă, transformatoare și înălțătoare. Welwood nu cere din partea cititorilor cunoștințe prealabile în domeniile meditației și psihoterapiei, reușind pe de o parte să-i familiarizeze pe începători cu ambele discipline, iar pe de alta, să dezbată chestiuni complexe ce se vor dovedi o adevărată provocare pentru profesioniști.
Date tehnice și de apariție: 312 pagini; format: 15,5 * 24; ISBN 973-87574-7-9; octombrie 2006

KEN WILBER
GRAȚIE ȘI FORȚĂ. Treya Killam Wilber: O Vindecare spirituală dincolo de moarte
Este o carte despre descoperirea că iubirea între doi oameni este aceeași iubire care a creat Universul,că nu există nici o deosebire esențială între lacrimile suferinței și cele ale bucuriei,pentru că suferința și bucuria sunt împletite în spirala ascensională care duce către marea deschidere a inimii către iubire.
Date tehnice și de apariție: 445 pagini; format: 15,5 * 24; ISBN 973 870 6270; octombrie 2005

KEN WILBER
FĂRĂ GRANIȚE. Abordări orientale și occidentale ale dezvoltării personale
Bazându-se pe modelele de abordare orientale și occidentale ale dezvoltării umane, cartea reliefează un spectru complet al conștiinței, de la subconștient la conștient de sine și supraconștient, de la personal la transpersonal, de la instinct la Eu și la Dumnezeu. Lucrarea oferă totodată o serie amplă de exerciții și practici concrete, prin intermediul cărora cititorul poate învăța cum să își extindă treptat conștiința pentru a atinge toate aceste stări.
Date tehnice și de apariție: 264 pagini; format: 15,5 * 24; ISBN 973 870 622X; martie 2005

JOHN WELWOOD
DRAGOSTE ȘI TREZIE. Psihologia sacră a cuplului
Transformarea profundă de conștiință prin care trece omenirea ajunge la punctul său cel mai dureros. Crizele de toate felurile izbucnesc la nivel planetar, dar toate sunt expresia crizei interioare de transformare psiho-spirituală. Și locul unde aceste transformări personale izbucnesc cu cea mai mare forță, este viața de cuplu.
Date tehnice și de apariție: 250 pagini, 13 X 20 cm, ISBN 978-973-1812-47-2, noiembrie 2011

MORRIE & ARLEAH SHECHTMAN
IUBIREA LA TIMPUL PREZENT. Pași către conșiența relației de cuplu
O carte fundamentală pentru toți aceia care sunt pe calea iubirii conștiente și în același timp a explorării de sine. În mod aparent paradoxal, relația cu sine articulează de fapt modul în care se așează iubirea cu celălalt. Este o carte despre Conștiență în relație. A fi conștient înseamnă a ieși din rolurile vechi, a nu rămâne încremenit în trecut și în clișee. Relația este o ființă vie, și pentru a rămâne vie este nevoie de Prezență. Iubire conștientă la timpul Prezent.
Date tehnice și de apariție: 168 pagini, 15.5x 23 cm, ISBN:978-973-1812-01-4, iulie 2010

JOHN WELWOOD
CĂLĂTORIA INIMII. Calea iubirii conștiente
Această carte este despre Adevăr, Libertate și Iubire. Un triunghi magic și transformator. Iubirea nu este posibilă fără Adevărul despre noi înșine și despre celălalt, iar drumul de la Adevăr la Iubire trece prin Libertate.
Date tehnice și de apariție: 236 pagini; format: 15.5*24; ISBN 973-87574-9-5, iulie 2010

JOHN WELWOOD
IUBIRI PERFECTE. RELAȚII IMPERFECTE. Cum să vindecăm rănile sufletului
O carte scrisă de un maestru al iubirii. Este ca o călătorie intensă de vindecare și transformare, în care învățăm că imperfecțiunea relațiilor noastre nu este decât măsura în care ne lăsăm prinși în voalurile iluziei. Noi suntem, cu adevărat, iubire, doar că rareori credem acest lucru. Această carte este pentru aceia care vor să se întoarcă Acasă, la adevărata natură a ființei lor.
Date tehnice și de apariție: 199 pagini, 15.5 X 23 cm, ISBN: 978-973-88171-4-5, septembrie 2007

CHÖGYAM TRUNGPA
SHAMBHALA. Calea sacră a Războinicului
Calea războinicului nu este o cale a luptei, ci a acțiunii conștiente în dimensiunea liniară a existenței. Este o cale a încrederii în sine, a intuiției, a clarității și păcii interioare, o cale a conexiunii profunde cu tot ceea ce există și a expansiunii minții. Este o cale a unității fundamentale a Ființei și a armoniei, o cale a conștienței absolute a tuturor dimensiunilor. Este calea integralității percepției despre sine.
Date tehnice și de apariție: 25 pagini;130 x 200mm; ISBN 978-973-1812-63-2

BYRON BROWN
SUFLET NEMĂRGINIT. Eliberarea de Judecătorul interior
Această carte este un instrument neprețuit pentru aceia aflați în procesul descoperirii interioare și al transformării Conștiinței. Aflată la intersecția între abordările psihologiei abisale moderne și cele mai adânci adevăruri despre Suflet, bazată pe o imensă experiență directă de lucru cu conținuturile profunde ale psihicului, Suflet Nemărginit conduce la eliberarea față de una dintre cele mai dure identificări: Judecătorul Interior.
Date tehnice și de apariție: 396 pagini; 130 x 200mm; ISBN 978-973-1812-61-8

KATIE BYRON Stephen Michell
CELE O MIE DE NUME ALE BUCURIEI. În armonie cu lucrurile așa cum sunt acestea
Viața, moartea, iubirea și împlinirea, abundența și calea spirituală, toate acestea sunt explorate în profunzime din perspectiva filosofiei perene, pe care Katie Byron a descoperit-a singură, în interiorul propriei sale Ființe. O carte de o superbă și adâncă profunzime, de o înțelepciune iluminată, care nu are nimic teoretic. Este o înțelepciune intrinsecă, nestudiată, care irupe din poveștile simple de viață. Katie Byron, directă și clară, nu descrie starea de iluminare a minții, ci ne permite s-o simțim, s-o privim în acțiune în așa fel încât acestă libertate interioară apare accesibilă oricăruia dintre noi. Odată ieșiți din mecanismele mentale, redevenim ceea ce am fost dintotdeauna: ființe libere, superbe în conștiența adevăratei lor naturi de Creatori ai realității.
Date tehnice și de apariție: 351 pagini; 130 x 200mm; ISBN 978-973-1812-51-9, martie 2012

KATIE BYRON împreună cu Stephen Michell
IUBEȘTE CEEA CE ESTE. Patru întrebări care îți schimbă viața
Katie Byron a trăit ceea ce se numește o Revelație. A putut arunca o privire dincolo de cortina care ne acoperă adevărata, marea Realitate. După ce a trăit întunecimea depresiei și a băut până la fund cupa disperării, într-o bună dimineață ea s-a trezit într-o stare de bucurie deplină și și-a dat seama că suferința ei a luat sfârșit. Libertatea acelei Revelații nu a mai părăsit-o niciodată. Această carte, Iubeste ceea ce este, cuprinde întregul conținut al acelei Revelații trăite în mod direct. Katie Byron împărtășește cu noi toți, într-un fel simplu și de o superbă claritate, calea pe care ea parcurs-o de la întuneric spre lumină.
Date tehnice și de apariție: 390 pagini; 130 x 200mm; ISBN 978-973-1812-67-0, mai 2011

KATIE BYRON împreună cu Stephen Michell
AM NEVOIE DE IUBIREA TA. Să fie oare adevărat ?
Viața este relație. Ne definim pe noi înșine în funcție de felul în care ceilalți ne oglindesc. O perdea de imagini înșelătoare, de convingeri și de speculații ia locul realității. Ego-ul rătăcește în nisipurile mișcătoare ale iluziei. Căutăm cu disperare înafara noastră ceea ce ne refuzăm noi înșine: iubirea, respectul, compasiunea. Ceilalți nu fac decât să reflecte propriile noastre temeri, blocaje și frustrări. Relația cu exteriorul nu este decât o reflexie a relației cu noi înșine. Aveți în mână o carte excepțională, care depășește cu mult subiectul relației și al cuplului.
Date tehnice și de apariție: 370 pagini; 130 x 200mm; ISBN 978-973-1812-38-0, septembrie 2010

GUY CORNEAU
CĂLĂU ȘI VICTIMA. Un ghid pentru eliberarea din frică
De când anumite ramuri ale psihologiei au încetat să mai reducă ființa umană la creierul său, redescoperindu-i în schimb sufletul, cu toate profunzimile sale, cu întreaga sa măreție și dorul său de întreg, noi orizonturi au început să se deschidă pentru cei aflați în căutarea păcii, armoniei, iubirii și înțelepciunii care nu se pot pierde. Aceasta este una dintre acele cărți excepționale care aduc înțelepciunea perenă, codată în miturile și arhetipurile umanității, pentru a o folosi ca hartă pentru înțelegerea complexelor procese de transformare ale psihicul uman pe drumul descoperirii de sine.
Date tehnice și de apariție: 376 pagini; 153 x 228mm; ISBN 978-973-1812-16-8, octombrie 2008

STEFANO ELIO D'ANNA
ȘCOALA ZEILOR

Nu suntem ființe materiale aflate în căutarea experienței spirituale, ci ființe spirituale care și-au asumat experiența de a fi umani. Acest adevăr a traversat istoria și a supraviețuit până astăzi, în timpurile marii transformări interioare. Umanitatea își amintește nu atât „cine" este, ci mai curând „ce" este. Zeii a căror conștiență de Sine a fost acoperită, timp de milenii, de voalurile iluziei, încep să-și amintească. Aceasta este transformarea. Această carte este povestea întâlnirii cu *Visătorul*, un alt nume al *Maestrului Interior*, a dobândirii clarității și a inițierii în cunoașterea ocultă a Adevărului care a însoțit dintotdeauna povestea umanității.
Date tehnice și de apariție: 472 pagini; 167 x 240mm; ISBN 978-973-1812-53-3; Iunie 2013

JOHN O' DONOHUE
ANAM CARA. Cartea Magică a Înțelepciunii Celtice

O carte splendidă, o capodoperă mistică, magică și literară, o bijuterie de înțelepciune metafizică, șlefuită de un adevărat Maestru. Obiectul în sine, cartea făcută din hârtie și cerneală nu este decât oglindirea în materie tangibilă a trăirii unei stări de conștiință supreme a umanității. Unii o numesc Christos, alții o numesc Starea Maestrului Interior, alții, pur și simplu Iubire. Dincolo de orice cuvânt, este o experiență în care devenim conștienți de acea parte din noi, universală, unică, din care își trag energia toate rolurile pe care le-am jucat vreodată în această dimensiune încarnată.
Date tehnice și de apariție: 328 pagini; 130 x 200mm; ISBN 978 -973 -1812 -59 - 5, martie 2013

DR. ELISABETH KUBLER-ROSS
ÎNTREBĂRI ȘI RĂSPUNSURI DESPRE MOARTE ȘI A MURI. Un volum însoțitor la Despre moarte și a muri

O carte practică, destinată acelora care se confruntă cu o încercare dificilă de acest gen, iar alături de celelalte cărți din seria de autor reprezintă cu adevărat o contribuție importantă la spulberarea mitului convențional al morții și a vălului de tăcere care-l înconjoară. Căci a spulbera frica de moarte înseamnă de fapt a recupera adevărata calitate și bucurie a vieții. Așa cum în aceste vremuri de mari schimbări descoperim că ceea ce suntem este mult mai mult decât am crezut, tot așa, nici moartea nu este tocmai ceea ce am fost învățați să credem că este. Această descoperire ne poate schimba viața.
Date tehnice și de apariție: 226 pagini; 130 x 200mm; ISBN 978-973-1812-40-3, nov.2010

DR. ELISABETH KUBLER-ROSS
DESPRE MOARTE ȘI A MURI. Harta marii transformări

O carte ce sparge convențiile dureroase asupra marii transformări pe care o numim moarte. Este o carte eliberatoare din toate punctele de vedere, căci pe de-o parte rupe lanțurile tăcerii și ale adevărului nerostit aducând pacea aceluia care pleacă, pe de-altă parte, pe aceia care îl însoțesc, îi eliberează de teama de moarte, redându-i astfel, complet, viața.
Date tehnice și de apariție: 454 pagini; 153 x 228mm; ISBN 978-973-1812-15-1, octombrie 2008

RALPH METZNER
CIUPERCILE SACRE ALE VIZIUNII. Teonanacatl dincolo de porțile minții

Istoria spirituală a Umanității este una cu cea a plantelor sacre care au fost folosite ritualic în toate timpurile, pe toate continentele. În ultimul secol, psihologia transpersonală a explorat profunzimile psihicului omenesc și cercetătorii care au schimbat complet hărțile conștiinței au fost exact aceia care s-au apropiat fără prejudecăți de lumile magice ale străvechilor rituri.
Date tehnice și de apariție: 288 pagini; format 15,3* 22,8 cm; ISBN 978-973-1812-49-6; Anul 2011

JOAN HALIFAX
FRUCTELE ÎNTUNERICULUI. O călătorie în adâncurile roditoare ale ființei

Joan Halifax este antropolog și profesor, maestru Zen și shaman, discipol al unor mari maeștri până în clipa în care își găsește strălucitoarea cale. Este o vizionară ale cărei cuvinte fulgeră. O femeie care a străbătut planeta, dar și lumile interioare, care a trăit revelația alături de shamani indigeni de pe câteva continente, care și-a căutat adâncimile retrăgându-se în sălbăticie și meditând cu înțelepți tibetani, care a scormonit prin meandrele inimii și ale minții împreună cu inițiați ai culturilor native nord-americane.
Date tehnice și de apariție: 279 pagini; format 15,3* 22,8 cm; ISBN 978-973-1812-42-7; anul 2010

OLGA KHARITIDI
CERCUL REVELAȚIEI. Secretele străvechi ale magiei și vindecării siberiene

Cercul Revelației este o carte uimitoare și captivantă care povestește istoria extraordinară a unui drum spiritual foarte neobișnuit. Este o carte pe care nimeni dintre aceia care caută Adevărul nu o va lăsa din mână. O carte despre felul în care Universul, Conștiința sau oricum vreți să numiți Totul, ne lasă pe parcursul drumului nostru semne pe care să le putem înțelege și de care să ne putem folosi în marea noastră căutare. Este o carte despre realitatea de dincolo de minte, care este mai uluitoare și mai magică decât orice ne-am putea închipui.

Date tehnice și de apariție: 274 pagini; format 15,3* 22,8 cm; ISBN 978-973-1812-41-0 Decembrie 2010

RALPH METZNER
AYAHUASCA. Planta sacră a spiritului

Ayahuasca, planta sacră a spiritului, mama tuturor plantelor rituale de pe continentul sud-american, este o poartă către straturile cele mai profunde ale propriei noastre conștiințe. Întâlnirea cu Grande Madre – așa cum o cheamă nativii junglelor amazoniene, cu respect și cu iubire – este o întâlnire care îți poate schimba viața definitiv. Adevărul despre tine însuți și despre Univers, odată trăit, nu mai poate fi ignorat.

Date tehnice și de apariție: 296 pagini; format 15,3* 22,8 cm; ISBN 978-973-1812-34-2, iulie 2010

DAAN VAN KAMPENHOUT
IMAGINILE SUFLETULUI. Constelațiile familiale și șamanismul

O carte care vorbește despre legăturile profunde dintre tehnicile șamanice străvechi și metoda „constelațiilor familiale", identificând principiile spirituale comune pe care se întemeiază aceste două abordări, aparent atât de diferite. Deși provin din tradiții culturale diferite, cele două tehnici își trag puterea vindecătoare din aceeași cunoaștere adâncă a ființei omenești, dincolo de barierele arbitrare ale minții. Amândouă se pot completa și îmbogăți una pe cealaltă cu propriile puncte de vedere, experiențele păstrându-și ân același timp calitățile specifice.

Date tehnice și de apariție: 130x200mm, ISBN 978-973-1812-21-2, februarie 2009

MAUD SEJOURNANT
CERCUL VIEȚII. Inițierea în șamanism a unei psihoterapeute

O lectură concretă și contemporană pe tema șamanismului din care aflăm felul cum practicile strămoșilor noștri îndepărtați – legate de vise, de animale interioare, dar și de raporturile cu „Mama Pământ" și „Soarele Tată" – se pot dovedi bogate în învățături pentru viața noastră de zi cu zi.

Date tehnice și de apariție: 15.5x24 cm, ISBN 978-973-1812-08-3, mai 2008

MEADOWS, KENNETH
SPIRITUL SAMANIC. Ghid practic pentru atingerea împlinirii personale

Spiritul Șamanic constituie un ghid singular de realizare a auto-âmplinirii și reintrării în acord cu natura, folosind înțelepciunea șamanică extrasă din culturi din toată lumea. În această lucrare, Kenneth Meadows ne prezintă Șamanica, o știință spirituală de a trăi, un mod practic de a ne percepe realitatea multidimensională, în scopul de a cultiva și rafina Spiritul lăuntric.

Date tehnice și de apariție: 15,3 X 22,8 cm, ISBN 978-973-1812-09-0, mai 2008

ROSS HEAVEN HOWARD G. CHARNING
SHAMAN – SPIRITUL PLANTELOR. Căile străvechi de vindecare a sufletului

O carte fabuloasă în care autorii explorează tehnicile șamanilor din Amazonia, Haiti și Europa. Vindecările, clarviziunea, ceea ce șamanii numesc „recuperarea sufletului", extracția intruziunilor spirituale și leacurile pentru dragoste, toate acestea sunt studiate și aprofundate de autori. Mai mult decât atât, dincolo de proprietățile medicinale ale plantelor șamanice, ei intră în comuniune cu însuși spritul acestor plante.

Date tehnice și de apariție: 235 pagini; format 15,3* 22,8 cm;ISBN 978-973-88171-9-7 Anul 2007

ERVIN LASZLO
EXPERIENȚA AKASICA. Știința și câmpul memoriei cosmice
O buna parte din valoarea acestei cărți este adusă de mărturiile directe ale unor excepționali exploratori ai conștiinței, medici, antropologi, filosofi, scriitori, vindecători, mistici din diferite tradiții spirituale, cercetători ai „fenomenelor parapsihice" care nu sunt altceva decât percepții ce apar spontan odată cu expansiunea. Toți acești oameni depun mărturie în cartea lui Laszlo, asupra propriilor experiențe exploratorii ale „câmpului akashic", așa cum numește autorul acea realitate subtilă care constituie fundamentul întregii existențe.
Date tehnice și de apariție: 376 pagini; format: 13 X 20; ISBN 978-973-1812-54-0, iulie 2012

ERVIN LASZLO
TRANSFORMAREA CUANTICĂ. Harta realității multidimensionale și conștiința globală
Doctorul Laszlo prezintă o nouă „hartă a realității" care să ne călăuzească de-a lungul transformărilor mondiale pe care le trăim. El explică faptul că lumea noastră se află într-un proces de macrotransformare și că realitatea pe care o percepem în prezent este de o noutate considerabilă, schimbări climatice, corporații globale, agricultura industrializată, care ne provoacă să ne schimbăm în ritm la fel de rapid lumea noastră, ca să nu dispărem ca specie.
Date tehnice și de apariție: 224 pagini, format 153 x 228 mm; isbn 978-973-1812-28-1, iunie 2009

PEMA CÖDRON
SALTUL DE CONȘTIINȚĂ. Eliberarea de obiceiuri învechite și frică
Ce te împiedică pe tine, exploratorule al conștiinței, căutătorule al Adevărului, să devii Acela care ești la cele mai elevate niveluri ale Ființei tale? Te poți simți pe Tine, cel adevărat, în spatele tuturor identificărilor, a tuturor jocurilor minții care te țin prizonier, te poți intui, ai certitudinea acelei Ființe splendide care ești, și totuși cazi mereu în hățișurile iluziei. Cine te poate ajuta? Doar cineva care a străbătut el însuși aceste hățișuri ți-ar putea spune ceva de folos experienței tale.
Date tehnice și de apariție: 178 pagini; format 130*220; ISBN 978-973-1812-58-8 ; noiembrie 2012

STEPHEN MITCHELL
TAO TE CHING
Tao Te Ching, celebra scriere al lui Lao Tzu, face parte din patrimoniul umanității. Steven Mitchell sare cu eleganță peste capcanele limbajului și face mesajul lui Lao Tzu accesibil exploratorilor occidentali ai conștiinței. Grația verbului, excepționala pătrundere mistică, viziunea de o acuratețe fără cusur, curajul de a scormoni în adâncurile textului, dincolo de cuvinte, pentru a găsi spiritul în care a fost scris, toate acestea au făcut din cartea lui Mitchell un Best Seller.
Date tehnice și de apariție: 178 pagini; format 130*220; ISBN 978-973-1812-56-4 ; noiembrie 2012

THICH NHAT HANH
FURIA. Înțelepciune pentru potolirea flăcărilor
Cu superbă simplitate, căugărul budhist Thich Nhat Hanh ne arată calea și ne dăruiește uneltele cu ajutorul cărora putem să transformăm întregul nostru mod de a relaționa și să restaurăm acele părți din noi care au fost devastate de furie. Înțelepciunea acestui om, care transpare la fiecare cuvânt, conține în ea puterea de a schimba totul pentru fiecare dintre noi și pentru aceia pe care-i iubim.
Date tehnice și de apariție: 184 pagini; format 153*228; ISBN 978-973-1812-24-3; iunie 2009

GENPO ROSHI
BIG MIND BIG HEART. Minte Vastă, Inimă Profundă
Cu toții ne confruntăm cu vremuri pline de încercări. Ne facem griji pentru copii noștri, pentru părinți, parteneri de viață, prieteni și toți cei dragi. Ne dorim să putem comunica și empatiza mai mult în toate relațiile pe care le avem. Vrem ca familia, copiii noștri și noi înșine să ne atingem potențialul maxim, să fim mai fericiți și mai împliniți în viața pe care o trăim. Lucrarea aceasta este rezultatul studiului de mai bine de treizeci și cinci de ani, al dificultăților și căutării unui mod de-a oferi oricui experiența unei vieți libere, împlinite și trezite.
Date tehnice și de apariție: 184 pagini; format 153*228; ISBN 978-973-1812-25-0; aprilie 2009

DAVID SERVAN-SCHREIBER
NE PUTEM LUA RĂMAS BUN DE MAI MULTE ORI
Ultima carte a dr. David Servan Schreiber. După 19 ani în care a reprezentat speranța tuturor acelora care se confruntă cu cancerul, autorul celebrelor „*Vindecă*" și „*Anticancer*", aflat în pragul marii treceri, aruncă o privire clarificatoare înapoi. „Știam că mai devreme sau mai târziu acestă clipă va veni. Puteam să amân finalul, să câștig timp, dar am știut că în cele din urmă va urma marea recidivă. Ultima."
Date tehnice și de apariție: 100 pagini; format 15,3* 22,8 cm; ISBN 978-973-1812-48-9, Anul 2010

PHILIPPE PRESLES& CATHERINE SOLANO
A PREVENI. Cum să fim într-o formă perfectă
Acesta este contextul în care medicina occidentală s-a întors la un concept altădată fundamental: a preveni este mai ușor decât a vindeca. Cercetări științifice extinse s-au derulat în ultimii ani în ceea ce privește factorii determinanți ai stării de sănătate. Concluzia a fost formulată perfect de către celebrul medic american de origine franceză, David Servan Schreiber, autorul cărții Anticancer : boala este determinată mai curând de modul de viață. Și este în puterile noastre să schimbăm ceea ce este de schimbat.
Date tehnice și de apariție: 415 pagini; format 15,3* 22,8 cm; ISBN 978-973-1812-30-4 iunie 2010

MICHEL ODENT
CEZARIANA. Care este viitorul unei umanități născute prin cezariană ?
În secolul științei și al tehnologiei, femeile au fost învățate să abordeze sarcina și nașterea ca pe niște chestiuni pur medicale, ca un soi de boală ce trebuie tratată la medic , câteva examinări cu nume complicate, o tăietură și s-a rezolvat! Orice emoție, orice senzație și orice trăire au fost eliminate cu eficiență pentru că, am fost învățate să credem, că senzațiile legate de naștere au de-a face doar cu durerea. O carte care ne redă nouă, femeilor, puterea și demnitatea pierdute prea ușor în saloanele maternităților. Este o carte care ne reânvie siguranța și încrederea în corpurile noastre, în emoțiile noastre, în natura noastră sensibilă dar puternică, care ne redă bucuria de a fi femei și mame.
Date tehnice și de apariție: 200 pagini; format 13*20 cm; ISBN 978-973-1812-13-7, septembrie 2009

MICHEL ODENT
FUNCȚIILE ORGASMELOR. Căi spre transcendență
O carte revoluționară, dedicată atât medicilor cât și tuturor celor interesați să se descopere și să se înțeleagă pe sine, care oferă o viziune uluitoare asupra sexualității umane. Michel Odent este acel celebru medic obstetrician care face, pentru prima dată în contextul științific european, puntea între stările orgasmice și cele ale transcendenței extatice.
Date tehnice și de apariție: 174 pagini; format 13*20 cm; ISBN 978-973-1812-13-7, septembrie 2009

DAVID SERVAN-SCHREIBER
ANTICANCER. Învinge prin mijloace naturale
Autorul acestei cărți, dr. David Servan-Schreiber este neurolog, doctor în științe medicale, profesor de psihiatrie și membru al celor mai renumite asociații de profil din Franța și Statele Unite. Cartea descrie pe larg calea către vindecare și explică cum, alături de medicina modernă, ceea ce contează cu adevărat este schimbarea atitudinii față de propria persoană, față de propria sănătate și față de tot restul lumii.
Date tehnice și de apariție: 352 pagini; format 15,3* 22,8 cm; ISBN 978-973-1812-13-7, iulie 2008

DAVID SERVAN-SCHREIBER
VINDECĂ stresul, anxietatea și depresia fara medicamente și fară psihanaliză
Cartea este un cumul fascinant de abordări neconvenționale în tratarea creierului emoțional și a minții, aparținând unui reputat medic care îndrăznește să gândească dincolo de tipare. O strălucită colecție a înțelegerilor pe care propria experiență le-a revelat doctorului Servan-Schreiber, reunind perspective și informații de o importanță vitală pentru bunăstarea fiecăruia dintre noi. Autorul propune șapte metode de vindecare simple, eficiente, naturale, cu rezultate rapide și durabile, fără riscuri sau efecte secundare, punând bazele a ceea ce putem numi o nouă medicină a emoțiilor.
Date tehnice și de apariție: 290 pagini; format: 15,5 * 24; ISBN 973-1812-04-5; editia a II-a, noiembrie 2007

CAROLINE W. CASEY
ATRAGE ZEII DE PARTEA TA. Limbajul astrologic al sufletului

O carte extraordinară, în care autoarea prezintă remarcabila sa doctrină a Astrologiei Vizionare, o adevărată școală a misterelor în care profesori ne sunt planetele și arhetipurile spirituale pe care le reprezintă, numite aici „zei". Suntem invitați să ne privim viețile ca pe adevărate romane polițiste ale căutării spirituale, în care indiciile sunt pretutindeni și în care semnele pot fi descifrate cu ajutorul acestor „zei".

Date tehnice și de apariție: 231 pagini, format 153 x 228 mm; ISBN 978-973-1812-22-9, iulie 2008

RALUCA ARIANA ARDELEAN și ANA-MIHAELA ADAM
TĂRÂMUL ALBASTRU. Prima incursiune imaginară într-o lume reală

Aceasta este o cărticică menită să zboare în bătaia Brizei, precum un Zmeu. Paginile ei sunt aripi. A venit timpul ca Imaginația, Poveștile și Magia să curgă în Lume, iar această cărticică este un instrument al Creatorului Magician, fie el copil sau adult. Citită de la Început către Sfârșit, e pentru copii. Citită invers, de la Sfârșit către Început, este pentru părinți. Astfel, copiii și părinții vor zbura împreună în Briza Transformării, schimbând Inimile și Lumea.

Date tehnice și de apariție: 32 pagini; 220 x 220 mm; ISBN 978-973-1812-60-1, decembrie 2012

TONY HUMPHREYS
STIMA DE SINE. Cheia pentru viitorul copilului tău

Stima de sine și felul în care ne privim pe noi înșine determină evoluția noastră în viață. Cartea lui Tony Humphreys îi ajută pe părinți să creeze un mediu familial care întărește stima de sine. Autorul arată că, fără a acorda atenție conflictelor interne și stimei de sine a copiilor, avem puține șanse de a le stimula dorința de a învăța. El conturează un plan clar de promovare a dragostei de învățătură a copiilor, subliniind faptul că binele afectiv al copiilor este piatra de temelie a dezvoltării lor educaționale și generale.

Date tehnice și de apariție: 13X20 cm, ISBN: 978 – 973 – 1812 -02 -1, noiembrie 2008

DR. ROBIN FANCOURT
BEBELUȘI DEȘTEPȚI. Cum să formăm și să dezvoltăm inteligența copiilor noștri

In această carte revoluționară, Dr. Robin Fancourt propune părinților o călătorie fascinantă, de la concepție până în primii ani de viață, călătorie ce dezvăluie procesul misterios prin care bebelușii învață, înțeleg, stabilesc relații cu ceilalți, capătă încredere în ei înșiși și reușesc. Este o carte despre inteligență și iubire, despre trup și despre suflet, o carte care nu ar trebui să lipsească dintre lecturile oricărui adult conștient care are copii. Este o carte care iluminează relația cu copiii noștri, dar care aduce înțelegeri importante și în legătură cu noi înșine.

Date tehnice și de apariție: 13X20 cm, ISBN: 978-973-1812-00-7, noiembrie 2007

Ai citit una din

Cărțile
Maestrului Interior
elena francisc **F**

Acum știi mai mult!

e**X**perimenteaza-TE
www.transpersonal.ro

Școala Maestrului Interior
Practica Respirației Conștiente și a stării de Prezență
Respirația Inimii / Respirație Holotropică

Călătoria Inimii

Calea Maestrului Interior by Horia & Elena Francisc-Țurcanu

Un spațiu de experiență al Noii Conștiințe, Noii Energii,
spiritualității și psihologiei transpersonale

Călătoria Inimii

Este numele generic a tot ceea ce suntem noi, *Horia & Elena Francisc-Țurcanu*, și al micii comunități de exploratori ai conștiinței care au ales aceeași consacrare cu noi. Pe scurt, consacrarea, adică "scopul" nostru este acela de a pune la îndemâna cât mai multor oameni cunoștințele teoretice și abordările practice care conduc la expansiunea de conștiință și la lărgirea viziunii despre Ființă. Astfel, *Călătoria Inimii* înseamnă *Cărți* și *Călătorii* puse la îndemâna oricui alege transformarea interioară drept cale spirituală.

Cărțile Maestrului Interior – Elena Francisc

Sunt destinate celor pe care îi numim *exploratori ai conștiinței*, adică acelora care practică expansiunea de conștiință ca mod de auto-explorare, auto-vindecare și ca practică spirituală. Sunt menite să ofere un suport teoretic post-experiențial și să ajute la integrarea experienței în viața de fiecare zi. Astfel, *Cărțile Maestrului Interior* sunt un instrument al transformării de conștiință.

Școala Maestrului Interior

Este aripa experiențială a *Călătoriei Inimii*. Se exprimă prin workshop-uri, seminare, evenimente al căror centru este practica expansiunii voluntare a conștiinței și integrarea stărilor de conștiință extinsă în dimensiunea liniară a existenței. Este o Școală a Ființei, în care practicanții redescoperă adevărata natură și anvergură a ființei lor profunde. Instrumentele fundamentale ale Școlii sunt *Respirația Inimii* și practica stării de *Prezență* ca mijloace de accesare a stărilor de expansiune ale conștiinței. Vârful Școlii Maestrului Interior este *Programul de Transformare Spirituală*.

Asociația de Terapii Transpersonale

Este structura care organizează și gestionează toate evenimentele, workshop-urile, seminarele, conferințele desfășurate sub sigla *Călătoriei Inimii*. Este o comunitate liberă de exploratori ai conștiinței reuniți de pasiunea explorării interioare, a auto-cunoașterii, a transformării și auto-vindecării spirituale. Scopul său este acela de a pune la dispoziția tuturor acele "tehnologii ale sacrului", cum ar spune Mircea Eliade, menite să conducă la trăirea directă a integralității Ființei.

www.calatoriainimii.net www.elenafrancisc.ro www.transpersonal.ro

Elena Francisc Publishing
Str. Petru Maior nr. 41, București
Tel.: 031.405.90.71
E-mail: office@efpublishing.ro
www.elenafrancisc.ro

Made in United States
Troutdale, OR
06/23/2025